Judgement Thinking and
Case Analysis on Intellectual Property

知识产权裁判思维
与实例分析

朱文彬◎著

知识产权出版社
全国百佳图书出版单位

图书在版编目（CIP）数据

知识产权裁判思维与实例分析／朱文彬著．—北京：知识产权出版社，2019.4
ISBN 978－7－5130－6162－9

Ⅰ.①知⋯ Ⅱ.①朱⋯ Ⅲ.①知识产权保护—案例—中国 Ⅳ.①D923.405

中国版本图书馆 CIP 数据核字（2019）第 047595 号

责任编辑：齐梓伊　唱学静
封面设计：张新勇　　　　　　　　　　　　　　　责任印制：刘译文

知识产权裁判思维与实例分析

朱文彬　著

出版发行：	**知识产权出版社**有限责任公司	网　　址：	http：//www.ipph.cn
社　　址：	北京市海淀区气象路 50 号院	邮　　编：	100081
责编电话：	010－82000860 转 8112	责编邮箱：	ruixue604@163.com
发行电话：	010－82000860 转 8101/8102	发行传真：	010－82000893/82005070/82000270
印　　刷：	北京嘉恒彩色印刷有限责任公司	经　　销：	各大网上书店、新华书店及相关专业书店
开　　本：	720mm×1000mm　1/16	印　　张：	23.75
版　　次：	2019 年 4 月第 1 版	印　　次：	2019 年 4 月第 1 次印刷
字　　数：	360 千字	定　　价：	78.00 元

ISBN 978－7－5130－6162－9

序

宽严循度　上下求道

知识产权案件的裁判，特别是民事案件裁判，与普通民事案件相比，自然有联系，却也有不小的分野。

以占据知识产权纠纷 90% 以上的民事侵权案件来说，在案件的裁判思路和逻辑体系上，一般应当遵循：第一步，确定请求保护的权利是什么，是法定授权、创作产生还是使用中形成；第二步，查明被诉侵权行为是制造、销售，还是复制、发行或者通过信息网络传播；第三步，固定被诉侵权物，明确原告据以主张证明被告侵权的物证的名称、数量、取得途径等；第四步，比对被诉侵权产品与请求保护的权利之间是否相同或相近似；第五步，如果被告提出抗辩事由的，审查被告的使用是否存在合法理由，因而不属于侵权；第六步，确定侵权责任，判令被告是否应当停止侵权、销毁侵权所用工具、为原告恢复商誉消除影响，以及赔偿损失等。这六个步骤，之所以可以构成一个完整的知识产权侵权纠纷裁判的逻辑体系，原因就在于，首先，权利是一切的中心，也是一切的起点。没有权利，保护就无从谈起。其次，六个步骤从第一步开始，只要上一步的主张不成立，就无须再往下审理。例如，如果法庭不先固定第三步的被诉侵权物是什么，就无法进行第四步的相同相近似比对。还有，如果原告能够走完前四步，则被告依然有机会抗辩自己的行为不属于侵权或者不承担赔偿责任等。"六步法"是知识产权案件审理的起点和最基础的东西，但往往最基础的东西才是最本原的。当解决那些复杂高深新颖的知识产权纠纷遇到挑战时，最有效、最正确的办法是回到本原去寻找解决之道。

知识产权纠纷的解决，还有更为灵魂的东西。这种东西，超越一切具体案件之上，但是却又必须时时隐含、闪现在我们的具体案件之中。我们审理知识产权侵权纠纷的目的是什么，就是要为权利寻求严格的最好的保护。但同时，我们也要清醒地意识到，知识产权作为一种合法的垄断，其实是一柄"双刃剑"。在强调权利值得尊重的同时，我们也不能忘记衡量垄断行为的负能量。例如，在一个侵害驰名商标权的纠纷中，被告使用原告的注册商标具有明显的攀附意图，我们在判断原告的注册商标与被告使用的标识是否相近似时，就必须充分意识到并考量被告的意图，从而作出相近似的结论。相反，在另一个案件中，如果被告使用原告的商标是由于地域、历史等因素造成的，我们在作相近似判断时，恐怕就不宜再抱持与上面案件同样的严格标准。再例如，对于恶意攀附他人注册商标商誉牟利的案件，法庭应当尽一切办法查实证据给予高额的赔偿。但相反，有的案件中，被告与原告曾经有长期的合作关系，由于在合作初期双方对于被告使用原告商标的合法性没有进行合同约定，导致被告不得不停止使用原告的商标。此时，鉴于被告对于原告品牌市场价值增值的贡献，以及被告没有侵权的恶意，对于原告请求的巨额赔偿，就要审慎考量。再例如，在争议巨大的定牌加工问题上，对于国外的合法权利人委托国内加工商进行代工（OEM）制造，并在产品上使用原告商标的行为，为何不宜认定侵权？原因就在于国外权利人合法控制的该商标项下商品流通市场的利润，不属于国内权利人。国内权利人无权将手伸向国内制造商赚取的加工费，商标的利润市场不在代工商赚取的劳务费上。但相反，如果国外没有合法权利人的，此时，就应该判令国内制造商制造并出口销售的行为构成侵权了。因为国外没有权利人，意味着这是一片处于空白的市场，此时，自然应该把这片市场赋予国内权利人，以鼓励更多的商标权人做大做强，占领海外市场。

同样，在侵害标准必要专利纠纷中，在发出临时禁令与作出停止侵权责任认定时，如何区别对待标准必要专利（SEP）和普通专利，如何在保护高创新专利的同时，防止高新技术拥有者不正当的剥削使用者，就在于裁判者对于保护知识产权与防止垄断阻碍创新这一对矛盾关系的处理和拿捏上。例如，在涉及视频网站聚合平台的案件中，对于深度链接问题，为何不宜认定为内容提供行为？后面的深层原因就在于，在为著作权人提供严格保护的同时，还要防止合法的链接行为被阻碍和禁止，从而破坏知识产权裁判有效促进互联网互联互通的价值观。总之，知识产权案件的裁判思路，需要在长期的案件办理中，针对产业和市场的具体情况，深入把握知识产权的无形性，从而淬炼出一套正确的处理原则和方法。我经常用"手感好"来形容一个优秀的知识产权案件的审理法官或者诉讼律师。这种"手感"，到了最后，就是高手的直觉，这种人，在拿到一个复杂纠纷的时候，总是能够拨开遮望眼的浮云，快速触及问题的本质。

朱文彬法官曾任基层法院、中级法院、高级法院和知识产权法院的法官，历时十余年四个不同的法院，是他异于很多同僚的独特经历。可以说这十余年中他一直立于审理案件的第一线，承担法院最繁重、最艰难、最重要的工作。也正是这种宝贵的工作经历，使他有机会审理大量一审、二审乃至再审案件，从不同的视觉、平台、高度去全方位的接触案件，从而锤炼出一套完整的知识产权案件的裁判思路和方法论。

我初识他的时候，是他经考试遴选，从广州市中级人民法院进入高级人民法院，并被分配到知识产权庭庭长办公室时。我当时分管庭长办公室工作，同时担任庭长办公室合议庭的审判长。我们整个团队在那几年中，负责承担庭里大量的文字材料工作。其中比较特别的是开展了"探索完善司法证据规则破解知识产权侵权损害赔偿难""互联网案件纠纷的特点、挑战与应对策略""设立知识产权法院的可行性、必要性与设立方案"等大型调研。文彬法官在这些调研中展现了他优秀的分析、综合能力与扎实的文字功底。

由于材料工作与办案工作一肩挑，那几年我们团队工作任务超常的繁重。加班是正常状况，通宵达旦也不时会有，文彬法官勤奋、吃苦、拼到尽。无论我何时给他打电话，告诉他因为任务紧急必须回院里一趟，作为开口人的我总是觉得难堪，而接受任务的他，却从未拒绝或者借口托词不去。回想那几年的工作生涯，我觉得从他身上学习到很多令人感动的东西。现在他能够把多年的积累回馈广大读者，我从内心深处为他感到自豪和高兴。上天不会辜负一个才华横溢兼埋头耕耘的人！

文彬法官在这本书里，用一个个具体的案例，诠释了各类知识产权案件裁判的"六步法"。这些案件各有各的"案眼"，从专利的功能性设计、禁止反悔规则、方法发明中的举证责任倒置，到现有技术是否构成向公众公开以及互联网在线交易模式下合法来源抗辩的新变化；从商标使用的定义、涉外定牌加工，到英文商标与中文标识构成混淆的认定以及知识产权的权利冲突；从非著作权集体管理组织当事人的诉权、聚合平台深层链接，到体育赛事直播，涉及了知识产权纠纷方方面面的热点问题。这些案例汇集起来，总体上要告诉读者的就是，一位裁判者在力求加强保护与保持利益平衡之间，如何保持精妙的平衡的心路历程。同时，这些案件由经办法官从他十年知识产权审判工作中审理过的无数案件中精选出来，是来源于现实的"真纠纷"，新鲜热辣地反映了广东企业知识产权运营的真实状况和司法保护的现实水平。不仅能为知识产权企业和法律服务者提供方法和路径，也能为学术界研究知识产权司法保护的挑战和应对策略提供现实的素材。

　　文彬法官以"护航创新香雪径，衣带渐宽审初终"来表明他对知识产权司法保护事业的忠诚与感情。这既是我们全国知识产权法官的日常工作的缩影，也是我们的"诗与远方"。为人类科技文化创新护航，为人类公义与文明的大厦添砖加瓦，与其说是我们的重担，毋宁说是我们的梦想与荣耀！

2019 年 2 月 12 日

自　序

（一）

笔者作为过去十余年广东知识产权审判的亲历者，自 2006 年起至今一直在广东法院知识产权审判条线担任法官，陆续在广州市天河区人民法院知识产权庭、广州市中级人民法院知识产权庭、广东省高级人民法院民三庭、广州知识产权法院任职。担任经办法官审理的知识产权案件一千余件，既审理过影响重大的知识产权民事案件，也审理过新颖疑难的知识产权刑事、行政案件；既是全国法院系统学术讨论会的获奖者，也是全国青年法官优秀案例的承办人；既是调研设立广州知识产权法院的参与者，也是扎根在广州知识产权法院的审判员。以下既是笔者过去十余年"不思量、自难忘"的工作回眸，也是写作本书的动力所在。

1. 苔花如米小，也学牡丹开

2006 年，广州市天河区人民法院知识产权庭成立，试行知识产权民事、行政和刑事三合一审判机制，笔者作为法官开始审理知识产权民事、行政、刑事案件，并有多篇案例、论文及司法统计分析等对外发表，其中关于三合一审判机制的论文获得全国法院系统第十八届学术讨论会二等奖。以下小诗为笔者在该院（当时其位于广州市天河区龙口西路）试点"三合一"审理案件时有感而发之作，也代表着作为审判者的初心：

龙口咏怀

廿载年华初入行，黑袍良配度体量；

木槌之下树权威，言语掷地意气发。

两造曲直凭问答，取经问道识老马；

疑难通幽寻先例，文义精要欣欣纳。

二审存异心彷徨，悬梁自省勿敢忘；
谦和谨细敬意生，融融合议天地宽。
三合一途无人往，同志携手迎难上；
心存开拓澄理念，披荆遥望路茫茫。
聆教寻途同根花，惺惺情义记融洽；
键盘噼啪怀敬畏，指尖颤抖定刑罚。
媒介东西著文章，困境光茫两相望；
但求体制成大器，愿守孤灯褪浮华。

2. 欲穷千里目，更上一层楼

2009 年至 2013 年在广州市中级人民法院知识产权庭工作期间，接触二审案件审理并积累专利审判经验，在审判、调研、综合工作上更上一层楼。例如，2010 年，审理的喀什图公司诉杰晖公司等侵犯著作权纠纷案被最高人民法院评选为 2010 年中国法院知识产权司法保护 50 件典型案例之一。2012 年，审理的央视国际公司诉世纪龙公司侵害信息网络传播权纠纷案，作为国内关于体育赛事节目著作权保护的优秀案例发表于《人民法院案例选》。2013 年年初，通过了广东省高级人民法院的法官遴选；并结合在广州市中级人民法院经办的近四百件知识产权案件，撰写了关于知识产权案件审判要点的约八万字的心得体会。

3. 衣带渐宽终不悔，为伊消得人憔悴

2013 年至 2016 年在广东省高级人民法院知识产权庭期间，担任法官同时在庭办工作，综合协调能力得到很大提高，大局观与文字水平更进一步。其间，曾作为主要执笔人之一起草每年"4·26"知识产权宣传周的白皮书、新闻发布会稿以及完成多项调研工作；在《科技与法律》《人民法院案例选》《判解研究》《中国知识产权审判研究》《广东法院知识产权经典案例集》上发表了多篇案例分析及论文。

4. 雄关漫道真如铁，而今迈步从头越

2016 年，笔者在广州知识产权法院开始了第四站的旅程。依据《最高人民法院关于加强知识产权审判领域改革创新若干问题的意见》，积极贯彻落实最高人民法院提出的"司法主导、严格保护、分类施策、比例协调"的知识产权司法保护政策,按照广州知识产权法院要求的"办精品案件、育精英法官、建现代法院"目标,全面有序地开展工作。各项审判指标处于全院优良水平,注重调研总结,其中宋锦钢诉宋守淮等侵害发明专利权纠纷案在"促公正 法官梦"第三届全国青年法官优秀案例评选活动中荣获广东法院唯一特等奖,其间发表多篇案例及论文。2017 年年底在庆贺广州知识产权法院建院三周年之际,有感而作:

七三君 创新进取

三载不觉岁峥嵘,

等身案卷又百宗。

护航创新香雪径,

衣带渐宽审初终。

坐而论道凭栏望,

精英培育大舞台。

来日回望忆奋斗,

执手泪欢皆英雄。

这些经历创新进取、衣带渐宽、执手泪与欢的过程,都已成为珍贵的回忆,此情无计可消除,才下眉头、却上心头,故以本书记之。

(二)

为了使读者更便捷地进行阅读,现对本书的结构及内容作几点说明。

(1) 本书所涉及的 35 篇案例,均为笔者过去十余年在一审、二审或者再审申请审查程序中担任经办法官审理的生效案件,是笔者作为经办人在审理案件中的心路历程和延伸出来的思考内容。并且,案例按照一定的逻辑体系结构进行编排,全书共分为四篇,分别为专利侵权篇、商标侵权及不正当竞争篇、著作权侵权篇、其他:证据、程序及"三合一"等。

(2) 关于每个案例的具体结构,分为内容摘要、关键词、裁判要点、相关法条、案件索引、基本案情、裁判理由及结果、案例评析八部分。其中,内容摘要主要阐述该案例在本篇逻辑体系中的功能、价值及其作用;关键词的作用在于与本书最后的关键词目录相对应，便于作为检索工具使用；案例索引除了提示案例所经的审理程序、审理法院等内容外，还注明了笔者具体在哪一审程序中担任经办法官的信息；基本案情及裁判理由及结果部分在裁判文书内容的基础上进行了归纳整理，突出了与案例评析互相呼应的部分，其他内容适当进行了简化。

（3）关于专利侵权篇，第一个案例为专利侵权案件审理思路的整体介绍，其后将该类案件中最常见的问题归纳为专利技术比对、被诉侵权行为认定、合法来源抗辩以及民事责任四部分，一一进行评析。

在专利技术比对部分，按所涉的审理环节区分，涵盖了专利权保护范围、侵权比对以及现有技术或现有设计抗辩的内容；按专利类型和比对内容区分，则分为以产品的图案、形状、色彩及其结合所呈现的外观设计专利，以及以文字表达的权利要求作为权利保护范围的实用新型及发明专利。因此，本书共选用了 7 个案例，针对外观设计专利侵权比对中的设计要点特征、一般消费者、功能性设计，实用新型及发明专利侵权中的等同特征、禁止反悔原则、方法发明中的举证责任倒置规则，现有技术对比文件的公开方式以及是否已向公众公开的认定等问题进行了评析。

在被诉侵权行为认定的部分，共选用了 5 个案例，对于销售侵权产品行为、制造侵权产品行为、电商平台的帮助侵权行为（结合《中华人民共和国电子商务法》的相关规定）、其他应承担连带责任的专利侵权行为，以及属于权利人授权委托制造专利产品的不侵权抗辩情形等问题进行了评析。

在合法来源抗辩部分，从合法来源抗辩的制度设计和法律价值出发，分析对于合理费用承担的不同处理方式，哪种更符合且有利于推动合法来源抗辩制度内在的价值追求；并结合交易模式和交易主体的特殊情形，分析互联网在线交易模式下合法来源抗辩成立要件的新变化以及专卖店合法来源抗辩的成立要件。

在民事责任部分，主要涉及计算侵权获利时应考虑知识产权对于侵权产品的贡献率，参照专利许可使用费的倍数合理确定赔偿数额，以及基于公共利益的考量，若停止侵权将造成社会资源的极大浪费时，法院可以判决以合理赔偿替代停止侵权责任等问题。

（4）关于商标侵权及不正当竞争篇，第一个案例为商标侵权案件审理思路的整体介绍，其后案例内容分别涉及商标使用的定义及商标使用的合理范围、涉外定牌加工中商标侵权的审查标准、英文商标与中文标识构成混淆的认定、关于以"撤三"制度作为免除损害赔偿责任抗辩的认定、知识产权的权利冲突、侵害商业秘密的审查认定等商标侵权及不正当竞争中的疑难问题。

（5）关于著作权侵权篇，第一个案例为著作权侵权案件审理思路的整体介绍，并着重于其中的"权属抗辩"以及根据"接触可能性"加"实质相似"原则认定侵权的问题；其后案例内容包括非著作权集体管理组织当事人的诉权应以其享有实体权利为要件、聚合平台深层链接的著作权法规制中所涉信息网络传播行为"服务器标准"与"实质性替代标准"等争议、体育赛事直播中所涉的著作权问题研究等热点问题。

（6）关于其他篇的内容，主要包括时间戳等电子存证方式的审查认定、律师见证书的证据效力及证明力、二审审理范围及裁判方式的争议、因恶意提起知识产权诉讼损害责任纠纷的审查认定等关于证据与程序方面的内容；以及笔者在知识产权民事、行政和刑事案件审判"三合一"改革中审理的行政与刑事案件时，对于程序衔接、审理路径创新、侵权构成要件与犯罪构成的关系等问题的一些思考。

Contents **目录**

专利侵权篇

商标侵权及不正当竞争篇

专利侵权篇

专利民事侵权纠纷的审理路径

——源德盛塑胶电子（深圳）有限公司诉广州一小时通信设备有限公司、广州一小时通信设备有限公司肇庆市二分公司侵害实用新型专利权案

内容摘要

在专利民事侵权纠纷中，原告主张构成侵权的一般证明路径如下：（1）原告享有的专利权的保护范围；（2）被诉侵权设计或技术方案经比对是否落入专利权的保护范围；（3）被告实施的具体行为是否属于专利法所规定的侵权行为；（4）被告应承担的侵权责任，其中赔偿损失的责任根据被告的侵权行为所造成的权利人的损失或侵权获利，以及原告维权的合理支出等因素予以确定。而被告一般所主张的特殊抗辩事由则包括：现有技术抗辩、抵触申请抗辩、先用权抗辩、合法来源抗辩等。由于本案例基本囊括专利侵权纠纷中司法审查的一般要件和主要的抗辩事由，起到提纲挈领的作用，因此在专利侵权篇中居首。

关键词 中止诉讼 专利权保护范围 侵权比对 现有技术抗辩 抵触申请抗辩 合法来源抗辩

裁判要点

本案的裁判要点如下：（1）本案是否应当中止诉讼；（2）原告的专利权是否属于合法有效；（3）被诉侵权技术方案是否落入涉案专利权的保护范围；（4）被告的抵触申请抗辩、现有技术抗辩是否成立；（5）被告的被诉侵权行为是否成立；（6）被告的合法来源抗辩是否成立；（7）侵权责任如何认定。

相关法条

《中华人民共和国侵权责任法》第十五条第一款第（一）项和第（六）项、第十五条第二款

《中华人民共和国专利法》第二十二条、第六十二条、第六十五条

《最高人民法院关于审理专利纠纷案件适用法律问题的若干规定》第九条

《最高人民法院关于审理侵犯专利权纠纷案件应用法律若干问题的解释》第七条、第十四条

《最高人民法院关于审理侵犯专利权纠纷案件应用法律若干问题的解释（二）》第二十五条

案件索引

一审：广州知识产权法院（2016）粤 73 民初 2224 号民事判决（笔者经办）

基本案情

原告：源德盛塑胶电子（深圳）有限公司（以下简称源德盛公司）

被告：广州一小时通信设备有限公司（以下简称一小时公司）、广州一小时通信设备有限公司肇庆市二分公司（以下简称一小时肇庆二分公司）

源德盛公司于 2014 年 9 月 11 日申请了名称为"一种一体式自拍装置"实用新型专利，并于 2015 年 1 月 21 日获得授权，专利号为 ZL201420522729.0。涉案专利权利要求 1 和权利要求 2 记载如下：1. 一种一体式自拍装置，包括伸缩杆及用于夹持拍摄设备的夹持装置，所述夹持装置包括载物台及设于载物台上方的可拉伸夹紧机构，其特征在于：所述夹持装置一体式转动连接于所述伸缩杆的顶端；2. 根据权利要求 1 所述的自拍装置，其特征在于：所述载物台上设有一缺口，所述夹紧机构设有一与所述缺口位置相对应的折弯部，所述伸缩杆折叠后可容置于所述缺口及折弯部。涉案专利另有权利要求 3～13 项。源德盛公司明确本案专利权的保护范

围为权利要求 2。

国家知识产权局专利复审委员会于 2016 年 4 月 19 日针对涉案实用新型专利作出第 28758 号无效宣告请求审查决定书，认为权利要求 1 不符合《中华人民共和国专利法》（以下简称《专利法》）第二十二条第三款创造性的规定，决定宣告涉案专利的权利要求 1 无效；认为权利要求 2 具备《专利法》第二十二条第三款规定的创造性，权利要求 3 ~ 13 直接或间接引用权利要求 2，因此权利要求 3 ~ 13 也具备创造性，在权利要求 2 ~ 13 的基础上继续维持该专利有效。源德盛公司确认上述决定已生效。

根据源德盛公司提交的实用新型专利权评价报告，结论认为权利要求 1 不具备《专利法》第二十二条第二款规定的新颖性；权利要求 2 ~ 13 具备《专利法》第二十二条第二款规定的新颖性与第三款规定的创造性。

2016 年 6 月 21 日，源德盛公司的委托代理人黄丽君在广东省江门市江门公证处公证人员的陪同下，前往位于广东省肇庆市端州区康乐北路一处标有"一小时手机快修服务肇庆康乐店"招牌的店铺，购买手机自拍杆一件并在付款后获取收据、小票、名片各一张。公证人员见证上述过程，据此出具（2016）粤江江门第 17567 号公证书。

当庭拆封公证封存的被诉侵权产品（见附件一），外包装盒上标注了"广州亿正电子有限公司"的名称。庭审比对中，源德盛公司认为被诉侵权技术方案包含涉案专利权利要求 2 的全部技术特征，一小时公司、一小时肇庆二分公司对此无异议，认为被诉侵权技术方案与涉案专利权利要求 2 的技术特征对应。

一小时公司、一小时肇庆二分公司为证明由于被诉侵权产品使用的是现有技术因而不构成侵权，提交了两份对比文件：对比文件一是名称为"折叠式手机用自拍杆"，申请号为 201420359916.1 的实用新型专利，该专利申请日是 2014 年 6 月 25 日，授权公告日为 2015 年 1 月 28 日。说明书及附图 1 ~ 3（见附件二）对权利要求进行解释。在将被诉侵权技术方案与对比文件一的比对中，一小时公司、一小时肇庆二分公司称对比文件一缺少"伸缩杆折叠后可容置于缺口和折弯部"的技术特征。

对比文件二是名称为"手持式蓝牙伸缩自拍杆"，申请号为

201430133972.9 的外观设计专利，专利申请日是 2014 年 5 月 15 日，授权公告日是 2014 年 9 月 3 日，对比文件二的各视图见附件三。在将被诉侵权技术方案与对比文件一的比对中，一小时公司、一小时肇庆二分公司称对比文件二的载物台上未设有缺口，也没有公开"伸缩杆折叠后可容置于缺口和折弯部"的技术特征。

一小时公司、一小时肇庆二分公司为证明被诉侵权产品具有合法来源，提交了名称为"家顺通讯"的 NO.0002583 单据一张，辩称此为购买被诉侵权产品的单据，该单据上注明了地址是广州市荔湾区西堤二马路德兴电子城一楼 A1 档，但单据上既没有卖家的有效签章，也没有签署日期，货品名称为"卡通"二字而非自拍杆产品。此外，一小时公司、一小时肇庆二分公司另提交了（2016）粤广广州第 250116 号公证书一份，公证书载明一小时公司代理人杨国伟于 2016 年 12 月 5 日在广东省广州市广州公证处公证人员的陪同下前往广州市荔湾区西堤二马路德兴电子城一楼 A1 档一处标有"家顺电子"招牌的商铺，购买手机自拍杆一件并获取名称为"家顺通讯"、编号为 NO.0001002 单据、名片各一张。NO.0001002 单据的样式与 NO.0002583 单据基本一致，载明"地址：广州市荔湾区西堤二马路德兴电子城一楼 A1 档""产品为卡通"等信息。公证购买的产品（见附件四）经当庭核实，外包装盒上也标注了"广州亿正电子有限公司"的名称，但与被诉侵权产品进行比对，两者的外观样式不同，主要在手持部上的文字及卡通图案上有所区别。

一小时公司向国家知识产权局专利复审委员会请求宣告涉案专利权无效，一小时肇庆二分公司于 2016 年 11 月 29 日向法院申请中止本案诉讼。

一小时公司为自然人独资的有限责任公司，成立日期为 2014 年 10 月 28 日，经营范围为批发业；一小时肇庆二分公司为一小时公司的分公司，成立日期为 2015 年 7 月 31 日，经营范围为通信设备及配套设备、汽车零配件、计算机零配件、通信终端设备、电子元器件、电子产品的批发等。

源德盛公司请求法院判令：（1）一小时公司、一小时肇庆二分公司立即停止销售侵害涉案专利权的产品的行为；（2）一小时公司、一小时肇庆二分公司赔偿源德盛公司经济损失人民币 5 万元（包含源德盛公司调查取证、制止侵权、聘请律师所支出的合理费用）；（3）一小时公司、一小时肇庆二分公司连带负担本案诉讼费用。

一小时公司、一小时肇庆二分公司答辩称：（1）源德盛公司涉案专利缺乏新颖性、创造性，一小时公司已向国家知识产权局专利复审委员会请求宣告该专利无效，因此一小时公司、一小时肇庆二分公司申请中止本案诉讼。（2）国家知识产权局专利复审委员会作出的第 28758 号无效宣告请求审查决定书已宣告涉案专利的独立权利要求即权利要求 1 无效，由于源德盛公司没有修改其他权利要求，因此源德盛公司涉案专利的其他从属权利要求也无效。（3）被诉侵权技术方案属于现有技术，因此一小时公司、一小时肇庆二分公司不构成侵权。（4）被诉侵权产品是一小时肇庆二分公司购入并销售给源德盛公司的，具有合法来源，一小时公司、一小时肇庆二分公司不应承担赔偿责任。

裁判理由及结果

一审法院认为，本案属于侵害实用新型专利权纠纷，根据诉辩双方的主张，本案的争议焦点如下：（1）本案是否应当中止诉讼；（2）源德盛公司的专利权是否属于合法有效；（3）被诉侵权技术方案是否落入源德盛公司涉案专利权的保护范围；（4）一小时公司、一小时肇庆二分公司的抵触申请抗辩、现有技术抗辩是否成立；（5）一小时肇庆二分公司的被诉侵权行为是否成立；（6）一小时肇庆二分公司的合法来源抗辩是否成立；（7）本案侵权责任如何认定。

1. 关于本案是否应当中止诉讼的问题

根据《最高人民法院关于审理专利纠纷案件适用法律问题的若干规定》第九条规定，被告在答辩期间内请求宣告专利权无效的，人民法院应当中止诉讼；但源德盛公司出具的检索报告未发现导致实用新型专利丧失新颖性、创造性的技术文献，人民法院可以不中止诉讼。本案中，源德盛公司主张保护的是权利要求 2，其所提交的实用新型专利权评价报告的意见认为权利要求 2 具有新颖性和创造性；国家知识产权局专利复审委员会出具的第 28758 号无效宣告请求审查决定书宣告在权利要求 2 ~ 13 的基础上继续维持涉案专利有效。据此，法院对于中止诉讼的申请不予准许。

2. 关于源德盛公司的涉案专利权是否属于合法有效的问题

根据国家知识产权局专利复审委员会出具的第 28758 号无效宣告请求审查决定书,涉案专利的权利要求 1 被宣告无效,在权利要求 2～13 的基础上继续维持该专利有效。根据《中华人民共和国专利法实施细则》第二十一条规定,发明或者实用新型的独立权利要求应当包括前序部分和特征部分,前序部分写明要求保护的发明或者实用新型技术方案的主题名称和发明或者实用新型主题与最接近的现有技术共有的必要技术特征;特征部分写明发明或者实用新型区别于最接近的现有技术的技术特征。这些特征和前序部分写明的特征合在一起,限定发明或者实用新型要求保护的范围。涉案专利权利要求 1 被宣告无效后,权利要求 3～13 直接或间接引用权利要求 2,因此权利要求 2 成为涉案专利的独立权利要求,权利要求 1 成为权利要求 2 的前序部分,权利要求 2 的技术方案为:一种一体式自拍装置,包括伸缩杆及用于夹持拍摄设备的夹持装置,所述夹持装置包括载物台及设于载物台上方的可拉伸夹紧机构,所述夹持装置一体式转动连接于所述伸缩杆的顶端。其特征在于:所述载物台上设有一缺口,所述夹紧机构设有一与所述缺口位置相对应的折弯部,所述伸缩杆折叠后可容置于所述缺口及折弯部。因此,源德盛公司的专利权在权利要求 2～13 的基础上合法有效,应受法律保护。

3. 关于被诉侵权技术方案是否落入源德盛公司涉案专利权保护范围的问题

源德盛公司在本案中要求保护权利要求 2,经比对,被诉侵权产品采用的技术方案包含上述权利要求 2 所记载的全部技术特征,双方当事人也予以确认,故法院认定被诉侵权技术方案落入源德盛公司专利权的保护范围。

4. 关于一小时公司、一小时肇庆二分公司的抵触申请抗辩、现有技术抗辩是否成立的问题

本案中,一小时公司、一小时肇庆二分公司现有技术抗辩依据的对比文件一是申请号为 201420359916.1 的实用新型专利,申请日早于涉案专利的申请日 2014 年 9 月 11 日;对比文件一的授权公告日是 2015 年 1 月 28 日,晚于涉案专利的申请日,故一小时公司、一小时肇庆二分公司依据对比文件一所主张的抗辩从性质上而言不属于现有技术抗辩。但是,《专利法》第二十二

条第一款、第二款规定，授予专利权的发明和实用新型，应当具备新颖性、创造性和实用性。据此，一小时公司、一小时肇庆二分公司依据对比文件一所主张的实为抵触申请抗辩；并且，由于抵触申请能够破坏对比专利的新颖性，故在一小时公司、一小时肇庆二分公司以实施抵触申请中的实用新型主张不构成侵权时，应参照现有技术抗辩的审查判断标准予以评判。依照《最高人民法院关于审理侵犯专利权纠纷案件应用法律若干问题的解释》第十四条第一款规定，进行侵害实用新型专利权纠纷案件的抵触申请判断，应当将被诉侵权技术方案与抵触申请公开的技术方案进行比对，若被诉侵权技术方案落入专利权保护范围的全部技术特征，与抵触申请对比文件的技术方案的相应技术特征相同或无实质性差异的，则一小时公司、一小时肇庆二分公司的抵触申请抗辩成立。本案中，将被诉侵权技术方案与对比文件一进行比对，对比文件一缺少"伸缩杆折叠后可容置于所述缺口及折弯部"的技术特征，因此一小时公司、一小时肇庆二分公司据此所作的抵触申请抗辩不能成立。一小时公司、一小时肇庆二分公司现有技术抗辩依据的对比文件二是申请号为201430133972.9的外观设计专利，对比文件二的申请日是2014年5月15日，授权公告日是2014年9月3日，即对比文件二的向公众公开时间早于涉案专利的申请日2014年9月11日，因此对比文件二可作为一小时公司、一小时肇庆二分公司主张现有技术抗辩的对比文件。将对比文件二与被诉侵权技术方案进行比对，对比文件二的载物台上未设有缺口，并且缺少"伸缩杆折叠后可容置于所述缺口及折弯部"的技术特征，因此一小时公司、一小时肇庆二分公司据此所作的现有技术抗辩不能成立。

5. 关于一小时肇庆二分公司的被诉侵权行为是否成立的问题

经查，根据当事人陈述以及公证书查明的事实，足以证明一小时肇庆二分公司销售了被诉侵权产品；由于被诉侵权技术方案落入源德盛公司涉案专利权的保护范围，因此一小时肇庆二分公司销售被诉侵权产品的行为侵害了源德盛公司涉案专利权。

6. 关于一小时肇庆二分公司的合法来源抗辩是否成立的问题

根据《最高人民法院关于审理侵犯专利权纠纷案件应用法律若干问题的解释（二）》第二十五条第三款规定，合法来源是指通过合法的销售渠道、通常的买卖合同等正常商业方式取得产品。对于合法来源，使用者、许诺销售者或者销售者应当提供符合交易习惯的相关证据。本案中，一小时肇庆二分公司主张发生在被诉侵权行为之前用以购买被诉侵权产品的证据仅有一张名称为"家顺通讯"的 NO.0002583 单据，该单据上注明了地址是广州市荔湾区西堤二马路德兴电子城一楼 A1 档，但单据上既没有卖家的有效签章，也没有签署日期，货品名称为"卡通"二字而非自拍杆产品。为了进一步证明被诉侵权产品具有合法来源，一小时公司在本案源德盛公司起诉后，通过公证购买的方式于 2016 年 12 月 5 日在广州市荔湾区西堤二马路德兴电子城一楼 A1 档一家名为"家顺电子"的店铺购买了卡通手机自拍杆一件，购买的卡通手机自拍杆的外包装盒与被诉侵权产品的外包装盒基本一致，外包装盒上均标注了"广州亿正电子有限公司"的名称；并且根据公证书中的现场照片，"家顺电子"店铺内还有大量相同外包装盒的卡通手机自拍杆产品。此外，一小时公司在公证购买时也获得了 NO.0001002 单据一张，该单据与NO.0002583 单据基本样式相同。将一小时公司公证购买的产品与被诉侵权产品进行比对，两者的外观样式不同，主要是手持部上的文字及卡通图案有所区别。结合上述证据，法院认为，一小时公司公证购买产品的公证书，只能证明 NO.0002583 单据出自"家顺电子"店铺，"家顺电子"店铺也在出售与被诉侵权产品外包装盒相同的产品。但是，合法来源抗辩成立的关键是要证明侵权人与提供被诉侵权产品的来源方存在一个真实的交易，其中主体、时间、标的等要素缺一不可。首先，由于 NO.0002583 单据没有签署时间，一小时肇庆二分公司无法证明其取得该张单据是发生在被诉侵权行为之前，即无法证明一小时肇庆二分公司所销售的被诉侵权产品来源于该张单据指向的交易。其次，仅凭 NO.0002583 单据所载的信息，无法证明标的物"卡通"是被诉侵权产品；一小时公司嗣后公证购买的产品与被诉产品外观样式也存在差异，不能证明"家顺电子"店铺曾销售被诉侵权产品。再次，在一小时肇庆二分公司不能证明被诉侵权产品与 NO.0002583 单据存在关联的前提下，一小时肇庆二分公司也不能证明"家顺电子"店铺就是被诉侵权产品外包装上的制造者"广州亿正电子有限公司"，或者证明制造者授权"家顺电子"店铺独家销售与被诉侵权产品外包装盒样式相同的自拍杆产品；由于市场上同一制造者制造的产品，通过多个销售者对外销售的情形屡见不鲜，因此完全可能存在一小时肇庆二分公司从其他销售者处获得被诉侵权产品的情形，这进一步说明了一小时肇庆二分公司主张合法来源抗辩的证据不足。综上所述，法院认为一小时肇庆二分公司的合法来源抗辩不能成立，法院不予采纳。

7. 关于本案侵权责任如何认定的问题

一小时肇庆二分公司销售了侵害源德盛公司涉案专利权的产品，依法应承担停止侵权及赔偿损失的民事责任。关于赔偿损失责任，由于一小时肇庆二分公司是一小时公司的分公司，因此一小时肇庆二分公司不足清偿部分，由一小时公司承担补充清偿责任。根据《专利法》第六十五条规定，在本案中，因当事人未能提供证据证明源德盛公司因侵权受到实际损失或者侵权获利的具体数额，源德盛公司未提供可参照的专利许可费用，法院综合考量涉案专利权的类型、侵权行为情节以及源德盛公司为维权支出包括律师费、公证费在内的合理费用等因素，酌定一小时肇庆二分公司赔偿源德盛公司经济损失及合理开支共 40000 元，一小时公司对赔偿款项的不足清偿部分承担补充清偿责任。源德盛公司所主张的赔偿金额超出上述金额的部分，法院不予支持。

综上所述，判决：（1）广州一小时通信设备有限公司肇庆市二分公司于本判决发生法律效力之日起立即停止销售侵害源德盛塑胶电子（深圳）有限公司名称为"一种一体式自拍装置"、专利号为 ZL201420522729.0 实用新型专利权的产品；（2）广州一小时通信设备有限公司肇庆市二分公司于本判决发生法律效力之日起十日内赔偿源德盛塑胶电子（深圳）有限公司经济损失及合理开支 40000 元；（3）广州一小时通信设备有限公司对上述第二项判决中广州一小时通信设备有限公司肇庆市二分公司应付赔偿款项的不足清偿部分承担补充清偿责任；（4）驳回源德盛塑胶电子（深圳）有限公司的其他诉讼请求。

案例评析

本案基本囊括了专利民事侵权纠纷中司法审查一般的侵权构成要件和主要抗辩事由，包括以下程序和实体的内容。

1. 关于被告中止诉讼的程序抗辩

根据我国目前的法律规定，被告关于涉案专利权不具有新颖性或创造性等无效的主张，不属于人民法院民事诉讼的审理范围，而应当向国家知识产权局专利复审委员会提出无效宣告请求，由专利复审委员会进行审查。根据《最高人民法院关于审理侵犯专利权纠纷案件应用法律若干问题的解释（二）》第二条规定，权利人在专利侵权诉讼中主张的权利要求被专利复审委员会宣告无效的，法院可以裁定驳回权利人基于该无效权利要求的起诉。因此，被告往往以其已向专利复审委员会提出无效宣告请求、侵权诉讼应以专利复审委会员认定专利权有效为前提作为理由，向法院申请中止侵权诉讼。对此，根据《最高人民法院关于审理专利纠纷案件适用法律问题的若干规定》第八条第二款、第十条规定，对于在授权时未经过实质审查的实用新型、外观设计专利所涉的侵权纠纷，被告请求中止诉讼的应当在答辩期内对原告的专利权提出宣告无效的请求；在答辩期间届满后被告才请求宣告该项专利权无效的，法院原则上不应当中止诉讼，以此防止被告滥用诉讼程序权利。而且，即使侵害实用新型、外观设计专利权纠纷案件的被告在答辩期内已对原告的专利权提出宣告无效的请求，根据上述若干规定第九条、第十条的内容，若被告请求宣告该项专利权无效所提供的证据或者依据的理由明显不充分的，或者根据被告的证据足以认定现有设计或现有技术抗辩成立的，以及存在证明专利权权利稳定的证据，如检索报告或者专利权评价报告未发现导致实用新型或者外观设计专利权无效的事由、专利复审委员会曾经审查作出维持专利权的决定等，法院仍然可以不中止诉讼。基于相同的考虑，由于发明专利在授权时已然经过实质审查，具有证明其专利权权利稳定的初步证据，因此上述若干规定的第十一条规定，即使侵犯发明专利权纠纷案件的被告在答辩期内已对原告的专利权提出宣告无效的请求，法院也可以不中止诉讼。

2. 关于专利权保护范围的确定

专利权是权利人"以公开换垄断"的方式所获得的垄断性权利，该权利受保护地域、保护期限以及保护范围等限制，其中保护范围是专利侵权纠纷中法院对权利基础审查的核心关键。根据《专利法》第五十九条规定，发明或者实用新型专利权的保护范围以其权利要求的内容为准，说明书及附图可以用于解释权利要求的内容。外观设计专利权的保护范围以表示在图片或者照片中的该产品的外观设计为准，简要说明可以用于解释图片或者照片所表示的该产品的外观设计。据此，当实用新型专利的权利要求因无效审查决定变更时，必然导致专利权保护范围产生变化。例如涉案专利经专利复审委员会审查决定，独立权利要求 1 被宣告无效，引用权利要求 1 的权利要求 2 被维持有效，此时权利要求 1 应变更为权利要求 2 的前序部分，而权利要求 2 的内容则变更为区别于最接近的现有技术的技术特征部分，两者结合为新的独立权利要求，重新界定涉案专利权的保护范围。应当注意的是，在进行侵权比对时，作为专利权保护范围的是"权利要求 1 + 权利要求 2"构成的完整技术方案，而不应去除作为前序部分的权利要求 1 的内容。

3. 关于侵权比对问题

对于发明和实用新型专利而言，根据《最高人民法院关于审理侵犯专利权纠纷案件应用法律若干问题的解释》第七条规定，判定被诉侵权技术方案是否落入专利权的保护范围，应当审查权利人主张的权利要求所记载的全部技术特征。例如，本案中涉案专利一共有 13 项权利要求，原告主张的保护范围是权利要求 2，则应当将"权利要求 1 + 权利要求 2"构成的完整技术方案与被诉侵权技术方案进行比对，当被诉侵权技术方案包含与"权利要求 1 + 权利要求 2"构成的完整技术方案的全部技术特征相同或者等同的技术特征时，应当认定被诉侵权技术方案落入专利权的保护范围；若被诉侵权技术方案的技术特征与权利要求记载的全部技术特征相比，缺少权利要求记载的一个以上的技术特征，或者有一个以上技术特征不相同也不等同的，则应当认定其没有落入专利权的保护范围。对于外观设计专利而言，根据《最高人民法院关于审理侵犯专利权纠纷案件应用法律若干问题的解释》第八条规定，在与外观设计专利产品相同或者相近种类产品上，采用与授权外观设计相同或者近似的外观设计的，则应当认定被诉侵权设计落入外观设计专利权的保护范围。

4. 关于现有技术和现有设计抗辩的问题

根据《专利法》第六十二条和《最高人民法院关于审理侵犯专利权纠纷

案件应用法律若干问题的解释》第十四条规定，首先审查的是对比文件的公开时间是否在涉案专利申请日之前，只有依据公开时间在涉案专利申请日之前的对比文件所主张的抗辩才属于现有技术抗辩。其次是将该项对比文件单独与被诉侵权产品进行比对，在发明和实用新型专利侵权纠纷中，当被诉落入专利权保护范围的被诉侵权技术方案的全部技术特征，与一项现有技术对比文件方案中的相应技术特征相同或者无实质性差异（即构成等同）的，则被诉侵权人的现有技术抗辩成立；在外观设计专利侵权纠纷中，当被诉侵权设计与一个现有设计对比文件相同或者无实质性差异（即构成近似）的，则被诉侵权人的现有设计抗辩成立。

5. 关于抵触申请的问题

如前所述，只有依据公开时间在涉案专利申请日之前的对比文件所主张的抗辩才属于现有技术/设计抗辩。当对比文件也属于专利文献，且对比文件的申请日早于涉案专利的申请日、对比文件的授权公告日即公开时间晚于涉案专利的申请日时，被诉侵权人依据对比文件所主张的抗辩从性质上而言不属于现有技术/设计抗辩，如本案中的情形。但是，《专利法》第二十二条第一款、第二款规定，授予专利权的发明和实用新型，应当具备新颖性、创造性和实用性。因此此种情形实为抵触申请抗辩，并且由于抵触申请能够破坏对比专利的新颖性，故应参照现有技术抗辩的审查判断标准予以评判。

6. 关于被诉侵权行为成立的审查

根据《专利法》第十一条规定，侵害产品发明和实用新型专利的侵权行为包括未经权利人许可不得为生产经营目的制造、使用、许诺销售、销售、进口其专利产品；侵害方法发明专利的侵权行为包括未经权利人许可不得使用其专利方法以及使用、许诺销售、销售、进口依照该专利方法直接获得的产品；侵害外观设计专利的侵权行为包括未经权利人许可不得为生产经营目的制造、销售、许诺销售、进口其外观设计专利产品，不包括使用行为。在专利侵权纠纷中，法院应当依据当事人所主张的具体侵权行为类型，结合证据审查被告是否实施了具体的制造、销售、许诺销售被诉产品等行为，然后再结合被诉产品是否落入专利权保护范围，得出被诉侵害专利权行为是否成立的结论。

7. 关于合法来源抗辩的问题

合法来源抗辩是在被诉销售、许诺销售、使用等专利侵权行为成立的情况下，侵权人所主张的免除赔偿责任的抗辩事由。根据《专利法》第七十条以及《最高人民法院关于审理侵犯专利权纠纷案件应用法律若干问题的解释（二）》第二十五条规定，合法来源是指通过合法的销售渠道、通常的买卖合同等正常商业方式取得产品；对于合法来源，使用者、许诺销售者或者销售者应当提供符合交易习惯的相关证据。因此，合法来源抗辩成立的客观要件是要证明侵权人与提供被诉侵权产品的来源方存在一个真实的交易，一般而言，其中主体、时间、标的等要素缺一不可。本案中，第一，由于单据没有签署时间，被告无法证明其取得该张单据是发生在侵权行为之前，即无法证明被告所销售的侵权产品来源于该张单据指向的交易。第二，仅凭单据所载的信息，无法证明单据记载的标的物"卡通"是侵权产品。第三，被告在侵权行为发生后再次公证购买的产品与侵权产品外观样式也存在差异，不能据此证明侵权产品的来源。第四，被告主张的来源店铺名称与侵权产品外包装上的制造者名称也不相同。因此，根据以上事实并结合其他情况，法院认定被告的合法来源抗辩不成立。

8. 关于侵权责任认定的问题

在专利侵权纠纷里，权利人一般所主张的侵权责任包括停止侵权行为、销毁库存侵权产品、销毁专用模具、赔偿经济损失及合理开支等，其中最后一项的赔偿数额往往是司法审查的焦点所在，也是知识产权侵权诉讼中的关键难题。中共中央办公厅、国务院办公厅印发的《关于加强知识产权审判领域改革创新若干问题的意见》提出，要建立体现知识产权价值的侵权损害赔偿制度，加大知识产权侵权违法行为惩治力度，着力破解知识产权侵权诉讼"赔偿低"的问题。这在诉讼中将转化为法院要求双方当事人进一步提交证明因侵权所受损失和侵权获利的证据，从而为加大赔偿力度和提高赔偿数额提供依据。

以上八个方面的内容还将在专利篇的后续案例中进一步展开详细阐述。

附件一

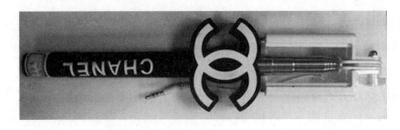

附件二

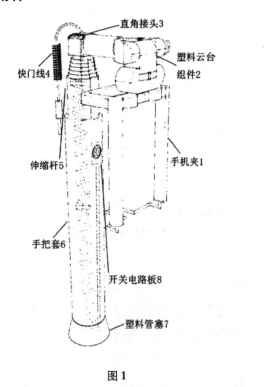

图1   图2

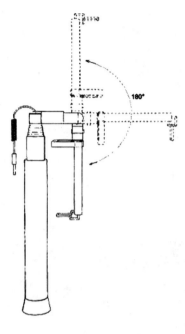

图 3

附件三

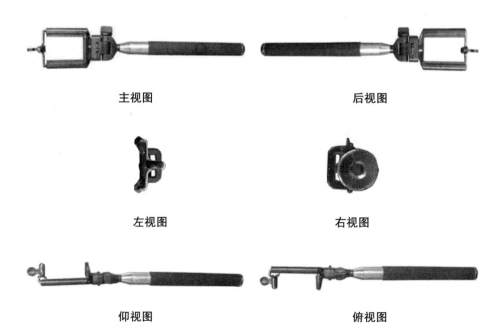

主视图   后视图

左视图   右视图

仰视图   俯视图

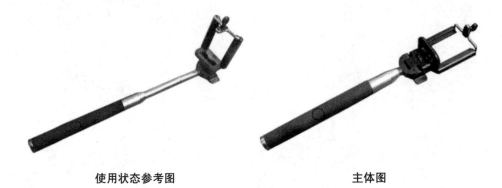

使用状态参考图 主体图

附件四

在外观设计专利侵权比对中确定设计要点特征的意义

——杭州巨星科技股份有限公司诉佛山市顺德区敦昌塑料五金实业有限公司侵害外观设计专利权案

内容摘要

外观设计专利权的保护范围以表示在图片或照片中的产品的图案、形状、色彩及其结合所呈现的外观设计为准；发明和实用新型专利权的保护范围则以文字表达的权利要求的内容为准，说明书及附图可用于解释权利要求的内容。因此，前者与后两者在各自的专利侵权比对中所涉的比对内容、比对方法等存在明显区别，应当分别通过案例予以评析。在外观设计专利中，由于设计要点特征相对于其他设计特征对于整体视觉效果更具有影响，因此通过本案例予以评析。此为专利侵权技术比对部分的第一个案例。

关键词 外观设计专利 设计要点特征 非对称设计 综合判断

裁判要点

在外观设计专利侵权诉讼中，确定设计要点特征的意义在于在侵权比对中，如果被诉侵权设计包含外观设计专利的全部设计要点特征，相同的这部分对于整体视觉效果更具有影响，法院据此认定两者构成相近似的可能性将会显著增加；如果被诉侵权设计未包含任何设计要点特征，法院一般可以认定两者不构成相同或相近似。如果被诉侵权设计仅包含部分设计要点特征，则应当遵循全面观察,以外观设计的整体效果综合判断的原则,进一步进行考量。在认定外观设计专利的设计要点特征时,首先可以参考外观设计专利公告授权文本记载的简要说明,其次可以引导当事人进行现有设计特征检索的举证以确定创新的设计要点特征。

相关法条

《中华人民共和国专利法》第五十九条第二款、第四十四条

《中华人民共和国民事诉讼法》第六十四条第一款

《最高人民法院关于审理侵犯专利权纠纷案件应用法律若干问题的解释》第十一条第二款

《最高人民法院关于审理专利纠纷案件适用法律问题的若干规定》第二十四条

案件索引

一审:佛山市中级人民法院(2012)佛中法知民初字第 22 号民事判决

二审:广东省高级人民法院(2013)粤高法民三终字第 79 号民事判决(笔者经办)

基本案情

上诉人(原审原告):杭州巨星科技股份有限公司(以下简称巨星公司)

被上诉人(原审被告):佛山市顺德区敦昌塑料五金实业有限公司(以下简称敦昌公司)

2004 年 3 月 17 日,仇建平向国家知识产权局申请名称为"折叠刀"的外观设计专利,并于 2004 年 11 月 10 日获得授权,专利号为 ZL200430005652.1,2008 年 10 月 8 日,该专利权转让给巨星公司。专利证书记载该专利共有九幅视图,具体视图如下:

俯视图

后视图

立体图

使用状态俯视图

使用状态后视图

使用状态立体图1

使用状态立体图2

使用状态仰视图

使用状态主视图

巨星公司此后没有再缴纳本案专利的年费。根据国家知识产权局出具的本案专利的专利登记簿副本的记载，本案专利年费缴纳至2012年3月16日，专利权于2012年3月17日终止。

敦昌公司在其网站上展示了被诉产品H32折叠刀的图片，且其展示的目的在于等待对该产品有购买意向的客户报价、订购产品。但敦昌公司表示在一审判决前已经将其公司网站上的被诉产品图片全部删除。

关于本案被诉侵权产品，（2011）粤穗广证内经字第55622号公证书显示，广东粤高律师事务的委托代理人张伟杰浏览敦昌公司网站的时间是2011年4月19日。敦昌公司网站（中文版）首页中"产品类别"项下"其他"页面上的"产品展示"包括H31折叠刀和被诉产品H32折叠刀的图片展示及文字介绍。被诉产品H32折叠刀的文字介绍包括"夹套式笔插设计"；同时文字介绍中包括"录入时间：2008-9-18"。H32折叠刀的图片展示如下：

可更换不同的刀片，适合不同的作业！
没有可折叠的功能，更加方便，安全。
夹套式笔插设计，方便携带！
点击数：77　录入时间：2008-9-18【打印此页】【关闭】

21

H31 折叠刀的文字介绍也包括"夹套式笔插设计",H31 折叠刀的图片展示如下:

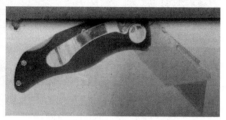

产品名称:**H31 - 折叠力**

产品说明:•金属闭合式多功能小刀,全金属制造,更加安全坚固!

• 可更换不同的刀片,适合不同的作业!

• 夹套式笔插设计,方便携带!

• 没有可折叠功能,更加方便,安全。

此外,巨星公司和敦昌公司二审期间均提供了本案外观设计专利的现有设计检索,其中与本案专利最接近的现有设计是专利名称为裁切刀,专利号为 CN3318543.3,申请日为 2003 年 1 月 19 日,公告日为 2003 年 10 月 22 日的外观设计专利。其主要视图如下:

打开状态图　　　　折叠状态图　　　　主视图　　　　后视图

巨星公司于 2011 年 12 月 23 日向法院提起诉讼，请求判令：（1）敦昌公司立即停止制造、销售、许诺销售侵犯巨星公司 ZL200430005652.1 外观设计专利权的侵权行为，并销毁其库存成品与半成品；（2）敦昌公司销毁用于生产侵权产品的专用模具及设备；（3）敦昌公司就其侵权行为在《中国五金机电》和《中国知识产权报》上刊登向巨星公司道歉声明，消除影响；（4）敦昌公司赔偿巨星公司经济损失人民币 50000 元；（5）敦昌公司承担本案全部诉讼费用。

裁判理由及结果

一审法院经审理认为：本案为侵害外观设计专利权纠纷，本案争议的焦点为被控侵权产品是否落入巨星公司本案专利权的保护范围。

本案被控侵权产品与专利产品用途相同，都是折叠刀，属于同类产品，可以进行近似性对比。被控侵权产品与巨星公司的专利相比对，两者均包括刀柄、刀架和刀片，刀柄后上部均为向右部尾端凹进去的弧形，下部均由两段弧形连接成波浪形，左部均有一圆形凸起。刀架与刀片在未使用时折叠收纳在刀柄的空腔内，而使用时，刀架与刀柄前端相连接均呈直角梯形，刀片连接刀架均成三角形。法院认为，巨星公司未提交证据证明敦昌公司被控侵权产品与 H31 折叠刀关于夹套式笔插的设计是相同的，也未提交证据证明被控侵权产品的刀柄另一面有何特征，应承担举证不能的责任，故对其关于被控侵权产品与 H31 折叠刀的夹套式笔插相同的主张，法院不予支持。由于巨星公司无法提供证据证明被控侵权产品刀柄的另一面是一梯形的长条凸起平行固定在刀柄上，而这一特征对于整体视觉产生实质性差异。因此，对于巨星公司关于被控侵权产品与本案专利相近似的主张，法院不予支持，判决驳回杭州巨星科技股份有限公司的诉讼请求。

上诉人巨星公司不服原审判决，提起上诉，请求如下：（1）撤销原审判决；（2）敦昌公司立即停止实施制造、销售、许诺销售等侵犯巨星公司 ZL200430005652.1 外观设计专利权的行为，并销毁其库存成品与半成品，销毁专用模具及设备；（3）敦昌公司赔偿巨星公司经济损失及合理费用人民币 50000 元，合理费用包括公证费 1000 元，律师费 35000 元；（4）敦昌公司在

《中国五金机电》和《中国知识产权报》上刊登向巨星公司道歉声明，消除影响；（5）敦昌公司承担本案一、二审全部诉讼费用。

二审法院经审理认为：本案为侵害外观设计专利权纠纷。

1. 关于本案专利的法律状态情况

由于巨星公司发现敦昌公司网站上展示被诉产品时本案专利权尚处于有效状态，故巨星公司有权提起本案诉讼。但由于本案专利权的效力已经终止，若敦昌公司侵权行为成立，巨星公司关于敦昌公司停止侵权行为的诉请不能成立，但若侵权成立，则敦昌公司应承担在本案专利权有效期间的侵权赔偿责任。

2. 关于敦昌公司行为性质的确定

根据《最高人民法院关于审理专利纠纷案件适用法律问题的若干规定》第二十四条规定，敦昌公司以在其网站上展示产品图片的方式作出销售被诉产品的意思表示，已构成了专利法规定的许诺销售行为。至于巨星公司认为敦昌公司有制造、销售被诉产品的行为，因没有证据予以证明，故法院对巨星公司的该项上诉主张不予认可。

3. 关于被诉产品 H32 折叠刀与本案外观设计专利是否近似的问题

外观设计专利的保护范围以表示在图片或者照片中的该产品的外观设计为准。人民法院认定外观设计是否相同或者近似时，应当根据授权外观设计、被诉侵权设计的设计特征，以外观设计的整体视觉效果进行综合判断。

（1）根据《最高人民法院关于审理侵犯专利权纠纷案件应用法律若干问题的解释》第十一条第二款规定，人民法院认定外观设计是否相同或者近似时，产品正常使用时容易被直接观察到的部位相对于其他部位、授权外观设计区别于现有设计的设计特征相对于授权外观设计的其他设计特征，对外观设计的整体视觉效果更具有影响。本案中，折叠刀的刀柄、刀架和刀片都属于产品正常使用时容易被直接观察到的部位；结合巨星公司和敦昌公司二审期间提供的本案外观设计专利的现有设计检索，本案外观设计的以下特征属于区别于上述现有设计的设计特征：①刀架部分：具有一个控制刀架夹页开合的凸起的"蚊香盘状"的圆形装置，且刀架上 U 形夹的设置方向为左端固定、右端开合。②刀柄部分：刀柄设计为由弧线分割的两部分，下部分的后部可见一个存储刀片的装置。

（2）比对本案外观设计专利与被诉侵权设计可知，本案外观设计专利具有一个控制刀架夹页开合的凸起的"蚊香盘状"的圆形装置，刀片置于夹页之间，夹页上具有椭圆形孔，夹页上部具有一个可抬起的 U 形夹，U 形夹由分段的顶部和两个侧部构成，其左端由铆钉连接在刀架上。被诉侵权设计不存在凸起的圆形装置，只是将刀片置于刀架的夹页之间，再将夹页通过螺丝固定，其中刀架上部具有条状凸起，中部具有菱形孔。两者存在明显区别。

（3）从本案专利的使用状态主视图、仰视图、俯视图可以看出本案外观设计的刀柄两侧面为非对称设计，因此要进行比对，有必要同时获得被诉产品刀柄部分两侧面的视图，否则对两侧面的设计组合成完整刀柄的整体视觉效果难以作出准确判断。敦昌公司的网站展示的被诉产品 H32 折叠刀的刀柄部分只有与本案专利使用状态后视图对应的一侧设计，没有与本案专利使用状态主视图对应的一侧设计。因而法院无法对被诉侵权设计与本案专利的重要设计特征刀柄部分的整体视觉效果进行准确判断。

至于巨星公司认为被诉产品刀柄部分与本案专利使用状态主视图对应的一侧设计，在同一系列的 H31 折叠刀的图片中已作出展示，故应以 H31 折叠刀对应侧面的图片为依据认定被诉产品 H32 折叠刀刀柄部分该侧面的设计。法院认为在没有其他证据的情况下，不能仅凭两者均含有"夹套式笔插设计"的文字描述，证明 H32 折叠刀未展示的一侧与 H31 折叠刀有相同的设计，巨星公司该上诉理由不成立，法院不予采纳。

综上，法院认为，整体观察本案专利设计与被诉侵权设计，本案折叠刀的刀柄、刀架、刀片均属产品正常使用时容易直接观察到的部位。同时刀架与刀柄部分的设计特征是本案专利与现有设计相比区别更为显著的设计特征。其中刀架设计两者有明显区别，刀柄部分无法进行有效比对，因此，从现有证据来看，应认定被诉产品 H32 折叠刀的设计与授权外观设计在整体视觉效果上存在实质性差异，两者不相同、不相近似。

综上所述，巨星公司的上诉请求和理由没有事实和法律依据，法院不予支持。原审判决认定事实基本清楚，适用法律正确，依法应予以维持。故判决驳回上诉，维持原判。

案例评析

本案的关键是在外观设计专利侵权比对中，确定设计要点特征的意义以及审查中需要注意的问题。

根据《最高人民法院关于审理侵犯专利权纠纷案件应用法律若干问题的解释》第十一条规定，法院认定外观设计是否相同或者近似时，应当根据授权外观设计、被诉侵权设计的设计特征，以外观设计的整体视觉效果进行综合判断；其中，授权外观设计区别于现有设计是设计特征（即本文所称的设计要点特征）相对于授权外观设计的其他设计特征，通常对外观设计的整体视觉效果更具有影响。并且，最高人民法院指导案例85号高仪股份公司诉浙江健龙卫浴有限公司侵害外观设计专利权纠纷案的裁判要点为：授权外观设计的设计特征（即本文所称的设计要点特征）体现了其不同于现有设计的创新内容，也体现了设计人对现有设计的创造性贡献。如果被诉侵权设计未包含授权外观设计区别于现有设计的全部设计特征，一般可以推定被诉侵权设计与授权外观设计不近似。对于设计特征的认定，应当由专利权人对其所主张的设计特征进行举证，并允许第三人提供反证予以推翻。

据此，在外观设计专利的侵权比对中，应当结合证据尽可能审查确定属于创新内容的设计要点特征，从而使外观设计专利的保护范围进一步明晰。确定设计要点特征，既可以参考外观设计专利公告授权文本记载的简要说明并要求权利人进行阐释，同时也可以引导当事人进行现有设计特征检索的举证以确定创新的设计要点特征。如本案中，二审法院要求双方当事人对于设计要点特征进行检索和举证，根据证据确定其中与本案专利最接近的现有设计的专利名称为裁切刀、专利号为 CN3318543.3、申请日为 2003 年 1 月 19 日、公告日为 2003 年 10 月 22 日的外观设计专利；结合现有设计确定设计要点特征为：（1）刀架部分：具有一个控制刀架夹页开合的凸起的"蚊香盘状"的圆形装置，且刀架上 U 形夹的设置方向为左端固定、右端开合。（2）刀柄部分：刀柄设计为由弧线分割的两部分，下部分的后部可见一个存储刀片的装置。

在审查过程中，应当注意以下几个问题：

（1）外观设计设计要点特征的审查确定受制于当事人的举证、检索能力和水平，因此这是一个个案认定的事实问题，应允许在同一案件不同审级或不同案件中因检索和举证的丰富而产生变化。

（2）由于现有设计要点特征的确定依赖于现有设计检索，法院可以依据当事人在诉讼中为其他证明目的所提交的评价报告、现有设计抗辩的对比文件等材料中出现的现有设计内容对外观设计的设计要点特征进行审查，不应局限于双方当事人专为证明设计要点特征所举的证据。如在胡少兴诉广东容声电器股份有限公司（以下简称容声公司）、佛山市顺德区齐飞电器有限公司（以下简称齐飞公司）外观设计专利权侵权案①中，二审法院认为，从容声公司、齐飞公司提交的现有设计抗辩对比文件，即 ZL201130215646.9 "液体加热器（养生壶）"外观设计专利的情况来看，其壶身使用的也是上部、中部透明与下部非透明材质结合的设计，与名称为"电水壶（快速玻璃2011）"、专利号为 ZL201130288324.7 的涉案专利设计在产品整体中使用透明与非透明材质的对应特征相同，因此壶身上部、中部透明与下部非透明材质结合的设计特征不是涉案专利的设计要点特征，即使被诉侵权设计该部分也采用了相同设计，但相比其他设计要点特征对整体视觉效果的影响力较弱。二审法院最终认定涉案专利与被诉侵权设计不相同不相近似，因此驳回了原告的诉讼请求。

（3）外观设计的比对原则是整体观察、综合判断，比对的是产品的图案、形状、色彩及其结合所产生的设计，并非发明和实用新型专利中权利要求记载的具体技术特征。因此，不应将外观设计专利中的设计要点特征比照发明和实用新型专利权利要求中单独的技术特征看待，当被诉侵权设计缺少其中一个设计要点特征时，不应参照发明和实用新型专利的全面覆盖原则直接认定被诉侵权设计与授权外观设计不近似，而应当将设计要点特征作为整体视觉效果中更具有影响的部分看待，结合整体视觉效果中的其他部分进行判断。如果被诉侵权设计包含外观设计专利的全部设计要点特征，相同的这部分对于整体视觉效果更具有影响，法院一般可以认定两者构成相同或相近

---

① 广东省高级人民法院（2014）粤高法民三终字第 223 号民事判决。

似；同理，如果被诉侵权设计未包含任何设计要点特征，法院一般可以认定两者不构成相同或相近似；但如果被诉侵权设计仅包含部分设计要点特征，则应当遵循外观设计整体观察、综合判断的原则，进一步进行考量。

如在本案中，被诉侵权设计刀架上不存在凸起的圆形装置，与外观设计刀架部分的设计要点特征具有明显区别，但是被诉侵权设计的刀柄部分的一侧也是由弧线分割的两部分，下部分的后部可见一个存储刀片的装置，因此被诉侵权设计的设计与两个设计要点特征的其中之一构成近似。在此情况下，还应当结合其他设计进行整体观察、综合判断。在进一步的侵权比对中，由于涉案外观设计专利的刀柄部分是典型的非对称设计，有必要同时获得被诉产品刀柄部分两侧面的视图，否则对两侧面的设计组合成完整刀柄的整体视觉效果难以作出准确的判断；鉴于权利人不能证明刀柄部分的另一侧是否与外观设计相同或近似，并结合前述比对内容，法院最终作出被诉侵权设计与涉案外观设计专利不相同、不相近似的比对结论。

外观设计专利侵权比对中关于
一般消费者、功能性设计等问题的研究

——CARMELO JOSEPH LICCIARDI DI STEFANO
诉广州市伽瑞窗饰制品有限公司侵害外观设计专利权案

内容摘要

外观设计专利以产品为载体，因其富有美感且适于工业应用而吸引消费者，因此外观设计专利侵权比对应以一般消费者的知识水平和认知能力为基准，以保护工业产品上的外观设计能给予消费者的美感效果为关键，排除主要由技术功能决定特别是由产品的功能唯一限定的设计特征以及对整体视觉效果不产生影响的产品材料、内部结构等特征。此为专利侵权技术比对部分的第二个案例。

关键词　外观设计专利　一般消费者　功能性设计　使用状态改变　产品
正常使用时容易观察到的部位

裁判要点

（1）法院应以外观设计专利产品一般消费者的知识水平和认知能力，判断外观设计是否相同或者近似，此处的一般消费者应当作何理解？（2）本案产品是零部件且属于使用状态会改变的产品，因而应当以该产品自身单独的形状以及使用状态改变的情况为对象来确定正常使用时容易被直接观察到的部位。（3）对于主要以技术功能决定的设计特征以及对整体视觉效果不产生影响的产品的材料、内部结构等特征，在认定外观设计是否相同或近似时应当不予考虑，其中主要以技术功能决定的设计特征应作如何理解？

相关法条

《中华人民共和国专利法》第五十九条第二款

《最高人民法院关于审理侵犯专利权纠纷案件应用法律若干问题的解释》第十条、第十一条

案件索引

一审：广州市中级人民法院（2012）穗中法民三初字第 224 号民事判决

二审：广东省高级人民法院（2013）粤高法民三终字第 199 号民事判决（笔者经办）

基本案情

上诉人（原审原告）：CARMELO JOSEPH LICCIARDI DI STEFANO（以下简称 CARMELO）

被上诉人（原审被告）：广州市伽瑞窗饰制品有限公司（以下简称伽瑞公司）

2006 年 7 月 7 日，CARMELO 申请"卷帘卷轴帽体（一）"的外观设计专利，于 2007 年 5 月 16 日被授予外观设计专利，专利权期限为十年，自申请日起算，专利号为：ZL200630123088.2。CARMELO 缴纳本案专利的年费截止到 2012 年 7 月 6 日。

上述外观设计专利的视图如下：

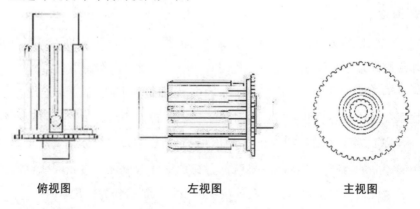

俯视图　　　　　　　　左视图　　　　　　　　主视图

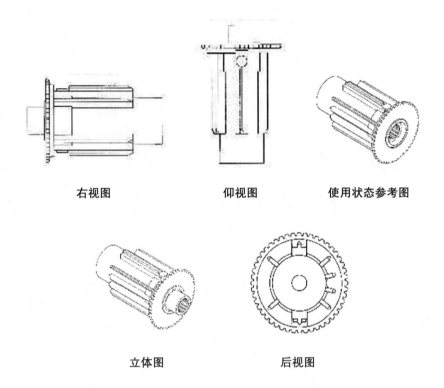

右视图　　　　　　　　仰视图　　　　　使用状态参考图

立体图　　　　　　　　后视图

　　CARMELO 于同日又申请了一项名为"卷帘卷轴帽体（三）"的外观设计专利，专利号为 ZL200630123085.9，该专利的立体图如下：

　　CARMELO 于 2006 年 7 月 14 日申请了一项名为"卷帘卷轴连动构造"的实用新型专利，专利号为 ZL200620129705.4，其权利要求 1 有以下内容：一种卷帘卷轴连动构造，其特征在于：它至少包括二组卷轴帽体及一固定架，每一卷轴帽体各设有一连动块，每一连动块各设有结合件，且相邻二组卷轴帽体的结合件成对应偶合，并固定架设有一孔以枢接二偶合的连动块之一。

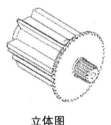

立体图

　　伽瑞公司确认其制造、销售、许诺销售被诉侵权产品，并主张该产品是依据伽瑞公司法定代表人的外观设计专利进行生产的，并提供两份外观设计专利证书，专利号分别为 ZL200930070529.0 和 ZL200930070528.6。外观设计专利的名称分别为卷帘制头（2）、卷帘制头（1）；专利权人皆为邱永忠，上述专利申请日均在本案专利的申请日及授权公告日之后。

　　被诉的卷帘卷轴帽体产品属于在市场上可以单独购买的卷帘配件产品。伽瑞公司自认生产被诉产品需要使用模具及通用设备注塑机。

　　被诉侵权设计的视图如下：

主视图　　　　　　　后视图　　　　　　　左视图

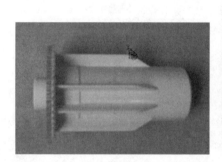

右视图　　　　　　　俯视图　　　　　　　仰视图

立体图　　　　　　　　　使用状态参考图

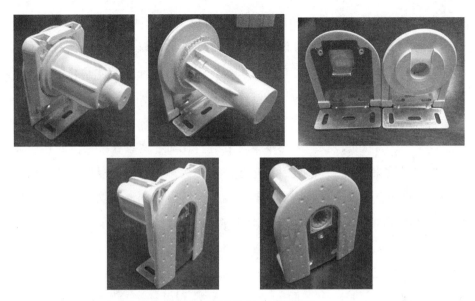

被诉产品配件及组合后的视图

2012 年 3 月 19 日，CARMELO 向法院提起诉讼，请求判令：（1）伽瑞公司立即停止制造、销售、许诺销售侵犯 CARMELO 的"ZL200630123088.2 卷帘卷轴帽体（一）"外观设计专利权的产品；（2）判令伽瑞公司立即销毁制造侵权产品的模具和专业设备，销毁库存的侵权产品、半成品，销毁包含侵权产品的宣传册和网站内容；（3）伽瑞公司赔偿 CARMELO 经济损失人民币 30 万元（含为制止侵权而支出的合理费用）；（4）诉讼费用由伽瑞公司承担。

伽瑞公司答辩称：（1）伽瑞公司生产的被诉侵权产品是依据伽瑞公司的法定代表人邱永忠申请取得的外观设计专利进行生产的，不构成侵权。（2）既然邱永忠的外观设计专利获得授权，说明伽瑞公司的产品设计与 CARMELO 专利设计存在显著区别；且双方的外观设计专利不论是图片对比还是实物对比，都存在显著差异，不存在相同或者近似的情况，不构成侵权。

裁判理由及结果

一审法院经审理认为：CARMELO 是名称为"卷帘卷轴帽体（一）"、专利号为 ZL200630123088.2 的外观设计专利权人。他人未经 CARMELO 许可，不得为生产经营目的制造、销售、许诺销售侵犯其外观设计专利权的产品。伽瑞公司主张其制造、销售、许诺销售的上述被诉侵权产品是依据伽瑞公司法定代表人的外观设计专利进行生产的，并提供两份外观设计专利证书，但是这两份专利证书的专利申请日均在本案专利的申请日之后，不能对抗本案的专利权。

本案中，将被诉侵权产品与本案专利进行比对，两者在下列方面存在显著区别：（1）主视图，专利设计的内齿轮的角为钝角，被诉侵权设计的内齿轮的角为锐角；（2）从左视图和右视图看，专利设计的筒翼均呈直角，且比较厚，金属铁片在其中一个筒翼上，被诉侵权设计的筒翼均呈钝角，且比较薄，金属铁片在两个筒翼之间的位置；（3）从后视图看，专利设计的筒翼之间的距离较均匀，筒体的后部有圆孔，而被诉侵权设计筒翼之间的距离参差不齐，筒体的后部是一个平面，没有圆孔。消费者在选择卷帘卷轴帽体时，一般会注意齿轮的形状、金属铁片的位置、筒翼之间的距离等设计特征。因此，被诉侵权设计与专利设计构成整体视觉效果的实质性差异，两者之间不构成相同或近似。故判决驳回 CARMELO 的全部诉讼请求。

上诉人 CARMELO 不服一审判决，提起上诉。

二审法院经审理认为：本案为侵害外观设计专利权纠纷，二审诉讼争议焦点是：被诉产品与本案外观设计专利是否构成近似。

关于被诉产品与本案外观设计专利是否近似的问题，人民法院认定外观设计是否相同或者近似时，应当以外观设计专利产品的一般消费者的知识水平和认知能力，根据授权外观设计、被诉侵权设计的设计特征，以外观设计的整体视觉效果进行综合判断；其中，产品正常使用时容易被直接观察到的部位相对于其他部位、授权外观设计区别于现有设计的设计特征相对于授权外观设计的其他设计特征，对外观设计的整体视觉效果更具有影响。

从卷帘生产和使用的通常情况来看，卷帘卷轴帽体产品与卷帘卷轴既可以在生产商、销售商处加工装配，也可以由卷帘卷轴的最终使用者从市场上单独购买更换，故购买卷帘卷轴帽体产品的一般消费者包括卷帘的制造商、需要更换配件的销售商及个人用户等。同时，由于本案产品既是必须与其他配件组合使用的零部件，又是使用状态会改变的产品，因而关于其在正常使用时容易被直接观察到的部位的确定，不能以该产品与铝管等其他配件装配之后的组合件的整体为判断对象，而应当以该产品自身单独的形状以及使用状态改变的情况为对象来确定正常使用时容易被直接观察到的部位。根据上述原则以及本案专利的立体图、使用状态参考图，一般消费者在正常使用时容易直接观察到的部位既包括外突内齿轮的形状、外突内齿轮和锯齿状外齿轮结合部分的形状，以及筒体和筒翼等其他部位；也包括该产品处于使用状态时，外突内齿轮收缩至筒体内与锯齿状外齿轮结合部分的形状，以及筒体和筒翼等其他部位，因此 CARMELO 认为筒体和筒翼属于正常使用时不容易被直接观察到的部位的意见，法院不予采纳。

关于 CARMELO 认为"外突内齿轮的形状、外突内齿轮和锯齿状外齿轮结合部分的形状"属于区别于现有设计特征的创新设计特征，因此对整体视觉效果更具有显著影响的主张。法院认为，根据权利人另行申请的专利号为 ZL200630123085.9、名为"卷帘卷轴帽体（三）"的外观设计专利的立体图以及专利号为 ZL200620129705.4、名为"卷帘卷轴连动构造"的实用新型专利的权利要求 1 的内容，可以判断本案的授权外观设计外突内齿轮、外突内齿轮和锯齿状外齿轮结合部分的形状，从功能上而言是为了与另一组卷轴帽体对应偶合而设计的。其中将外突内齿轮、锯齿状外齿轮设计为圆柱形和圆形是为了实现其能够旋转的功能，因此外突内齿轮的圆柱形状、外突内齿轮和锯齿状外齿轮结合部分的形状主要是基于其所要实现的功能来决定的。以一般消费者的角度来看，在现有技术条件下，考虑该产品的功能、性能以及经济性等因素，该部分形状的设计应视为主要由特定功能所决定，而非从美学因素上考虑。根据《最高人民法院关于审理侵犯专利权纠纷案件应用法律若干问题的解释》第十一条第一款规定，对于主要由技术功能决定的设计特征，法院在认定外观设计是否相同或相近似时，应当不予考虑，因此对于 CARMELO 的该项上诉理由，法院不予采纳。

将被诉侵权设计与授权外观设计进行比对，原审法院查明的两者存在的区别属实。其中，后视图中筒翼的分布，上下对称的两翼将筒体底部划分为两个半圆，授权外观设计的左半圆为两翼、右半圆为四翼；但被诉侵权设计的左右半圆各为三翼，并且两者的筒翼角度设计存在差异，两者在视觉效果上存在明显区别。综合两者存在的各项区别，原审法院认定被诉侵权设计与授权外观设计构成整体视觉效果的实质性差异，因此认定两者不相同或近似，认定准确，法院予以维持。

综上所述，CARMELO 的上诉请求和理由没有事实和法律依据，法院不予支持。原审判决认定事实基本清楚，适用法律正确，依法应予以维持。判决：驳回上诉，维持原判。

案例评析

本案涉及外观设计专利侵权比对中的几个重要问题：（1）外观设计专利侵权比对中的一般消费者应当作何理解。（2）如何确定正常使用时容易被直接观察到的部位。（3）对于主要以技术功能决定的设计特征，即功能性设计应当作何理解。

1. 外观设计专利侵权比对中的一般消费者应当作何理解的问题

根据《最高人民法院关于审理侵犯专利权纠纷案件应用法律若干问题的解释》第十条规定，人民法院应当以外观设计专利产品一般消费者的知识水平和认知能力，判断外观设计是否相同或者近似。因此，判断外观设计是否相同或者近似的主体标准是一般消费者，在理解一般消费者的范围时，应将所有有购买外观设计专利产品需求的群体囊括在内，并且结合专利产品属于可以单独出售的产品还是只能作为零部件与其他产品一起出售（而不能单独出售）等特殊因素进行考虑。本案中，从卷帘生产和使用的通常情况来看，卷帘卷轴帽体产品与卷帘卷轴既可以在生产商、销售商处加工装配，也可由卷帘卷轴的最终使用者从市场上单独购买更换，故购买卷帘卷轴帽体产品的一般消费者包括卷帘的制造商、需要更换配件的销售商及个人用户等。假设卷帘卷轴帽体产品属于不能单独购买的产品，而必须作为不可分割的零部件在卷帘成品中一起出售，卷帘销售商和最终使用者无法单独购买卷帘卷轴帽体产品进行更换，那一般消费者则不应包括销售商及个人用户，只能认定为卷帘产品的制造商。

2. 如何确定正常使用时容易被直接观察到的部位问题

根据《最高人民法院关于审理侵犯专利权纠纷案件应用法律若干问题的

解释》第十一条规定，人民法院认定外观设计是否相同或者近似时，产品正常使用时容易被直接观察到的部位相对于其他部位，通常对外观设计的整体视觉效果更具有影响。对于可以单独购买的零部件产品而言，不能以该产品与其他配件装配之后的组合件的整体为判断对象，而应当以该产品自身单独的形状为对象进行判断；同时，对于使用状态会改变的产品而言，正常使用时容易被直接观察到的部位又应当以该产品自身单独的形状以及使用状态改变的情况为对象来确定。因此，本案中确定一般消费者在正常使用时容易直接观察到的部位既包括外突内齿轮的形状、外突内齿轮和锯齿状外齿轮结合部分的形状，以及筒体和筒翼等其他部位；也包括该产品处于使用状态改变时，外突内齿轮收缩至筒体内与锯齿状外齿轮结合部分的形状，以及筒体和筒翼等其他部位。

3. 关于对于主要以技术功能决定的设计特征如何理解的问题

根据《最高人民法院关于审理侵犯专利权纠纷案件应用法律若干问题的解释》第十条规定，对于主要以技术功能决定的设计特征以及对整体视觉效果不产生影响的产品的材料、内部结构等特征，在认定外观设计是否相同或近似时应当不予考虑。根据《专利审查指南》第四部分"复审与无效请求的审查"第五章"无效宣告程序中外观设计专利的审查"6.1"与相同或者相近种类产品现有设计对比"第（3）项规定，由产品的功能唯一限定的特定形状对整体视觉效果通常不具有显著影响。据此，笔者认为，上述司法解释中"主要以技术功能决定的设计特征"更应接近于"由产品的功能唯一限定的设计特征"的理解，而不能认为所有以技术功能决定的设计特征在认定外观设计是否相同或近似时都不予考虑。本案中，授权外观设计外突内齿轮、外突内齿轮和锯齿状外齿轮结合部分的形状，从功能上而言是为了与另一组卷轴帽体对应偶合而设计的，其中将外突内齿轮、锯齿状外齿轮设计为圆柱形和圆形是为了实现其能够旋转的功能，因此外突内齿轮的圆柱形状、外突内齿轮和锯齿状外齿轮结合部分的形状主要是基于其所要实现的功能来决定的。以一般消费者的角度来看，在现有技术条件下，考虑该产品的功能、性能以及经济性等因素，该部分形状的设计应视为主要由特定功能所决定，而非从美学因素上考虑，因此在认定外观设计是否相同或近似时应当不予考虑。

在发明专利侵权比对中
关于等同特征的审查判断

——王金领诉佛山市顺德区锦昌机械实业 有限公司侵害发明专利权案

内容摘要

发明和实用新型专利权的保护范围包括与权利要求中明确记载的技术特征相同以及等同的特征所确定的范围，因此被诉侵权技术方案的相应特征与专利权利要求的技术特征相比，是否构成相同或者等同，属于发明和实用新型专利侵权比对中首先要审查的问题。此为专利侵权技术比对部分的第三个案例。

关键词 发明专利 等同特征 功能性限定

裁判要点

（1）等同特征是指与所记载的技术特征以基本相同的手段，实现基本相同的功能，达到基本相同的效果，并且本领域普通技术人员在被诉侵权行为发生时无须经过创造性劳动就能够联想到的特征。（2）对于权利要求中以功能或者效果表述的技术特征，人民法院应当结合说明书和附图描述的该功能或者效果的具体实施方式及其等同的实施方式，确定该技术特征的内容。

相关法条

《中华人民共和国专利法》第五十九条第一款

《最高人民法院关于审理专利纠纷案件适用法律问题的若干规定》第十

七条第二款

《最高人民法院关于审理侵犯专利权纠纷案件应用法律若干问题的解释》第二条、第四条、第五条、第六条、第七条

案件索引

基本案情

上诉人（原审原告）：王金领

被上诉人（原审被告）：佛山市顺德区锦昌机械实业有限公司（以下简称锦昌公司）

2010 年 2 月 12 日，王金领申请了名称为"一种具有多工位冲头的冲床模头"、专利号为 ZL201010116092.1 的发明专利，王金领主张保护发明专利的权利要求 1 的技术方案：一种具有多工位冲头的冲床模头，包括上模、下模和控制系统，其中所述上模设有若干工位的冲头，所述下模设有与上模各冲头对应的凹模镶件（9），其特征在于：所述上模设有上固定板，各冲头设置在该上固定板上，各冲头包括动力装置（1）、斜块（2）、与斜块（2）配合运动的固公斜块（3）、冲针（4）、由弹性部件（5）与退料块（6）连接构成的退料装置以及导管（7）；所述斜块（2）可水平移动安装在所述上固定板上，所述斜块（2）的顶部设有平面，下部设有成阶梯状两层平面（202、203），且两平面之间通过一斜面（201）过渡，该斜块（2）的一端连接所述动力装置（1），所述动力装置（1）连接控制系统；所述导管（7）垂直固定安装在所述上固定板下方开设的位置与斜块（2）对应的孔中，所述固公斜块（3）、退料块（6）按上下位置、可移动安装在所述导管（7）内，所述固公斜块（3）的上部设有斜块（2）向其移动的过程中、被斜块（2）底部的斜面（201）推动其向下移动的斜面（301）；所述固公斜块（3）与导管（7）之间设有用于限定固公斜块（3）下移至最低位置时顶端与导管（7）

顶端齐平、上移至最高位置时其上部的斜面（301）穿出导管（7）顶端的第一限位结构，所述退料块（6）的上端连接有其上移时被压缩的弹性部件（5），所述退料块（6）与导管（7）之间设有用于限定退料块（6）下移至最低位置时其底端穿出导管（7）的第二限位结构；所述冲针（4）的上端固定在所述固公斜块（3）上，且所述冲针（4）的顶端不高于固公斜块（3）的顶端，所述冲针（4）的下端在固公斜块（3）下移至最低位置、退料块（6）向上移动至最高位置时穿出所述退料块（6）；所述下模包括凹模固定板，该凹模固定板安装有数量、位置与所述上模的冲头相应的凹模镶件（9），所述凹模镶件（9）开有与对应冲头的冲针对应的孔（901）。

涉案发明专利说明书的"发明内容"部分包含以下内容：1. 本发明的目的是提供一种成本低、使用方便且易于维护的具有多工位冲头的冲床模头。2. 本发明所述固公斜块（3）开有形状、大小与所述冲针（4）相应的轴向孔302，所述冲针的上端通过固定在该轴向孔内连接固公斜块。3. 本发明的冲针是在固公斜块的带动下下移的，设计时可以将两者制成整体结构，但是整体结构制造难度较大，而且由于冲针直接作用于冲压材料，消耗较大，因此使用一定时间后需要更换，而整体结构就必须同时更换固公斜块和冲针，造成浪费；将冲针和固公斜块做成分体结构，制造方便、成本低，且便于更换消耗大的冲针。4. 另外由于斜块的底部两平面（202、203）之间的高度与固公斜块位于最高位置时其顶部穿出导管7的高度相等，当固公斜块的下槽壁与第一限位销时，其顶端刚好与斜块底部较高的平面（202）接触，进一步限定固公斜块的最高位置，且同时防止与固公斜块分体的冲针穿出固公斜块的顶端。

涉案专利说明书具体实施方式中实施例1展示了弹性部件位于固公斜块与退料块之间导管内的技术方案；实施例2展示了弹性部件位于导管外固公斜块的上方，通过顶针与退料块的上端相连接的技术方案。

锦昌公司制造和销售了被诉侵权产品，产品上实施的被诉侵权技术方案是：1. 一种具有多工位冲头的冲床模头，包括上模、下模和控制系统，其中所述上模设有若干工位的冲头，所述下模设有与上模各冲头对应的凹模镶件。所述上模设有上固定板，各冲头设置在该上固定板上，各冲头包括动力装置、斜块、冲针、退料装置以及导管。2. 斜块（见附图一）可水平移动安装在所述上固定板上，所述斜块由顶部平面、下部平面以及两平面之间的斜面构成直角梯形状，该斜块的一端连接所述动力装置，所述动力装置连接控制系统。3. 导管垂直固定安装在上固定板下方开设的位置与斜块对应的孔中，退料块按上下位置、可移动安装在上述导管内。4. 冲针（见附图二）上部是多种形状的帽形，帽形上设有斜块向其移动的过程中，被斜块底部的斜面推动其向下移动的斜面；冲针上部的帽形体积较小，其与导管之间留有空隙（见附图三）。5. 弹性部件设置在上模的上固定板中，上固定板上设有对应的通孔，同时第一限位结构（见附图四）也设有与之对应的通孔，弹性部件利用穿过这些通孔的顶针，与退料块的上端相连接构成退料装置，在退料块上移时弹性部件被压缩；并且，顶针恰好可以从冲针上部的帽形与导管之间的空隙处穿过，即顶针不会与冲针及其帽形发生接触。6. 导管内设有用于限定冲针下移至最低位置时顶端与导管顶端齐平的第一限位结构；退料块与导管之间设有用于限定退料块下移至最低位置时其底端穿出导管的第二限位结构。7. 冲针下移至最低位置进行冲压时，其下端穿出所述的退料块，此时其上部帽形的下平面与第一限位结构的上平面接触、同时退料块向上移动至最高位置（见附图五）。8. 所述下模包括凹模固定板，凹模固定板安装有数量、位置与上模冲头相应的凹模镶件，凹模镶件开有与对应冲头的冲针对应的孔。

王金领于 2012 年 10 月 19 日向广东省佛山市中级人民法院提起诉讼，请求判令：（1）锦昌公司立即停止生产、销售侵犯王金领所拥有的专利号为 ZL201010116092.1、名称为"一种具有多工位冲头的冲床模头"的发明专利权的侵权产品；（2）锦昌公司赔偿王金领经济损失及为调查、起诉侵权行为所支出的合理费用（包括但不限于诉讼费、律师费、差旅费等）共计人民币 300000 元；（3）锦昌公司销毁侵权产品及其模具；（4）锦昌公司承担本案的诉讼费用。

裁判理由及结果

一审法院经审理认为：依据《专利法》第五十九条第一款规定并结合本

案技术对比情况，被诉侵权技术方案和专利权权利要求 1 记载的全部特征相比较，存在以下不同之处：被诉侵权技术方案安有一个呈直角梯形的金属块，该金属块下部仅有一平面和一斜面，具有凹位，没有专利权权利要求 1 中的阶梯状两层平面及连接两平面的一斜面，没有突出的条形部件。根据《最高人民法院关于审理侵犯专利权纠纷案件应用法律若干问题的解释》第七条规定，因被诉侵权技术方案的技术特征与专利权权利要求 1 记载的全部技术特征相比，其直角梯形斜块和权利要求 1 记载的斜块存在明显差异，两者不属于等同的技术特征，故一审法院认定被诉侵权方案没有落入专利权的保护范围。判决驳回王金领的全部诉讼请求。

王金领不服一审判决，提起上诉，请求撤销原审判决，改判支持一审全部诉讼请求或者发回重审，诉讼费用由锦昌公司承担。理由是：（1）关于双方有争议的"固公斜块"技术特征，权利要求 1 中固公斜块和冲针虽然是两个技术特征，但这两者的连接方式是分体设计还是整体设计，权利要求 1 并没有限制；虽然被诉产品的固公斜块和冲针是整体设计，但由于涉案专利说明书已经清楚地说明了固公斜块和冲针可以采取整体设计，因此应认定被诉产品技术方案包含了与权利要求 1 的固公斜块相同的技术特征。（2）关于双方有争议的"弹性部件"技术特征，虽然被诉产品的弹性部件并不在导管内，而是在导管外；但由于权利要求 1 并未限制弹性部件的位置是在导管内还是在导管外，并且在涉案专利说明书的实施例 2 中已详细阐述了弹性部件处于导管外的情形，对应实施例 2 的说明书附图的图 33 至图 37 中，也展示了弹性部件处于导管外的结构示意图。因此应认定被诉产品技术方案包含了与涉案专利权权利要求 1 记载的弹性部件相同的技术特征。（3）关于双方有争议的"第一限位结构"技术特征，被诉产品的第一限位结构是其导管内壁横向凸出的圆环状物，由于权利要求 1 仅就第一限位结构作了功能性描述，并未对其形状和构造作出任何限制，而被诉产品上的圆环状物具有第一限位结构的功能，因此应认定被诉产品技术方案包含了与涉案专利权权利要求 1 记载的第一限位结构相同的技术特征。（4）关于双方有争议的"斜块"技术特征，由于被诉产品的斜块没有两层平面，原审法院认定被诉产品缺少与权利要求 1 的斜块相同的或等同技术特征。但是王金领认为两者构成等同特征。

首先，两者的功能定位完全一样，两者的一端连接动力装置、另一端连接与斜块配合运动的固公斜块，斜块的水平运动通过与固公斜块的匹配而转化为垂直运动。其次，两者的效果基本相同，均使固公斜块做垂直运动进而带动其下的冲针做垂直运动并垂直冲压待冲压材料。最后，二者的技术手段基本相同，在结构上形成替代。涉案专利权利要求1中斜块的平面（202）的主要作用在于限定固公斜块的最大上行程，在斜块和固公斜块的斜面相切时，该平面（202）是盖在固公斜块的正上方的。被诉产品以模头上固定板的下平面替代了平面（202），于是在工作效果上，固公斜块的最大行程得到了控制，而这是本领域的技术人员不用创造性劳动可以想到的；并且权利要求1中并未对平面（202）的厚度有任何限制性说明，当平面（202）的厚度趋向于零时，即与被诉产品的斜块结构相同。

锦昌公司辩称：将被诉产品冲床模头的技术方案与涉案专利权利要求1进行比对，除了以下四个争议特征以外，双方当事人对被诉产品包含其他技术特征没有异议。（1）被诉产品缺少固公斜块的技术特征，只是在冲针的上部设计成多种形状的帽形，如其中之一为蘑菇状；即使可以将冲针上方的这些帽形认为是固公斜块，被诉产品存在的也仅仅是整体设计的"固公斜块和冲针"，但涉案专利说明书中已经明确排除了整体设计的"固公斜块和冲针"的技术方案，根据禁止反悔规则，被诉产品的该项特征与涉案专利的固公斜块不构成相同或等同。（2）根据权利要求1的内容，弹性部件的位置是在导管内，处于固公斜块与退料块之间；而被诉产品的弹性部件是在模头上固定板中，即在导管外，因此被诉产品不包含与权利要求1的弹性部件相同的技术特征。（3）被诉产品缺少第一限位结构，仅有一个"定位销"，没有限制"整体设计的固公斜块和冲针"向上移动的最大行程的功能，即不包含与权利要求1中手段、功能和效果相同的第一限位结构。（4）涉案专利的固公斜块由于与弹性部件接触，在弹性部件恢复时产生向上移动的力；同时由于固公斜块与冲针是可分离的，因此固公斜块需要由第一限位结构以及斜块上的平面（202）限制上移的最大行程。但是被诉产品是"整体设计的固公斜块和冲针"，且弹性部件并未在固公斜块的下方与其接触，因此整体设计的固公斜块和冲针并没有受到向上移动的力，不需要由第一限位结构以及斜块的平面（202）限制上移的空间，所以被诉产品的斜块没有平面（202）。

二审法院认为：本案为侵害发明专利权纠纷，二审诉讼双方的争议焦点，主要集中在被诉产品冲床模头的技术方案是否包含了与涉案发明专利权利要求1中"固公斜块""弹性部件""第一限位结构""斜块"相同或等同的技术特征。

1. 被诉产品的技术方案是否包含了与权利要求1的"固公斜块"相同或等同的技术特征

（1）根据权利要求1的表述，虽然冲针的上端固定在固公斜块上，但权利要求1将固公斜块与冲针分列为两个技术特征而非单一技术特征应无异议，这一点从说明书"本发明所述固公斜块开有形状、大小与所述冲针相应的轴向孔302，所述冲针的上端通过固定在该轴向孔内连接固公斜块""且同时防止与固公斜块分体的冲针穿出固公斜块的顶端"等描述中也能得到进一步的印证和解释；现被诉产品的技术方案由上部形状为帽形的冲针代替了单独的固公斜块和冲针，其中帽形和冲针一体形成，不需像涉案专利权利要求1中一样另行将冲针的上端固定在固公斜块上，其结构与权利要求1的固公斜块存在明显区别，因此应认定被诉产品的技术方案不包含与权利要求1的固公斜块相同的技术特征。（2）涉案专利与被诉产品是否构成等同。根据《最高人民法院关于审理专利纠纷案件适用法律问题的若干规定》第十七条第二款规定，等同特征是指与所记载的技术特征以基本相同的手段，实现基本相同的功能，达到基本相同的效果，并且本领域的普通技术人员无须经过创造性劳动就能够联想到的特征。被诉产品的技术方案选择了相对而言制作成本较高、固公斜块和冲针必须共同更换的整体设计方案，放弃了制造方便、成本低、冲针更换容易的分体设计方案。因此，两者的技术手段不构成基本相同，所实现的技术效果也有差别，不能认定为等同特征。综上，被诉产品的技术方案缺少了与权利要求1中"固公斜块"相同或等同的技术特征。（3）对于锦昌公司提出应根据禁止反悔规则限制等同原则适用的问题。禁止反悔规则是指根据《最高人民法院关于审理侵犯专利权纠纷案件应用法律若干问题的解释》第六条规定，专利权人对其在授权或无效宣告程序中，通过对权利要求、说明书的修改或者意见陈述而放弃的技术方案，不能通过等同原则的适用再纳入专利权的保护范围。本案中，没有证据证明是王金领在授权或无效宣告程序中，对说明书进行的修改或在意见陈述中作出的意思表示，因此不符合司法解释规定的禁止反悔规则的适用条件。

2. 被诉产品的技术方案是否包含了与权利要求 1 的"弹性部件"相同的技术特征

（1）在权利要求 1 中，首先，弹性部件特征的表述是在退料块的上端，与退料块连接构成退料装置，在退料块上移时弹性部件被压缩；其次，弹性部件与退料块的连接方式没有限定，并且也没有限定弹性部件必须位于固公斜块与退料块之间的导管内；最后，涉案专利说明书中实施例 1 展示了弹性部件位于固公斜块与退料块之间导管内的技术方案，实施例 2 展示了弹性部件位于导管外固公斜块的上方，通过顶针与退料块的上端相连接的技术方案。（2）本案中，被诉产品的弹性部件设置在上模的上固定板中，上固定板上设有对应的通孔，同时第一限位结构也设有与之对应的通孔，弹性部件利用穿过这些通孔的顶针，与退料块上端相连接构成退料装置。当退料块与下模的凹模镶件相抵向上移动时，带动顶针向上压缩弹性部件；完成冲压后，退料块在弹性部件的作用下向下移动完成退料。综上，被诉产品的技术方案包含了与权利要求 1 的弹性部件相同的技术特征。锦昌公司辩称被诉产品的弹性部件位于导管外，因而与权利要求 1 弹性部件属于不相同的特征。法院认为，由于专利权利要求 1 并未限定弹性部件必须位于导管内，因此，锦昌公司的抗辩理由不恰当地缩小了专利权利要求 1 的保护范围，没有事实和法律依据。

3. 被诉产品的技术方案是否包含了与权利要求 1 的"第一限位结构"相同或等同的技术特征

（1）在权利要求 1 中，第一限位结构位于固公斜块与导管之间，功能是用于限定固公斜块下移至最低位置时顶端与导管顶端齐平、上移至最高位置时其上部斜面穿出导管顶端。（2）上述第一限位结构除了其位置外，是以功能限定的技术特征，根据《最高人民法院关于审理侵犯专利权纠纷案件应用法律若干问题的解释》第四条规定，人民法院应当结合说明书和附图描述的该功能的具体实施方式及其等同的实施方式，确定该技术特征的内容，然后再与被诉产品中能实现上述功能的对应技术特征进行比对。但是，法院认为，若被诉产品中对应的技术特征根本不能实现上述功能，则可以直接认定两者不构成相同或等同特征，此时法院没有必要结合说明书和附图对功能性特征进行限定和解释。（3）本案中，由于被诉产品的弹性部件并不是设置在冲针上部的帽形与退料块之间，而是设置在上固定板中，通过顶针与退料块连接；而且由于被诉产品中的冲针上部帽形体积较小，其与导管之间留有空隙，顶针恰好从这些空隙中穿过，即顶针不会与冲针发生接触。因此当被压缩的弹性部件恢复原状时，只有通过顶针与弹性部件相连的退料块受到力的作用向下移动，冲针不会由于受到弹性部件恢复原状时的力的作用向上移动，而仅可能产生一个惯性移动。正是由于这个原因，被诉产品的第一限位结构只是一个具有限定冲针下移至最低位置功能的结构，该结构具有限定整体设计的冲针由于重力作用下移至最低位置时，冲针上部帽形的顶端与导管顶端齐平的功能；但不具有权利要求1中"限定固公斜块上移至最高位置时其上部的斜面穿出导管顶端"的功能。综上，由于被诉产品的第一限位结构不具有权利要求1中功能性特征"第一限位结构"的全部功能，因此应认定被诉产品的技术方案缺少了与权利要求1中"第一限位结构"相同或等同的技术特征。

4. 被诉产品的技术方案是否包含了与权利要求1的"斜块"相同或等同的技术特征

（1）权利要求1的斜块下部设有成阶梯状的两层平面，且两平面之间通过一斜面过渡；但被诉产品的斜块下部只有一平面和一斜面，缺少了权利要求1中斜块的平面（202）。因此，被诉产品的技术方案缺少与权利要求1的"斜块"相同的技术特征。（2）关于被诉产品的斜块是否与权利要求1的斜块构成等同特征的问题，等同特征是指与所记载的技术特征以基本相同的手段，实现基本相同的功能，达到基本相同的效果，并且本领域的普通技术人员无须经过创造性劳动就能够联想到的特征。权利要求1中斜块的平面（202）与第一限位结构共同配合完成限制固公斜块向上移动最大行程的效果。在实施例1中，弹性部件位于固公斜块与退料块之间，弹性部件在恢复原状时会对固公斜块产生向上移动的力，若没有斜块的平面（202）缩短和限制固公斜块向上移动的最大行程，仅靠第一限位结构来限制，会使第一限位结构因承受过大的力而发生损坏，可能导致固公斜块弹出导管或冲针与固公斜块分离的事故。然而，由于被诉产品的弹性部件在上固定板，弹性部件在恢复原状时不会对冲针产生向上的力，因此斜块不需要平面（202）来实现缩短和限制冲针向上移动的最大行程的功能。因此无论是技术手段还是实现的功能、效果，被诉产品的斜块与权利要求1的斜块均不能构成等同特征。综上，应认定被诉产品的技术方案缺少了与权利要求1中"斜块"相同或等同的技术特征。

综上所述，被诉产品的技术方案缺少了与涉案发明专利权利要求1中"固公斜块""第一限位结构""斜块"相同或等同的技术特征，因此王金领的上诉请求没有事实和法律依据，法院不予支持。原审判决认定事实基本清楚，适用法律正确，依法应予以维持。遂判决驳回上诉，维持原判。

案例评析

本案涉及等同特征的认定，其中还涉及功能性限定特征的解释及比对问题。

根据《最高人民法院关于审理专利纠纷案件适用法律问题的若干规定》第十七条规定，专利权的保护范围应当以权利要求记载的全部技术特征所确定的范围为准，也包括与该技术特征相等同的特征所确定的范围。等同特征是指与所记载的技术特征以基本相同的手段，实现基本相同的功能，达到基本相同的效果，并且本领域普通技术人员在被诉侵权行为发生时无须经过创造性劳动就能够联想到的特征。据此，认定构成等同特征需要考虑以下要件：一是判断主体是本领域普通技术人员；二是在客观上而言，等同特征与专利权利要求记载的技术特征属于基本相同的"手段、功能、效果"，包括技术手段、实施方式基本相同、技术特征在技术方案中所起的功能作用和实现的技术效果基本相同的判断；三是在主观上而言，应具备无须经过创造性劳动就容易联想到的程度；四是认定构成等同特征的时间节点不是"专利申请日"，而是"被诉侵权行为发生时"，这对专利权人的保护在一定程度上产生了扩张效果，对于专利申请日时权利人因当时技术局限没有预料到的实施方式、由于权利人撰写产生的部分瑕疵等情况给予一定程度上的补救。

本案中，对于双方争议的多个技术特征，均涉及等同特征的认定，以下结合涉案争议特征分别从是否构成基本相同的"手段、功能、效果"三个方面的判断来进行评述。

1. 关于是否构成基本相同的功能

如涉案"第一限位结构"的争议特征，由于第一限位结构主要是以功能来予以限定的技术特征，根据《最高人民法院关于审理侵犯专利权纠纷案件应用法律若干问题的解释》第四条规定，人民法院应当结合说明书和附图描述的该功能的具体实施方式及其等同的实施方式，确定该技术特征的内容，然后再与被诉产品中能实现上述功能的对应技术特征进行比对；若被诉产品中对应的技术特征根本不能实现上述功能，则两者不构成相同或等同特征。经审查，被诉产品的第一限位结构只是一个具有限定冲针下移至最低位置功能的结构，而非如权利要求1的对应特征所述，除了上述功能以外，还具有"限定固公斜块上移至最高位置时其上部的斜面穿出导管顶端"功能的结构，因此被诉产品的第一限位结构在技术方案中所起的作用与涉案专利是不同的，从客观要件而言，两者所实现的功能不构成基本相同，争议特征不能认定为等同特征。

2. 关于是否构成基本相同的技术效果

如涉案附图二中"固公斜块"的争议特征，经审查，涉案发明专利说明书的"发明内容"中包括"冲针是在固公斜块的带动下下移的，设计时可以将两者制成整体结构，但是整体结构制造难度较大，而且由于冲针直接作用于冲压材料，消耗较大，因此使用一定时间后需要更换，而整体结构就必须同时更换固公斜块和冲针，造成浪费；将冲针和固公斜块做成分体结构，制造方便、成本低，且便于更换消耗大的冲针"，而被诉产品选择了相对而言制作成本较高、固公斜块和冲针必须共同更换的固公斜块和冲针一体成型的整体设计方案，放弃了制造方便、成本低、冲针更换容易的分体设计方案。根据《关于充分发挥知识产权审判职能作用推动社会主义文化大发展大繁荣和促进经济自主协调发展若干问题的意见》第十三条规定，应重视专利的发明目的对专利权保护范围的限定作用，不应把具有专利所要克服的现有技术缺陷或者不足的技术方案纳入保护范围。因此，从客观要件而言，两者的技术手段所实现的技术效果不构成基本相同，争议特征不能认定为等同特征。

3. 关于是否构成基本相同的"手段、功能、效果"

如涉案附图一中"斜块"的争议特征：1. 关于是否属于基本相同的手段而言，权利要求 1 的斜块部件的下部设有成阶梯状的两层平面，且两平面之间通过一斜面过渡；被诉产品的斜块部件的下部只有一层平面和一斜面，缺少了一层平面（202），二者不属于手段、实施方式基本相同的技术特征。2. 关于是否属于基本相同的功能、效果，权利要求 1 中斜块的平面（202）与第一限位结构共同配合达到限制固公斜块向上移动最大行程的效果；而被诉产品的斜块不需要如专利的斜块部件的平面（202）来实现缩短和限制冲针向上移动的最大行程的功能和效果。因此无论是技术手段还是实现的功能、效果，被诉产品的斜块与权利要求 1 的斜块均不能构成等同。

附图

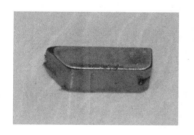

一   二

三   四   五

同一专利侵权诉讼中等同特征的认定标准应与现有技术抗辩中无实质差异的认定标准相同

——范宝明诉佛山市宾派家居科技有限公司、
杭州阿里巴巴广告有限公司侵害实用新型专利权案

内容摘要

发明和实用新型专利侵权案所涉的技术比对，除了包括被诉侵权技术方案与专利权保护范围的技术方案比对以外，还包括现有技术抗辩中被诉侵权技术方案落入专利权保护范围的技术特征与现有技术方案相应技术特征是否相同或者无实质差异的比对。此为专利技术比对部分的第四个案例。

关键词　实用新型专利　等同特征　现有技术抗辩　实质无差异

裁判要点

在同一发明或实用新型专利的侵权诉讼中，在涉案专利与被诉侵权技术方案的侵权比对中关于等同特征认定的标准，应当与现有技术抗辩中认定被诉侵权技术方案与现有技术方案无实质性差异的标准基本相同。

相关法条

《最高人民法院关于审理侵犯专利权纠纷案件应用法律若干问题的解释》第七条、第十四条

《最高人民法院关于审理专利纠纷案件适用法律问题的若干规定》第十七条

案件索引

一审：广州知识产权法院（2016）粤 73 民初 1666 号民事判决（笔者经办）

基本案情

原告：范宝明

被告：佛山市宾派家居科技有限公司（以下简称宾派公司）、杭州阿里巴巴广告有限公司（以下简称阿里巴巴公司）

范宝明于 2016 年 2 月 3 日申请名称为"可调式杯架"实用新型专利，并于 2016 年 6 月 8 日获得授权，专利号为 ZL201620111833.X（以下简称涉案专利）。该专利第 1 年度年费已缴纳，至今合法有效。范宝明明确本案权利保护范围为权利要求 1 ~ 4，内容如下：1. 可调式杯架，包括杯架本体，其特征在于：所述杯架本体两端固设有上夹持件，所述上夹持件呈 L 形，所述上夹持件的竖直部上开设有通槽，所述上夹持件下方设有下夹持件，所述下夹持件呈 L 形，所述下夹持件的竖直部上开设有通孔，所述通孔与所述通槽对应，锁固件可同时穿过所述通槽和所述通孔。2. 根据权利要求 1 所述的可调式杯架，其特征在于：所述杯架本体包括支撑部以及从所述支撑部向下延伸的挂架。3. 根据权利要求 2 所述的可调式杯架，其特征在于：所述挂架呈倒八字。4. 根据权利要求 1 所述的可调式杯架，其特征在于：所述锁固件为定位螺丝或者定位螺母。专利说明书有以下内容：

[0012] 本实用新型的可调式杯架，杯子挂在杯架本体上，上夹持件的竖直部上开设有通槽，下夹持件的竖直部上开设有通孔，所述通孔与通槽对应，锁固件可同时穿过所述通孔与通槽，根据安装板厚度的不同，将下夹持件上下移动，调节下夹持件和上夹持件之间的宽度，然后将通槽和通孔对齐，锁固件同时穿过通槽和通孔，并夹紧在安装板的侧面，实现定位。专利说明书附图一见附件一。

根据宾派公司提供的涉案专利权评价报告，认定全部权利要求 1 ~ 6 不符合授予专利权条件。宾派公司据此认为涉案专利创造性较低，在对专利权利要求的技术特征作解释时，应当考虑专利的保护强度与创造性高度相匹配。

宾派公司制造、销售、许诺销售了名称为"宾派［厂家直销］304 不锈钢红酒杯架免钉挂杯架高脚杯架倒挂杯架"产品；范宝明于 2016 年 7 月从宾派公司在阿里巴巴网站（www. 1688. com）上开设的网店内购买了该产品并主张其为被诉侵权产品。被诉侵权产品结构如下：一种可调式杯架，包括杯架本体。杯架本体两端各设有上夹持件，上夹持件呈 L 形，上夹持件的竖直部上开设有通槽。杯架本体支撑部的侧长边固设了一长条形的横杆，横杆两端各设有一通孔，通孔与上夹持件的通槽对应，锁固件可同时穿过通槽和所述通孔。杯架本体包括支撑部以及从支撑部向下延伸的挂架，挂架呈倒八字，所述锁固件是定位螺丝。产品图片见附件二。

宾派公司认为被诉侵权产品与涉案专利的区别特征是：1. 被诉侵权产品的上夹持件可通过通槽上下调节，而涉案专利的上夹持件是在杯架本体两端"固设"，即为固定设置不可调节，且此为专利说明书第 0012 段予以证实；2. 被诉侵权产品没有下夹持件，涉案专利有下夹持件。范宝明认为，杯架夹持的功能需通过调节上下夹持件的宽度来实现，权利要求并未限定上夹持件是固定设置不可调节的；被诉侵权产品的下夹持件为支撑部的侧长边固设的长条形横杆，该横杆与涉案专利下夹持件为等同特征。阿里巴巴公司称上述技术比对由法院认定。

宾派公司为主张现有技术抗辩，提供对比文件一份，显示天猫商铺"星普莱家居旗舰店"内"星普莱304 不锈钢红酒杯架吊杯架倒挂高脚杯架悬挂杯架名钉可调节"产品宣传内容若干页，其中包括一条上传时间为 2015 年 12 月 16 日的评论及附图（见附件三）。宾派公司主张上述时间为对比文件的公开时间，并主张若法院认定被诉侵权技术方案与涉案专利的上述区别特征构成等同特征，从而认定被诉侵权技术方案落入专利权保护范围，则被诉侵权技术方案属于现有技术。

范宝明向法院起诉请求判令：（1）宾派公司与阿里巴巴公司立即停止制造、销售、许诺销售侵害范宝明专利权产品的行为，并销毁制造侵权产品的模具；（2）宾派公司与阿里巴巴公司连带赔偿范宝明经济损失 9.5 万元、合理开支 0.5 万元，合计 10 万元；（3）宾派公司与阿里巴巴公司负担本案诉讼费用。

宾派公司答辩称：（1）宾派公司制造了被诉侵权产品，量产该产品需要生产模具；（2）被诉侵权技术方案不落入范宝明专利权保护范围；（3）若法院认定被诉侵权技术方案落入专利权保护范围，则被诉侵权技术方案属于现有技术，宾派公司不构成侵权；（4）范宝明主张的赔偿数额没有依据。

阿里巴巴公司答辩称：其为网络服务提供者，并非被诉侵权产品信息发布者或产品制造者、销售者，不存在主观过错，不应承担侵权责任。

裁判理由及结果

一审法院经审理认为，本案属于侵害实用新型专利权纠纷，主要审查以下问题：（1）被诉侵权技术方案是否落入范宝明涉案专利权的保护范围；（2）宾派公司主张的现有技术抗辩是否成立；（3）被诉侵权行为是否成立；（4）本案侵权责任如何认定。

1. 关于被诉侵权技术方案是否落入范宝明涉案专利权保护范围的问题

根据《最高人民法院关于审理侵犯专利权纠纷案件应用法律若干问题的解释》第七条规定，被诉侵权技术方案的技术特征与权利要求记载的全部技术特征相比，缺少权利要求记载的一个以上的技术特征，或者有一个以上技术特征不相同也不等同的，人民法院应当认定其没有落入专利权的保护范围。范宝明主张保护涉案专利权利要求1~4。经比对，双方对于被诉侵权技术方案与涉案专利比对存有争议的技术特征为：（1）涉案专利的技术特征"杯架本体两端固设有上夹持件"，是否限定上夹持件设置于固定位置而不能上下调节，被诉侵权技术方案是否包含该项技术特征。（2）被诉侵权技术方案是否包含与下夹持件等同的技术特征。关于第一项争议，涉案专利权利要求1的该项技术特征表述为"杯架本体两端固设有上夹持件"，但权利要求1~4没有对上夹持件进一步限定为应当设于固定位置；而说明书［0012］中虽然阐述了通过下夹持件的上下移动来调节上、下夹持件之间的宽度，但也没有直接限定上夹持件应当设置于固定位置，且说明书的该项内容不应构成对专利权利要求中未予限定内容的进一步限制，因此法院认为涉案专利的技术特征"杯架本体两端固设有上夹持件"并非意指上夹持件设置于固定位置而不能上下调节，被诉侵权技术方案已包含该项技术特征。关于第二项争议，范宝明主张被诉侵权产品的下夹持件为杯架本体支撑部侧长边固设的长条形横杆，该横杆与涉案专利下夹持件为等同特征。根据《最高人民法院关于审理专利纠纷案件适用法律问题的若干规定》第十七条规定，等同特征是指与所记载的技术特征以基本相同的手段，实现基本相同的功能，达到基本相同的效果，并且本领域的普通技术人员无须经过创造性劳动就能够联想到的特征。涉案专利的下夹持件具有以下技术特征：下夹持件呈 L 形，所述下夹持件的竖直部上开设有通孔，所述通孔与所述通槽对应，锁固件可同时穿过所述通槽和所述通孔。由此可知，涉案专利的上、下夹持件同为对应的 L 形，并通过通孔与通槽对应固定的手段，实现夹紧固定的功能与效果。但被诉侵权产品不具有呈 L 形的下夹持件，杯架本体支撑部侧长边固设的长条形横杆虽然有通孔，与上夹持件的通槽通过定位螺丝对应固定后，可以实现将上夹持件固定的功能，但仅凭该横杆与上夹持件无法实现夹紧的效果；只有再结合杯架本体支撑部的侧短边，依靠调节上夹持件与侧短边之间的宽度，才能实现夹紧的效果。综上，仅有杯架本体支撑部侧长边固设的长条形横杆，无法与上夹持件实现夹紧的效果；而需要另结合杯架本体支撑部侧短边的手段方式，则不属于与涉案专利下夹持件基本相同的手段，因此范宝明关于等同特征的主张不能成立，法院不予采纳。综上，被诉侵权技术方案虽然包含与涉案专利权利要求 1~4 的其他技术特征相同的技术特征，但缺少下夹持件的技术特征，不落入涉案专利权的保护范围。

　　2. 关于宾派公司主张的现有技术抗辩是否成立的问题

　　由于天猫作为全国知名网络电商平台，产品的评论内容由网络买家在交易后自行发表并固定，发表后会显示具体时间，在此时间节点后他人不能擅自修改，因此在范宝明没有证据证明买家评价中的附图存在修改或者证明该附图修改后发表时间仍然保持不变的情况下，应认定评论附图是于 2015 年 12 月 16 日经买家发表评论时上传，该公开时间早于涉案专利申请日，可作为对比文件使用。经比对，对比文件无法显示是否具有下夹持件，故法院认定对比文件包含了除下夹持件之外的被诉落入涉案专利权保护范围的其余全部技术特征；同时对比文件显示杯架本体支撑部与上夹持件之间夹紧安装板，能实现夹紧固定的效果。因此，如果缺少下夹持件的被诉侵权技术方案，由于能让杯架本体支撑部与上夹持件实现夹紧固定的效果，而被认定与涉案专利构成等同；那么同理，能让杯架本体支撑部与上夹持件实现夹紧固定的效果的对比文件技术方案，无论是否具有下夹持件，也应认定与被诉侵权技术方案无实质性差异，根据《最高人民法院关于审理侵犯专利权纠纷案件应用法律若干问题的解释》第十四条规定，在此情况下则应认定现有技术抗辩成立。但是，由于法院认定被诉侵权技术方案缺少与涉案专利"下夹持件"相同或等同的技术特征，不落入涉案专利的保护范围；在此情况下，由于宾派公司不能排除对比文件具有下夹持件的可能性，即被诉侵权技术方案与对比文件之间存在具有实质性差异的可能，因此宾派公司主张的现有技术抗辩不能成立。

由于被诉侵权技术方案不落入涉案专利权的保护范围，因此宾派公司不构成侵权，范宝明对于宾派公司和阿里巴巴公司的全部诉讼请求，法院均不予支持。判决驳回范宝明的全部诉讼请求。

案例评析

根据《最高人民法院关于审理侵犯专利权纠纷案件应用法律若干问题的解释》第十四条规定，被诉落入专利权保护范围的全部技术特征，与一项现有技术方案中的相应技术特征相同或者无实质性差异的，人民法院应当认定被诉侵权人实施的技术属于《专利法》第六十二条规定的现有技术。此外所规定的被诉侵权技术方案与现有技术方案无实质性差异，应当参照《最高人民法院关于审理专利纠纷案件适用法律问题的若干规定》第十七条关于等同特征的规定进行认定。

具体到本案而言，首先，在对涉案专利与被诉侵权技术方案进行的侵权比对中，涉及被诉侵权技术方案是否包含与"下夹持件"等同技术特征的审查判断：涉案专利的上、下夹持件同为对应的 L 形并通过通孔与通槽对应固定的手段，实现夹紧固定的功能与效果。被诉侵权产品不具有呈 L 形的下夹持件，杯架本体支撑部侧长边固设的长条形横杆与上夹持件无法实现夹紧的效果；只有再结合杯架本体支撑部的侧短边，依靠调节上夹持件与侧短边之间的宽度，才能实现夹紧的效果；然而此种需要另结合杯架本体支撑部侧短边的手段方式，不属于与涉案专利下夹持件基本相同的手段，因此范宝明关于等同特征的主张不能成立，法院不予采纳。

其次，在现有技术抗辩中，对比文件包含了除下夹持件之外的被诉落入涉案专利权保护范围的其余全部技术特征，同时对比文件显示杯架本体支撑部与上夹持件之间夹紧安装板，能实现夹紧固定的效果。因此，如果缺少下夹持件的被诉侵权技术方案，由于能让杯架本体支撑部与上夹持件实现夹紧固定的效果，而被认定与涉案专利构成等同特征；那么同理，能让杯架本体支撑部与上夹持件实现夹紧固定的效果的对比文件技术方案，无论是否具有下夹持件，也应认定与被诉侵权技术方案无实质性差异，根据《最高人民法院关于审理侵犯专利权纠纷案件应用法律若干问题的解释》第十四条规定，在此情况下则应认定现有技术抗辩成立。

综上所述，在同一发明或实用新型专利的侵权诉讼中，涉案专利与被诉侵权技术方案的侵权比对中关于等同特征认定的标准，应当与现有技术抗辩中认定被诉侵权技术方案与现有技术方案无实质性差异的标准相同。

附件一

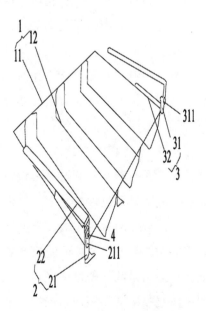

附件二

附件三

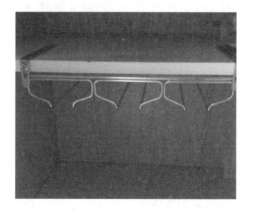

关于禁止反悔原则的司法审查

——杜姬芳、中山市鸿宝电业有限公司诉中山市 蓝晨光电科技有限公司侵害发明专利权案

内容摘要

在发明和实用新型专利的技术比对中，涉及一些特殊规则，如捐献、禁止反悔原则等。禁止反悔原则与民法的诚实信用原则、信赖原则在价值理念上是一致的；并且，对于专利授权程序、无效宣告程序以及专利侵权民事诉讼而言，禁止反悔原则在一定程度上起到了桥梁作用，根据该原则的适用所圈定的专利权保护范围同时适用于上述行政和民事程序。此为专利侵权技术比对部分的第五个案例。

关键词 发明专利 等同原则 禁止反悔

裁判要点

在依据禁止反悔原则限制等同原则适用时，当专利申请人在专利授权程序中，通过与现有技术方案对比的方式，明确表示权利要求的技术特征与现有技术方案的相应特征不同并因此获得授权，这意味着权利人不仅放弃了现有技术方案的相应特征，而且放弃了与权利要求的技术特征不相同且与现有技术方案的相应特征等同的技术特征。专利权人不得通过等同原则的适用在侵犯专利权纠纷案件中再将以上纳入专利权保护范围。

相关法条

《中华人民共和国专利法》第十一条第一款、第五十九条第一款、第六

十二条、第六十五条

《最高人民法院关于审理侵犯专利权纠纷案件应用法律若干问题的解释》第六条、第七条

《最高人民法院关于审理专利纠纷案件使用法律问题的若干规定》第十七条

案件索引

一审：中山市中级人民法院（2013）中中法知民初字第 82 号民事判决

二审：广东省高级人民法院（2013）粤高法民三终字第 764 号民事判决（笔者经办）

基本案情

上诉人（原审被告）：中山市蓝晨光电科技有限公司（以下简称蓝晨公司）

被上诉人（原审原告）：杜姬芳、中山市鸿宝电业有限公司（以下简称鸿宝公司）

申请号为 200920233811.0、名称为"照射角度可调的整体透镜模组 LED 路灯灯头"的实用新型专利（并非本案的涉案专利），申请日是 2009 年 7 月 21 日，授权公告日是 2010 年 5 月 19 日，授权公告号是 CN201475814U。其中权利要求 1 是：一种照射角度可调的整体透镜模组 LED 路灯灯头，其特征在于：设有灯头端盖、LED 光源模组、灯头上盖、压线板、接线盒、支撑骨架、电器支架、灯头下盖、LED 光源驱动器、骨架盖板，压线板、电器支架固定在支撑骨架上，接线盒、LED 光源驱动器固定在电器支架上，灯头上盖、灯头下盖上下对合装配在支撑骨架的后端部，灯头端盖装配在支撑骨架的前端部，LED 光源模组依次安装在支撑骨架上，骨架盖板安装覆盖在支撑骨架上。在说明书中有以下描述：将灯头上盖、灯头下盖上下对合装配在支撑骨架的后端部上，将灯头端盖装配在支撑骨架的前端部。LED 光源模组依次分别安装在支撑骨架上，盖上骨架盖板，锁紧固定。说明书附图的图 2 如下：

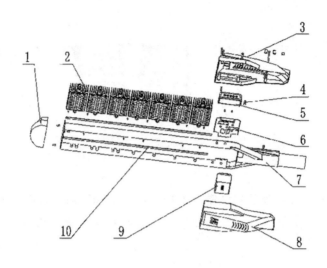

本案专利是专利号为 ZL201010523977.3、名称为"一种组合式模组化连接 LED 灯具"的发明专利，专利权人为杜姬芳，申请日为 2010 年 10 月 29日，授权公告日为 2012 年 10 月 17 日。2012 年 10 月 24 日，杜姬芳与鸿宝公司签订《专利实施许可合同》，约定杜姬芳将本专利以独占实施许可方式许可给鸿宝公司使用。

本案专利在申请授权程序中第一次提交申请文本的权利要求 1、2、6 为：1. 一种组合式模组化连接 LED 灯具，其特征在于：包括灯头、设置于灯头内的调节装置、与灯头连接的 LED 模组、该 LED 模组由一个或多个 LED 模组单元组成。2. 根据权利要求 1 所述的一种组合式模组化连接 LED 灯具，其特征在于：所述 LED 模组单元包括散热体、安装在散热体内的 LED 集成光源、反光罩及光学玻璃透镜。6. 根据权利要求 2 所述的一种组合式模组化连接LED 灯具，其特征在于：在散热体上设有通槽，在灯头上连有固定骨架管，固定骨架管延伸出灯头的一端通过连接紧固件安装在通槽内。

2011 年 7 月 26 日，国家知识产权局在针对以上申请作出的《第一次审查意见通知书》中提出以下等审查意见：（1）权利要求 1 的全部技术特征已经被对比文件（授权公告号 CN201475814U）全部公开了，不具有专利法规定的新颖性。（2）权利要求 2 引用权利要求 1。权利要求 2 相对于对比文件（授权公告号 CN201475814U）公开的技术内容的区别性技术特征为"安装在散热体内的反光罩"，但这属于所属技术领域的常用技术手段，在对比文件（授权公告号 CN201475814U）的基础上，对本领域普通技术人员来讲是很容易想到的。因此在其引用的权利要求 1 不具有新颖性时，权利要求 2 不具有专利法规定的创造性。（3）……（4）权利要求 6 引用权利要求 2，其附加技术特征是权利要求 6 请求保护的技术方案相对于对比文件（授权公告号 CN201475814U）公开的技术内容不同的技术特征。

杜姬芳针对以上《第一次审查意见通知书》作出意见陈述，包含以下内容：（1）对权利要求书的修改，删除原权利要求 1、2、6，将原权利要求 1、2、6 合并构成新的权利要求 1。（2）本发明采用了如修改后权利要求 1 公开的技术方案，与对比文件（授权公告号 CN201475814U）之间具有如下区别的技术特征：安装在散热体内的反光罩；所述散热体上设有通槽，所述灯头上连有固定骨架管，固定骨架管延伸出灯头的一端通过连接紧固件安装在通槽内。并且对比文件（授权公告号 CN201475814U）没有给出采用上述区别技术特征的任何技术启示。本案专利最终获得授权的权利要求 1 即为上述经修改后由原权利要求 1、2、6 合并而来的权利要求 1。专利权人对此提交《意见陈述书》指出，对本发明专利的原权利要求书作了如下修改：删除原权利要求 1、原权利要求 2 及原权利要求 6，将原权利要求 1、原权利要求 2 及原权利要求 6 合并构成新的权利要求 1，并认为修改后权利要求 1 的区别技术特征之一——在散热体上设有通槽，在灯头上连有固定骨架管，固定骨架管延伸出灯头的一端通过连接紧固件安装在通槽内，与对比文件 2 公开的技术特征不同，包括使用目的不相同、所采用的技术手段不相同、所达到的技术效果不相同。2012 年 7 月 27 日，本专利获得授权公告，专利证书记载的权利要求 1 即为前述修改后的权利要求 1。

杜姬芳和鸿宝公司明确请求保护本专利的权利要求 1，权利要求 1 的内容分解为：A. 一种组合式模组化连接 LED 灯具，包括灯头；B. 设置于灯头内的调节装置；C. 与灯头连接的 LED 模组，该 LED 模组由一个或多个 LED 模组单元组成；D. LED 模组单元包括散热体；E. 安装在散热体内的 LED 集成光源；F. 反光罩；G. 光学玻璃透镜；H. 散热体上设有通槽；I. 灯头上连有固定骨架管；J. 固定骨架管延伸出灯头的一端通过连接紧固件安装在通槽内。

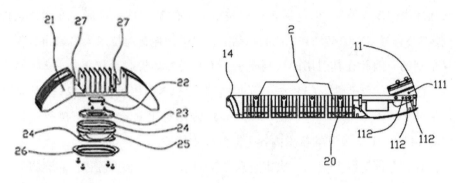

蓝晨公司制造、销售、许诺销售了被诉侵权产品，杜姬芳和鸿宝公司主张被诉侵权产品侵害其专利权。被诉侵权产品的技术特征为：1. 一种组合式模组化连接 LED 灯具，包括灯头；2. 设置于灯头内的调节装置；3. 与灯头连接的 LED 模组，该 LED 模组由四个 LED 模组单元组成；4. LED 模组单元包括散热体；5. 安装在散热体内的 LED 集成光源；6. 反光罩；7. 光学玻璃透镜；8. 散热体上设有通槽；9. 灯头两侧连有两根固定骨架条；10. 固定骨架条延伸出灯头的一端通过连接紧固件与散热体的两端相连接。被诉侵权产品如下图所示：

经比对，当事人对被诉侵权产品的技术特征 1～7 与本专利的技术特征 A～G 相同无异议，但杜姬芳和鸿宝公司主张被诉侵权产品的技术特征 8～10 与本专利的技术特征 H～J 构成等同，落入了本专利的保护范围，因其都实现了将 LED 模组单元安装在固定骨架上，并将其与灯头连接，且当其中某个 LED 模组单元损坏时，只需拆下连接紧固件就可对其进行更换，而不必将整个路灯灯头拆下再更换的技术效果；而蓝晨公司认为被诉侵权产品的技术特征 8～10 与本专利的技术特征 H～J 既不相同也不等同，具体存在如下区别技术特征：本专利散热体上设有通槽，被诉侵权产品散热体上没有通槽；本专利的灯头连接有固定骨架管，被诉侵权产品只有用于固定 LED 模组的方形边框；本专利的固定骨架管必须通过连接紧固件安装在通槽内，被控产品是通过边框内侧的凹槽承载并用螺丝连接，且前述固定边框可直接独立承载 LED 模组单元。蓝晨公司认为被诉侵权产品缺少了本专利 H～J 三项技术特征，不构成侵权。

此外，蓝晨公司以专利号为 200910025547.6、名称为照射角度可调节的高散热性 LED 模组路灯灯头的发明专利作为对比文件主张现有技术抗辩，该抗辩经法院审查不能成立。2013 年 1 月 9 日，杜姬芳和鸿宝公司向法院提起诉讼，请求判令：（1）蓝晨公司立即停止侵犯本专利的侵权行为，即停止生产、销售、许诺销售侵害本专利的产品，将已安装的被诉侵权产品拆除、销毁，并销毁侵权模具、零配件、库存侵权产品；（2）蓝晨公司赔偿杜姬芳、鸿宝公司经济损失 50 万元；（3）蓝晨公司赔偿杜姬芳、鸿宝公司为制止侵权支出的合理费用 1 万元；（4）蓝晨公司承担本案诉讼费用。诉讼中，杜姬芳、鸿宝公司撤回了关于"销毁侵权模具和零配件"的诉讼请求。

蓝晨公司则辩称其"通过方形边框与 LED 模组连接固定"的技术特征与本专利"通过通槽与固定骨架管连接固定"的技术特征不构成等同，认为专利申请人在专利授权程序中，限定本专利保护的技术方案为"通过通槽与固定骨架管固定光源模组"的技术方案，而放弃了"通过方形边框与 LED 模组固定"的技术方案。

裁判理由及结果

一审法院经审理后认定蓝晨公司构成侵权，判决：（1）中山市蓝晨光电科技有限公司自判决发生法律效力之日起立即停止制造、销售、许诺销售侵害杜姬芳专利号为 ZL201010523977.3 发明专利权的产品，并销毁库存侵权产品；（2）中山市蓝晨光电科技有限公司自判决发生法律效力之日起十日内赔偿杜姬芳、中山市鸿宝电业有限公司经济损失 16 万元，合理费用 1 万元，合计 17 万元；（3）驳回杜姬芳、中山市鸿宝电业有限公司的其他诉讼请求。

蓝晨公司不服原审判决，提起上诉。

二审法院经审理认为：本案为侵害发明专利权纠纷。根据蓝晨公司的上诉请求和理由，本案的主要争议焦点之一为：被诉侵权产品与专利权利要求 1 的相应技术特征是否相同或等同，同时本案是否应适用禁止反悔原则限制等同原则的适用。

关于被诉侵权产品与专利权利要求 1 的相应技术特征是否相同或等同的问题，经查，被诉侵权产品的散热体上设有通槽，两根固定骨架条连接在灯头上靠近边缘的位置，因此被诉侵权产品上具有与专利权利要求 1 相同的上述两项技术特征。在被诉侵权产品上，灯头边缘的两根固定骨架条延伸出灯头的一端处与 LED 模组的散热体通过紧固件连接。杜姬芳与鸿宝公司认为该特征与专利权利要求 1 "固定骨架管延伸出灯头的一端通过连接紧固件安装在散热体上的通槽内"的技术特征构成等同技术特征。在审查上述对应特征是否构成等同时，要考虑本案是否应当适用禁止反悔原则限制等同原则的适用。

本案中，杜姬芳在首次专利申请时是将本案专利现有权利要求 1 的技术特征分述在权利要求 1、2、6 中。国家知识产权局作出的《第一次审查意见通知书》认为，对比文件（授权公告号 CN201475814U）公开了权利要求 1 的"一种组合式模组化连接 LED 灯具，包括灯头、设置于灯头内的调节装置、与灯头连接的 LED 模组、该 LED 模组由一个或多个 LED 模组单元组成"的技术特征和权利要求 2 "LED 模组单元包括散热体、安装在散热体内的 LED 集成光源及光学玻璃透镜"的技术特征；同时在对比文件（授权公告号

CN201475814U）的基础上，本领域普通技术人员很容易想到权利要求 2 "安装在散热体内的反光罩"的技术特征；只有权利要求 6 "在散热体上设有通槽，在灯头上连有固定骨架管，固定骨架管延伸出灯头的一端通过连接紧固件安装在通槽内"的技术特征是与对比文件（授权公告号 CN201475814U）公开的技术内容不同的技术特征。为此，杜姬芳作出了意见陈述，将以上权利要求 1、2、6 合并为权利要求 1，并陈述 "安装在散热体内的反光罩""在散热体上设有通槽，在灯头上连有固定骨架管，固定骨架管延伸出灯头的一端通过连接紧固件安装在通槽内"的技术特征是与对比文件（授权公告号 CN201475814U）公开的技术方案不同的技术特征。合并后的权利要求 1 最终成为本案专利获得授权后的权利要求 1。

从以上申请过程可知，除了 "在散热体上设有通槽，在灯头上连有固定骨架管，固定骨架管延伸出灯头的一端通过连接紧固件安装在通槽内"的区别技术特征以外，本案专利权利要求 1 的其他技术特征要么已经被对比文件（授权公告号 CN201475814U）公开，要么属于本领域普通技术人员在对比文件（授权公告号 CN201475814U）的基础上很容易想到的。正是由于杜姬芳将上述区别技术特征纳入权利要求 1 中，缩小了独立权利要求的保护范围，本案专利才能最终获得授权。从杜姬芳的意见陈述来看，杜姬芳明确认为对比文件（授权公告号 CN201475814U）公开的技术方案中相应的技术特征与 "在散热体上设有通槽，在灯头上连有固定骨架管，固定骨架管延伸出灯头的一端通过连接紧固件安装在通槽内"存在区别。因此本案是否应当适用禁止反悔原则的关键，在于审查杜姬芳在专利授权中明确主张与该专利技术特征所不同的对比文件（授权公告号 CN201475814U）中的相应特征，是否与被诉产品相应技术特征构成相同或等同。

对比文件（授权公告号 CN201475814U）权利要求 1 中关于 LED 模组与支撑骨架连接的描述是："LED 光源模组依次安装在支撑骨架上，骨架盖板安装覆盖在支撑骨架上"；说明书中相对应的表述是 "LED 光源模组依次分别安装在支撑骨架上，盖上骨架盖板，锁紧固定"；说明书附图公开的技术方案，灯头上边缘位置的两根支撑骨架延伸出灯头的一端处，LED 光源模组依次安装在支撑骨架上，骨架盖板安装覆盖在支撑骨架上。对比文件公开的上述技术方案与本案专利权利要求 1 "在 LED 模组的散热体上设有通槽，在灯头上连有固定骨架管，固定骨架管延伸出灯头的一端通过连接紧固件安装在通槽内"的特征进行比对，两者区别是由于专利权利要求 1 中表述的连接位置设在通槽内，因此固定骨架管不是设置在 LED 模组两侧，而是穿过通槽连接 LED 模组；对比文件公开的技术方案中支撑骨架是设置在灯头边缘位置，在 LED 模组的两侧与模组锁紧固定。即杜姬芳在专利授权中明确主张与该专利技术特征所不同的对比文件（授权公告号 CN201475814U）中的相应特征可以归纳为"支撑骨架从灯头上边缘位置延伸出灯头一端与 LED 模组锁紧固定"。将对比文件的以上技术特征与被诉产品的相应技术特征"灯头边缘的两根固定骨架条延伸出灯头的一端处与 LED 模组的散热体通过紧固件连接"进行比对，由于"固定骨架"与"支撑骨架""通过紧固件连接"与"锁紧固定"并无实质性差异，两者都是通过紧固连接的技术手段，实现骨架与 LED 模组连接的功能和基本相同的效果，这也是该领域的普通技术人员无须经过创造性劳动就能够联想到的特征，故杜姬芳在专利授权中明确主张与该专利技术特征所不同的对比文件（授权公告号 CN201475814U）中的相应特征，与被诉产品的相应技术特征属于等同技术特征。

因此，杜姬芳在专利授权审查阶段主张专利权利要求中"固定骨架管延伸出灯头的一端通过连接紧固件安装在通槽内"与对比文件中"支撑骨架从灯头上边缘位置延伸出灯头一端与 LED 模组锁紧固定"是不同的技术特征，而在本案侵权诉讼中却主张"固定骨架管延伸出灯头的一端通过连接紧固件安装在通槽内"与"灯头边缘的两根固定骨架条延伸出灯头的一端处与 LED 模组的散热体通过紧固件连接"是等同的技术特征，违反了禁止反悔的原则，法院对此不予支持。即本案应适用禁止反悔原则限制等同原则的适用，被诉侵权产品的技术方案不落入专利权权利要求 1 的保护范围。

由于蓝晨公司制造、销售、许诺销售的被诉产品的技术方案不落入本案专利权权利要求 1 的保护范围，蓝晨公司的行为不构成侵害发明专利权，杜姬芳、鸿宝公司的诉讼请求应当全部予以驳回。原审判决认定事实基本清楚，适用法律错误，依法应予撤销。遂判决如下：（1）撤销广东省中山市中级人民法院（2013）中中法知民初字第 82 号民事判决；（2）驳回杜姬芳、中山市鸿宝电业有限公司的全部诉讼请求。

案例评析

本案主要涉及禁止反悔规则对于等同原则适用的限制问题。根据《最高人民法院关于审理侵犯专利权纠纷案件应用法律若干问题的解释》第六条规定，专利申请人、专利权人对于其在专利授权或者无效宣告程序中，通过对权利要求、说明书的修改或者意见陈述而放弃的技术方案，权利人不能通过等同原则的适用在侵犯专利权纠纷案件中再将其纳入专利权保护范围，以此来防止权利人"两头获利"违反诚实信用的情形出现。

在涉案专利授权程序中，杜姬芳原将现权利要求1的特征分述在权利要求1、2、6，但审查意见认为除了"在散热体上设有通槽，在灯头上连有固定骨架管，固定骨架管延伸出灯头的一端通过连接紧固件安装在通槽内"的区别技术特征以外，涉案专利现权利要求1的其他技术特征要么已经被对比文件（授权公告号 CN201475814U）公开，要么属于本领域普通技术人员在对比文件（授权公告号 CN201475814U）的基础上很容易想到的。

其后，正是由于杜姬芳将申请时的权利要求1、2、6合并为现权利要求1，即将上述审查意见认为的区别技术特征纳入权利要求1中，缩小了独立权利要求的保护范围；同时杜姬芳明确陈述对比文件（授权公告号 CN201475814U）公开的技术方案中相应的技术特征与"在散热体上设有通槽，在灯头上连有固定骨架管，固定骨架管延伸出灯头的一端通过连接紧固件安装在通槽内"属于不同的技术特征，本案专利才能最终获得授权。

根据以上情况可以得出两个结论：一是在独立权利要求的保护范围缩小的过程中，专利申请人和国家知识产权局在专利授权程序的审查中均认为涉案专利中"在散热体上设有通槽，在灯头上连有固定骨架管，固定骨架管延伸出灯头的一端通过连接紧固件安装在通槽内"的技术特征，与对比文件（授权公告号 CN201475814U）的相应技术特征不应构成相同或等同特征，并以此作为获得专利授权的基础；两者具体区别在于涉案专利表述的连接位置设在通槽内，因此固定骨架管不是设置在 LED 模组两侧，而是穿过通槽连接 LED 模组；对比文件中公开的技术方案中支撑骨架是设置在灯头边缘位置，在 LED 模组的两侧与模组锁紧固定。二是这意味着专利权人不仅在专利授权程序中放弃了对比文件（授权公告号 CN201475814U）的上述相应技术特征，而且应视为其也放弃了与涉案专利"在散热体上设有通槽，在灯头上连有固定骨架管，固定骨架管延伸出灯头的一端通过连接紧固件安装在通槽内"的技术特征不相同，但与对比文件（授权公告号 CN201475814U）的上述相应技术特征等同的技术特征。

在本案中，经法院审查，正是由于存在争议的被诉侵权技术方案的技术特征与对比文件（授权公告号 CN201475814U）的上述相应技术特征属于等同特征，同时被诉产品的固定骨架管并非设置在通槽内与 LED 模组连接，即与涉案专利的相应特征不属于相同特征，因此存在争议的被诉侵权技术方案的技术特征属于专利权人在专利授权程序中放弃的内容，根据禁止反悔规则，专利权人不得通过等同原则的适用在侵犯专利权纠纷案件中再将其纳入专利权保护范围。

使用方法发明专利侵权不适用
举证责任倒置规则

——陈康源诉华南农业大学侵害发明专利权案

内容摘要

产品发明与实用新型专利的技术方案所涉的是产品的形状、构造及其结合，在侵权技术比对环节承担举证责任的是作为权利人的原告。但在方法发明专利侵权案件的侵权技术比对中，存在举证责任倒置给被告的适用情形，应当区分具体情况进行审查。此为专利侵权技术比对部分的第六个案例。

关键词 方法发明 新产品制造方法 使用方法 举证责任倒置

裁判要点

在方法发明专利侵权案件中，涉及新产品制造方法的发明专利，应当适用举证责任倒置规则，由制造产品的被诉侵权人提供其产品制造方法不同于专利方法的证明；但是涉及使用方法发明专利的，不应适用举证责任倒置规则，仍应由权利人举证证明被诉侵权人使用了涉案方法发明专利。

相关法条

《中华人民共和国专利法》第五十九条第一款、第六十一条

《最高人民法院关于审理侵犯专利权纠纷案件应用法律若干问题的解释》第十七条

《最高人民法院关于适用〈中华人民共和国民事诉讼法〉的解释》第九十条

案件索引

一审：广州知识产权法院（2016）粤 73 民初 535 号民事判决（笔者经办）

二审：广东省高级人民法院（2017）粤民终 604 号民事判决

基本案情

上诉人（原审原告）：陈康源

被上诉人（原审被告）：华南农业大学

陈康源于 2008 年 12 月 9 日申请名称为"气涌水泵管组件及其在水处理技术中的应用"发明专利，于 2012 年 3 月 21 日获得授权，专利号为 ZL200810219969.2，专利年费最近缴纳时间是 2015 年 11 月 24 日。该专利权利要求包括以下内容：1. 一种气涌水泵管组件，由气涌水净化处理器、管段直通管、管件弯头及管件三通管组成，气涌水净化处理器呈三通管状，在其一端装有气泡生成器，其相对的一端为出口，侧端为入口，其特征在于：所述的气涌水净化处理器的出口端通过管段直通管一连接管件弯头一，所述管件弯头一的另一端连接管件三通管，管件三通管的另两端分别通过管段直通管二连接管件弯头二及管段直通管三连接管件弯头三。2. 据权利要求 1 所述气涌水泵管组件，其特征在于：所述气涌水净化处理器的口连接管段直通管四。3. 据权利要求 2 所述气涌水泵管组件，其特征在于：至少两个气涌水净化处理器连接于管段直通管四。4. 一种权利要求 3 所述气涌水泵管组件在水处理技术中的应用，其特征在于：利用气涌水净化处理器为气涌水泵升器件，通过管段直通管的延伸连接，结合导流混合功能的管件弯头二、气液分路紊流式剪切功能的管件三通管及排气导泡作用的管件弯头三构成气涌水泵组件，安装于水处理设施或设备中，作为以压缩气体为气涌水泵升气浮力的气涌水泵升气浮功能器件或气涌水汲排回流管线装置进行水处理……8. 据权利要求 4 所述气涌水泵管组件在水处理技术中的应用，其特征在于：气涌水泵管组件安装于生物接触氧化池或曝气生物滤池的应用，所述气涌水泵管组件安装于生物接触氧化池或曝气生物滤池的应用，所述气涌水泵管组件安装于生物接触氧化池或曝气生物滤池系统的填料之下，经并列式导流混合功能的管件弯头一涌出平移向扇面状气液混合水流，整合布气布水或回流循环管系一体化，构成气涌水泵升气浮管系生物接触氧化与过滤工艺设施。陈康源在本案中要求保护权利要求4与权利要求8。

根据公开报道，华南农业大学于2007年开始研究"密斯特黄彩鲶的引进与人工繁育研究"项目，项目带头人是华南农业大学邹记兴教授。在报道中有以下内容：项目组采用气涌水循环活水增氧的技术，气在带动水循环、过滤水中杂质的同时，增加了水体溶氧量，提高了孵化率，使孵化率达到85%以上。陈康源认为，根据以上报道内容，华南农业大学在"密斯特黄彩鲶的引进与人工繁育研究"项目中采用的气涌水循环活水增氧的技术使用了其专利技术，并向华南农业大学发函主张构成侵权。华南农业大学于2014年10月28日向其复函，复函包括以下内容：华南农业大学使用的是"混合型水质和空气净化装置"实用新型专利技术，并且"气涌水"仅仅是陈康源专利名称中的定语，不是权利要求内容，不应作为侵权与否的判定标准。

2009年6月29日，华南农业大学向国家知识产权局申请名称为"混合型水质和空气净化装置"的实用新型专利，于2010年3月31日获得授权，专利号为ZL200920059397.6。该专利权利要求1内容如下：混合型水质和空气净化装置，其特征在于：包括臭氧O_3发生器、负离子发生器、文丘利管、水泵和气水混合塔，所述臭氧O_3发生器与负离子发生器通过气管连接，气管一端设有出气口，并设有第一开关；气管另一端连接到文丘利管，并设有第二开关；水泵通过水管连接到文丘利管，文丘利管通过水管连接到气水混合塔。华南农业大学当庭举证了使用该专利技术的装置、证人邹记兴出庭对该装置使用的技术进行说明，陈康源认为华南农业大学的上述专利以及举证的装置均没有包含陈康源专利权利要求4和权利要求8的全部技术特征。

2011年6月11日，清远市科学技术局对"密斯特黄彩鲶的引进与人工繁育研究"项目出具《科学技术成果鉴定证书》，包含以下内容：……在种苗培育的全过程不用投放药物，环境与育苗前期水质处理利用臭氧消毒技术，水质的维持利用硝化细菌与亚硝化细菌等微生物菌群与微藻系统，活水利用气涌水循环装置进行调控等措施进行人工繁育，防控病害的发生，孵化率达到 85% 以上。主要技术文件目录及来源中的专利是 2010 年 3 月 31 日获得实用新型技术专利：混合型水质和空气净化装置（ZL200920059397.6）。鉴定意见中包括：建立了种苗生态培育过程的病害防治技术体系，包括前期水质处理技术、水质调控技术、有益菌群及微藻等微生态系统的平衡维护措施，形成了专利技术 1 项（专利号：ZL200920059397.6）。

陈康源向法院起诉称，华南农业大学在"密斯特黄彩鲶的引进与人工繁育研究"项目中使用了气涌水循环活水增氧的技术落入陈康源专利权利要求 4 和权利要求 8 的保护范围，已构成专利侵权；但由于陈康源无法获得华南农业大学在项目中使用该技术的具体方案，因此华南农业大学应当承担举证责任，证明其使用气涌水循环活水增氧技术的具体技术方案。据此请求判令：（1）华南农业大学在科研项目以及技术合作企业生产经营中停止使用陈康源"气涌水泵组件及其在水处理技术中的应用"发明专利的侵权行为。（2）华南农业大学在原报道专利侵权行为的报纸及网络上就专利侵权行为与管理职责过失公开向陈康源赔礼道歉。（3）华南农业大学查清其学校教授邹记兴在其他科研项目中使用陈康源的"气涌水泵组件及其在水处理技术中的应用"专利技术，不如实申报科研技术资料，相关科研成果不真实，违反政策规定申领政府科技奖等情况，并在原报道专利侵权行为的报纸及网络上公开结果。（4）华南农业大学支付陈康源两次专利诉讼的全部费用。

华南农业大学答辩称：（1）陈康源没有证据证明华南农业大学使用了其专利技术。而华南农业大学在科研项目中使用的是其作为专利权人的"混合型水质和空气净化装置"实用新型专利，该专利与陈康源的专利明显不同。（2）华南农业大学在科研项目中使用的技术是专为科学研究和实验使用的，没有在生产经营中使用过，依法不构成侵权。请求法院驳回陈康源的全部诉讼请求。

裁判理由及结果

一审法院经审理认为，本案系侵害发明专利权纠纷，陈康源是名称为"气涌水泵组件及其在水处理技术中的应用"的发明专利权人，该专利处于合法有效状态，应受法律保护。上述专利的权利要求 2 引用权利要求 1、权利要求 3 引用权利要求 2、权利要求 4 引用权利要求 3、权利要求 8 引用权利要求 4，其中权利要求 1、2、3 的特征部分均属于产品权利要求，权利要求 4、8 的特征部分属于使用方法而非制造方法的权利要求。陈康源主张保护的是权利要求 4 和权利要求 8，因此权利要求 4 的保护范围形成的技术方案包括权利要求 1~4 的全部技术特征，权利要求 8 的保护范围形成的技术方案包括权利要求 1~4、权利要求 8 的全部技术特征；即权利要求 4 和权利要求 8 保护范围的技术方案只涉及产品结构和使用方法，并不涉及新产品的制造方法，因此证明华南农业大学存在侵害专利权行为的举证责任应由陈康源承担，陈康源不能证明时则应承担举证不能的不利后果。

本案中，陈康源主张华南农业大学在"密斯特黄彩鲶的引进与人工繁育研究"项目中使用的气涌水循环活水增氧技术侵害其专利权，但无法提供证据证明华南农业大学使用该技术的具体技术方案，也无法证明该被诉侵权技术方案落入了陈康源专利的保护范围；华南农业大学辩称其运用的是"混合型水质和空气净化装置"实用新型专利，并且举证了使用该专利的装置，陈康源也明确表示该专利以及华南农业大学举证的装置均未包含陈康源主张保护范围的全部技术特征。综合上述两方面，陈康源不能证明华南农业大学存在侵害其发明专利权的行为，对于陈康源在本案中提出的全部诉讼请求，法院均不予支持。判决驳回陈康源的全部诉讼请求。

陈康源不服一审判决，提起上诉。

二审法院经审理认为：本案中，涉案专利名称为"气涌水泵组件及其在水处理技术中的应用"，且从专利权利要求内容看，涉案专利权仅涉及产品结构及其使用方法，涉案专利不属于《专利法》第六十一条规定的新产品制造方法的发明专利，故陈康源主张华南农业大学实施其涉案发明专利，应由陈康源承担相应的举证责任，但陈康源未能提供证据证明华南农业大学实施了其发明专利，也未能说明华南农业大学实施其发明专利的具体方案，故陈康源认为华南农业大学实施了涉案发明专利的主张缺乏依据，法院不予支持，判决驳回上诉，维持原判。

案例评析

根据《专利审查指南》第二部分实质审查第二章说明书和权利要求书
3.1.1权利要求的类型的规定，按照性质划分，权利要求有两种基本类型，
即物的权利要求和活动的权利要求，或者简单地称为产品权利要求和方法权
利要求。第一种基本类型的权利要求包括人类技术生产的物（产品、设备）；
第二种基本类型的权利要求包括有时间过程要素的活动（方法、用途）。属
于物的权利要求有物品、物质、材料、工具、装置、设备等权利要求；属于
活动的权利要求有制造方法、使用方法、通信方法、处理方法以及将产品用
于特定用途的方法等权利要求。《专利法》第六十一条规定，专利侵权纠纷
涉及新产品制造方法的发明专利的，制造同样产品的单位或者个人应当提供
其产品制造方法不同于专利方法的证明。根据《最高人民法院关于审理侵犯
专利权纠纷案件应用法律若干问题的解释》第十七条规定，产品或者制造产
品的技术方案在专利申请日以前为国内外公众所知的，法院应当认定该产品
不属于《专利法》第六十一条第一款规定的新产品。据此，方法发明专利包
括制造方法、使用方法、通信方法、处理方法以及将产品用于特定用途的方
法发明专利等多种类型，其中只有在产品制造方法发明专利侵权纠纷中，当
涉案产品或者制造产品的技术方案在专利申请日以前不为国内外公众所知悉，
被法院认定为属于新产品的制造方法的，民事诉讼中才适用举证责任倒置规
则，由制造涉案产品的被诉侵权人承担举证责任，证明涉案产品的制造方法
不同于专利方法。而在除了制造方法以外的使用方法、通信方法、处理方法
等其他方法发明专利纠纷，或者不属于新产品的制造方法发明专利侵权纠纷，
或者产品发明专利侵权纠纷中，证明被诉侵权人所实施的涉案方法与专利方
法相同或等同的举证责任，仍然归于原告。本案中，由于陈康源主张保护的
涉案发明专利权利要求4和权利要求8的技术方案只涉及产品结构和使用方
法，并不涉及新产品的制造方法，因此证明华南农业大学实施涉案发明专利
的举证责任仍然应由陈康源承担，陈康源不能证明时则应承担举证不能的不
利后果。

关于现有技术抗辩中对比文件的公开方式 以及对比文件是否已向公众公开的认定

——惠州市东阳智能技术股份有限公司诉徐思红、 惠州市翼飞模型有限公司侵害实用新型专利权案

内容摘要

在现有技术抗辩中，除了技术比对环节外，主要审查对比文件的公开方式以及是否属于在专利申请日前已向公众公开的情形，而审查上述内容应适用涉案专利申请日时所施行的《专利法》，因《专利法》修订所产生的法律规定差异会给具体的审查标准带来一定的区别。

关键词

现有技术抗辩　公开方式　使用公开　出版物公开　向公众公开
交易快照

裁判要点

淘宝网的信息属于为公众所知的信息，交易快照中呈现的信息属于因产品销售使公众得知其技术内容的情形，应按是否属于使用公开的方式进行审查。交易快照中的图片在无证据证明快照内容存在修改可能的情况下，应认定交易快照页面所呈现的图片内容与交易发生时销售者所发布的产品图片完全一致。因此，当上述交易时间发生在涉案专利申请日以前，交易快照上的图片所呈现的产品技术方案应认定属于专利申请日以前在国内外为公众所知的技术。

相关法条

《中华人民共和国民事诉讼法》第六十四条

《中华人民共和国专利法》第二十二条

《最高人民法院关于审理侵犯专利权纠纷案件应用法律若干问题的解释》第十四条

案件索引

一审：广州知识产权法院（2016）粤73民初1375号民事判决（笔者经办）

基本案情

原告：惠州市东阳智能技术股份有限公司（以下简称东阳公司）

被告：徐思红、惠州市翼飞模型有限公司（以下简称翼飞公司）

张锦海于2013年12月5日申请名称为"一种手持三轴拍摄云台"实用新型专利，并于2014年5月14日获得授权，专利号为ZL201320791513.X（以下简称涉案专利）。该专利最新年费已缴纳，合法有效。张锦海于2016年3月28日向国家知识产权局申请变更专利权人为东阳公司，该申请于2016年4月27日予以授权公告。涉案专利权利要求书记载三项权利要求，东阳公司明确本案权利保护范围为权利要求1~3，内容如下：1.一种手持三轴拍摄云台，包括手持部及手持部下部连接三轴拍摄控制装置，其特征在于：所述三轴拍摄控制装置依次包括：第一轴件一端固接第二轴件，第二轴件另一端固接第二电机，第二电机转轴与第三轴件中间连接，第三轴件两端分别固接有第一轴臂与第二轴臂，一摄像机安装件装在第一轴臂与第二轴臂之间；所述第一轴臂前端装有第三电机，所述第三电机转轴接摄像机安装件一边，摄像机安装件另一边与第二轴臂前端活接。2.根据权利要求1所述的一种手持三轴拍摄云台，其特征在于：所述手持部下部连接三轴拍摄控制装置，具体是：手持部中间固定有第一电机，所述第一电机转轴接三轴拍摄控制装置的第一轴件另一端。3.根据权利要求1所述的一种手持三轴拍摄云台，其特征在于：所述手持部两边分别连接有握手件，手持部中间上部连接有提手部。

惠州市知识产权局于 2014 年 9 月 16 日在翼飞公司经营场所查获了被诉侵权产品"相机增稳器"库存 5 台，取样 1 台。2015 年 10 月 20 日惠州市知识产权局作出惠知局处字〔2014〕第 4 号案专利侵权纠纷处理决定书，针对张锦海请求处理翼飞公司涉嫌侵犯其涉案专利权纠纷一案认定：（1）涉案专利权真实有效；（2）翼飞公司实施许诺销售、销售被诉侵权产品的行为；（3）翼飞公司销售、许诺销售的"相机增稳器"（即本案被诉侵权产品）落入张锦海涉案专利权的保护范围。根据东阳公司的申请，法院向惠州市知识产权局调取了被诉侵权产品实物及上述笔录、现场勘验检查登记表等相关文书。经庭审比对，被诉侵权产品包含涉案专利权利要求 1~3 的全部技术特征，双方当事人对此予以确认。

关于翼飞公司主张的现有技术抗辩，其提交了三份对比文件。对比文件一为（2016）粤惠惠州第 16128 号公证书中所涉的"DYS 鹰眼单反无刷航拍云台 5D2 手持单反三轴无刷云台摄像机航拍 GH2"产品图片。该公证书显示的内容是登录"cherrychensz@hotmail.com"淘宝账户，其中显示 2013 年 12 月 3 日完成的购买"DYS 鹰眼单反无刷航拍云台 5D2 手持单反三轴无刷云台摄像机航拍 GH2"产品的交易记录。在交易快照页面即公证书第 11~24 页，包含了上述产品各部分的详细结构特征。翼飞公司认为对比文件一与被诉侵权产品的技术特征完全相同；东阳公司认为被诉侵权产品与对比文件一的区别在于被诉侵权产品的手持部没有第一电机，第一电机是设置在拍摄控制部上而非手持部上；其他技术特征是相同的。

对比文件二、三为 16129 号公证书中优酷网视频所展示的产品，对比文件二名称为"DYS Eagle Eye Gimbal balancing"；对比文件三名称为"DYS Eagle Eye Camera Mount"。该公证书第 2 页的搜索页面中，名称为"DYS Eagle Eye Gimbal balancing"的视频左下角标注 8035，右下角标注"2 年前"；名称为"DYS Eagle Eye Gimbal balancing"的视频左下角标注 5737，右下角标注"2 年前"。分别将对比文件二、三两视频在公证书中的产品截图与被诉侵权产品进行比对，对比文件二、三的产品截图均不能清晰体现"手持部中间固定有第一电机，第一电机转轴接三轴拍摄控制装置的第一轴件另一端；

手持三轴拍摄云台的手持部两边分别连接有握手件,手持部中间上部连接有提手部"的技术特征。

东阳公司向法院起诉称:翼飞公司擅自实施涉案专利,大量制造、销售侵权产品,令东阳公司经济利益受损。惠州市知识产权局亦依东阳公司申请作出行政查处决定书,确认徐思红、翼飞公司实施侵权行为。据此请求判令:(1)徐思红、翼飞公司停止侵权并销毁侵权产品及生产模具;(2)徐思红、翼飞公司共同赔偿东阳公司经济损失及为维权支出的合理费用共计50万元;(3)徐思红、翼飞公司负担本案诉讼费用。

裁判理由及结果

一审法院经审理认为,本案属于侵害实用新型专利权纠纷,东阳公司主张本案权利保护范围为涉案专利权利要求1~3,经比对,双方当事人对被诉侵权技术方案包含涉案权利要求1~3的全部技术特征均予以确认,被诉侵权技术方案落入东阳公司涉案专利权的保护范围。

关于翼飞公司主张现有技术抗辩是否成立的问题。根据《最高人民法院关于审理侵犯专利权纠纷案件应用法律若干问题的解释》第十四条规定,被诉落入专利权保护范围的全部技术特征,与一项现有技术方案中的相应技术特征相同或者无实质性差异的,人民法院应当认定被诉侵权人实施的技术属于《专利法》第六十二条规定的现有技术。徐思红、翼飞公司为现有技术抗辩提供三份对比文件。关于对比文件一,根据16128号公证书的内容显示,对比文件一是淘宝网2013年12月3日交易产品的图片,淘宝网的信息属于为公众所知的信息,且所涉产品图片是在交易记录的交易快照中呈现,在无证据证明快照内容存在修改的情况下,应认定公证书中快照页面所呈现的图片内容与2013年12月3日交易发生时的产品图片一致。因此,法院认定对比文件一是在涉案专利申请日2013年12月5日前为公众所知的。将对比文件一与被诉侵权产品进行比对,由于双方当事人均确认被诉侵权产品包含涉案专利权利要求1~3的全部技术特征,被诉侵权产品当然包含"手持部中间固定有第一电机,第一电机转轴接三轴拍摄控制装置的第一轴件另一端"的技术特征,因此东阳公司认为被诉侵权产品与对比文件一的唯一区别在于被诉侵权产品的手持部没有第一电机，第一电机是设置在拍摄控制部上而非手持部上的意见，与事实不符，法院不予采纳。因此，法院认定对比文件一公开被诉侵权产品落入涉案专利权保护范围的全部技术特征，翼飞公司依据对比文件一所主张的现有技术抗辩成立，徐思红、翼飞公司不构成侵权。故东阳公司对徐思红、翼飞公司提出的全部诉讼请求，法院均不予支持，判决驳回东阳公司的全部诉讼请求。

案例评析

虽然东阳公司在提起本案民事诉讼前，惠州市知识产权局已作出行政处理，对查处的翼飞公司许诺销售、销售的被诉侵权产品落入东阳公司涉案专利保护范围作出认定；但是由于行政程序与民事诉讼的证明标准有所区别，因此在民事诉讼中，对于翼飞公司是否构成民事侵权，仍应按照相关的民事法律法规对涉案法律关系、构成要件等进行审查认定。

本案中的主要问题是翼飞公司的现有技术抗辩是否成立，审查内容包括对比文件的公开方式、对比文件是否已向公众公开，以及被诉侵权技术方案落入专利权保护范围的全部技术特征是否与现有技术对比文件的相应技术特征相同或无实质性差异，以下主要对前两点进行评述。

1. 关于对比文件的公开方式

根据《专利法》第二十二条第四款规定，现有技术是指申请日以前在国内外为公众所知的技术。根据《专利审查指南》第二部分第三章 2.1.2 公开方式中规定，现有技术公开方式包括出版物公开、使用公开和以其他方式公开三种（均无地域限制）：（1）专利法意义上的出版物是指记载有技术或设计内容的独立存在的传播载体，并且应当表明或者有其他证据证明其公开发表或出版的时间，符合上述含义的出版物可以是各种印刷的、打字的纸件，也可以是用电、光、磁、照相等方法制成的视听资料，还可以是以其他形式存在的资料，如存在于互联网或其他在线数据库中的资料等。如在上诉人祥合公司等与被上诉人新宏达公司侵害外观设计专利权纠纷案①中，二审法院

---

① 广东省高级人民法院（2018）粤民终 436 号民事判决。

认为在 Google 上通过输入被诉侵权产品图片的方式得到的搜索结果性质上属于公开出版物。（2）使用公开的方式包括能够使公众得知其技术内容的制造、使用、销售、进口、交换、馈赠、演示、展出等方式。（3）为公众所知的其他方式，主要是指口头公开等。本案中，翼飞公司主张现有技术抗辩的对比文件一属于交易中由于产品销售所产生的，应按是否属于使用公开的方式进行审查；虽然交易快照同时也是淘宝网根据平台规则自动生成的、属于存在于互联网上的资料，但除了交易双方以外的公众无法以公共搜索查询的方式获知，因此不应视为公开出版物。而对比文件二、三则属于优酷网视频内容，应当按照是否属于公开出版物进行审查。作以上区分的意义在于，根据《最高人民法院关于审理侵犯专利权纠纷案件应用法律若干问题的解释（二）》第二十二条规定，在现有技术抗辩中法院应当依照专利申请日时施行的专利法界定现有技术，当涉案专利是在 2008 年 12 月 27 日之前申请的（由于发明专利有效期为 20 年，因此此种情况在诉讼中并不少见），依上述规定应当适用《中华人民共和国专利法（2000 修正）》第二十二条规定，则现有技术是指在国内外出版物上公开发表过、在国内公开使用过或者以其他方式为公众所知的技术，即在审查是否属于使用或其他方式公开的情形时有"国内"的地域限制。也就是说，假如审查现有技术时应当适用《中华人民共和国专利法（2000 修正）》规定，区分按照公开出版物进行审查，还是使用或其他方式公开进行审查，在地域限制这个问题上是有区别的。当然，由于本案审查现有技术时应当适用现行专利法，因此无论何种公开方式，均无地域限制。

2. 关于对比文件是否已向公众公开的问题

第一，公开的主体应当是不特定公众；第二，公开的标准应当是不特定公众具有获知对比文件的可能性，即对比文件在专利申请日前曾经处于不特定公众只要希望获知即可获知的状态；第三，在一些有争议的特殊情况下，获知人群的数量、获知所受到的限制等也会成为关键的考量因素，如微信朋友圈所发布的信息、QQ 空间所发布的信息等是否属于已向公众公开的问题。

在上诉人欧墨门市部、钟云林与被上诉人蒋艳侵害外观设计专利权纠纷案[①]中，二审法院认为微信用户在朋友圈发布的内容，并非对所有网络用户公开，公众无法通过关键词在网络平台上进行检索查阅，即使对于微信好友，微信用户也可以通过相关设置使部分或全部好友无法阅读，因此有别于博客、微博等对不特定用户公开的情形，不属于已向公众公开。又如在上诉人胡崇亮与被上诉人迪利装饰厂、董峰侵害外观设计专利权纠纷案[②]中，二审法院认为图片上传至 QQ 空间后，要使该图片向所有用户公开，必须满足两个条件，即 QQ 空间权限设置为对"所有人可见"和该图片权限设置为对"所有人可见"。如果属于公开状态，通过打开浏览器后直接在地址栏输入 QQ 空间的网址，可进入 QQ 空间的对应网页获知对比文件。本案中，由于淘宝网是我国数一数二的网购交易平台，平台上的信息属于为公众所知的信息，而交易快照是根据淘宝网的交易规则在交易中自动生成的，交易快照中的图片在无证据证明快照内容存在修改可能的情况下，应认定交易快照页面所呈现的图片内容与交易发生时销售者所发布的产品图片完全一致。因此，当上述交易时间发生在涉案专利申请日以前，交易快照上的图片所呈现的产品技术方案应认定属于专利申请日以前在国内外为公众所知的技术。

---

① （2016）粤民终 801 号民事判决，见中国裁判文书网。
② （2015）粤高法民三终字第 517 号民事判决，见中国裁判文书网。

公证书被撤销后应根据其他证据认定
被诉销售侵权产品的行为是否成立

——郭贵伯诉罗永兰侵害外观设计专利权案

内容摘要

在专利侵权案件中，完成了专利权的保护范围、被诉设计或被诉技术方案是否落入专利权的保护范围，以及现有设计或现有技术抗辩是否成立的审查后，下一步是对被诉侵权人是否实施了专利法规定的销售、许诺销售等被诉侵权行为的事实认定环节。此为被诉侵权行为部分的第一个案例，审理的是被诉侵权人是否存在销售被诉侵权产品的行为。

关键词   销售行为   公证书撤销

裁判要点

在专利侵权纠纷中，通过公证保全证据，由公证处出具公证书证明被告实施制造、销售、许诺销售被诉侵权产品等具体行为是最常见的情形。公证书的内容对于具体行为的证明起到举足轻重的作用，当公证书在民事诉讼的过程中被撤销，法院应结合全案证据对原告起诉的具体被诉行为进行审查认定。

相关法条

《最高人民法院关于适用〈中华人民共和国民事诉讼法〉的解释》第九十三条

《中华人民共和国公证法》第三十九条、第四十条

案件索引

一审：中山市中级人民法院（2013）中中法知民初字第 125 号民事判决

二审：广东省高级人民法院（2013）粤高法民三终字第 785 号民事判决（笔者经办）

基本案情

上诉人（原审被告）：罗永兰

被上诉人（原审原告）：郭贵伯

涉案专利是专利号为 ZL200930068808.3、名称为"灯饰玻璃罩（莲叶杯）"的外观设计专利，专利权人是郭贵伯。

2012 年 3 月 23 日，广东省广州市广州公证处根据郭贵伯委托代理人广东泽正知识产权服务有限公司的申请，委派公证员林定源及工作人员池乐慰与郭贵伯委托代理人的员工别金平来到中山市古镇顺康大道 45 号的富庆玻璃厂门市部，别金平向该门市部购买了灯饰玻璃罩一批，取得 №561290《收据》、№1035540《送货单》、聂茂林名片各一张，并对该门面和购买的灯饰玻璃罩进行了拍照。2012 年 4 月 9 日，广东省广州市广州公证处出具了（2012）粤广广州第 053186 号公证书对上述过程予以证明。

郭贵伯向法院提交了公证购买的实物即被诉侵权产品。经庭审核查，被诉侵权产品及包装箱上均没有标注生产或销售单位的基本信息资料，罗永兰也不认可被诉侵权产品是其生产、销售的，但确认公证实物包装箱封存完好。上述 №561290《收据》的开具日期为 2012 年 3 月 17 日，记载内容是："今收到陈先生订购玻璃定金 200 元。"该收据"经手人"一栏有签名，但由于字迹潦草，无法确认为何人所签。上述 №1035540《送货单》的开具日期为 2012 年 3 月 23 日，抬头为"鸿光送货单"，客户为"富庆"。"收货单位及经手人"一栏为空白，"送货单位及经手人"一栏有签名，但由于字迹潦草，无法确认为何人所签。上述聂茂林名片记载的单位为"富庆玻璃厂"，门市地址为中山市古镇顺康大道 45 号。公证保全时所拍摄的照片，显示购买被诉侵权产品的店铺牌匾为"富庆玻璃厂"。经庭审比对，被诉侵权产品的设计与涉案外观设计专利构成近似。

在本案二审阶段，2014年1月3日，根据罗永兰的申请，广东省广州市广州公证处作出穗证撤〔2014〕1号《关于撤销（2012）粤广广州第053186号公证书的决定》，认为编号为561290的收据是申请人的代理人于2012年3月17日取得的，不是在3月23日取得的；同时编号为1035540的送货单不能充分证明涉案侵权物品是在富庆玻璃厂门店购买的，所以认为公证书证据不足，决定撤销（2012）粤广广州第053186号公证书。2014年2月7日，根据郭贵伯代理人对以上决定的投诉，广州市公证协会作出穗公协投〔2014〕4号《不予受理通知书》，认为投诉事项已向法院提起诉讼，协会不予受理投诉。2014年3月5日，郭贵伯作出《情况说明》，声明除本案侵权诉讼以外，并未就第053186号公证书争议向法院提起诉讼。

罗永兰在二审诉讼中申请聂茂林、陈丽娟作为证人出庭作证。

证人聂茂林于2013年11月21日第一次庭审时发表以下证言：2012年3月17日，有三位客户来到我和妻子罗永兰经营的"富庆玻璃厂"门店要求购买两款玻璃产品，其中一款我店里没有现货，我想起鸿光玻璃厂有这种产品就向客户进行了介绍，客户让我帮忙订购。我打电话给鸿光玻璃厂的老板李爱飞，李称可以提供。于是我向客户表示如果需要这种产品，要交200元定金。在收取定金后，2012年3月23日客户上门取货。我将我店里的自有产品三箱（不是被诉产品）交付给客户，并且出具了这三箱产品的收款单据，单据上将定金200元进行了结算。半个小时后，鸿光玻璃厂将另外五箱被诉产品送过来，鸿光玻璃厂与客户是自行在"富庆玻璃厂"门店的门口进行交易的，款项由客户直接付给了鸿光玻璃厂的送货人员，如何交易我不清楚。此外，鸿光玻璃厂与我店一直存在交易关系，交易方式是每月结算一次。

证人聂茂林于2014年1月24日第二次庭审时发表以下证言：2012年3月17日，客户到我店要求购买两款产品，其中一款我店里没有现货，我想起鸿光玻璃厂有这种产品就向客户进行了介绍，把鸿光玻璃厂的电话告诉了客户；同时告知了鸿光玻璃厂的老板李爱飞，让他们自行联系谈交易细节；200元定金是另一款产品的，与被诉产品无关。2012年3月23日客户上门取货。我将我店里的自有产品三箱（不是被诉产品）交付给客户；然后应客户要求我打了电话给李爱飞问被诉产品准备好了没有，客户已经在这里等候。后来陈丽娟与司机一起把被诉产品运送到我店门口，与客户进行了交易。

证人陈丽娟于2013年11月21日第一次庭审时发表以下证言：我是在鸿光车间工作的，负责仓管和发货，该车间老板叫李爱飞。聂茂林给李爱飞打电话，说有客户需要一批被诉玻璃灯罩产品，要把这些产品送到"富庆玻璃厂"门店的门口。根据老板的安排，我开好了公证书上编号为1035540的送货单，抬头客户处写的是"富庆"，经手人写的是我的名字，金额为600元，然后我与司机开车将被诉产品送到"富庆玻璃厂"门店的门口。我与聂茂林所述客户不认识，当时我没有下车，所以不了解验货和付款过程；只是知道司机将货物搬到门口交付给客户后，收取了全额现金款项。此外，富庆玻璃厂与我所在的鸿光车间一直有生意来往，交易方式是每月结算一次；过去的交易单据上客户都是写"富庆"。

2013年1月29日，郭贵伯认为罗永兰侵害其外观设计专利权，向法院提起本案诉讼，关于购买被诉侵权产品的过程，其描述如下：郭贵伯的委托代理人别金平于2012年3月17日在罗永兰经营的"富庆玻璃厂"门店向罗永兰、聂茂林订购了被诉产品及另一种玻璃产品，支付了200元定金。2012年3月23日，别金平按约定时间来到"富庆玻璃厂"门店，聂茂林先向别金平交付了三箱约定好的另一种玻璃产品，并告诉别金平五箱被诉产品正在运送途中；在五箱被诉产品运到"富庆玻璃厂"门店后，别金平将购买上述两种产品的全部货款支付给了聂茂林。因此，购买被诉产品的交易双方是郭贵伯与罗永兰，至于罗永兰所述的陈丽娟经营的"鸿光"门店，郭贵伯从未与其联系过，也不知道其与罗永兰之间的关系。请求法院判令：（1）罗永兰立即停止生产、销售侵犯专利号为ZL200930068808.3专利权的侵权产品，销毁库存侵权产品及专用模具；（2）罗永兰赔偿郭贵伯经济损失及合理费用共计10万元；（3）罗永兰承担本案诉讼费用。

裁判理由及结果

一审法院经审理认为：被诉侵权产品落入了本专利的保护范围，并且根据公证书等证据，罗永兰经营的中山市古镇茂林玻璃门市部未经郭贵伯许可，擅自销售被诉侵权产品，构成侵权，依法应停止销售侵权产品的行为，并赔偿郭贵伯经济损失。由于中山市古镇茂林玻璃门市部是罗永兰投资经营的个体工商户，依法本案的民事责任应由罗永兰承担。同时，由于本案被诉侵权产品是外观设计产品，且是一次成型的，其模具明显具有特定性，应为专用模具。故郭贵伯要求罗永兰销毁生产侵权产品的专用模具，原审法院予以支持。遂判决：（1）罗永兰自本判决发生法律效力之日起立即停止销售侵害专利号为ZL200930068808.3外观设计专利权的产品，并销毁库存侵权产品及生产侵权产品的专用模具；（2）罗永兰自本判决发生法律效力之日起十日内赔偿郭贵伯经济损失及制止侵权支出的合理费用共计25000元；（3）驳回郭贵伯的其他诉讼请求。

罗永兰不服一审判决，提起上诉。

二审法院认为：本案为侵害外观设计专利权纠纷，二审诉讼争议焦点是罗永兰是否向郭贵伯销售了被诉产品。

审查判断罗永兰是否向郭贵伯销售了被诉产品，实质是认定买卖被诉产品的合同双方主体，由于公证书被撤销，应根据双方当事人在交易时出具的单据，庭审时确认的事实和陈述，以及证人证言的内容，认定买卖被诉产品的合同双方主体，从而确定罗永兰是否向郭贵伯销售了被诉产品。

首先，2012年3月17日郭贵伯的委托代理人别金平在罗永兰经营的个体工商户内与其经营人员聂茂林进行磋商，向其表达购买另一款产品以及被诉产品共两款产品的意思表示；聂茂林于2013年11月21日第一次庭审时承认通过电话与李爱飞联系得知其有被诉产品，然后就向别金平收取了订购产品所需的200元定金。虽然聂茂林于2014年1月24日第二次庭审时陈述其让别金平与李爱飞自行联系确定交易，200元定金与被诉产品无关；但是根据聂茂林陈述，其不仅与罗永兰是夫妻关系，而且还是涉案个体工商户的经营人员，与本案结果存在直接利害关系，因此在没有其他证据佐证的情况下，不能仅凭聂茂林在第二次庭审时的证言认定"富庆玻璃厂"收取的200元定金与本案被诉产品无关，也不能认定郭贵伯一方与李爱飞自行联系完成被诉产品买卖的合同行为。

其次，2012年3月23日，虽然由陈丽娟将被诉产品运到"富庆玻璃厂"

门店门外交付给郭贵伯的代理人别金平，但郭贵伯的代理人称其不认识陈丽娟，只是知道被诉产品是从其他地方运来交易的，交易的另一方主体是罗永兰而非他人；陈丽娟也陈述其是按聂茂林的要求将被诉产品运到"富庆玻璃厂"进行交易，其与别金平（"陈先生"）不认识也没联系过。陈丽娟的证言也进一步证明了与其或李爱飞联系订货、送货的人是聂茂林，而不是别金平（"陈先生"）；没有证据证明郭贵伯一方自行与鸿光玻璃厂、陈丽娟、李爱飞发生交易。

最后，陈丽娟所出具的编号为 1035540 的送货单上的客户记载为"富庆"而非"陈先生"，进一步证明了与陈丽娟发生交易的主体是以"富庆玻璃厂"名义从事经营的罗永兰，而不是郭贵伯的代理人别金平（"陈先生"）。此外，聂茂林与陈丽娟均承认在本案之前罗永兰一直以"富庆玻璃厂"名义与鸿光玻璃厂之间存在生意来往，交易方式是每月结算一次，以送货单金额为依据。陈丽娟也承认过去的送货单据上客户都是写"富庆"。

综合上述几方面的事实，郭贵伯向罗永兰以"富庆玻璃厂"名义经营的个体工商户订购被诉产品、支付定金，并于约定好的时间上门取货，最终在"富庆玻璃厂"门口完成交付；而且罗永兰又不能证明郭贵伯一方知道鸿光玻璃厂、李爱飞、陈丽娟这一方交易主体的情况，李爱飞、陈丽娟这一方也确认没有与郭贵伯一方联系过。因此，本案销售被诉产品的合同行为发生在郭贵伯与罗永兰之间，根据合同相对性理论，法院认定罗永兰向郭贵伯销售了被诉产品。

综上所述，结合其他情况，二审法院判决：（1）维持广东省中山市中级人民法院（2013）中中法知民初字第 125 号民事判决第二、三项；（2）变更广东省中山市中级人民法院（2013）中中法知民初字第 125 号民事判决第一项为：罗永兰自本判决发生法律效力之日起立即停止销售侵害专利号为ZL200930068808.3 外观设计专利权的产品，并销毁库存侵权产品。

案例评析

在专利侵权纠纷中，通过公证保全证据，由公证处出具公证书证明被告实施制造、销售、许诺销售被诉侵权产品等具体行为是诉讼中最常见的情形。

根据我国《中华人民共和国民事诉讼法》（以下简称《民事诉讼法》）第六十九条规定，经过法定程序公证证明的法律事实和文书，人民法院应当作为认定事实的根据，但有相反证据足以推翻公证证明的除外。《最高人民法院关于适用〈中华人民共和国民事诉讼法〉的解释》第九十三条规定，已为有效公证文书所证明的事实，当事人无须举证证明，当事人有相反证据足以推翻的除外。《中华人民共和国公证法》第三十九条规定，当事人、公证事项的利害关系人认为公证书有错误的，可以向出具该公证书的公证机构提出复查。公证书的内容违法或者与事实不符的，公证机构应当撤销该公证书并予以公告，该公证书自始无效；公证书有其他错误的，公证机构应当予以更正。第四十条规定，当事人、公证事项的利害关系人对公证书的内容有争议的，可以就该争议向法院提起民事诉讼。根据以上规定，第一，在专利侵权诉讼中，若被告发现原告出具的公证书存在错误，可以向出具该公证书的公证机构提出复查或者单独就公证书内容的争议事项向法院另行提起民事诉讼；但是在公证书未经法定程序撤销或更正以前，公证文书的效力依然存续。第二，公证书仅仅是证明事实的证据之一，这意味着在公证书有效的情况下，若被告能举出相反证据证明公证书存在明显错误或者证明的事实有误，法院在专利侵权诉讼中可以不采纳公证书所证明的事实；同理，即使公证书被撤销而失去效力后，若法院认为其他证据足以证明原告起诉的侵权事实属实，仍然可以认定侵权成立。

本案的二审阶段，广东省广州市广州公证处根据罗永兰的申请，作出穗证撤〔2014〕1号《关于撤销（2012）粤广广州第053186号公证书的决定》，撤销了涉案的公证书。在这种情况下，法院结合原告所出示的产品实物和相关单据，传唤了参与交易过程的罗永兰的丈夫聂茂林以及送货人员陈丽娟，详细询问了交易过程的各种细节，分析买卖被诉产品的双方主体，查明了以下事实：2012年3月17日，郭贵伯的委托代理人别金平以"陈先生"的名义到罗永兰经营的"富庆玻璃厂"门店要求购买被诉产品及另一款产品。由于店内没有被诉产品，罗永兰的丈夫聂茂林与鸿光玻璃厂的李爱飞联系，得知李爱飞处有被诉产品，聂茂林收取了别金平200元定金，并出具了编号为561290的收据一张，记载"今收到陈先生200元订购玻璃"。2012年3月23日，别金平再次来到"富庆玻璃厂"门店取货，聂茂林先向其交付了三箱另一款玻璃产品。其后，别金平等待被诉产品运来，等待期间聂茂林还向李爱飞致电催促。陈丽娟是鸿光车间的员工，其根据老板李爱飞的安排，开好编号为 1035540 的送货单并将货物送至"富庆玻璃厂"门口。在五箱被诉产品"大凤凰杯酸"运到"富庆玻璃厂"门店后，别金平支付了另外的 600 元货款，购买了被诉产品以及取得了编号为 1035540 的送货单一张。该单据上记载：名称为"鸿光送货单"、客户为"富庆"、送货单位及经手人为"陈丽娟"。综上所述，虽然公证书被撤销而失去效力，但根据其他证据仍然足以认定本案中罗永兰向郭贵伯销售了被诉产品，这个案件也很好地展示了专利侵权纠纷中关于事实问题的查明思路。

专利侵权产品上可资识别的信息
所指向的制造者如何证明存在
他人冒用其商标、企业名称的情形

——广州市亿科贸易发展有限公司诉北京金万信成建材经营部、
鹤山市安得利卫浴有限公司侵害外观设计专利权案

内容摘要

此为专利侵权案件中关于被诉侵权行为部分的第二个案例，审查认定的是被诉侵权人是否存在制造被诉侵权产品的行为。

关键词

产品制造者　可资识别的信息　冒用商标及企业名称

裁判要点

本案涉及根据专利侵权产品上的信息如何认定制造者的问题，以及产品上可资识别的信息所指向的制造者如何证明存在他人冒用其商标、企业名称的事实两方面的内容。

相关法条

《最高人民法院关于产品侵权案件的受害人能否以产品的商标所有人为被告提起民事诉讼的批复》

案件索引

一审：广州知识产权法院（2016）粤 73 民初 2558 号民事判决（2017 年

6 月 28 日）

基本案情

原告：广州市亿科贸易发展有限公司（以下简称亿科公司）

被告：北京金万信成建材经营部（以下简称金万信成经营部）、鹤山市安得利卫浴有限公司（以下简称安得利公司）

陈亿志于 2010 年 10 月 23 日申请名称为"垃圾桶（9288）"的外观设计专利，并于 2011 年 4 月 27 日获得授权，专利号为 ZL201030569615.9（以下简称涉案专利）。2011 年 6 月 1 日，陈亿志与亿科公司签订《专利使用许可合同》一份，将涉案专利许可亿科公司在中国境内使用，许可使用期限自合同签字之日起至专利权有效期满之日止，许可使用形式为普通许可。并许可亿科公司在全国范围内对侵犯专利权的行为进行维权，包括调查、取证、公证及索赔；专利使用费为 30 万元。

2016 年 11 月 22 日，亿科公司的委托代理人李蓉与公证人员到达门口标有"D 区 14 - 16 号""顶固五金"的店铺内购买了外包装箱标有"Larsd""莱尔诗丹专业厨卫五金"及外包装标有"Larsd""莱尔诗丹""环保静音""感应环保桶""LS - 6629 - 9"的垃圾桶一个。2016 年 11 月 23 日，亿科公司的委托代理人李蓉与公证人员到达门口标有"Larsd 莱尔诗丹""F1 - WY52"字样的商铺购买了外包装纸箱上带"Larsd"字样的垃圾桶一个，并取得盖有"北京金万信成建材经营部"印章的收据一张。亿科公司与安得利公司均确认上述两个被诉侵权的垃圾桶产品为同一产品。经法院审查，被诉侵权设计与授权外观设计构成近似。

被诉侵权产品的外包装上显示有网址 www.larsd.com、英文标识"Larsd"及"莱尔诗丹专业厨卫五金"字样，并显示有"广东鹤山市安得利卫浴有限公司"的名称、地址以及联系电话；包装内均附有合格证，合格证上显示有英文标识"Larsd"以及安得利公司的名称、电话；被诉侵权产品的名称均为感应环保桶，型号均为 LS - 6629 - 9，正面均贴有标贴，显示有英文标识"Larsd"以及"莱尔诗丹"中文字样。包装内还附有说明书，说明书显示有英文标识"Larsd"，安得利公司的名称、地址以及网址 www.larsd.com。

亿科公司提交"LARSD 莱尔诗丹"文字及图形商标的注册信息，显示该商标申请人为安得利公司，安得利公司对此予以确认，但主张案外人汤涛假冒其企业名称及商标制造了被诉侵权产品。对此，安得利公司提交了其2012—2017 年的产品目录、安得利产品及非安得利授权产品的标签及合格证样式、收据、汤涛与温州家多宝家居用品有限公司签订的《订货协议》、汤涛的身份证复印件以及温州家多宝家居用品有限公司的企业公示信息等证据为据。其中，上述收据的编号为 0037647，载明收到四款产品费用合计 1740元，包含 LS6629 - 9 型号产品单价 296 元；汤涛作为乙方与温州家多宝家居用品有限公司作为甲方于 2016 年 7 月 10 日签订的《订货协议》中约定，乙方委托甲方生产"莱尔诗丹 Larsd"品牌产品，乙方选中的产品由甲方负责生产，如甲方提供的产品有专利的，乙方可以使用。

金万信成经营部提交了一份收据，收据编号及其所载内容与安得利公司提交的编号为 0037647 的收据一致。

诉讼过程中，安得利公司申请证人汤涛出庭作证。庭审中，证人汤涛出庭并提交了《订货协议》、发货单、银行卡交易明细、营业执照及外观设计专利证书等证据。汤涛承认两个被诉侵权产品均系其委托温州家多宝家居用品有限公司制造后销售。汤涛称其曾销售过莱尔诗丹品牌的产品，因与莱尔诗丹品牌业务员关系良好，汤涛便提议由其向安得利公司交纳使用费后使用莱尔诗丹品牌制造产品。在安得利公司答复之前，汤涛已与温州家多宝家居用品有限公司签订了订货协议，委托生产了一批产品，包括型号为 LS6629 - 9 的被诉侵权产品，并向安得利公司设于北京和石家庄的部分销售门店提供了产品。但之后安得利公司答复称不同意汤涛使用莱尔诗丹品牌制造产品。汤涛确认金万信成经营部、安得利公司提交的编号为0037647 的收据系其与金万信成经营部交易时出具的收据。在汤涛提交的证据中，《订货协议》与安得利公司提交的《订货协议》一致；温州家多宝家居用品有限公司的发货单中显示有莱尔诗丹品牌型号为 LS6629 - 9 的产品，进货价为 269 元，所有产品合计金额为 50000 元，收货人为汤涛，并载有汇款账号及户名宋婷力；银行卡交易明细显示汤涛于 2016 年 7 月 14日向宋婷力支付 50000 元，收款账号与上述发货单中所载账号一致；汤涛

提交的营业执照以及申请号为 201630004559.1 的外观设计专利证书复印件
上加盖有温州家多宝家居用品有限公司的公章，该外观设计专利的图片与
被诉侵权产品的外观基本相同。

亿科公司向法院起诉请求法院判令：（1）金万信成经营部、安得利公司
立即停止制造、销售侵害亿科公司专利号为 ZL201030569615.9 的外观设计专
利权的产品，并销毁库存侵权产品；（2）金万信成经营部、安得利公司赔偿
原告经济损失及合理费用合计 50 万元；（3）金万信成经营部、安得利公司
负担本案诉讼费。

金万信成经营部书面答辩称，被诉侵权的垃圾桶产品是金万信成经营
部销售的，但该产品是金万信成经营部于 2016 年 9 月从被告安得利公司的
销售商汤涛处以正常价格购买所得。购买进货时，汤涛称该产品是安得利
公司制造的样品；金万信成经营部在亿科公司起诉后才得知汤涛并未获得
被告安得利公司关于被诉侵权产品的授权，是汤涛自行在温州家多宝家居
用品有限公司处订货制造的。因此，金万信成经营部没有侵权故意，不应
承担责任。

安得利公司辩称，被诉侵权产品并非由安得利公司制造和销售，而是汤
涛在未获得安得利公司授权的情况下，私自向温州家多宝家居用品有限公司
订货制造并销售，被告安得利公司没有任何侵权行为，不应承担责任。故请
求驳回原告的诉讼请求。

裁判理由及结果

一审法院经审理认为，本案属于侵害外观设计专利权纠纷。本案主要争
议焦点为：金万信成经营部、安得利公司是否实施了制造、销售被诉侵权产
品的行为；以及金万信成经营部、安得利公司是否构成侵权及应否承担侵权
责任。

关于金万信成经营部、安得利公司是否实施了制造、销售被诉侵权产品
的行为。经查，根据相关公证书及金万信成经营部的书面答辩意见，法院认
定金万信成经营部实施了销售、但未实施制造被诉侵权产品的行为。

关于安得利公司是否实施了制造、销售被诉侵权产品的问题，首先，在

被诉侵权产品的外包装上有安得利公司的名称、经营场所、商标等信息，在被诉侵权产品正面有安得利公司的商标，被诉侵权产品的合格证以及说明书上也有安得利公司的名称及商标，因此被诉侵权产品上所附信息均指向制造者为安得利公司。其次，亿科公司分别通过公证保全方式在不同地点两次购得被诉侵权产品，其中一次是在金万信成经营部处购买，根据购买公证书，金万信成经营部的经营场所匾额上是"Larsd 莱尔诗丹"字样，金万信成经营部向亿科公司委托代理人提供的名片背面是"莱尔诗丹卫浴（北京）城外诚专卖店"字样，而安得利公司承认"莱尔诗丹"是其使用的商标，因此，金万信成经营部应属于专营专卖安得利公司产品的销售门店；而金万信成经营部在其书面答辩意见中称，被诉侵权产品是安得利公司的销售商汤涛向其提供的，证人汤涛也承认其曾经是安得利公司销售商的身份，也就是说，即使是作为专营专卖安得利公司产品的金万信成经营部，至少在其向亿科公司销售被诉侵权产品前，其也认为被诉侵权产品来自安得利公司，并且认为汤涛是作为安得利公司销售商的身份向其提供该产品的。本案属于侵权纠纷而非合同纠纷，不应适用表见代理的规定确定法律行为的相对人；但是，若安得利公司未能证明存在他人冒用其商标、企业名称的情形，则应根据以上证据合理推定安得利公司是被诉侵权产品的制造者。

在本案中，根据证人汤涛的证言及相关证据，汤涛曾经是安得利公司的销售商，希望获得安得利公司的授权许可使用其商标及品牌制造产品，却在安得利公司尚未答复前，于 2016 年 7 月 10 日与温州家多宝家居用品有限公司签订了《订货协议》，约定汤涛委托温州家多宝家居用品有限公司生产包括被诉侵权产品在内的若干"莱尔诗丹 Larsd"品牌产品（在发货单中有被诉侵权产品型号），汤涛选中的产品由温州家多宝家居用品有限公司负责生产，若温州家多宝家居用品有限公司提供的产品有专利的，则汤涛可以使用。2016 年 7 月 14 日，汤涛向温州家多宝家居用品有限公司支付了 5 万元垃圾桶产品的款项，该部分款项的金额及收款人账号与温州家多宝家居用品有限公司发货单上的金额及记载的收款账号信息均一致。同时，温州家多宝家居用品有限公司也在其提供的申请号为 201630004559.1 的外观设计专利证书复印件上加盖公章，该外观设计专利的图片与被诉侵权产品基本相同，上述合同、付款、产品专利形成证据链，都证明了被诉侵权产品是由温州家多宝家居用品有限公司提供专利并制造的。而这与双方合同所约定的"产品品牌为莱尔诗丹 Larsd，若温州家多宝家居用品有限公司提供的产品有专利的，汤涛选中可以使用"的条款也是相对应的。在被诉侵权产品制造完成并交付汤涛后，汤涛称其提供给了安得利公司在北京、石家庄等地的销售门店；其后，安得利公司通知汤涛不同意其使用"莱尔诗丹 Larsd"商标及其企业名称。综上，安得利公司有证据证明被诉侵权产品是汤涛在未获得其授权许可前擅自委托温州家多宝家居用品有限公司制造的；并且汤涛利用其曾是安得利公司销售商的身份，将被诉侵权产品提供给安得利公司若干销售门店（包括金万信成经营部在内）对外进行销售，这与亿科公司可从不同销售商处购得被诉侵权产品的事实也相互对应，因此，安得利公司不存在制造、销售被诉侵权产品的行为。至于安得利公司是否向汤涛主张侵害商标权的民事责任，与本案无关，不应对本案的认定结论产生影响。

综上所述，鉴于被诉侵权产品使用的设计落入涉案专利权的保护范围，因此金万信成经营部的销售行为侵害了亿科公司涉案专利权。但是，由于金万信成经营部辩称其产品来自汤涛并提交了包含被诉侵权产品型号在内等四款型号产品的收据一份，汤涛对提供被诉侵权产品给金万信成经营部的事实予以承认，对收据也予以确认，且被诉侵权产品的单价296元相比汤涛向温州家多宝家居用品有限公司支付的成本单价269元的差额也在合理范围，因此法院认定金万信成经营部销售的被诉侵权产品具有合法来源，且销售的是其不知道属于未经专利权人许可而制造的专利侵权产品，根据《中华人民共和国专利法》第七十条规定，金万信成经营部应承担停止侵权的民事责任，不承担侵权赔偿责任。因此法院判决：（1）被告北京金万信成建材经营部于本判决发生法律效力之日起停止销售侵害名称为"垃圾桶（9288）"、专利号为 ZL201030569615.9 的外观设计专利权的产品；（2）驳回广州市亿科贸易发展有限公司的其他诉讼请求。

案例评析

本案涉及根据专利侵权产品信息如何认定制造者的问题，以及产品上可资识别的信息所指向的制造者如何证明存在他人冒用其商标、企业名称的事实这两方面的内容。

1. 关于根据专利侵权产品信息如何认定制造者的问题

依据《最高人民法院关于产品侵权案件的受害人能否以产品的商标所有人为被告提起民事诉讼的批复》规定，任何将自己的姓名、名称、商标或者可资识别的其他标识体现在产品上，表示其为产品制造者的企业或个人，均属于《中华人民共和国民法通则》（以下简称《民法通则》）第一百二十二条规定的"产品制造者"。具体而言，可以根据产品自身、包装及销售店铺等处出现的可资识别的标识、信息证明产品制造者。例如，在本案中，一是被诉侵权产品的外包装、产品正面、合格证及说明书上有安得利公司的名称、经营场所、"Larsd 莱尔诗丹"商标等指向制造者为安得利公司的信息。二是被诉侵权产品销售者金万信成经营部的经营场所匾额上有"Larsd 莱尔诗丹"字样，金万信成经营部提供的名片背面是"莱尔诗丹卫浴（北京）城外诚专卖店"字样，因此，金万信成经营部应属于专营专卖安得利公司产品的销售门店，其销售的产品应来自安得利公司。三是金万信成经营部陈述称被诉侵权产品是安得利公司的销售商汤涛向其提供的。综合上述三方面的证据，在安得利公司不能证明存在他人冒用其商标、企业名称的情况下，已足以证明安得利公司是被诉侵权产品的制造者。

2. 对于侵权产品上可资识别的信息所指向的制造者（被告）如何通过证明存在他人在产品上冒用其商标、企业名称的事实来进行不侵权抗辩

这实质涉及举证责任转移的问题，即证明并非产品制造者的举证责任已转移给被告。在一般情况下，当被告难以获知实际冒用者时，通常只能在公共媒体发布"市场上出现假冒其商标或企业名称的产品"的声明、积极搜集假冒产品的证据等方式来向法院抗辩及证明其也是被侵权人而非侵权产品的制造者，但这些间接证据是否足以支持被告的上述抗辩，尚存疑问。即使当被告已经获知实际冒用者的情况下，在举证时也需要注意证据之间应当环环相扣、彼此印证，只有形成证据链，其不侵权抗辩才能得到法院的支持。例如在本案中，安得利公司申请证人汤涛出庭作证，且证人汤涛提交了《订货

协议》、发货单、银行卡交易明细、营业执照及外观设计专利证书等证据，并且协议内容、付款事实以及交易明细对应，侵权产品也与案外人的外观设计专利对应，才能证明曾经是安得利公司销售商的汤涛，希望获得安得利公司的授权许可使用其商标及品牌制造产品，却在安得利公司尚未答复前，提前委托温州家多宝家居用品有限公司生产包括被诉侵权产品在内的若干"莱尔诗丹 Larsd"品牌产品并对外销售的事实。

关于专利侵权案件中连带责任的认定

——广东必达保安系统有限公司诉广州灵宝电子机电有限公司、广州多灵锁业有限公司侵害外观设计专利权案

内容摘要

　　此为专利侵权案件中关于被诉侵权行为部分的第三个案例，审理的是多个被诉侵权人之间是否存在共同侵害专利权的行为。并且，在本案的基础上，进一步探讨关于教唆及帮助侵权、实际经营者与名义经营者不一致、一人有限责任公司的股东不能证明公司财产独立于股东自己的财产等专利侵权中涉及连带责任的情形。

关键词　共同侵权　共同制造　名义经营者　实际经营者　连带责任

裁判要点

　　在专利侵权案件中审查多位被告是否存在共同侵权，更偏重于事实认定，认定的关键在于案件细节的审查。法院应当根据产品信息、经营地址、宣传资料甚至售后联系电话等具体内容中是否包含共同行为的证据，结合被告之间是否存在共同侵权的主观过错予以认定。至于多位被告是否应承担连带责任的问题，除了共同侵权情形以外，还存在一些法律规定的具体情况，如实际经营者与名义经营者不一致、一人有限责任公司的股东不能证明公司财产独立于股东自己的财产等。

相关法条

　　《中华人民共和国侵权责任法》第八条、第十五条第一款第（一）项和

第（六）项、第十五条第二款、第三十六条

《最高人民法院关于适用〈中华人民共和国民事诉讼法〉的解释》第五十九条

《中华人民共和国公司法》第六十三条

案件索引

一审：广州知识产权法院（2016）粤73民初2039号民事判决（笔者经办）

二审：广东省高级人民法院（2017）粤民终2164号民事判决

基本案情

原告：广东必达保安系统有限公司（以下简称必达公司）

被告：广州灵宝电子机电有限公司（以下简称灵宝公司）、广州多灵锁业有限公司（以下简称多灵公司）

必达公司于2013年3月21日申请名称为"门锁前锁体（圆形椭圆形带长把手）"外观设计专利（以下简称涉案专利），并于2013年8月7日获得授权，专利号为ZL201330075083.7。

2016年10月14日，必达公司委托代理人梁丽茵在公证人员的见证下，登录http：//www.lensam.com，进入灵宝公司官方网站。点击首页显示"公司简介"，载明"广州灵宝电子机电有限公司，成立于2006年，是一家集设计研发、制造服务于一体的专注于门锁五金领域的现代化高新技术企业，也是中国大型智能门锁生产商之一"，点击"产品中心"，显示"LS8360-EMKF桑拿柜门锁"的产品图片及信息，必达公司主张该产品为被诉侵权产品。公证处据此出具（2016）粤佛顺德第41588号公证书。

2016年10月10日，必达公司委托代理人梁丽茵在公证处公证人员的见证下，前往广东省广州市沙太北路犀牛角村金湖路1号工业园D栋三楼一间标有"灵宝国际"的公司，经出具购销合同复印件一份，支付货款763.2元后购得产品12件，并当场获取购销合同原件、发票、名片各一张及产品宣传册三份。销售方地址与灵宝公司的工商注册住所地址一致。名片载明灵宝公司的企业名称，所载地址与上述提货地址一致。公证处据此出具（2016）粤佛顺德第 41593 号公证书。

上述公证书中所涉的《智能门锁购销合同》包括以下约定：甲方（梁小姐）向乙方（灵宝公司）定购 LS8360 - EMKF 桑拿锁，乙方在收到甲方合同预付款之日起安排生产，2~3 个工作日内按清单发货，并且乙方提供产品的同时向甲方提供免费保修一年、终身维护的服务。公证保全时取得的宣传册共三份，第一份为灵宝公司的产品手册，封面载明 "2016 智能门锁全系列产品手册" 字样，其中包含名称为 LS8360 - EMKF（咖啡/锌合金）产品。第二份为产品画册，载明 "灵宝国际集团（香港）有限公司"，封面显示灵宝公司的 "亚坦 & 灵保 ADZAR&LINGBAO" 商标，其中包含名称为 LS8360 - EMKF（咖啡/锌合金）产品；灵宝公司在庭审时确认 "灵宝国际集团（香港）有限公司" 是其在香港注册的公司，第二份产品画册上的商标也是灵宝公司注册使用的商标。第三份为多灵公司的产品图册，封面载明 "2016 - 3 产品图册"，其中包含名称为 LS8360 - EMKF（咖啡/锌合金）产品。以上三本宣传册封底所标注的地址均为 "广东省广州市白云区沙太北路犀牛角村金湖路 1 号工业园 D 栋 3 楼"，咨询电话 400 - 619 - 1962 也相同；灵宝公司与多灵公司在庭审时确认实施了销售、许诺销售被诉侵权产品的行为，并确认使用相同电话共同作售后服务，并称地址相同的原因是灵宝公司与多灵公司为了降低经营成本和场地成本，租赁了同一层楼的经营场所进行经营。

多灵公司为证明被诉侵权产品是由多灵公司提供给灵宝公司，提供了一份《智能门锁购销合同》，合同双方当事人是灵宝公司与多灵公司，约定灵宝公司向多灵公司订购产品 "QS9360 - EMKF 咖啡色"，合同落款时间是 2016 年 10 月 6 日；其他合同条款与（2016）粤佛顺德第 41593 号公证书所涉《智能门锁购销合同》的内容几乎一致。

经法院审查，被诉侵权产品使用的设计与涉案外观设计构成近似；灵宝公司与多灵公司为证明被诉侵权产品具有合法来源提交相关证据，经法院审查认定合法来源抗辩不能成立。

必达公司向法院起诉请求判令：（1）灵宝公司与多灵公司立即停止制

造、销售、许诺销售侵权产品，销毁侵权产品和模具；（2）灵宝公司与多灵公司连带赔偿经济损失17万元及律师费、取证费等合理开支3万元，共计20万元；（3）灵宝公司与多灵公司连带负担本案诉讼费用。

灵宝公司答辩称：灵宝公司销售给必达公司的被诉侵权产品来源于多灵公司，灵宝公司销售不完的产品就重新退回给多灵公司，而多灵公司销售的被诉侵权产品另有合法来源。

多灵公司答辩称：灵宝公司销售给必达公司的被诉侵权产品来源于多灵公司，而多灵公司销售的被诉侵权产品来源于案外人日翔公司，日翔公司同意多灵公司将被诉侵权产品纳入多灵公司的产品宣传册及网络广告中，多灵公司也同意灵宝公司将被诉侵权产品纳入灵宝公司的产品宣传册及网络广告中。

裁判理由及结果

一审法院经审理认为，被诉侵权设计落入必达公司涉案专利权的保护范围，本案关键在于审查灵宝公司与多灵公司的被诉侵权行为是否成立以及侵权责任如何认定。

关于灵宝公司与多灵公司的被诉侵权行为是否成立的问题。首先，必达公司与灵宝公司于2016年10月6日签订合同，合同约定灵宝公司在收到预付款之日起安排生产被诉侵权产品；必达公司按约定于2016年10月10日到广州市沙太北路犀牛角村金湖路1号工业园D栋三楼提取被诉侵权产品，灵宝公司在交付被诉侵权产品时开具了相应的增值税发票。其次，必达公司在上述取货地点同时取得了灵宝公司与多灵公司的三本宣传册，灵宝公司的宣传册上有其注册使用的商标，产品中包含了被诉侵权产品，多灵公司的宣传册上也包含了被诉侵权产品；并且，灵宝公司与多灵公司的宣传册封底共用相同的地址和电话，灵宝公司与多灵公司确认使用相同电话共同作售后服务，并称地址相同的原因是灵宝公司与多灵公司为了降低经营成本和场地成本，租赁了同一层楼的经营场所进行经营。再次，灵宝公司在其官方网站的公司简介处载明其为集设计研发、制造服务为一体的智能门锁生产商，并显示被诉侵权产品图片及信息；灵宝公司与多灵公司在庭审时确认实施了销售、许诺销售被诉侵权产品的行为。以上证据足以证明灵宝公司与多灵公司共同实施了制造、销售、许诺销售被诉侵权产品的行为，构成共同侵权；依法应承担停止侵权、赔偿损失的民事责任。因此，法院判决：（1）广州灵宝电子机电有限公司、广州多灵锁业有限公司于本判决发生法律效力之日起立即停止制造、销售、许诺销售侵害广东必达保安系统有限公司名称为"门锁前锁体（圆形椭圆形带长把手）"、专利号为ZL201330075083.7外观设计专利权的产品；（2）广州灵宝电子机电有限公司、广州多灵锁业有限公司于本判决发生法律效力之日起十日内连带赔偿广东必达保安系统有限公司经济损失及为制止侵权行为的合理开支共8万元。（3）驳回广东必达保安系统有限公司的其他诉讼请求。

灵宝公司和多灵公司不服一审判决，提起上诉。二审法院认为一审判决认定事实清楚，适用法律正确，判决驳回上诉，维持原判。

案例评析

关于专利侵权案件中认定应当承担连带侵权责任的情形，最典型的情况是因被告之间存在共同侵权行为而产生的连带责任，通常包括以下几种情形，第一，如二人以上共同实施直接侵权行为，根据《中华人民共和国侵权责任法》（以下简称《侵权责任法》）第八条规定，二人以上共同实施侵权行为，造成他人损害的，应当承担连带责任。第二，如直接侵权行为与教唆、帮助侵权行为交织，根据《侵权责任法》第九条规定，教唆、帮助他人实施侵权行为的，应当与行为人承担连带责任。第三，如在涉互联网的专利侵权中，网络内容提供者与网络服务提供者共同侵权，如通过网购平台销售被诉侵权产品，根据《侵权责任法》第三十六条规定，网络用户利用网络服务实施侵权行为的，被侵权人有权通知网络服务提供者采取删除、屏蔽、断开链接等必要措施。网络服务提供者接到通知后未及时采取必要措施的，对损害的扩大部分与该网络用户承担连带责任。网络服务提供者知道网络用户利用其网络服务侵害他人民事权益，未采取必要措施的，与该网络用户承担连带责任。除了以上情形外，还包括一些应承担连带责任的特殊情况，如根据《最高人民法院关于适用〈中华人民共和国民事诉讼法〉的解释》第五十九条规定，营业执照上登记的经营者与实际经营者不一致的，以登记的经营者和实际经营者为共同诉讼人。据此，名义经营者与实际经营者应对侵权承担连带责任。又如根据《中华人民共和国公司法》第六十三条规定，一人有限责任公司的股东不能证明公司财产独立于股东自己的财产的，应当对公司债务承担连带责任等。因此，这个问题更偏重于事实认定，认定的关键在于案件中具体细节的审查，因此以下列举笔者审理的涉及专利共同侵权问题的一些具体案件及认定理由，作为认定共同侵权的参考：

（1）在新宏达公司诉广州祥合公司、南沙祥合厂侵害外观设计专利权案①中，查明以下事实：①涉案经营场所办公室内同时悬挂广州祥合公司及南沙祥合厂的营业执照，厂房内同时具有广州祥合公司及南沙祥合厂的企业全称；②在南沙祥合厂网站的产品类别中包含 C148 型号的充气产品，新宏达公司根据该产品图片向广州祥合公司下单订制，最终取得了与 C148 型号充气产品相同的 XH001 型号充气产品，在取得 XH001 型号充气产品的同时所取得的名片上也有与南沙祥合厂网站上相同的"祥合"字样及图标；③还存在南沙祥合厂网站上的联系电话与购买被诉产品的合同上所记载的电话相同等事实。据此，法院认定广州祥合公司、南沙祥合厂属于分工合作、共同制造、许诺销售、销售侵害专利权的产品。

（2）在源德盛公司诉电子技术公司、陈瑞容、陈伟斌侵害外观设计专利权案②中，电子技术公司于 1986 年成立，源德盛公司 2016 年 4 月 12 日购买被诉侵权产品的涉案商铺所在地址原为电子技术公司登记注册的经营场所，虽然电子技术公司已于 2015 年 6 月 24 日变更了注册登记的经营场所，可是市场主体可能存在登记经营场所与主要办事机构所在地不一致、登记经营场所变更但主要办事机构所在地继续延用原处的情形，况且涉案商铺悬挂的匾额依然是电子技术公司的名称，因此就外在表现形式而言，涉案商铺的经营者应认定为电子技术公司。同时，根据电子技术公司、陈瑞容、陈伟斌陈述以及相关的租赁合同、历史明细清单等证据，足以证明陈瑞容向电子技术公

---

① 一审是广州知识产权法院（2016）粤 73 民初 2085 号民事判决，二审是广东省高级人民法院（2018）粤民终 436 号民事判决。

② 一审是广州知识产权法院（2016）粤 73 民初 1296 号民事判决，见中国裁判文书网。

司租赁了涉案商铺进行经营，其后又将涉案商铺转租给陈伟斌进行经营。陈瑞容向电子技术公司承租涉案商铺经营时使用的是电子技术公司的营业执照；陈伟斌确认涉案商铺自2005年转租给他经营，经营时使用的也是电子技术公司的营业执照。因此，法院认定电子技术公司与陈瑞容、陈伟斌属于销售被诉侵权产品的名义经营者和实际经营者，应当承担连带责任。基本相同的认定理由也出现在怡信公司诉宏发公司、孔凡松、姜健侵害实用新型专利权侵权案①中。在该案中，法院认为宏发公司将涉案商铺租赁给孔凡松经营，约定孔凡松必须办理工商营业执照并且不得擅自转租、分租，后孔凡松以涉案商铺为经营地址登记了个体工商户进行经营。因此无论对于商铺管理方宏发公司，还是市场交易对象的认知应当是涉案商铺由孔凡松经营。但是，孔凡松却擅自将涉案商铺转租给姜健经营，并且没有更改商铺工商登记，也没有告知宏发公司，主观上明显具有过错；同时，善意第三人凭借商铺中的信息以及经营者出具的名片以及送货单等信息，客观上也无法将商铺的经营主体与姜健建立唯一联系，因此善意第三人判断商铺经营主体的依据依然只能建立在商铺的工商登记上，即本案的涉案商铺存在名义经营者与实际经营者不一致的情况，孔凡松作为名义经营者，与实际经营者姜健对怡信公司应承担连带责任。

（3）在源德盛公司诉游通电讯店、中国联通公司等侵害实用新型专利权案②中，由于涉案商铺使用了中国联通的招牌，因此源德盛公司认为联通公司应当承担连带责任。法院认为，第一，游通电讯店提交了《中国联通乐昌解放西营业厅连锁加盟业务代理协议》证明游通电讯店在涉案商铺使用"中国联通"及相关商标是经过授权的。第二，上述协议中约定了游通电讯店经授权其业务范围为负责加盟厅沃3G和4G业务发展、手机终端捆绑合约计划销售、通信产品和手机终端销售及售后服务，并不包括销售手机自拍杆；且对于国内相关公众而言，联通公司授权办理的通信业务范围应属于常识范畴，

---

① 一审是广州知识产权法院（2016）粤73民初538号民事判决，二审是（2017）粤民终1213号民事判决，见中国裁判文书网。
② 一审是广州知识产权法院（2017）粤73民初1612号民事判决，二审是广东省高级人民法院（2018）粤民终560号民事判决。

而不应视为仅属于联通公司与游通电讯店的内部约定。第三，本案中，购买被诉侵权产品的票据上并没有联通公司的公章，仅有游通电讯店的公章，且POS 签购单的商户主体也仅指向游通电讯店，这也进一步证明销售被诉侵权产品的主体仅应认定为游通电讯店。综上，法院认定联通公司不存在与游通电讯店共同销售被诉侵权产品的行为。

经权利人授权委托制造专利产品
还是未经许可擅自制造专利侵权产品

——胡东文诉深圳格尔灯饰有限公司外观设计专利权侵权案

内容摘要

专利法规定，任何单位或者个人未经专利权人许可，都不得实施其专利。但是，当专利权人的行为可被视为事实上的许可时，被诉侵权人实施专利的行为不构成侵权。这在专利侵权诉讼中可成为一种特殊的不侵权抗辩事由。此为专利侵权案件中关于被诉侵权行为部分的第四个案例。

关键词 制造侵权产品 委托制造 权利人许可 专利产品

裁判要点

外观设计专利的权利人在进行公证保全被诉侵权产品的过程中，经常会出现权利人下订单由被诉侵权人制造产品的情况。然而，当权利人不能证明被诉侵权人曾经存在制造、许诺销售、销售被诉侵权产品等多种或其中一种行为，且权利人又在下订单时要求被诉侵权人按照涉案专利的多个视图制造被诉侵权产品的，则应当认定被诉侵权产品是根据外观设计专利权利人的授权委托制造的专利产品，而不属于侵权产品。

相关法条

《中华人民共和国专利法》第十一条第二款、第六十九条第一款第（一）项

案件索引

一审：深圳市中级人民法院（2013）深中法知民初字第565号民事判决

二审：广东省高级人民法院（2014）粤高法民三终字第224号民事判决（笔者经办）

基本案情

上诉人（原审被告）：深圳格尔灯饰有限公司（以下简称格尔公司）

被上诉人（原审原告）：胡东文

2012年4月5日，胡东文申请了名称为"带有反光板的LED灯"的外观设计专利，并于2013年6月12日获得授权，专利号为ZL201230095967.4。该外观设计要点在于产品的LED灯珠旁边的反光板，最能表明设计要点的图片是设计1主视图，设计1作为基本设计。根据外观设计图片，设计1~4的反光板形状是一致的，均为LED灯珠在中间，反光板由四个梯形面组成，共同围绕LED灯珠。

胡东文与格尔公司双方通过电子邮件磋商交易，过程如下：2013年7月9日，胡东文一方询问格尔公司的销售人员是否有与邮件附件图片相同的产品以及销售价格，邮件附件图片包含了被诉产品的主视图和仰视图；格尔公司于7月9日回复了制造被诉产品的报价，称希望胡东文先买一个样品；胡东文于7月10日同意先要一个样品，并询问对方制造一个样品需要多长时间、为何在对方的阿里巴巴网站上没有找到这款产品；格尔公司于7月10日回复称按胡东文要求的灯光配比做一个样品一天就可以完成，格尔公司自己灯光配比的产品有库存，这一款灯是帮一位英国客户做的，所以在格尔公司的网站上没有展示；格尔公司于7月11日将被诉产品的主视图、后视图、仰视图以及尺寸等发给了胡东文；胡东文表示同意购买这个样品。双方于2013年7月13日完成交易，公证员和胡东文的委托代理人王海骏来到深圳市宝安区石岩镇水田第二工业区石龙仔路36号B栋4楼，格尔公司向王海骏交付了1台灯、《收款收据》以及名片一张。

被诉产品图片如下：

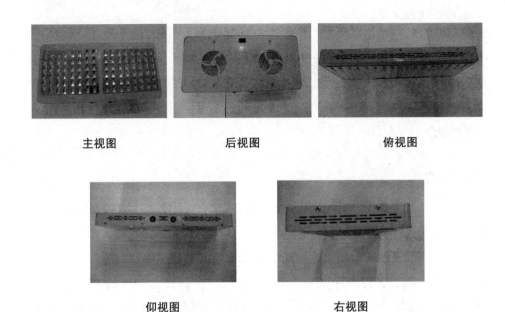

主视图　　　　　　　后视图　　　　　　　俯视图

仰视图　　　　　　　　　　　右视图

　　根据被诉产品的主视图显示，每个 LED 灯珠与四个梯形面的反光板组成一个出光单元，该出光单元与专利是完全相同的；然后由 2 列、每排 6 个出光单元组成一个 2×6 个出光单元的小模块，整个出光面是由 8 个小模块组成，共同形成一个 16×6 排列的出光面。格尔公司陈述：格尔公司在与胡东文一方洽谈交易前，没有制造被诉产品，但已经制造有与本案被诉产品出光面上 2×6 个出光单元小模块形状完全相同的模块，并将这些小模块共同拼装形成一个 24×10 排列的出光面（需要 20 个小模块）且于 2013 年申请了专利，即格尔公司专利号为 201330010327.3、名称为"植物生长灯"的外观设计专利。此外，由于格尔公司一直从事植物灯产品的制造、销售，因此作为植物灯产品部件的灯具外壳（即被诉产品的后视图、左视图、右视图、俯视图、仰视图部分）以及与本案专利同类的前述 2×6 个出光单元小模块属于正常库存，不需要重新开模，故只需要 1 天时间就用 8 个出光单元小模块和灯具外壳装配出被诉产品，并与胡东文一方约定好取货时间，双方于 2013 年 7 月 13 日完成了交易。

　　阿里巴巴网站内的格尔公司网站上有多款植物灯产品，但没有与被诉产品外观相同的产品。格尔公司在二审时陈述其销售人员在邮件中自称"这一款灯是帮一位英国客户做的，所以在格尔公司的网站上没有展示"属于商业吹嘘行为，在胡东文委托前未曾制造过被诉产品。

胡东文于 2013 年 8 月向一审法院提起诉讼，请求法院判令：（1）格尔公司赔偿胡东文经济损失及制止侵权行为所支付的合理费用人民币 15 万元；（2）格尔公司立即停止制造、销售、许诺销售侵权产品，并销毁库存成品、半成品以及专用模具；（3）格尔公司承担本案的诉讼费用。

裁判理由及结果

一审法院认为：本案系侵害外观设计专利权纠纷。胡东文依法享有名称为"带有反光板的 LED 灯"、专利号为 ZL201230095967.4 的外观设计专利，被诉侵权产品与专利产品系同类产品。将被诉侵权产品与专利进行比对，两者属相似的外观设计，被诉侵权产品落入专利的保护范围。由于格尔公司制造、销售了侵权产品，应当承担侵权责任。法院遂作出如下判决：（1）深圳格尔灯饰有限公司立即停止侵害胡东文名称为"带有反光板的 LED 灯"、专利号为 ZL201230095967.4 的外观设计专利权的行为。（2）深圳格尔灯饰有限公司应在判决生效之日起十日内赔偿胡东文经济损失及合理维权费用共计人民币 5 万元。（3）驳回胡东文的其他诉讼请求。

上诉人格尔公司不服原审判决，向二审法院提起上诉。

二审法院经审理认为：本案为侵害外观设计专利权纠纷。根据当事人上诉及答辩的意见，二审诉讼主要争议焦点是：格尔公司是否存在未经专利权人胡东文许可，制造、销售被诉产品的行为。

本案中，格尔公司制造、销售多款外观各异的植物灯产品，但胡东文仅以本案公证购买的特定外观的这一款产品指控格尔公司存在侵犯其外观设计专利权的行为，因此要确定格尔公司是否存在侵权行为，就必须确定格尔公司究竟属于长期、多次生产被诉产品，抑或仅仅因受胡东文委托而生产了唯一一个被诉产品。也就是说，若格尔公司在以上交易前从未制造销售过被诉产品的话，专利权人胡东文在本次交易中的委托相当于对格尔公司首次制造销售被诉产品的行为作出了授权许可，格尔公司不构成侵权；若格尔公司在以上交易前未经胡东文许可，已经制造销售了被诉产品，则格尔公司本次制造销售的被诉产品并非源于胡东文的委托，应属于侵权行为的延续。根据本案查明的事实，在本案交易之前，胡东文并未发现格尔公司存在制造被诉产品的事实。至 2013 年 7 月 9 日，胡东文委托格尔公司制造自己指定的产品，并将产品的主视图和仰视图展示给了格尔公司。格尔公司主张自己是根据胡东文的要求，利用自己库存的 2×6 个出光单元小模块和灯具外壳装配制造了被诉产品。法院认为，格尔公司承认在本案交易前已经制造了多款植物灯产品，制造了 2×6 个出光单元的小模块部件以及植物灯灯具外壳部件，有证据证明这些灯具外壳与胡东文授权设计的相应部件图案（后视图）有差异。在此前提下，格尔公司用一天时间利用库存部件装配出被诉产品的解释符合常理。由于格尔公司的网站上没有被诉产品的图片，格尔公司在与胡东文通过电子邮件磋商时首先回答了制造被诉产品的报价，希望胡东文先买一个样品，并称装配一个胡东文指定的样品仅需 1 天时间。因而仅凭格尔公司的销售人员在双方邮件磋商时陈述"这一款灯是帮一位英国客户做的，所以在格尔公司的网站上没有展示"的单一证据，尚不足以认定在本案所涉交易前格尔公司存在未经胡东文许可制造销售被诉产品的行为。因此，格尔公司受专利权人胡东文在本次交易中的委托制造被诉产品，不构成《专利法》第十一条第二款规定的制造、销售专利产品的侵权行为。

鉴于格尔公司实施制造、销售本案被诉产品的行为不构成侵权，二审法院判决如下：（1）撤销广东省深圳市中级人民法院（2013）深中法知民初字第 565 号民事判决；（2）驳回胡东文的全部诉讼请求。

案例评析

在专利维权过程中，通常情况是权利人在市场中发现被诉侵权人存在制造、销售或许诺销售被诉侵权产品的事实，例如，被诉侵权人通过自己的公司网站或者网购平台发布产品许诺销售的链接、被诉侵权人在展销会等场合通过宣传册或样品宣传展示等方式进行许诺销售，或者被诉侵权人在实体店铺展示及销售产品等；于是权利人采取相应的证据保全措施，例如将被诉侵权人在网店、实体店以及宣传册等许诺销售被诉产品的事实予以固定，再向被诉侵权人下单购买上述许诺销售行为所指向的被诉侵权产品。

但是，如果专利权利人在下单订购之前没有任何证据足以证明被诉侵权人曾经实施过制造、销售、许诺销售等多种或其中一种侵权行为的，则权利人对于向被诉侵权人所下订单的内容应当非常谨慎，不应直接体现权利要求保护范围的内容。即外观设计专利的权利人不能要求被诉侵权人直接按照外观设计专利的主要视图制造被诉侵权产品；发明和实用新型专利的权利人也不能要求被诉侵权人直接按照权利要求及相关说明书附图制造被诉侵权产品；权利人只能在交易中向被诉侵权人提出性能、功能和效果方面的需求，由被诉侵权人自行确定产品的具体设计或产品将包含哪些具体结构特征。如此，当被诉侵权人制造、销售的产品落入专利权的保护范围时，权利人才可以主张被诉侵权人制造、销售侵权产品，否则，被诉侵权产品应当属于被诉侵权人根据权利人的委托许可而制造的专利产品，被诉侵权人的行为也不构成专利侵权行为。

具体到本案中，若格尔公司在与胡东文交易前从未制造、销售、许诺销售过被诉产品，则外观设计专利权人胡东文在本次交易中委托格尔公司制造自己指定的产品，并将与外观设计基本相同的产品主视图和仰视图展示给了格尔公司，相当于对格尔公司首次制造销售被诉产品的行为作出了授权许可，格尔公司不构成侵权；若格尔公司在以上交易前未经胡东文许可，曾经实施制造、销售或者许诺销售被诉产品的多种或其中一种行为，则格尔公司本次制造销售的被诉产品并非源于胡东文的委托，而应属于侵权行为的延续。经法院查明，正是由于胡东文没有证据证明格尔公司在本次交易前曾经存在制造、销售或者许诺销售被诉产品的行为；而且格尔公司也陈述了其在短时间内利用库存零部件按照胡东文出示的产品视图装配出被诉产品的合理解释，二审法院认定格尔公司受专利权人胡东文在本次交易中的委托制造被诉产品，不构成《专利法》第十一条第二款规定的未经专利权人许可，擅自制造、销售专利产品的侵权行为。

关于电商平台构成帮助侵权的认定

——东莞怡信磁碟有限公司诉北京京东叁佰陆拾度
电子商务有限公司、JD. com International Limited、
香琳国际有限公司实用新型专利权侵权案

内容摘要

　　随着《中华人民共和国电子商务法》（以下简称《电子商务法》）的颁布，在平台内经营者构成侵害知识产权的情况下，电商平台是否构成帮助侵权以及其应承担责任的范围，成为热议问题。此为专利侵权案件中关于被诉侵权行为部分的第五个案例。

关键词　帮助侵权　连带责任　权利人通知　必要措施

裁判要点

　　我国《侵权责任法》规定，网络用户利用网络服务实施侵权行为的，被侵权人有权通知网络服务提供者采取删除、屏蔽、断开链接等必要措施。网络服务提供者接到通知后未及时采取必要措施的，对损害的扩大部分与该网络用户承担连带责任。据此，即使平台内的网络店铺涉及侵害知识产权的行为，但电商平台在接到权利人的通知前如果不知道网络店铺存在侵权行为的，在接到通知后所采取的"必要措施"应当包括将权利人的通知转达给网络店铺、施以合理措施判断侵权是否成立、在判断存在侵权后有效防止侵权持续导致权利人损失扩大、收到网店不侵权声明后及时转送给权利人、在权利人收到不侵权声明后15日内不向行政机关投诉或向法院起诉时应及时终止采取的措施等内容。也就是说，电商平台接到通知后应采取的"必要措施"，应当不限于防止损失扩大的删除、屏蔽、断开链接的形式。

相关法条

《中华人民共和国侵权责任法》第三十六条

《中华人民共和国电子商务法》第三十七条、第三十八条、第四十二条、第四十三条、第四十四条、第四十五条

案件索引

一审：广州知识产权法院（2016）粤73民初428号民事判决（笔者经办）

基本案情

原告：东莞怡信磁碟有限公司（以下简称怡信公司）

被告：北京京东叁佰陆拾度电子商务有限公司（以下简称京东公司）、JD. com International Limited（以下简称京东全球购公司）、香琳国际有限公司（以下简称香琳公司）

怡信公司于2008年12月26日申请名称为"改进型便携可充式喷液瓶"的实用新型专利（以下简称涉案专利），并于2009年10月21日获得授权，专利号为ZL200820206225.2。涉案专利包含2项权利要求，怡信公司主张保护涉案专利权利要求2。

2015年9月24日，怡信公司的委托代理人周凌峰在公证人员的见证下，操作该处计算机，链接http：//item. jd. hk/1952058854. html，网页显示"京东全球购JD Worldwide"字样，显示"商家：木兰国际"，显示"可充式自泵式底部充香水瓶旅行便携分装瓶空瓶乘飞机喷雾瓶（空瓶，颜色随机）"产品的宣传图片及使用方法，以"jddingdong123"账户点击购买该产品5件，收件人为周凌峰。2015年9月28日，周凌峰在上述公证人员的见证下收取快递一件，收件人为周凌峰，内有香水分装瓶若干件，单据一张。单据载明订单号为10161502387，产品名称与前述公证书内容一致。

当庭拆封被诉侵权产品实物，内含相同被诉侵权产品3件。被诉侵权产品所采用的技术方案经比对落入涉案专利权的保护范围。

京东公司提供《"京东全球购 JD. HK"平台管理总则》打印件一份，其中第二章第 1 条载明：京东全球购开放平台：指由香港 JD. com International Limited 公司提供平台服务的电子商务平台网站，网址为 www. JD. HK。网站为用户提供信息发布、交流，第三方经营者开设店铺并经营，以及其他技术服务的电子商务交易服务平台。

京东公司提供商品快照打印件一份，被诉侵权产品的快照显示"可充式自泵式底部充香水瓶旅行便携分装瓶空瓶乘飞机喷雾瓶（空瓶，颜色随机）""卖家：木兰国际""公司名称：SHINLING INTERNATIONAL CO. ，LIMITED"。

京东公司提交了被诉侵权产品购买网页对应网址 http：//item. jd. hk/1952058854. html 的登录页面，显示信息为该商品已下柜，用以证明被诉侵权产品已下架；登录网址 http：//mulangj. jd. hk，显示"木兰国际""店铺名称：木兰国际公司名称：SHINLING INTERNATIONAL CO. ，LIMITED"，在该网店内已无法找到被诉侵权产品的链接。

京东公司为自然人投资或控股的有限责任公司，京东商城（JD. COM）的运营主体为京东公司。

京东全球购公司为香港合法注册的有限责任公司，成立日期为 2012 年 2 月 1 日，并于 2013 年 12 月 23 日更改为现名称。JD. HK 的运营主体为京东全球购公司。

怡信公司向法院起诉称：京东公司、京东全球购公司、香琳公司未经怡信公司许可，制造、销售、许诺销售被诉侵权产品，令怡信公司遭受经济损失，据此请求法院：（1）判令京东公司、京东全球购公司立即停止销售、许诺销售犯怡信公司专利权产品的行为，删除网页，下架侵权产品；（2）判令香琳公司立即停止制造、销售、许诺销售侵犯怡信公司专利权的产品并销毁库存产品、制造侵权产品的模具和设备；（3）判令京东公司、京东全球购公司、香琳公司连带赔偿怡信公司经济损失及因调查、制止侵权所支付的合理费用共计 5 万元；（4）判令京东公司、京东全球购公司、香琳公司负担本案的诉讼费用。

裁判理由及结果

一审法院经审理认为，本案属于侵害实用新型专利权纠纷，被诉侵权技术方案落入怡信公司涉案专利权的保护范围，香琳公司不存在制造被诉侵权产品的行为，但实施了许诺销售、销售被诉侵权产品的侵权行为，应承担相应的侵权责任。至于京东公司、京东全球购公司是否存在侵权行为，分析如下：

第一，怡信公司没有证据证明京东公司、京东全球购公司直接实施了销售、许诺销售被诉侵权产品的侵权行为，因此京东公司、京东全球购公司不构成销售、许诺销售被诉侵权产品的直接侵权行为。

第二，根据公证保全的被诉侵权产品销售网页多次显示"京东全球购"字样且对应域名包含"www. jd. hk"的事实，结合《"京东全球购 JD. HK"平台管理总则》的内容，足以证明由京东全球购公司而非京东公司作为网络服务提供者为香琳公司许诺销售、销售被诉侵权产品提供了电商平台服务。

第三，根据《侵权责任法》第三十六条规定，网络用户利用网络服务实施侵权行为的，被侵权人有权通知网络服务提供者采取删除、屏蔽、断开链接等必要措施。网络服务提供者接到通知后未及时采取必要措施的，对损害的扩大部分与该网络用户承担连带责任。最高人民法院指导案例 83 号威海嘉易烤生活家电有限公司诉永康市金仕德工贸有限公司、浙江天猫网络有限公司侵害发明专利权纠纷案的裁判要点 2 为：《侵权责任法》第三十六条第二款所规定的网络服务提供者接到通知后所应采取的必要措施包括但并不限于删除、屏蔽、断开链接。"必要措施"应遵循审慎、合理的原则，根据所侵害权利的性质、侵权的具体情形和技术条件等来加以综合确定。根据以上法律规定以及最高人民法院指导案例的裁判要点，鉴于本案中怡信公司并未提交其起诉前曾向京东全球购公司发出有效通知的证据，因此起诉前京东全球购公司并无采取必要措施的义务；本案起诉后，庭审时登录被诉侵权产品购买网页对应网址 http：//item. jd. hk/1952058854. html，已无法找到被诉侵权产品；登录香琳公司网店内搜索被诉侵权产品，也已无法找到被诉侵权产品的链接，这与京东公司提交的被诉侵权产品已下架的网页内容是对应的，也证明了京东全球购公司在收到本案传票后采取了断开链接的必要措施。

第四，退一步而言，考虑到本案所涉权利性质为实用新型专利权，侵权判定需要对被诉侵权技术方案与涉案专利进行比对，即使京东全球购公司并未采取删除、屏蔽、断开链接等措施，也不能据此行径认定京东全球购公司的应对不符合审慎、合理的原则。因此，现有证据不足以证明京东全球购公司作为网络服务提供者因未履行必要的注意义务而构成帮助侵权的行为。综上，怡信公司对京东公司、京东全球购公司的全部诉讼请求，没有事实和法律依据，法院均不予支持。

综上所述，法院判决如下：（1）香琳公司于本判决发生法律效力之日起立即停止销售、许诺销售侵害怡信公司涉案实用新型专利权的产品；（2）香琳公司于本判决发生法律效力之日起十日内赔偿怡信公司经济损失及合理开支共计 1.5 万元；（3）驳回怡信公司的其他诉讼请求。

案例评析

在网购日益频繁的今天，当淘宝、京东、阿里巴巴（www.1688.com）等电商平台上的网络店铺许诺销售、销售的产品侵害知识产权时，权利人往往将电商平台一并作为被告提起诉讼，要求其承担因帮助侵权而产生的连带赔偿责任。根据《侵权责任法》第三十六条规定，网络用户利用网络服务实施侵权行为的，被侵权人有权通知网络服务提供者采取删除、屏蔽、断开链接等必要措施。网络服务提供者接到通知后未及时采取必要措施的，对损害的扩大部分与该网络用户承担连带责任。网络服务提供者知道网络用户利用其网络服务侵害他人民事权益，未采取必要措施的，与该网络用户承担连带责任。鉴于电商平台也属于网络服务提供者，因此其因帮助侵害知识产权承担连带责任应符合以下要件：一是电商平台收到权利人关于网络店铺经营者存在侵害其知识产权行为的通知；二是电商平台未采取合理的必要措施。但是，若电商平台已经知道或者应当知道网络店铺存在侵害知识产权行为而未采取必要措施，即使未收到权利人的通知，也应与网络店铺经营者共同承担侵权连带责任。

　　关于何为必要措施的问题，最高人民法院指导案例83号威海嘉易烤生活家电有限公司诉永康市金仕德工贸有限公司、浙江天猫网络有限公司侵害发明专利权纠纷案的裁判要点指出，"必要措施"应遵循审慎、合理的原则，根据所侵害权利的性质、侵权的具体情形和技术条件等来加以综合确定。同时，《电子商务法》颁布施行后，对电商平台的责任问题也有相关规定：（1）第三十八条第一款规定，电商平台经营者知道或者应当知道平台内经营者销售的商品或者提供的服务不符合保障人身、财产安全的要求，或者有其他侵害消费者合法权益行为，未采取必要措施的，依法与该平台内经营者承担连带责任。该规定针对的是电商平台在未收到权利人的通知前知道或者应当知道网店存在侵权行为的情形。（2）第三十八条第二款规定，对关系消费者生命健康的商品或者服务，电商平台经营者对平台内经营者的资质资格未尽到审核义务，或者对消费者未尽到安全保障义务，造成消费者损害的，依法承担相应的责任。据此，针对关系消费者生命健康的商品或者服务，电商平台在收到权利人通知前即使不知道网店存在侵权行为，仍然对经营者的资质资格有审核义务，未尽审核义务的构成帮助侵权。（3）第四十二条第二款规定，电商平台经营者接到通知后，应当及时采取必要措施，并将该通知转送平台内经营者；未及时采取必要措施的，对损害的扩大部分与平台内经营者承担连带责任。该规定与《侵权责任法》第三十六条第二款规定基本相同，但进一步明确了电商平台有将该通知转送平台内的网店经营者义务。（4）第四十三条规定，平台内经营者接到转送的通知后，可以向电商平台经营者提交不存在侵权行为的声明。电商平台经营者接到声明后，应当将该声明转送发出通知的知识产权权利人，并告知其可以向有关主管部门投诉或者向人民法院起诉。电商平台经营者在转送声明到达知识产权权利人后15日内，未收到权利人已经投诉或者起诉通知的，应当及时终止所采取的措施。该规定进一步完善了平台内网店经营者的抗辩权利，以及电商平台将不侵权抗辩声明转送权利人的义务；并在权利人收到该声明后15日内不向行政机关投诉或向法院起诉的，电商平台应及时终止采取的措施。

　　据此，笔者认为，电商平台接到权利人的通知后应采取的"必要措施"

与其知道或者应当知道网络店铺存在侵害知识产权行为后应采取的"必要措施"应当有所区别：前者规定的情形应当是电商平台在接到通知前不知道网络店铺存在侵权行为（如果收到通知前知道则属于后者）、并且在接到通知后所采取的"必要措施"应当包括将通知转达给网络店铺、施以合理措施判断侵权是否成立、在判断存在侵权后有效防止侵权持续导致权利人损失扩大、收到网店不侵权声明后及时转送给权利人、在权利人收到该声明后 15 日内不向行政机关投诉或向法院起诉时应及时终止采取的措施等内容。也就是说，电商平台接到通知后应采取的"必要措施"，应当不限于防止损失扩大的删除、屏蔽、断开链接的形式。例如，本案所涉权利性质为实用新型专利权，侵权判定要对被诉侵权技术方案与涉案专利进行比对，需要专业领域的知识，一般社会公众无法直接从外观比对直接得出结论。因此，根据电商平台的能力，若电商平台在收到权利人通知后，及时通知网络店铺并将其关于侵权的回应及时反馈给权利人，同时结合双方意见合理作出是否删除、屏蔽、断开链接的决定；或者电商平台在收到通知后转达给网络店铺的同时立刻提交给第三方机构对专利权和侵权产品进行比对后根据结论再行处理等方式，这些行为均属于遵循审慎、合理的原则采取了必要措施，而不应认定构成帮助侵权。

然而，当网络店铺涉及公众可以直接从外观进行比对、而不需要太多专业技术知识就能甄别的知识产权侵权时，如包括外观设计专利、商标、美术作品、热播影视剧作品等情况，相对于侵害发明专利权、实用新型专利权这类需要专业人员对权利要求进行比对的权利，电商平台在收到通知后的注意义务应当更高。如侵害商标权的情形，特别是对于侵害知名度非常高的驰名或著名商标的情况，电商平台的注意义务和管理义务相对于侵害发明专利、实用新型专利权要高得多，电商平台收到权利人的通知后，既可以根据比对判断商标是否相同或近似以及商品是否相同或类似，也包括根据生活常理对比正品价格与被诉侵权产品的价格差（有时甚至相差数十倍甚至上百倍）等方式，认定网络店铺是否构成侵权；若认为网络店铺构成侵权，则电商平台应采取的"必要措施"应当主要是删除、屏蔽、断开链接等形式，以防止权利人的损失进一步扩大。

侵权人合法来源抗辩成立
仍应承担合理费用

—— 曼秀雷敦(中国)药业有限公司诉成都赛维芦荟

制品有限公司、中山中研化妆品有限公司

侵害外观设计专利权纠纷案

内容摘要

从合法来源抗辩的制度设计和法律价值出发,分析对于合理费用承担的不同处理方式,哪种更符合且有利于推动合法来源抗辩制度内在的价值追求,以此为标准进行认定,并期待该思考路径具有研究法律疑难问题的方法论价值。此为合法来源抗辩部分的第一个案例。

关键词

合法来源抗辩　免除赔偿责任　合理费用　交易安全

裁判要点

在侵犯知识产权诉讼中,若侵权人主张的合法来源抗辩成立,则依法应当免除其赔偿责任。但对于权利人在诉讼中主张的合理费用,应根据民法信赖保护制度中的交易安全理论,结合案件的不同情况判定侵权人是否应予承担。

相关法条

《中华人民共和国专利法》第六十五条、第七十条

《最高人民法院关于审理侵犯专利权纠纷案件应用法律若干问题的解释》第十二条第二款、第十四条第二款

《最高人民法院关于审理专利纠纷案件适用法律问题的若干规定》第二十二条

《最高人民法院关于审理侵犯专利权纠纷案件应用法律若干问题的解释 (二)》第十六条、第二十五条

案件索引

一审：广州知识产权法院（2016）粤 73 民初 1647 号民事判决（笔者经办）

基本案情

原告：曼秀雷敦（中国）药业有限公司（以下简称曼秀雷敦公司）

被告：成都赛维芦荟制品有限公司（以下简称赛维公司）、中山中研化妆品有限公司（以下简称中研公司）

乐敦株式会社于 2014 年 2 月 28 日向国家知识产权局申请名称为"包装用容器"外观设计专利，并于 2014 年 9 月 10 日获得授权，专利号为 ZL201430036982.0（以下简称涉案专利）。曼秀雷敦公司是涉案专利的排他实施被许可人，并与专利权人约定有权以自己名义提起诉讼。

2016 年 5 月 19 日，曼秀雷敦公司委托代理人袁丽清在公证人员的见证下，分别登录 http：//www.savaloe.cn 及 http：//www.taobao.com 两处网站，在赛维公司的上述官方网站及其天猫商铺购买多件"芦荟保湿润唇球"，同年 6 月 1 日，在公证人员的见证下，在快递点收取上述货物。庭审中赛维公司确认在上述两网站上有"芦荟保湿润唇球"产品图片及相关内容展示。

庭审中拆封公证保全的红、黄、紫、绿四款颜色的"芦荟保湿润唇球"产品，产品外包装中均标注了被委托生产企业为中研公司、委托方为赛维公司；产品外包装及包装瓶上均有赛维公司的标识。上述润唇球产品的包装瓶是被诉侵权产品，四款产品除色彩差异外其余外观视图均相同，经法院审查，被诉侵权设计与外观设计属于相同设计；且赛维公司主张的现有设计抗辩不能成立。

恒溢公司作为有限责任公司，法定代表人为谭超。谭超于 2015 年 2 月 2

日申请名称为化妆品包装瓶（唇膏）、申请号为201530030785.2的外观设计专利，于2015年9月16日获得授权。赛维公司称由于了解到恒溢公司对其生产的唇膏包装瓶申请了专利，2015年9月30日，为购买上述唇膏包装瓶，赛维公司与恒溢公司签订合同一份，约定赛维公司从恒溢公司处购买红、黄、紫、绿四款不同颜色的"10g水滴唇膏"。赛维公司向恒溢公司两次转账支付货款共计3.5万元。2016年5月13日，恒溢公司向赛维公司开具相应的增值税发票以及货物。

2015年10月26日，赛维公司（甲方）与中研公司（乙方）签订《委托加工合同》，约定赛维公司委托中研公司制造红、黄、紫、绿四种颜色的赛维芦荟保湿润唇球，其中内料膏体由中研公司提供。合同第4.1款约定"合作期间乙方不得销售或私自生产甲方该品牌产品，乙方以甲方的订单为依据进行生产，乙方按照甲方提供的包装完整的产品样品及约定加工要求生产"。赛维公司向中研公司转账支付了合同货款。赛维公司确认在将包装瓶交给中研公司委托其制造赛维芦荟保湿润唇球前，已向其出示了谭超申请的化妆品包装瓶（唇膏）外观设计专利，用以向中研公司证明包材（包装瓶）具有合法授权。

曼秀雷敦公司向法院提起诉讼称：赛维公司、中研公司未经曼秀雷敦公司许可，以营利为目的，制造、销售、许诺销售侵害上述专利权的产品，令曼秀雷敦公司利益受损，故据此请求判令：（1）赛维公司、中研公司停止共同制造侵权产品的行为；赛维公司停止销售侵权产品、停止广告宣传侵权产品的许诺销售行为；赛维公司、中研公司销毁其库存侵权产品及与侵权行为有关的图纸、宣传资料、专用设备与模具；（2）赛维公司、中研公司连带赔偿曼秀雷敦公司经济损失50万元及因本案诉讼维权支付的律师费、公证费、交通费、翻译费、打印费6万元，共计56万元；（3）诉讼费用由赛维公司、中研公司共同负担。

赛维公司答辩称：被诉侵权产品具有合法来源，赛维公司不需要承担赔偿责任。

中研公司答辩称：被诉侵权产品是润唇球包装瓶，中研公司只是接赛维公司委托制造润唇球产品的膏体部分，不是被诉侵权产品润唇球包装瓶的生产者或销售者，不构成侵权，不需要承担赔偿责任。

裁判理由及结果

　　法院经审理认为，本案属于侵害外观设计专利权纠纷，被诉侵权设计落入曼秀雷敦公司涉案专利权的保护范围，赛维公司主张的现有设计抗辩不能成立。以下主要审查赛维公司、中研公司的被诉侵权行为是否成立以及应承担的侵权责任。

　　关于被诉侵权行为是否成立的问题。本案中，根据《最高人民法院关于审理侵犯专利权纠纷案件应用法律若干问题的解释》第十二条规定以及查明的事实，赛维公司购买了侵犯外观设计专利权的包装瓶，委托中研公司提供内料膏体制作成"芦荟保湿润唇球"产品，再对外销售、许诺销售，应认定赛维公司构成销售、许诺销售侵权包装瓶的行为。中研公司接受赛维公司的委托，自行提供内料膏体与赛维公司提供的侵权包装瓶制造了"芦荟保湿润唇球"产品；即对于制造"芦荟保湿润唇球"产品而言，委托人赛维公司与受托加工人中研公司属于共同行为人。但是，《委托加工合同》约定中研公司不得销售"芦荟保湿润唇球"产品，本案中也没有证据证明中研公司销售了"芦荟保湿润唇球"产品，因此根据前述法律规定，中研公司不构成销售、许诺销售侵权包装瓶的行为。至于曼秀雷敦公司主张赛维公司、中研公司制造了侵权包装瓶，与事实明显不符，法院不予支持。

　　此外，关于赛维公司的合法来源抗辩，由于赛维公司了解到恒溢公司的法定代表人谭超申请的名称为"化妆品包装瓶（唇膏）"、申请号为201530030785.2的外观设计专利，有合理理由认为侵权包装瓶是具有专利的合法产品，从而与恒溢公司通过合同方式购买侵权包装瓶，根据《专利法》第七十条规定，赛维公司属于销售、许诺销售了不知道是未经专利权人许可而制造并售出的专利侵权产品，并能证明该产品的合法来源，其主张的合法来源抗辩成立。

　　关于本案侵权责任如何承担的问题。赛维公司销售、许诺销售了侵害涉案专利权的产品，依法应承担停止侵权的民事责任，包括停止销售、许诺销售侵权产品的行为，以及销毁库存侵权产品。由于侵权产品具有合法来源，根据《专利法》第七十条规定，赛维公司不承担赔偿经济损失的责任。关于曼秀雷敦公司主张的为制止侵权行为支出的合理开支,由于赛维公司的行为构成侵权,曼秀雷敦公司有权选择要求赛维公司支付其为制止本次侵权的合理开支。根据曼秀雷敦公司所提供的公证费、律师费及其他费用的单据,考虑到支出的必要性,法院酌定赛维公司向曼秀雷敦公司支付为制止侵权行为的合理开支共2万元。

综上所述,判决如下:(1)成都赛维芦荟制品有限公司于本判决发生法律效力之日起立即停止销售、许诺销售侵害曼秀雷敦(中国)药业有限公司名称为"包装用容器"、专利号为 ZL201430036982.0 外观设计专利权的产品,并销毁库存侵权产品;(2)成都赛维芦荟制品有限公司于本判决发生法律效力之日起十日内支付曼秀雷敦(中国)药业有限公司为制止侵权行为的合理开支2万元;(3)驳回曼秀雷敦(中国)药业有限公司的其他诉讼请求。

案例评析

本案中,赛维公司侵害了曼秀雷敦公司的外观设计专利权,由于合法来源抗辩成立依法免除向曼秀雷敦公司承担赔偿经济损失的民事责任,只需要承担停止侵权的民事责任。但是,对于合理费用,赛维公司是否可以免于承担,在知识产权审判实践操作中存在争议。

一种意见认为应免于承担合理费用,提出以下理由:(1)能够成立合法来源抗辩的销售者的主观过错较少,构成侵权并非是出于故意而是由于未尽到审查注意义务。(2)权利人维权的核心目标在于从源头上制止侵权,合法来源抗辩成立的销售者已经说明了来源提供者,为权利人提供了有利线索,权利人可以继续向来源提供者请求赔偿,维权费用自然可一并主张。(3)目前在处理有合法来源抗辩的知识产权侵权诉讼时,当事人一般会将来源提供者列为案件的共同被告或者第三人,权利人已经从来源提供者处获得包括合理费用在内的赔偿,再由过错较少的销售者赔偿合理费用有失公平。(4)在审判实践中,销售者多在诉讼过程中已经停止销售行为,所以销售者一般不会提起上诉,也不会产生针对销售者的执行案件;而如果要判决销售者承担维权费用,一般销售者对此难以理解和接受,极可能会引起销售者不服一审判决提出上诉,会产生包括执行、信访在内的一系列后续问题。

另一种意见认为仍应承担合理费用，提出以下理由：（1）合理费用的承担问题与销售者的主观过错之间是否存在因果关系，没有论据予以支持。（2）成立合法来源抗辩是以构成侵权为前提，因此权利人为制止侵权而提起诉讼的成本（合理费用），当然应由侵权人负担。（3）虽然在成立合法来源抗辩的侵权人拒绝支付合理费用后权利人可以向来源提供者继续请求支付，但是一来权利人失去了分阶段及时收回诉讼成本的机会，同时若来源提供者不具备偿还能力，则权利人需要承担支付不能的风险；二来无论合理费用是由权利人承担还是由成立合法来源抗辩的侵权人承担，两者均有向来源提供者请求赔偿的权利，因此这不应成为侵权人拒绝支付合理费用的理由。（4）存在合法来源抗辩的案件既有将来源提供者列为共同被告的情形，也有未列为当事人的情形，两种情形不应一概而论。

笔者认为，要解决这个争议问题，首先应当分析合法来源抗辩的制度设计和法律价值所在，然后分析对于合理费用承担的处理方式，是否符合且有利于推动这种价值追求，以此为标准进行认定。

（一）合法来源抗辩的制度设计

我国知识产权法律中合法来源抗辩制度的设立始于 2000 年，在此之前，1985 年施行的《专利法》第六十二条规定，使用或销售不知道是未经专利权人许可而制造并售出的专利产品不视为侵犯专利权；1993 年修正的《中华人民共和国商标法》（以下简称《商标法》）第三十八条规定，销售明知是假冒注册商标的商品的，属侵犯注册商标专用权的行为。根据以上规定，以销售者为代表的商品交易流通环节的被诉侵权人构成侵权必须存在"明知或应知"的主观过错，若被诉侵权人有证据证明被诉产品是合法取得的，可以作为其主观上没有过错的证据之一，在主观过错抗辩成立的情况下可以获得侵权不成立的法律效果，而并非是构成侵权但免于承担赔偿损失的法律责任。

我国知识产权专门法律中最早增设合法来源抗辩制度的是 2000 年修正的专利法，随后在 2001 年修正的《中华人民共和国著作权法》（以下简称《著作权法》）、2001 年修正的《商标法》等知识产权专门法律、行政法规和司法解释中分别予以规定，其立法背景是我国当时处于加入世贸组织的关键时期，为了与 TRIPS 协议的规定相匹配而进行修改。TRIPS 协议第 45 条"损害赔偿"的规定中第 1 款规定了主观上明知或应知侵权的侵权人应承担损害赔偿的责任;第 2 款规定了"司法当局还应有权责令侵权人向权利持有人支付其开支,包括适当的律师费。在适当场合即使侵权人不知、或无充分理由应知自己从事之活动系侵权,成员仍可授权司法当局责令其返还所得利润或令其支付法定赔偿额,或二者并处"。第 46 条"其他救济"规定了"应在不进行任何补偿的情况下,将处于侵权状态的商品排除出商业渠道,避免对权利持有人造成任何损害"[①],换言之即应要求侵权人停止侵权。TRIPS 协议第 45 条和第 46 条规定有以下几层含义:第一,知识产权侵权诉讼中损害赔偿责任应当以侵权人具有过错为要件;第二,支付合理费用与损害赔偿责任在责任中属于并列关系,支付合理费用并非包含在赔偿损失的责任之中;第三,无论侵权人是否具有过错,都应当承担停止侵权的责任,将处于侵权状态的商品排除出商业渠道;第四,即使侵权人没有过错,也可以在适当场合要求侵权人返还其所得利润。其中第四点是选择性条款。结合上述规定,以下分别按照《专利法》《商标法》《著作权法》《中华人民共和国反不正当竞争法》(以下简称《反不正当竞争法》)的次序对我国的合法来源抗辩制度进行简要分析。

1. 《专利法》中的合法来源抗辩制度

2000 年修正的《专利法》第六十三条第二款规定,为生产经营目的使用或者销售不知道是未经专利权人许可而制造并售出的专利产品或者依照专利方法直接获得的产品,能证明其产品合法来源的,不承担赔偿责任。据此,专利法中成立合法来源抗辩的构成要件包括销售者和使用者主观上不知道是专利侵权产品,客观上能证明产品的合法来源;合法来源抗辩成立的法律效果是销售者和使用者构成侵犯专利权,应承担停止销售或使用侵权产品的民事责任,但不承担赔偿损失的民事责任。2008 年修正的《专利法》第七十条规定,为生产经营目的使用、许诺销售或者销售不知道是未经专利权人许可而制造并售出的专利侵权产品,能证明该产品合法来源的,不承担赔偿责任。

---

① 唐安邦编,王利明、吴汉东、蒋志培等著:《中国知识产权保护前沿问题与 WTO 知识产权协议》,法律出版社 2004 年版,第 343 页。

据此，合法来源抗辩的主体进一步扩张为销售者、使用者和许诺销售者。2010 年修改的《专利法实施细则》第八十四条规定，销售不知道是假冒专利的产品，并且能够证明该产品合法来源的，由管理专利工作的部门责令停止销售，但免除罚款的处罚。据此，除了专利侵权行为以外，在假冒专利行为中，销售者也可以适用合法来源抗辩。

2.《商标法》中的合法来源抗辩制度

2001 年修正的《商标法》第五十二条规定，未经商标注册人的许可，在同一种商品或者类似商品上使用与其注册商标相同或者近似的商标的属于侵犯注册商标专用权的行为。第五十六条第三款规定，销售不知道是侵犯注册商标专用权的商品，能证明该商品是自己合法取得的并说明提供者的，不承担赔偿责任。2013 年修正的《商标法》第六十四条规定没有对此作出变更。据此，与专利法的规定有所区别的是，商标法中合法来源抗辩的主体限于销售者，在构成要件的表述上增加了"并能说明提供者"的要求，法律效果与专利法的规定相比并无太大差别。

3.《著作权法》中的合法来源抗辩制度

2001 年修正的《著作权法》第五十二条规定，复制品的出版者、制作者不能证明其出版、制作有合法授权的，复制品的发行者或者电影作品或者以类似摄制电影的方法创作的作品、计算机软件、录音录像制品的复制品的出租者不能证明其发行、出租的复制品有合法来源的，应当承担法律责任。2010 年《著作权法》修改时，该条规定改为第五十三条，内容没有变化。《计算机软件保护条例》的第二十八条也有类似规定。据此，《著作权法》中适用合法来源抗辩的主体是发行者、出租者，成立合法来源抗辩的发行者、出租者只需要停止发行、出租侵权产品，免予承担赔偿责任。但是，善意的出版者在证明已尽合理注意义务、没有过错的情况下，根据《最高人民法院关于审理著作权民事纠纷案件适用法律若干问题解释》第二十条第三款的规定，除了承担停止侵权的责任外还应当返还其侵权所得的利润。该条规定与 TRIPS 协议第四十五条第二款的下半部分切合。根据《最高人民法院关于做好涉及网吧著作权纠纷案件审判工作的通知》第四条规定，合法来源抗辩的适格主体扩张至网吧经营者，网吧经营者能证明涉案影视作品是从有经营资质的提供者合法取得，并且在取得时主观上没有明知或应知涉案作品侵权的过错，不承担赔偿损失的民事责任。

4.《反不正当竞争法》中的合法来源抗辩制度

关于不正当竞争诉讼中是否可以适用合法来源抗辩的问题，我国现行法律中没有明确规定。但根据1993年施行的《反不正当竞争法》的规定，其中较为典型的不正当竞争行为如第五条规定的仿冒行为、第九条规定的虚假宣传行为、第十条规定的侵犯商业秘密行为、第十四条规定的商业诋毁行为等均以主观过错为要件，如仿冒行为的主观要件是"擅自使用"的故意①，第三人侵犯商业秘密的主观要件是存在"明知或应知"的过错。2017年修订的《反不正当竞争法》对这个问题并未作出修改或补充，仍然没有规定合法来源抗辩的内容。据此，在主观不存在过错的场合，以上提及的几种行为均不构成不正当竞争，不存在合法来源抗辩适用的空间。但是在司法实践中，即使销售者没有主观恶意，也可能存在客观上具有损害其他经营者的合法权益、扰乱社会经济秩序的情形，该种纠纷如何处理，存在争议。如原告泰君公司诉被告王俊卿、第三人广安堂公司仿冒企业名称不正当竞争纠纷一案，法院认为，王俊卿虽然销售了擅自使用有泰君公司企业名称的涉案"太君堂"芦荟清肠茶，但其是从广安堂公司处合法取得涉案产品，并有合理依据相信广安堂公司的产品来源于泰君公司，故王俊卿主观上不存在故意，王俊卿不构成不正当竞争。参照《商标法》合法来源抗辩的规定，因王俊卿未经泰君公司许可，销售假冒"太君堂"芦荟清肠茶，客观上存在容易引人误认为是泰君公司的商品的情形，侵犯了泰君公司的合法权益，已构成侵权，应当立即停止侵权，同时王俊卿不需要承担赔偿损失的责任。二审广州市中级人民法院认为，王俊卿从专门销售保健品的广安堂公司进货时已经尽到了合理的注意义务，主观上没有擅自使用他人企业名称的恶意，其销售"太君堂"芦荟清肠茶的行为不构成不正当竞争，不需要承担赔偿责任；但"太君堂"芦荟清肠茶确实是假冒产品，此假冒产品确实侵犯了泰君公司的合法权

---

① 孔祥俊著：《反不正当竞争法的适用与完善》，法律出版社1998年版，第183页。

益，故王俊卿应当立即停止销售。① 从这个判决中可以看出，一、二审法院都认为被告行为不构成不正当竞争，但在如何实现停止销售假冒产品以及阐述被告不承担赔偿责任的依据时，一审法院认为可以参照商标法合法来源抗辩的规定，认定被告侵权成立但可以免除赔偿责任。这样一来，就有两个问题必须澄清，一是被告不构成不正当竞争时，侵犯的是哪一种权利，原告具体的请求权基础应当予以明确；二是侵犯该种权利为何可以参照侵犯商标权的规定，适用合法来源抗辩的规定。二审法院显然意识到了以上两个问题难以回答，因此最终将被告不需要承担赔偿责任的依据归结于其不构成不正当竞争，但由于停止侵权的责任必须以有权利被侵犯为依托，因此也只能归结为"假冒产品确实侵犯了泰君公司的合法权益"，但还是没有阐明原告在本案中具体的请求权基础问题。笔者认为，要解决这个问题，就必须纠正所有不正当竞争行为必须具备主观要件的认识，真正在不正当竞争纠纷中实现TRIPS 协议第 46 条"应将处于侵权状态的商品排除出商业渠道，避免对权利持有人造成任何损害"的规定，并引入和适用合法来源抗辩制度。由于这个问题不是本文讨论焦点所在，因此不再继续展开。

（二）合法来源抗辩制度的价值追求

要理解合法来源抗辩的制度设计，应当结合大陆法系民法中的信赖保护制度进行展开。② 信赖保护制度是指当权利外观与权利本身产生冲突时，对于善意第三人基于信赖权利外观而作出的民事法律行为给予肯定的法律效果，即使该法律效果不利于真权利人的制度，典型的代表如表见代理、无权处分、善意取得、不动产的公示公信等制度，这些制度无一例外是在动的交易安全与静的物的安全之间以交易安全作为价值取向。选择交易安全的理由，简单归纳就是如果市场每笔交易都要求后手在外观所呈现的权利表征以外全面、严格审查交易产品的权利，以此作为交易与否的依据，其结果就是提高前后手之间的交易成本，同时进一步放任权利人将产品置于可能发生与其权利冲

---

① 参见广州市中级人民法院（2010）穗中法民三终字第 218 号民事判决。

② 孙鹏："民法上信赖保护制度及其法的构成——在静的安全与交易安全之间"，载《西南民族大学学报·人文社科版》2005 年第 7 期，第 72～73 页。

突的交易的过错；既限制了市场交易，也不利于加强权利人保护自己物的安全的意识。信赖保护制度在知识产权领域体现为合法来源抗辩、信息网络传播权中的避风港规则、未登记的多次专利独占许可共存、著作权领域的默示许可等制度或规则。就合法来源抗辩制度而言，法律避免课以后手交易者在外观以外过重的审查义务，只要后手从交易的外观表征上无法知道交易产品是侵权产品，遵守交易规范通过合法渠道以合法方式从前手获得交易产品，真权利人向其主张赔偿损失的请求就不能获得支持，以此来促进市场交易。但是，若后手交易者可以从外观表征上判断产品的权利归属时仍然进行交易，则认为其主观上具有过错，应承担相应的侵权赔偿责任。例如，同样是价值取向上选择交易安全的避风港规则，当提供存储空间的网络服务者（Internet Service Provider，ISP）可以从常理判断热播影片的权利人不可能放弃票房利益将影片上传存储空间无偿提供给网络用户时，网络服务者仍然将侵权的内容提供者（Internet Content Provider，ICP）未经权利人许可上传于存储空间的热播影片置于首页，根据《最高人民法院关于审理侵害信息网络传播权民事纠纷案件适用法律若干问题的规定》第十二条第一项规定，法院认定提供信息存储空间服务的网络服务提供者应知网络用户侵害信息网络传播权，应承担侵权赔偿责任。

（三）合法来源抗辩成立的法律效果

探讨合法来源抗辩成立时合理费用承担的问题，实质上是在探讨合法来源抗辩成立的法律效果之一，除了合理费用承担问题外，合法来源抗辩成立的法律效果还包括侵权产品是否停止销售、以销售者为代表的商品流通环节的交易者的实际获利是否需要向权利人返还以及是否需要赔偿权利人的实际损失等问题。如前所述，合法来源抗辩制度与表见代理、善意取得等制度均属于民法中选择交易安全、保护善意第三人的信赖保护制度，因此要探讨合法来源抗辩成立的法律效果，可以借鉴表见代理、善意取得制度的某些共性部分来进行研究。首先，成立表见代理或善意取得的共同要件之一是权利人（本人、所有权人）对于"交易时所呈现的外观"的形成具有过错，如果外观的形成与权利人无关，则在后发生的交易不能对抗权利人的权利自身，如表见代理是基于本人的过失或本人与无权代理人之间存在特殊关系，使相对人有理由相信无权代理人享有代理权而与之发生民事法律行为；又如善意取得是在无权处分人将其受托占有的他人的财物转让给第三人的情形。但是如果所有人因为被盗、遗失等原因而丧失对其财产的占有以后，根据《中华人民共和国物权法》第一百零七条规定，所有权人不受善意取得制度的限制，可以向受让人主张返还。其次，正因为权利人对于外观的形成具有过错，因此无论在表见代理还是善意取得制度中，法律都给予没有过失的善意第三人对于法律效果的优先选择权，即无论是表见代理还是善意取得中的善意第三人既可以选择合同有效、物权发生变动；也可以以受欺诈为由撤销合同，使合同失去效力。最后，无论是表见代理还是善意取得制度，如果根据善意第三人的选择权利人需要负担不利益的法律后果，权利人对于其负担的不利益均有后继的救济途径。如在表见代理制度中，本人（被代理人）因表见代理成立而承担民事责任，因此给本人造成损失的，无权代理人应当赔偿。又如在善意取得制度中，权利人（所有权人）在失去物的所有权后，有权向无处分权人请求赔偿损失。以上几方面环环相扣，体现了法律按分配正义对两项制度的法律效果进行公平合理的调节。

　　知识产权领域中的合法来源抗辩制度，与上述两项制度相比，存在以下几方面的特点。第一，由于知识产权具有无形性的特点，不能要求权利人对"交易时所呈现的外观"的形成必须具有过错，即使外观的形成与权利人无关，以销售者为代表的善意的流通环节交易者也可以主张合法来源抗辩来对抗权利人，在停止侵权的情况下免除赔偿损失的责任。在这种情况下，意味着没有过错的权利人，即使有证据可以实际查明善意的销售者销售侵权产品所获的利润，而非要求适用法定赔偿规则进行酌定，也不能根据填平原则要求善意的销售者返还这部分利润来填补损失（出版者例外），这对于权利人而言确实有所不公。如此看来，TRIPS协议第45条第2款下半部分的选择性条款"在适当场合即使侵权人不知、或无充分理由应知自己从事之活动系侵权，成员仍可授权司法当局责令其返还所得利润"，所谓的"适当场合"应该包含了这种权利人没有过错、且可以查明实际获利的情形。第二，在权利人对于"交易时所呈现的外观"的形成没有过错的情况下，法律仍免除了销售者赔偿损失或返还获利的责任，那么，对于与赔偿损失并列的为制止侵权所支付的合理费用，为了体现分配的正义，应当将该项法律效果的优先选择权给予权利人，权利人可以选择向销售者主张制止侵权行为的成本，也可以选择向销售者的前手主张。如此分配的社会效果就是，既可以分阶段及时弥补权利人的索赔成本，也进一步提醒了潜在的商品交易者对于产品所蕴含的知识产权的侵权可能性谨慎地尽合理注意义务。相反，如果权利人对于"交易时所呈现的外观"的形成具有过错，例如因授权许可而产生的过错等，那么合理费用承担的选择权应当属于销售者，避免放任权利人基于过错导致侵权产品流通扩大的情况。第三，如果销售者根据无过错的权利人的选择需要承担合理费用，销售者对于其负担的合理费用仍有后继的救济途径，可以根据《中华人民共和国合同法》（以下简称《合同法》）第一百五十条的权利瑕疵担保责任条款另行起诉向前手的销售者或制造者主张违约责任来追讨该部分合理费用。这对于销售者而言也是公平合理的。

（四）分具体情况阐述合法来源抗辩成立时合理费用承担的认定

在侵害知识产权案件中，合法来源抗辩成立的情形下，侵权人是否仍然需要承担合理费用，应当分以下具体情况分析。

（1）主张合法来源抗辩成立的侵权人单独作为被告的情形，如本案的纠纷。在本案中，首先应当根据证据以及销售者的答辩，审查销售者在向前手购入侵权产品时，其从主观上判断其购入的产品是否为侵权产品的合理注意要素，除了前手具备合法的经营资质、交易时出具合法票据等要素外，是否包括由于权利人的过错导致销售者出现误判的要素，例如专利证书的复印件在前手的手中、权利人与前手曾经存在许可专利的合同关系等要素。经审查，如果有证据证明权利人具有存在过错的要素，则除非销售者同意在本案中支付合理费用，否则不应支持权利人的该项主张。如果没有证据证明权利人存在过错的要素，则权利人在合法来源成立时可以在本案中要求销售者承担因制止销售侵权行为所支出的合理费用，如购买侵权产品的费用、证明销售侵权行为的公证费用、查询销售者的工商档案费用等。

（2）主张合法来源抗辩成立的侵权人与前手共同作为被告、且各被告均构成侵害知识产权的，如在侵害专利权纠纷中，销售者与作为前手的制造者或上一级的销售者共同作为被告、且各被告均存在侵权成立、并且销售者的合法来源抗辩成立的情形，除非销售者自己愿意承担合理费用，否则合理费用应当判决由构成侵权的前手承担。理由如下：第一，该类存在共同被告的案件，权利人在诉讼中为制止侵权所支付的合理费用，在一案中往往很难明确区分哪些费用是仅仅针对销售侵权行为、哪些费用是针对前手的销售侵权行为或制造侵权行为而产生，如向销售者购买侵权产品的支出，既证明了销售者的销售侵权行为，但结合产品上的制造者信息或者销售者提供的侵权产品的交易单据，又可以证明制造者的制造侵权行为。同理，公证保全的公证费、律师费用、调查取证费用等其他合理费用，也存在相同的问题。第二，成立合法来源抗辩的销售者，在主观上对于侵权产品既不明知也不应知，没有主观过错，在其与有过错的前手共同作为被告时，仍然要求其承担支付合理费用的责任，同案中两者的责任分配存在明显不公。第三，考虑到该部分合理费用承担的最终归属应由共同被告中的前手承担，因此在销售者不同意承担的情况下判决销售者承担合理费用，极可能会引发销售者根据《合同法》第一百五十条的权利瑕疵担保责任条款另行起诉向共同被告中作为前手的制造者、上一级的销售者主张违约责任来追讨该部分合理费用，导致产生不必要的诉讼，有悖诉讼效率与诉讼便利原则。

（3）对于侵权产品来源的直接上家未参与诉讼，仅由主张合法来源抗辩成立的侵权人与侵权产品的制造者共同作为被告的情形，虽然作为侵权产品商品交易的中间链条主体并不是当事人，但若有足够证据证明制造者存在侵权，结合前述的理由，考虑到合同法的违约责任，合理费用承担的最终归属应由首先提供侵权产品的制造者承担。因此该类案件中的合理费用应一并由制造者承担，成立合法来源抗辩的侵权人不需要承担合理费用。

互联网在线交易模式下合法来源
抗辩成立要件的新变化

——东莞怡信磁碟有限公司
诉陈双林实用新型专利权侵权案

内容摘要

合法来源抗辩制度与市场因素密切相关，受到商业方式、交易模式、交易习惯等条件的深入影响，因此研究合法来源抗辩制度应结合个案所涉的上述因素进行认定，并归纳出不同市场条件下合法来源抗辩构成要件的差异。此为合法来源抗辩制度的第二个案例。

关键词

互联网在线交易模式　合法来源抗辩　客观要件　主观要件
侵权赔偿数额

裁判要点

本案属于互联网在线交易模式下侵害实用新型专利权的案件。在互联网在线交易模式下，合法来源抗辩成立的主体、主观要件、客观要件中所涉的具体情形均与传统实体交易模式存在区别，法院在审查合法来源抗辩时要结合在线交易模式的特点进行审查。并且，在法定赔偿范围内酌定损失赔偿数额时，应充分考虑知识产权对获利的贡献率、授权专利的性质及其创造性、具体的侵权情节等因素进行综合判断。

相关法条

《中华人民共和国专利法》第十一条第一款、第六十五条、第七十条

《最高人民法院关于审理侵犯专利权纠纷案件应用法律若干问题的解释》第七条、第十六条

《最高人民法院关于审理侵犯专利权纠纷案件应用法律若干问题的解释（二）》第二十五条

案件索引

一审：广州知识产权法院（2016）粤73民初424号民事判决（笔者经办）

二审：广东省高级人民法院（2017）粤民终597号民事判决

基本案情

上诉人（原审被告）：陈双林

被上诉人（原审原告）：东莞怡信磁碟有限公司（以下简称怡信公司）

怡信公司于2008年12月26日向国家知识产权局申请了名称为"改进型便携可充式喷液瓶"实用新型专利，并于2009年10月21日获得授权，专利号为ZL200820206225.2。怡信公司明确主张涉案专利保护范围是权利要求1和权利要求2。根据怡信公司提交的实用新型专利检索报告，检索结论认为权利要求1不具备《专利法》第二十二条第三款规定的创造性；权利要求2具有新颖性和创造性。

2015年9月24日，怡信公司在陈双林的淘宝店铺购买了被诉侵权的香水瓶4件，单价59.00元，总价236.00元，公证处据此出具相应公证书。2015年9月25日，陈双林从昵称为"爱静12309"、姓名为"程国"的卖家处购买了5件被诉侵权产品，单价为4.9元，并留下了怡信公司委托代理人周凌峰的收货地址，由程国直接通过物流公司百世汇通发货给怡信公司。2015年9月28日，怡信公司收到了被诉侵权产品。被诉侵权产品包含了本案专利权利要求1与权利要求2的全部技术特征。

怡信公司向广州知识产权法院起诉称：怡信公司享有改进型便携可充式喷液瓶的实用新型专利权，陈双林未经怡信公司许可，许诺销售、销售侵害专利权的产品，据此请求判令：（1）陈双林立即停止许诺销售、销售侵权行

为，删除网页及下架被诉侵权产品；（2）陈双林赔偿怡信公司经济损失及因调查、制止侵权所支付合理费用共计 5 万元；（3）陈双林承担本案的诉讼费用。此外，怡信公司主张本案被诉侵权产品同时侵害其两项实用新型专利权，分别向一审法院提出诉讼。

陈双林辩称其于 2015 年 8 月开始经营涉案淘宝网店，自收到传票后关闭网店历时不满一年；并当庭以"活在当世 8"账户登录淘宝网，页面显示其所经营的涉案网站已关闭，"活在当世 8"用户活跃度为 253 天。此外，陈双林自认在向程国购买被诉侵权产品前，已通过网络查询得知淘宝上相同或同类产品的单价从几十元到一百多元不等；向程国以 4.9 元的单价购买被诉侵权产品是首次购买该产品，在销售给怡信公司后收到淘宝关于涉嫌销售侵权产品的警告，并未再向程国购买产品，改向有专利证书展示在网店中的卖家购买。

裁判理由及结果

一审法院审理认为，被诉侵权技术方案落入本案专利权保护范围，陈双林实施了销售、许诺销售被诉侵权产品的侵权行为。

关于陈双林主张的合法来源抗辩是否成立的问题。根据淘宝交易平台的特点，结合双方当事人提交的证据，足以证明 2015 年 9 月 24 日怡信公司委托代理人在陈双林经营的淘宝网店以单价 59 元点击购买被诉侵权产品后，陈双林于 2015 年 9 月 25 日以单价 4.9 元从昵称为"爱静 12309"、姓名为"程国"的淘宝卖家处购买了 5 件被诉侵权产品，并由程国直接发货给怡信公司委托代理人，怡信公司委托代理人于 2015 年 9 月 28 日收到被诉侵权产品的事实；虽然陈双林不能提交程国经营的网店具有工商营业登记的证据，但鉴于淘宝平台不需要个人卖家进行工商注册登记的特点（陈双林也没有进行注册登记），应认定陈双林是通过符合交易习惯的合法销售渠道取得被诉侵权产品的，符合成立合法来源抗辩的客观要件。

关于成立合法来源抗辩的主观要件，本案中陈双林承认其在交易前已通过淘宝网对该种产品的价格进行过查询，知道相同或同类产品的价格从几十元到一百多元不等，陈双林向怡信公司销售的被诉侵权产品单价也设定为 59

元。因此，在陈双林以单价仅为 4.9 元向程国购买被诉侵权产品时，应当注意到其单价与市场价格相差十倍乃至数十倍，在面对如此巨大差价的情况下，由于陈双林并不是作为终端用户购买产品自用而是继续对外销售，陈双林应当对程国销售的被诉侵权产品是否属于侵权产品存有质疑，并施以合理的注意义务进行询问、了解、核实，但陈双林在购买前却未尽相应的注意义务，即使如陈双林所言其存在经营淘宝网店时间较短、专利保护意识欠缺、过后已改向有专利证书的商家购买等原因，但陈双林在购买被诉侵权产品时主观上依然具有疏忽大意的过失，不符合不应当知道被诉侵权产品属于侵权产品的主观要件。综上所述，陈双林主张的合法来源抗辩不能成立，法院不予支持。

关于陈双林在本案中应承担的民事责任，陈双林未经怡信公司许可，销售、许诺销售被诉侵权产品，其行为构成侵权，依法应承担停止侵权及赔偿损失的民事责任。由于陈双林已证明其已关闭经营销售被诉侵权产品的涉案网店，主动停止上述侵权行为，因此法院对于停止侵权的民事责任不再予以判处。关于陈双林依法应承担的赔偿损失数额，本案中，法院根据以下涉案具体因素酌定赔偿数额：首先，在计算实际损失或侵权获益酌定赔偿数额时，应当考虑知识产权在实现商品利润中所起的作用来确定其对获利的贡献率。本案中，怡信公司依据两项实用新型专利权就同一被诉侵权产品起诉陈双林，并就两项权利同时请求赔偿，应当审查该产品分别侵犯每项知识产权给怡信公司造成的损失，在酌定赔偿数额时合理确定赔偿额。其次，根据怡信公司提交的实用新型专利检索报告，检索结论认为权利要求 1 不具备《专利法》第二十二条第三款规定的创造性；权利要求 2 具有新颖性和创造性。即使检索报告只能作为实用新型专利权有效性的初步证据，但由于存在对实用新型专利的申请只作初步审查而不需要实质审查即可以授权专利权之规定，因此怡信公司的实用新型专利在无效宣告程序中确实存在因部分权利要求不具备创造性而被宣告部分无效的可能性。再次，如前所述，陈双林虽然由于其主观认识上至少存在过失因而不符合不知道的要件导致不能成立合法来源抗辩，但其客观上提供了被诉侵权产品的明确来源，让怡信公司可以另案根据陈双林提供的来源向其前手主张权利；并且，陈双林也在怡信公司起诉后主动关闭淘宝网店，从主观意志而言是不希望、不放任侵权行为继续发生的，客观上也杜绝了侵权行为的继续扩延。陈双林的上述行为，令其有别于不能提供明确产品来源的侵权人，也有别于继续放任侵权发生的侵权人，其上述行为应当得到法律的肯定评价。最后，根据现有证据，陈双林是未经工商注册登记的淘宝个人卖家，个人网络账号的活跃天数不足一年，经营规模较小、经营时间较短。结合以上因素，并综合考虑本案专利权的其他情况、包括被诉侵权产品进价与售价在内的其他侵权具体情节以及怡信公司为维权支出的购买产品费用以及委托律师代理案件等合理支出，酌定陈双林在本案中赔偿怡信公司1万元。怡信公司所主张赔偿金额超出上述金额的部分，法院不予支持。故判决：（1）陈双林于判决发生法律效力之日起十日内赔偿怡信公司经济损失及合理开支共计1万元；（2）驳回怡信公司的其他诉讼请求。案件受理费1050元，由怡信公司负担1000元，陈双林负担50元。

陈双林不服一审判决，提起上诉。二审法院认为，根据《最高人民法院关于审理侵犯专利权纠纷案件应用法律若干问题的解释（二）》第二十五条第二款之规定，所称不知道是指实际不知道且不应当知道。本案中，陈双林主张从昵称为"爱静12309"、姓名为"程国"的淘宝卖家处购买被诉侵权产品并转卖给怡信公司委托代理人，对于被诉侵权产品的来源，一审法院依据证据确认了该事实，双方当事人对此并无异议。然而需指出的是，合法来源抗辩成立的要件除了"来源"以外，还必须同时具备"实际不知道且不应当知道"的主观要件。一审法院主要对陈双林采购单价与销售单价、同类产品通常价格相差数倍的情况存疑，并据此对陈双林的主观过错状态作出分析认定。一审法院已经全面、客观地审查了相关证据，其作出的认定既符合逻辑推理，也兼顾运用了日常生活经验法则，一审认定陈双林不属于"实际不知道且不应当知道"产品侵权，理据并无不当，二审法院予以维持。陈双林的合法来源抗辩不成立。故判决驳回上诉，维持原判。

案例评析

本案属于互联网在线交易模式下侵害实用新型专利权权的案件。在互联网在线交易模式下，合法来源抗辩成立的主体、主观、客观要件中所涉的具体情形均与传统实体交易模式存在区别，法院在审查合法来源抗辩时要结合在线交易模式的特点进行审查。

根据《专利法》第七十条规定，为生产经营目的使用、许诺销售或者销售不知道是未经专利权人许可而制造并售出的专利侵权产品，能证明该产品合法来源的，不承担赔偿责任。据此，成立合法来源抗辩，需要同时符合主体是为生产经营目的使用、许诺销售或者销售专利侵权产品的侵权人、具备能证明该产品合法来源的客观要件，以及具备不知道是未经专利权人许可而制造并售出的专利侵权产品的主观要件三方面。

关于成立合法来源抗辩的主体要件和客观要件，根据《最高人民法院关于审理侵犯专利权纠纷案件应用法律若干问题的解释（二）》第二十五条规定，合法来源是指通过合法的销售渠道、通常的买卖合同等正常商业方式取得产品；对于合法来源，使用者、许诺销售者或者销售者应当提供符合交易习惯的相关证据。在传统的实体交易模式中，使用者、许诺销售者或者销售者通常需要提交产品来源者经过合法注册登记的主体信息、证明交易存在的合同、合法票据或支付凭证等符合实体交易习惯的相关证据证明合法来源。本案的交易是在互联网的淘宝平台中完成的，这种交易模式有别于实体交易模式，一是在主体上体现为个人卖家只需要经过淘宝实名认证而不需要工商注册登记，买卖双方的主体信息除了可以在淘宝的后台数据查询获取以外，还会呈现在买卖双方交易时的订单信息中；二是在交易过程中当买家点击购买商品后，会形成相应的订单，订单中包括了商品的名称、数量、单价、折扣及总价等合同关键的要素，因此订单可视为双方的交易合同；三是合同的履行是通过物流送货以及第三方支付平台支付宝完成付款的，送货和付款记录都可以在订单信息中得以呈现。据此，本案中根据陈双林通过淘宝网向"程国"淘宝卖家购买被诉产品的事实，应认定陈双林是通过符合交易习惯的合法销售渠道取得被诉侵权产品的，符合成立合法来源抗辩的客观要件。

关于成立合法来源抗辩的主观要件，根据《最高人民法院关于审理侵犯专利权纠纷案件应用法律若干问题的解释（二）》第二十五条关于"不知道是指实际不知道且不应当知道"之规定，侵权人成立合法来源抗辩的主观要件，对于不知道是未经专利权人许可而制造并售出的专利侵权产品的事实，应当既无故意也无过失，不存在应当知道的情形。具体而言，应当结合案件事实，依据《最高人民法院关于适用〈中华人民共和国民事诉讼法〉的解释》第一百零五条关于"人民法院应当按照法定程序，全面、客观地审核证据，依照法律规定，运用逻辑推理和日常生活经验法则，对证据有无证明力和证明力大小进行判断"之规定，依法运用逻辑推理和日常生活经验法则作出判断。本案中，陈双林在购入产品前已经了解其单价与市场价格相差十倍乃至数十倍，面对这种极不正常的高额利润情况，由于陈双林并不是作为终端用户购买产品自用而是继续对外销售，陈双林应当对程国销售的被诉侵权产品是否属于侵权产品存有质疑，并施以合理的注意义务进行询问、了解、核实。鉴于陈双林未尽合理注意义务导致侵权发生，不属于"实际不知道且不应当知道"产品侵权，不符合成立合法来源抗辩的主观要件。

专卖店主张的合法来源抗辩能否成立

——东莞怡信磁碟有限公司诉爱茉莉太平洋
贸易有限公司、爱茉莉太平洋贸易有限公司
广州正佳广场店实用新型专利权侵权案

内容摘要

合法来源抗辩的司法审查，一般情况下主要集中在客观要件方面，在客观要件成立的前提下对于主观要件多采取没有相反证据便推定被诉侵权人不具有主观过错的处理。但是在被诉侵权人负有更高注意义务的特殊情况下，被诉侵权人的主观状态应与其注意义务相匹配，要求其在主张合法来源抗辩时应单独举证证明其主观上不存在过错。此为合法来源抗辩的第三个案例。

关键词　合法来源抗辩　特许经营　专卖店　主观要件

裁判要点

在合法来源抗辩的审查中，由于专营店源于特许经营合同法律关系，许可人与被许可人并非普通的制造者与销售者之间的关系，因此被许可人相对于普通销售者而言，对于其专营专卖的产品所涉的知识产权应当负有更高的注意义务。

相关法条

《中华人民共和国专利法》第七十条

《最高人民法院关于审理侵犯专利权纠纷案件应用法律若干问题的解释》第十六条

《最高人民法院关于审理侵犯专利权纠纷案件应用法律若干问题的解释
（二）》第二十五条

案件索引

一审：广州知识产权法院（2016）粤73民初540号民事判决（笔者经办）

基本案情

原告：东莞怡信磁碟有限公司（以下简称怡信公司）

被告：爱茉莉太平洋贸易有限公司（以下简称爱茉莉公司）、爱茉莉太
平洋贸易有限公司广州正佳广场店（以下简称爱茉莉公司正佳广场店）

怡信公司于2008年12月26日向国家知识产权局申请名称为"改进型便
携可充式喷液瓶"实用新型专利，并于2009年10月21日获得授权，专利号
为ZL200820206225.2。专利复审委员会经审查于2013年3月15日作出第
20286号无效宣告请求审查决定，宣告涉案专利部分无效，在授权公告时的
权利要求2（即修改后的权利要求1）的基础上继续维持该专利有效。

2016年2月3日，怡信公司委托代理人周凌峰在公证人员的见证下，前
往广州市天河区正佳广场首层"ETUDE HOUSE 伊蒂之屋"商铺，购买被诉
侵权产品香水分装瓶5个并当场获取发票一张，该商铺的前台及使用的包装
袋等均有"ETUDE HOUSE 伊蒂之屋"标识。发票载明产品为化妆品，并盖
有"爱茉莉太平洋贸易有限公司广州正佳店发票专用章"。爱茉莉公司及其
正佳广场店确认在商铺内展示商品的事实。

当庭拆封被诉侵权产品实物，内含被诉侵权产品5件，均为香水分装瓶。
产品外包装显示产品名称为"伊蒂之屋梦幻美妆工具—香水分装瓶"，外包
装上载明原产国为韩国，生产商为株式会社伊蒂得，经销商为爱茉莉太平洋
贸易有限公司，并标注"ETUDE HOUSE" "伊蒂之屋"商标以及 ETUDE
CORPORATION 公司名称。经比对，被诉侵权产品实施的技术方案包含涉案
专利授权公告时的权利要求2（即修改后的权利要求1）的全部技术特征；
爱茉莉公司及其正佳广场店主张的现有技术抗辩不能成立。

爱茉莉公司及其正佳广场店主张合法来源抗辩，并提供海关编号

223220151320011987、223220151320011663、223220151320001048 报关单三份及海关总署公告一份。三份报关单显示爱茉莉太平洋贸易有限公司先后于2015 年 8 月 4 日、2015 年 10 月 19 日、2015 年 12 月 18 日在嘉定进口大量各种类型的"伊蒂之屋梦幻美妆工具",其中包括名称为"伊蒂之屋梦幻美妆工具—香水分装瓶",单价为 1.73 美元,三批共计 900 个。爱茉莉公司及其正佳广场店声称上述产品均来源于案外人韩国株式会社伊蒂得,并明确称不能提供该案外人的主体信息及双方签订的产品买卖合同。怡信公司提供商标信息两份,分别为第 8105464 号 ETUDE HOUSE 商标、第 7843482 号 伊蒂之屋 商标,申请人均为案外人 ETUDE CORPORATION,并明确不能提供该案外人的主体信息。爱茉莉公司及其正佳广场店确认上述两项商标为 ETUDE CORPORATION 许可其使用,但不能提供相关许可合同。

怡信公司向法院起诉称:爱茉莉公司及其正佳广场店未经怡信公司许可,制造、销售、许诺销售被诉侵权产品,侵害怡信公司专利权,给怡信公司造成重大经济损失。据此请求判令:(1)爱茉莉公司及其正佳广场店立即停止制造、销售、许诺销售被诉侵权产品并销毁库存产品、生产模具;(2)爱茉莉公司及其正佳广场店连带赔偿怡信公司经济损失及因调查、制止侵权所支付的合理费用共计 10 万元;(3)爱茉莉公司及其正佳广场店负担本案的诉讼费用。

爱茉莉公司及其正佳广场店的答辩意见中包括称被诉侵权产品具有合法来源,爱茉莉公司及其正佳广场店不应承担赔偿责任。

裁判理由及结果

法院生效裁判认为,本案属于侵害实用新型专利权纠纷。怡信公司是名称为"改进型便携式可充式喷液瓶"、专利号为 ZL200820206225.2 实用新型专利权人,被诉侵权技术方案落入怡信公司涉案专利权的保护范围,爱茉莉公司及其正佳广场店主张的现有技术抗辩不能成立。以下主要审查:被诉侵权行为是否成立、爱茉莉公司及其正佳广场店主张的合法来源抗辩是否成立以及本案侵权责任如何认定。

关于被诉侵权行为是否成立的问题。怡信公司在爱茉莉正佳店经公证购买该店铺销售的被诉侵权产品，爱茉莉公司及其正佳广场店对此销售事实予以确认，足以证明爱茉莉正佳店实施了销售被诉侵权产品的行为。爱茉莉正佳店在商铺展示被诉侵权产品，此行为包含对外销售的意思表示，构成许诺销售被诉侵权产品的行为。并且，被诉侵权产品的外包装上标注了经销商是爱茉莉公司，因此爱茉莉公司及其正佳广场店构成共同销售、许诺销售被诉侵权产品的行为。怡信公司主张爱茉莉公司及其正佳广场店实施制造被诉侵权产品的行为，没有提供证据予以证明，且被诉产品的外包装上显示的生产商信息及相关商标信息均证明制造者另有他人，故法院不予支持。因被诉侵权技术方案落入涉案专利权的保护范围，爱茉莉公司及其正佳广场店实施销售、许诺销售被诉侵权产品的行为构成侵权。

关于爱茉莉公司及其正佳广场店的合法来源抗辩是否成立的问题。本案中，就成立合法来源抗辩的客观要件而言，被诉侵权产品的外包装上标注了生产商是韩国 ETUDE CORPORATION（株式会社伊蒂得），外包装上也有 ETUDE CORPORATION 申请注册的第 8105464 号、第 7843482 号商标；且爱茉莉公司及其正佳广场店在广州市天河区正佳广场首层经营的涉案商铺名称为"ETUDE HOUSE"，涉案商铺的前台及购物袋也有第 8105464 号商标、第 7843482 号商标，以上证据结合爱茉莉公司及其正佳广场店提交的海关进口货物报关单，以及爱茉莉公司及其正佳广场店称获得 ETUDE CORPORATION 许可使用第 8105464 号商标、第 7843482 号商标的陈述，足以证明爱茉莉公司及其正佳广场店销售、许诺销售的被诉侵权产品来源于韩国 ETUDE CORPORATION，且爱茉莉公司及其正佳广场店属于获得 ETUDE CORPORATION 许可使用其商标、销售其产品的专营店。就主观要件而言，因爱茉莉公司及其正佳广场店拒绝提交 ETUDE CORPORATION 的主体信息，也未提交与 ETUDE CORPORATION 签订相关的许可合同或其他证据用以证明其在专营专卖 ETUDE CORPORATION 产品前，曾施以合理的注意义务对相关知识产权进行询问、了解、核实，不符合实际不知道且不应当知道被诉侵权产品属于侵权产品的主观要件。因此，爱茉莉公司及其正佳广场店主张的合法来源抗辩不能成立，法院不予支持。

综上，爱茉莉公司及其正佳广场店未经怡信公司许可，销售、许诺销售被诉侵权产品，其行为构成侵权，依法应承担停止侵权、赔偿损失的民事责任。故法院判决如下：（1）爱茉莉太平洋贸易有限公司、爱茉莉太平洋贸易有限公司广州正佳广场店于本判决发生法律效力之日起立即停止销售、许诺销售侵害东莞怡信磁碟有限公司名称为"改进型便携可充式喷液瓶"、专利号为 ZL200820206225.2 实用新型专利权的产品；（2）爱茉莉太平洋贸易有限公司、爱茉莉太平洋贸易有限公司广州正佳广场店于本判决发生法律效力之日起 10 日内赔偿东莞怡信磁碟有限公司经济损失及合理开支共计 4 万元；（3）驳回东莞怡信磁碟有限公司的其他诉讼请求。

案例评析

本案涉及专卖店主张合法来源抗辩的审查标准问题，在专卖店主张合法来源抗辩时，其证明产品来源的客观要件一般而言较为充分，而主要存在争议之处在于专卖店对于产品及来源应负的主观审查义务。

具体到本案而言，根据《专利法》第七十条、《最高人民法院关于审理侵犯专利权纠纷案件应用法律若干问题的解释（二）》第二十五条规定，爱茉莉公司及其正佳广场店作为销售、许诺销售被诉侵权产品的侵权人，成立合法来源抗辩必须满足以下客观及主观要件：客观要件是爱茉莉公司及其正佳广场店必须证明其作为专卖店是通过合法的销售渠道、通常的买卖合同等正常商业方式取得产品，对此爱茉莉公司及其正佳广场店应当提供符合交易习惯的相关证据予以证明；主观要件是爱茉莉公司及其正佳广场店作为专卖店实际不知道且不应当知道被诉侵权产品是未经专利权人许可而制造并售出的专利侵权产品，即对于不知道是未经专利权人许可而制造并售出的专利侵权产品的事实，爱茉莉公司及其正佳广场店应当既无故意也无过失，不存在应当知道的情形。

首先，关于客观要件方面，爱茉莉公司及其正佳广场店证明了被诉侵权产品外包装上的商标、生产商名称均与其经营的店铺名称及商标互相对应，结合相关的海关进口货物报关单，以及爱茉莉公司及其正佳广场店关于获得 ETUDE CORPORATION 许可使用第 8105464 号商标、第 7843482 号商标的陈述等，足以证明爱茉莉公司及其正佳广场店属于获得韩国 ETUDE

CORPORATION 许可使用其商标、销售其产品的专营店，被诉侵权产品的来源于该公司。

其次，关于成立合法来源抗辩主观要件方面，由于专营店源于特许经营合同法律关系，许可人与被许可人并非普通的制造者与销售者之间的关系，因此被许可人相对于普通销售者而言，对于其专营专卖的产品所涉的知识产权应当负有更高的注意义务。被许可人应当证明其在对外销售被诉侵权产品前，已经向许可人施以合理的审查注意义务，对产品所涉相关知识产权进行询问、了解、核实，该部分的证据往往可以来自双方的合同约定、往来邮件等。本案中正是由于爱茉莉公司及其正佳广场店未提交与 ETUDE CORPORATION 签订相关的许可合同或其他证据证明其已履行了上述注意义务，因此法院认定其不符合成立合法来源抗辩的主观要件。

此外，该类由于被许可人（专卖店）与产品来源的许可人之间存在特殊关联而应当提高成立合法来源抗辩主观要件标准的情形，还存在于产品来源于关联公司的情况。例如，在王建平等与欧莱雅（中国）有限公司等商标侵权纠纷案①中，法院认为欧莱雅公司证明的作为被诉侵权产品来源的 PRESTIGE 公司（并非产品制造者）与欧莱雅公司同为欧莱雅集团的子公司，因此欧莱雅公司必须证明 PRESTIGE 公司也具有合法来源，否则任何一个恶意的销售者都可能通过关联公司的内部交易，制造成立合法来源抗辩的事实，从而逃避赔偿责任。根据该案的上述认定，欧莱雅公司在销售被诉侵权产品前，应当履行高于一般销售者的审查注意义务，应当要求作为来源方的关联公司对产品已获得相关知识产权授权许可予以证明，或者提供产品合法来源的证据；否则视为在销售被诉侵权产品前未履行相关注意义务，不符合成立合法来源抗辩的主观要件。

---

① 广州知识产权法院（2015）粤知法商民终字第 357 号民事判决，见中国裁判文书网。

建筑工程中侵害方法发明专利的若干问题

——宋锦钢诉宋守淮、湛江市第三建筑工程公司、廉江市华坤房地产开发有限公司侵害发明专利权纠纷案

内容摘要

专利权人作出的独占实施许可和排他实施许可从性质上而言禁止专利权人向被许可人以外的第三人再次进行专利实施许可，当专利权人违反其与上述两种被许可人的约定再次对外作出专利实施许可时，将涉及负担行为与处分行为的区别、无权处分的法律效果、恶意串通的法律规制、权利人主张合同违约还是专利侵权的选择等问题。

关键词　善意第三人　持续侵权的诉讼时效　停止侵权的替代责任　间接侵权　知识产权贡献率

裁判要点

本案属于建筑工程中侵害方法发明专利的案件，涉及以下五个问题。一是专利排他实施许可未经备案不得对抗善意第三人；但如果第三人明知专利存在排他实施许可，却与专利权人恶意串通签订普通许可合同，损害排他实施被许可人利益，则该普通许可合同应认定无效。二是有主观过错的工程发包人在承包人侵害专利权时，不能免除未经许可使用专利方法的赔偿责任。三是涉案工程使用专利方法构成侵权一直持续，诉讼时效应当自侵权行为停止之日起计算。四是基于公共利益的考量，若停止侵权将造成社会资源的极大浪费时，法院可以判决以合理赔偿替代停止侵权责任。五是计算侵权获利时要考虑知识产权贡献率，应参照专利许可使用费的倍数合理确定赔偿数额。

相关法条

《中华人民共和国合同法》第五十二条第（二）项、第二百七十二条第三款

《中华人民共和国专利法》第十一条第一款、第六十五条、第七十条

《中华人民共和国侵权责任法》第八条、第九条、第十五条第一款第（六）项

《最高人民法院关于审理侵犯专利权纠纷案件应用法律若干问题的解释》第十二条、第十六条

《最高人民法院关于审理专利纠纷案件适用法律问题的若干规定》第二十一条、第二十三条

《最高人民法院关于审理技术合同纠纷案件使用法律若干问题的解释》第二十五条第一款第（二）项、第二款

《最高人民法院关于审理建设工程施工合同纠纷案件适用法律问题的解释》第四条

案件索引

一审：广州市中级人民法院（2012）穗中法民三初字第 295 号民事判决

二审：广东省高级人民法院（2013）粤高法民三终字第 739 号民事判决（笔者经办）

基本案情

上诉人（原审被告）：宋守淮

上诉人（原审被告）：湛江市第三建筑工程公司（以下简称湛江三建）

上诉人（原审被告）：廉江市华坤房地产开发有限公司（以下简称华坤公司）

被上诉人（原审原告）：宋锦钢

"混凝土桩的施工方法"发明专利权人与宋锦钢签订专利排他实施许可合同，约定宋锦钢获得了本案专利在广东省湛江市的排他实施许可权；许可

费采用入门费加提成的方式，入门费是 8 万元，提成是根据每个桩基工程实际结算总产值的 3% 计算。宋守淮明知上述合同的内容，仍然私自与专利权人联系，获得在湛江市"碧桂园"高尚住宅楼地基的载体桩基础工程中使用本案专利的特别授权许可，并在上述涉案工程中付诸实施。华坤公司是涉案工程发包人，湛江三建是名义承包人，宋守淮是以湛江三建名义完成涉案工程施工的实际施工人。2009 年 12 月 22 日华坤公司与宋守淮进行工程结算，确认涉案工程完成桩数 1244 根，2000 元/根，总价 248.8 万元，双方按此结算，但宋守淮负责各桩合格。宋守淮在完工后没有请求检测部门对该工程进行合格评定和检测，双方一直没有完成竣工验收手续；华坤公司于 2010 年 5 月 17 日委托检测部门对工程进行检测，并自行陈述竣工时间是在 2010 年 6 月或 7 月。

宋锦钢认为上述三者共同侵犯其专利权，向法院提起诉讼。据此请求法院判令：（1）湛江三建、宋守淮、华坤公司立即停止侵害宋锦钢专利权的行为；（2）湛江三建、宋守淮、华坤公司连带赔偿宋锦钢经济损失 100 万元（含宋锦钢为本案诉讼支付的合理调查费、律师费等）。各方当事人确认涉案住宅楼工程已经施工完毕。宋锦钢主张应以《载体桩基础工程施工合同》约定的 2480 元/根、而非《工程结算书》的 2000 元/根，以及每根桩基成本 500~600 元计算侵权获利；宋守淮主张没有利润，华坤公司主张每根桩基成本约 1620 元。但当事人均未就其主张提交证据证明每根桩基的成本价格。

裁判理由及结果

一审法院经审理作出判决：（1）湛江市第三建筑工程公司、宋守淮、廉江市华坤房地产开发有限公司于判决发生法律效力之日起 10 日内连带赔偿宋锦钢人民币 50 万元；（2）驳回宋锦钢其他诉讼请求。一审受理费人民币 13800 元，由宋锦钢负担 3800 元，宋守淮、湛江三建及华坤公司共同负担 10000 元。

宣判后，宋守淮、湛江市第三建筑工程公司、廉江市华坤房地产开发有限公司提出上诉。

二审法院经审理认为：本案为侵害发明专利权纠纷，二审的争议焦点是：（1）宋锦钢是否具备一审原告主体资格。（2）宋守淮是否有权在工程中实施本案专利，其行为是否构成侵权。（3）若宋守淮构成侵权，湛江三建、华坤公司是否构成共同侵权。（4）宋锦钢的起诉是否超过诉讼时效。（5）原审判决判定的赔偿责任及其数额是否合法恰当。

（1）根据专利权人与宋锦钢签订的《独家代理合同》中的约定，合同中所称的独家许可是指许可方许可代理方在合同约定的期限、地区、技术领域内实施该专利技术，除许可方外其他任何单位或个人未经授权都不得实施该专利技术；专利许可范围是在广东省湛江市；如许可方在上述范围多许可一家，向代理方赔偿人民币8万元，并立即取消本合同以外的任何许可。因此，根据《最高人民法院关于审理技术合同纠纷案件适用法律若干问题的解释》第二十五条第一款第（二）项、第二款规定，专利权人与宋锦钢签订的《独家代理合同》性质属于专利排他实施许可合同，宋锦钢获得了本案专利在广东省湛江市的排他实施许可权，除专利权人外任何第三方要在该区域实施本案专利必须获得宋锦钢的授权许可。同时，根据合同约定，在广东省湛江市发生专利侵权行为，由宋锦钢提起诉讼制止侵权并主张赔偿。因此，宋锦钢以其享有的专利排他实施许可权，可以作为本案一审原告提起诉讼，宋守淮、湛江三建的该项上诉理由于法无据，二审法院不予采纳。

（2）宋守淮作为《独家代理合同》中宋锦钢一方的联系人，其明知该合同的内容以及宋锦钢享有本案专利的排他实施许可权。但是宋守淮仍然私自与专利权人联系，双方达成口头协议，内容为专利权人于2009年6月22日出具许可宋守淮在湛江市涉案工程中使用本案专利的特别授权，双方后于2011年10月28日将上述口头协议补充形成书面合同《桩基内部施工协议》。宋守淮明知宋锦钢享有专利排他实施许可权，却在没有取得宋锦钢授权许可的前提下，与专利权人签订专利普通实施许可合同，具有恶意。专利权人在明知宋锦钢享有本案专利排他实施许可权的情况下，违反与宋锦钢的合同约定，与宋守淮再签订专利普通实施许可合同，损害了宋锦钢的专利排他实施许可权。根据《合同法》第五十二条第（二）项规定，该合同应认定无效，宋守淮不能取得本案专利普通实施许可权。宋守淮未经许可在被诉侵权工程中使用本案专利，构成侵权行为，应承担相应的民事责任。

（3）关于湛江三建是否构成侵权的问题，根据华坤公司与湛江三建签订的《载体桩基础工程施工合同》，华坤公司是工程发包人，湛江三建是工程承包人，双方约定地基处理采用本案专利技术。宋守淮与湛江三建公司又签订《工程项目责任协议》，宋守淮成为以湛江三建名义完成上述工程施工的实际施工人，湛江三建则成为名义承包人。根据《合同法》第二百七十二条第三款、《最高人民法院关于审理建设工程施工合同纠纷案件适用法律问题的解释》第四条规定，湛江三建提供资质给宋守淮挂靠的行为属于法律禁止的行为，其行为本身具有过错。而且，湛江三建作为名义承包人，在承建工程的过程中对外与宋守淮一道，均负有不得侵犯他人专利权的义务。故湛江三建与宋守淮构成共同侵权，应承担连带赔偿责任。至于湛江三建与宋守淮签订的《工程项目责任协议》，属于规制其双方权利义务的双方协议，不能作为湛江三建免于对外承担侵权责任的依据。

关于华坤公司是否构成侵权的问题，华坤公司明确知道宋锦钢享有在湛江地区独家实施本案专利的权利，同时又了解专利权人关于"宋守淮系本案专利技术应用项目推广人""被诉侵权工程系本案专利技术推广示范项目"的意思表示。面对授权内容相互矛盾和有冲突的情况，华坤公司没有向专利权人核实其对宋锦钢的授权许可内容是否有变更，更没有核实宋守淮是否确实获得宋锦钢的授权。华坤公司的行为不符合一个谨慎、理性的经营者的行为标准，其未尽合理注意义务，主观上具有过错。华坤公司与承包人在工程中约定使用本案专利，导致侵权行为和损害结果发生，根据《侵权责任法》第九条规定，已构成帮助侵权行为，应当与承包人湛江三建和宋守淮承担连带赔偿责任。至于华坤公司与湛江三建签订的《载体桩基础工程施工合同》，属于规制其双方权利义务的双方协议，不能作为华坤公司免于对外承担侵权责任的依据。

（4）关于诉讼时效的问题。《最高人民法院关于审理专利纠纷案件适用法律问题的若干规定》第二十三条规定，侵犯专利权的诉讼时间为二年，自专利权人或者利害关系人知道或者应当知道侵权行为之日起计算。权利人超过二年起诉的，如果侵权行为在起诉时仍在继续，在该项专利权有效期内，人民法院应当判决被告停止侵权行为，侵权损害赔偿数额应当自权利人向人民法院起诉之日起向前推算二年计算。根据该条规定，即使专利权人或利害关系人在侵权开始时已经知道侵权事实，只要侵权行为一直持续，诉讼时效也应当自侵权停止之日起计算，但侵权赔偿数额则应当自权利人向人民法院起诉之日起向前推算二年计算。

本案中，现有证据不能证明宋锦钢自2009年1月起就知道被诉侵权工程将使用本案专利。退一步而言，即使宋锦钢在工程施工前已了解将在涉案工程中实施专利的事实，但由于涉案工程使用专利方法构成侵权是一个持续的过程，根据前述司法解释的规定，本案的诉讼时效也应当自侵权行为停止之日起计算。由于被诉侵权工程至今仍在使用本案专利技术，因此诉讼时效起算的条件尚未满足。综上，宋守淮、湛江三建和华坤公司以上述理由主张本案已过诉讼时效，依据不足，一审法院对此认定准确，二审法院予以维持。

（5）关于责任问题。针对"载体桩"单体工程的本案专利技术，仅仅使用在整个商住楼工程的一部分，若对该部分施工成果予以拆除，将造成社会资源的极大浪费，且影响社会公众使用整个商住楼。因此，从平衡专利权人利益与社会公众利益立场出发，本案不宜判决在被诉侵权工程中停止使用专利技术，但宋守淮、湛江三建和华坤公司就其侵权行为应承担赔偿损失的连带责任。关于赔偿数额问题，华坤公司与宋守淮已在《工程决算书》中确认实施专利方法完成的桩数1244根，2000元/根，总价248.8万元，但具体利润并未予以载明。虽然在一审庭审中，华坤公司陈述了每根桩的成本是1620元左右，但由于掌握获利证据的宋守淮、湛江三建、华坤公司均没有提交证据，因此侵权获利无法证明。鉴于宋锦钢因侵权受到的实际损失和侵权获利的具体数额难以查明，根据《专利法》第六十五条规定，侵权赔偿数额可以参照专利许可使用费的倍数合理确定。根据《最高人民法院关于审理专利纠纷案件适用法律问题的若干规定》第二十一条规定，确定赔偿数额，有专利许可使用费可以参照的，人民法院可以根据专利权的类别、侵权人侵权的性质和情节、专利许可使用费的数额、该专利许可的性质、范围、时间等因素，参照该专利许可使用费的1~3倍合理确定赔偿数额。本案中，专利权人向宋锦钢授权许可时收取的使用费是8万元加提成的方式，提成数额是桩基工程实际结算总产值的 3%；以本案的结算工程款进行计算，使用费合计 15.5 万元左右。综合考虑本案专利权的类别、侵权人明显存在侵权恶意、专利许可使用费的数额、专利许可的性质、范围和时间等因素，二审法院认为参考专利许可使用费 3 倍以及宋锦钢为制止侵权应支付的合理开支，原审法院酌定的 50 万元赔偿数额合理恰当，应予维持。

综上所述，原审判决认定事实基本清楚，适用法律基本准确，依法应予维持。上诉人宋守淮、湛江三建、华坤公司的上诉理由和上诉请求均不成立，二审法院予以驳回。依照《民事诉讼法》第一百七十条第一款第（一）项之规定，判决如下：驳回上诉，维持原判。

案例评析

1. 第三人与专利权人在后签订的普通许可合同的效力问题

《最高人民法院关于审理买卖合同纠纷案件适用法律问题的解释》第三条第一款、第四十五条第二款规定，当事人一方以出卖人在缔约时对标的物没有处分权为由主张合同无效的，人民法院不予支持；其他权利转让或者其他有偿合同可以参照适用买卖合同的规定。《最高人民法院关于审理商标民事纠纷案件适用法律若干问题的解释》第十九条第二款规定，商标使用许可合同未在商标局备案的，不得对抗善意第三人。据此，在知识产权中，权利转让、权利授予等权利的处分行为应当与签订转让合同、许可合同等负担行为予以划分，即使当事人存在无权处分的行为，若第三人为善意不知情，两者之间签订的在后转让合同、许可合同依然应当认定有效；在合同无法履行时，由无权处分人向善意第三人承担违约责任。例如，专利排他实施许可未在知识产权局备案，导致善意第三人不了解在先专利许可的事实，则专利权人与善意第三人签订的合同依然有效。但是本案中，第三人宋守淮明知专利存在排他实施许可，仍然恶意向专利权人谋求获得专利许可，损害了排他实施被许可人的利益，根据《合同法》第五十二条第（二）项的规定，属于双方恶意串通损害他人利益的行为，因此法院认定专利权人与第三人签订的普通许可合同无效。

2. 工程发包人在承包人构成专利侵权时的责任问题

我国《专利法》第七十条规定，为生产经营目的使用、许诺销售或者销售不知道是未经专利权人许可而制造并售出的专利侵权产品，能证明该产品合法来源的，不承担赔偿责任。据此，合法来源抗辩主要存在于制造者与销售者、销售者与使用者之间存在买卖合同的场合，能否拓展适用于本案建筑工程合同的发包人与承包人的情形，存在争议。本案中，一种观点认为，涉案专利属于方法发明专利，住宅楼整体工程是由开发商华坤公司分项目发包给具体承包人去施工，承包人湛江三建和宋守淮在住宅楼整体工程中的桩基工程项目中使用了专利方法，桩基工程的部分可以等同于住宅楼整体工程的"零部件"。《最高人民法院关于审理侵犯专利权纠纷案件应用法律若干问题的解释》第十二条规定，将侵犯发明或者实用新型专利权的产品作为零部件，制造另一产品的，人民法院应当认定属于专利法第十一条规定的使用行为；销售该另一产品的，人民法院应当认定属于专利法第十一条规定的销售行为。从这个角度出发，对于华坤公司而言，将使用了侵害方法发明专利的桩基工程作为"零部件"，完成住宅楼整体工程，可视为一种使用行为；其向购房者销售住宅楼可视为销售行为，因此华坤公司的抗辩实属合法来源抗辩，但由于华坤公司明知专利方法存在先后授权许可的冲突，即华坤公司应当知道使用该方法直接获得的产品很可能属于侵权产品，主观上不符合"不知道是专利侵权产品"的构成要件，因此华坤公司的合法来源抗辩不成立，应承担赔偿责任。另一种观点认为，合法来源抗辩制度是权利外观信赖保护的一种体现，即对于信赖外观、主观无过错的交易者，法律从保护交易安全的角度出发，在侵权发生时免除其赔偿责任，仅要求停止侵权即可，这与《与贸易有关的知识产权协定》第四十五条关于损害赔偿主要针对的是已知或有充分理由应知自己从事之活动系侵权的侵权人的规定在精神上也是相一致的。据此，可考虑将一般存在于买卖合同场合的合法来源抗辩拓展到建筑工程合同中进行适用。但是，在本案中华坤公司的抗辩主张从性质而言属于不侵权抗辩，目的在于不需要承担任何民事责任；而合法来源抗辩则是以构成侵权为前提的，目的仅在于免除赔偿责任，故将华坤公司的上诉理由归于合法来源抗辩，有失偏颇。合议庭最终认为本案不应当适用合法来源抗辩的思路进行审理，应围绕华坤公司是否构成侵权进行审理。由于华坤公司并未直接在涉案桩基工程中使用涉案专利方法，不属于直接侵权人，因此借鉴专利间接侵权的理论进行分析。间接侵犯专利权概念最早是在 1871 年美国的 Wallace v. Holmes 案中提出的，并最终在美国 1952 年制定的专利法第 271（c）中作出规定①，将教唆诱导和协助他人实施直接侵害专利权的行为规定为间接侵权行为。虽然在本案处理时，我国还没有关于专利间接侵权的明确规定，但《侵权责任法》第九条中规定了教唆和帮助他人实施侵权的行为，因此合议庭认为可以结合《侵权责任法》的该条规定，采用专利间接侵权的理论来进行审查认定。在本案建筑工程合同中，承包人是工程的施工方，若发包人明知有关产品、方法被授予专利权，却未经专利权人许可，授意承包人在工程中实施侵犯专利权的行为，则发包人的行为属于《侵权责任法》第九条规定的教唆他人实施侵权的间接侵权行为。若承包人的直接侵权行为并非出于发包人的授意，但发包人在认识层面对于承包人自行实施侵权行为存在明知的情形，在意志层面却没有及时制止，放任侵权结果发生，应当属于《侵权责任法》第九条规定的帮助他人实施侵权的间接侵权行为。因此，法院认定发包人华坤公司在明知专利方法存在先后授权许可的冲突，仍然未经核实便允许承包施工人在工程中使用专利方法，在施工人成立直接侵权的前提下构成间接侵权。这样的处理思路，与 2016 年 4 月 1 日施行的《最高人民法院关于审理侵犯专利权纠纷案件应用法律若干问题的解释（二）》第二十一条关于教唆和帮助间接侵权规定的原理也是相符的。

3. 方法发明专利侵权案件中诉讼时效的计算问题

《最高人民法院关于审理专利纠纷案件适用法律问题的若干规定》第二十三条规定，侵犯专利权的诉讼时间为二年，自专利权人或者利害关系人知道或者应当知道侵权行为之日起计算。权利人超过二年起诉的，如果侵权行为在起诉时仍在继续，在该项专利权有效期内，人民法院应当判决被告停止侵权行为，侵权损害赔偿数额应当自权利人向人民法院起诉之日起向前推算二年计算。对于产品专利而言，只要侵权人持续制造、销售、使用侵权产品，

---

① 尹新天：《专利权的保护》，知识产权出版社 2005 年版，第 510 页。

属于持续侵权应无异议。但是对于使用专利方法获得的产品而言，存在争议。一种观点认为，如侵权人属于一次性使用专利方法完成产品的情形，则自侵权人完成产品后，诉讼时效自专利权人或者利害关系人知道或者应当知道侵权行为之日起计算，但不应认为侵权行为具有持续性。如本案中使用专利方法完成桩基工程，自侵权人完成桩基工程后，侵权人没有重复、再次使用专利方法，因此计算诉讼时效时不应考虑持续侵权。另一种观点认为，对于方法发明专利侵权，只要使用专利方法完成的产品依然在销售、使用，如本案中开发商完成住宅楼建造后向购房者销售或自己作为办公场地使用，则属于持续侵权情形，诉讼时效起算条件尚未满足。本案的处理采纳了后一种观点。

4. 基于公共利益的考量，法院判决以合理赔偿替代停止侵权责任

《最高人民法院关于当前经济形势下知识产权审判服务大局若干问题的意见》［法发〔2009〕23 号］第 15 条规定：如果停止有关行为会造成当事人之间的重大利益失衡，或者有悖社会公共利益，或者实际上无法执行，可以根据案件具体情况进行利益衡量，不判决停止行为，而采取更充分的赔偿或者经济补偿等替代性措施了断纠纷。在珠海晶艺玻璃工程有限公司诉深圳市机场股份有限公司专利侵权案中，深圳法院认为考虑到机场的特殊性，停止使用不符合公众利益，因此判决合理的使用费来作为替代性措施①。据此可见，在停止被诉侵权行为会造成国家利益、社会公共利益重大失衡时，法院不判决停止侵权行为，而以更充分的赔偿替代停止侵权责任；但是，应当注意的是，以赔偿替代停止侵权责任不能滥用，必须严格审查符合以上要件，以防侵权人常以此为理由，造成对权利人的不公平。本案中，使用了专利方法的"载体桩"工程属于住宅楼工程的一部分，若对该部分施工成果予以拆除，必然影响使用住宅楼社会公众的利益，因此从平衡专利权人利益与社会公众利益立场出发，本案没有判决在被诉侵权工程中停止使用专利技术，而以合理赔偿作为替代责任。这种处理思路在知识产权司法实践中获得了肯定，并在最新发布的司法解释中得以明确，如《最高人民法院关于审理侵犯专利

---

① 祝建军、汪洪："知识产权利益平衡原则的巧妙运用——评深圳机场玻璃幕墙连接装置侵犯专利权纠纷案"，载《中国知识产权报》2007 年 8 月 29 日，第 6 版。

权纠纷案件应用法律若干问题的解释（二）》第二十六条规定，基于国家利益、公共利益的考量，法院可以不判令停止被诉侵权行为，而判令侵权人支付相应的合理费用，正是这种处理原则的体现。

5. 计算侵权获利时要考虑知识产权贡献率

《最高人民法院关于审理侵犯专利权纠纷案件应用法律若干问题的解释》第十六条规定，人民法院依据《专利法》第六十五条第一款规定确定侵权人因侵权所获得的利益，应当限于侵权人因侵犯专利权行为所获得的利益；因其他权利所产生的利益，应当合理扣除。2014年，最高人民法院陶凯元副院长在全国法院知识产权审判工作座谈会上提出，要促进形成符合市场规律和满足权利保护要求的损害赔偿计算机制，使损害赔偿数额与知识产权的市场价值相契合，与知识产权对侵权行为获利的贡献率相适应。[①] 据此，在计算实际损失或侵权获益时，应当考虑知识产权在实现商品利润中所起的作用来确定其与获利的贡献率问题。例如，本案属于建筑工程施工中未经许可使用专利方法建造桩基工程，由于桩基工程属于可单独结算的项目，因此在计算侵权损失或获利时，应当以最小可结算单位即桩基工程的利润而非整栋建筑的施工利润作为依据计算侵权损失或获利。同时，由于掌握了每根桩基成本证据的宋守淮、湛江三建、华坤公司均没有提交证据，导致侵权获利无法证明；且本案的侵权纠纷是由于专利许可引发的，在先的排他实施许可合同中对于专利许可费用有明确的约定，因此根据我国《专利法》第六十五条的规定，法院参照专利许可使用费的倍数合理确定了赔偿数额。

---

① 陶凯元：《充分发挥知识产权审判职能作用为全面深化改革和实施创新驱动发展战略提供有力司法保障——在全国法院知识产权审判工作座谈会上的讲话》。

商标侵权及不正当竞争篇

商标民事侵权案件的审理思路

——中粮集团有限公司诉广州市澳之星商贸发展有限公司侵害商标权案

内容摘要

　　商标民事侵权案件的审理思路（不含涉及驰名商标认定的案件）如下：第一，结合商标的显著性和知名度等证据，认定原告主张的商标权权利范围。第二，审查被诉侵权的商标标识、被诉侵权行为是否属于商标法意义上的使用行为。第三，经过比对，认定被诉侵权的商标与主张权利的商标是否相同或者近似；使用被诉侵权商标的商品或服务与主张权利的商标的核定使用商品或服务是否是同种或者类似；商标使用是否容易导致混淆。第四，民事责任的确定，包括是否适用合法来源抗辩、"撤三"规则等阻却赔偿责任等。由于本案例涉及商标侵权纠纷的一般审理思路，因此在商标侵权及不正当竞争篇中居首。

关键词　商标法意义上的使用行为　商品类似　商标近似　混淆　商标权
　　　　　权利范围　合法来源抗辩

裁判要点

　　商标近似的认定不等同于商标标志近似的认定，我国法律及司法解释规定的商标近似包括"标"与"商"两部分的要素审查，既包括商标标志在音形义要素上是否近似，也包括商标因其商业要素的影响在商业使用中是否容易导致混淆。因此关于商标近似的司法认定实际上囊括了请求保护商标的显著性和知名程度及被诉侵权商标的知名程度、商标标志的近似程度、商品类似程度、相关公众的注意程度，以及被诉侵权人是否具有不正当使用的主观意图、市场是否已出现实际混淆的情形等各方面的内容。

相关法条

《中华人民共和国商标法》第四十八条、第五十七条、第六十四条第二款

《最高人民法院关于审理商标民事纠纷案件适用法律若干问题的解释》第九条、第十条

案件索引

一审：广州市白云区人民法院（2017）粤 0111 民初 6243 号民事判决

二审：广州知识产权法院（2017）粤 73 民终 1804 号民事判决（笔者经办）

基本案情

上诉人（原审原告）：中粮集团有限公司（以下简称中粮公司）

被上诉人（原审被告）：广州市澳之星商贸发展有限公司（以下简称澳之星公司）。

第 4443289 号 "華夏" 注册商标的注册人为中国粮油食品进出口（集团）有限公司，该商标核定使用商品类别为第 33 类包含葡萄酒等，注册有效期限自 2007 年 8 月 14 日至 2017 年 8 月 13 日止。2008 年 4 月 29 日，国家工商行政管理总局商标局出具注册商标变更证明，核准该商标变更注册人名义为中粮公司。

2004 年 11 月 12 日，国家工商行政管理总局商标局出具商标驰字〔2004〕第 139 号《关于认定 "长城 greatwall 及图" 商标为驰名商标的批复》，认定中国粮油食品进出口（集团）有限公司使用在商标注册用商品和服务国际分类第 33 类葡萄酒商品上的 "长城 greatwall 及图" 注册商标为驰名商标。

2016 年 3 月 6 日，中粮公司从澳之星公司处购得被诉侵权的 "华夏千年

情（四星）750mL/瓶"葡萄酒，中粮公司表示被诉侵权商品的瓶口、瓶身正面及背面标签均使用"华夏千年情"的字样，与其第4443289号"華夏"注册商标构成近似。

第1559654号"情"注册商标的注册人为昌黎长城庄园葡萄酿酒有限公司，该商标核定使用商品类别为第33类，经续展，注册有效期限自2011年4月21日至2021年4月20日。

二审期间，澳之星公司以中粮公司未在酒类商品上使用涉案第4443289号注册商标为由提出抗辩，对此，中粮公司提交了证明其在酒类商品上实际使用涉案第4443289号"華夏"注册商标的证据如下：（1）制造日期为2016年9月19日的华夏九五特级精选长城干红葡萄酒产品图片，其中在酒瓶瓶口及瓶颈处显示有"華夏"标识；（2）制造日期为2015年11月27日的华夏九七高级精选长城干红葡萄酒产品图片及（2017）粤广广州第214505号公证书，其中在酒瓶瓶颈处显示有"華夏"标识。同时，中粮公司为证明其第4443289号"華夏"注册商标的知名度及其受保护情况，提交了涉案商标的报纸、杂志等宣传资料以及四份民事判决书为据。其中，宣传资料中显示的报纸、杂志的酒类产品宣传文字中均使用了华夏商标标识。

关于被诉侵权产品的合法来源，澳之星公司辩称被诉侵权产品系其于2015年下半年合法采购自广州市鹏泰贸易有限公司（以下简称鹏泰公司），且自2016年后未再购买及销售被诉侵权产品。澳之星公司在二审中补充提交以下证据：（1）澳之星公司销售管理系统截图，显示商品条码为693881850195的商品"华夏千年情（四星）750mL"的销售数量为1瓶，销售金额为62元、当前进价为48.9元。（2）《销售单》《酒类流通随附单》《澳之星商场进货验收单》以及发票等票据，其中盖有鹏泰公司业务专用章的日期为2015年9月18日的《销售单》显示的客户为澳之星货仓商场（三元里店），商品有4件（其中2件赠品），名称为"华夏千年情（四星）750mL"的商品为1件（不含赠品），每件6支，单价为48.9元；盖有鹏泰公司业务专用章的日期为2015年12月7日的《销售单》显示的客户为澳之星货仓商场（三元里店），商品中包含名称为"华夏千年情（四星）750mL"

的商品 3 支（不含赠品），单价为 45 元；与《销售单》内容对应的《酒类流通随附单》也盖有鹏泰公司业务专用章，除赠品情况未记载外，所记载的被诉侵权产品的具体名称、规格、单价、数量及总金额均与《销售单》一致；《澳之星商场进货验收单》的打印时间以及所记载的商品具体名称、规格、单价、数量及总金额均与《销售单》一致。（3）鹏泰公司出具的《情况说明》、被诉侵权产品的制造商昌黎长城庄园葡萄酿酒有限公司出具的《情况说明》，其中鹏泰公司于 2017 年 11 月 3 日出具的《情况说明》中记载该公司于 2015 年 9 月 18 日、12 月 7 日向澳之星公司（三元里店）供货两次，在 2016 年之后未再供货；昌黎长城庄园葡萄酿酒有限公司于 2017 年 11 月 6 日出具的《情况说明》中记载被诉侵权产品系由该公司制造，并由其分销商鹏泰公司供货给澳之星公司。

中粮公司于 2017 年 5 月 17 日向一审法院起诉请求：（1）澳之星公司立即停止销售侵犯中粮公司第 4443289 号注册商标专用权的商品的侵权行为，停止销售全部侵权商品以及销毁全部侵权商品外包装盒和相关标志；（2）澳之星公司赔偿中粮公司经济损失及维权合理开支 50000 元；（3）澳之星公司承担本案全部诉讼费用。

裁判理由及结果

一审法院认为，关于涉案店铺销售被诉侵权商品的行为是否侵害了中粮公司享有的注册商标专用权的问题，公证封存的被诉侵权商品的正面标签上的横排文字"华夏千年情"虽然与第 1559654 号"情"注册商标在文字排列上有所不同，但被诉侵权商品并未割裂"华夏千年情"而单独突出使用"华夏"标识，而是在标签正面显著位置结合使用了第 1559654 号"情"注册商标和"华夏千年情"标识，并在标签底部显著位置标注"昌黎长城庄园葡萄酿酒有限公司"字样供一般公众对商品的来源作出判断；又昌黎长城庄园葡萄酿酒有限公司第 1559654 号"情"注册商标的注册时间早于中粮公司享有的第 4443289 号"华夏"注册商标，以相关公众的一般注意力为标准，不会对涉案商品同中粮公司生产的"华夏"系列的商品产生混淆。因此一审法院判决驳回中粮公司的全部诉讼请求。

中粮公司不服一审判决，向二审法院提起上诉。

二审法院认为，本案二审争议的焦点为：（1）澳之星公司销售的被诉侵权产品是否构成侵权；（2）澳之星公司以中粮公司此前三年内未实际使用涉案商标作为免除赔偿责任的抗辩理由是否成立；（3）澳之星公司主张的合法来源是否成立；（4）本案的侵权责任如何认定。

1. 关于澳之星公司销售的被诉侵权产品是否构成侵权的问题

根据《商标法》第五十七条规定，未经商标注册人的许可，在同一种商品上使用与其注册商标近似的商标，容易导致混淆的，属于侵害注册商标专用权的行为；销售侵犯注册商标专用权的商品的，属于侵害注册商标专用权的行为。《最高人民法院关于审理商标民事纠纷案件适用法律若干问题的解释》第九条规定，商标近似是指被控侵权的商标与注册商标相比较，其文字的字形、读音、含义或者图形的构图及颜色，或者其各要素组合后的整体结构相似，或者其立体形状、颜色组合近似，易使相关公众对商品的来源产生误认或者认为其来源与注册商标的商品有特定的联系。本案中，根据中粮公司二审中提交的证据，中粮公司在酒类产品上使用了涉案第4443289号"華夏"商标，并加以一定的宣传，令该商标具有相当的知名度。被诉侵权产品与涉案商标的核定使用商品类别相同，该产品的正面印有"華夏子年情"标识，同时印有第1559654号"情"商标，以上二者均属于商标意义上的使用。并且，产品上的"華夏子年情"标识与1559654号商标相比，前者在产品上整体所占面积更大、更为显著。由于昌黎长城庄园葡萄酿酒有限公司并未注册"華夏子年情"商标，故昌黎长城庄园葡萄酿酒有限公司存在将其注册的"情"商标拆分后重新组合变造使用的不当使用情形，因此澳之星公司以注册在先的"情"商标作为被诉侵权产品使用"華夏子年情"的合法依据，法院不予采纳。将"華夏子年情"与涉案"華夏"商标进行比对，二者的"华夏"读音、含义相同，字形相近，同时考虑到涉案"華夏"商标的知名度以及昌黎长城庄园葡萄酿酒有限公司享有"情"商标却不规范使用的情节，法院认为被诉侵权产品上所使用的"**華夏千年情**"标识与涉案"**華夏**"商标构成近似，容易导致相关公众误认被诉侵权产品的来源与中粮公司使用"**華夏**"商标的葡萄酒类产品存在特定联系，从而产生混淆。因此，被诉侵权产品属于侵害涉案商标权的商品，澳之星公司的销售行为构成侵害商标权的行为。一审法院关于澳之星公司不构成侵权的认定错误，法院予以纠正。

2. 关于澳之星公司以中粮公司此前三年内未实际使用涉案商标作为免除赔偿责任的抗辩理由是否成立的问题

《商标法》第六十四条第一款规定，注册商标专用权人请求赔偿、被控侵权人以注册商标专用权人未使用注册商标提出抗辩的，人民法院可以要求注册商标专用权人提供此前三年内实际使用该注册商标的证据。注册商标专用权人不能证明此前三年内实际使用过该注册商标，也不能证明因侵权行为受到其他损失的，被控侵权人不承担赔偿责任。本案中，被诉侵权行为发生于 2016 年 3 月 6 日，中粮公司提起一审诉讼的时间为 2017 年 5 月 17 日；而中粮公司已提交了制造日期分别为 2015 年 11 月 27 日、2016 年 9 月 19 日的附有"**華夏**"商标的葡萄酒产品图片及公证书等证据，足以证明中粮公司此前三年在葡萄酒产品实际使用过涉案"**華夏**"商标，因此对于澳之星公司的该项抗辩理由，法院不予采纳。

3. 关于澳之星公司主张的合法来源是否成立的问题

《商标法》第六十四条第二款规定："销售不知道是侵犯注册商标专用权的商品，能证明该商品是自己合法取得并说明提供者的，不承担赔偿责任。"本案中，澳之星公司主张被诉侵权产品系其合法购自鹏泰公司，并提交了其销售管理系统记录，鹏泰公司出具的《销售单》《酒类流通随附单》发票以及《澳之星商场进货验收单》等票据，上述票据齐全、记载项目明细清晰、完整，且其中记载的日期、商品名称、规格、单价、数量及金额等具体项目均能相互对应，另外，鹏泰公司以及被诉侵权产品的制造商昌黎长城庄园葡萄酿酒有限公司均出具了书面说明对被诉侵权产品的来源情况进行证明。综上，澳之星公司提交的证据能够形成有效的证据链，证明被诉侵权产品系其合法采购自鹏泰公司，而中粮公司未能证明澳之星公司在主观上明知或应知被诉侵权产品构成侵权。因此，澳之星公司关于被诉侵权产品具有合法来源的抗辩理由成立，法院予以采纳。

4. 关于本案的侵权责任如何认定的问题

澳之星公司销售了侵害涉案商标权的商品，构成侵害商标权的行为，应承担停止侵权的民事责任，故中粮公司主张澳之星公司停止销售侵权产品，法院予以支持；同时，因中粮公司并未提交证据证明澳之星公司存在被诉侵权产品外包装盒及相关标识，故对其要求销毁被诉侵权产品外包装盒及相关标识的主张，法院不予支持。此外，由于澳之星公司销售的侵权产品具有合法来源，根据《商标法》第六十四条第二款规定，澳之星公司不承担赔偿损失的民事责任。但是，由于侵权人应赔偿的经济损失与权利人为制止侵权所支付的合理开支具有不同的法律属性，因此在没有证据证明中粮公司已在另案向被诉侵权产品的来源方主张本案为制止侵权所支付的合理开支的情况下，鉴于澳之星公司的行为构成侵权，中粮公司有权选择要求澳之星公司支付其为制止本次侵权的合理开支，至于澳之星公司支付合理开支后是否向来源方另案追偿，不属于本案的审理范围。虽然中粮公司没有提交合理开支的费用单据，但考虑到中粮公司的代理律师确实出庭参加诉讼，以及存在公证购买被诉侵权产品支出了实际费用等情况，法院酌定澳之星公司在本案中应向中粮公司支付为制止侵权的合理开支共5000元。

综上所述，上诉人中粮公司的上诉请求部分成立，法院予以支持；一审判决认定有误，二审法院依法予以改判。遂判决如下：（1）撤销广东省广州市白云区人民法院（2017）粤0111民初6243号民事判决；（2）广州市澳之星商贸发展有限公司于本判决发生法律效力之日起停止销售侵害中粮集团有限公司第4443289号"華夏"商标专用权的产品；（3）广州市澳之星商贸发展有限公司于本判决发生法律效力之日起十日内向中粮集团有限公司支付为制止侵权行为的合理开支5000元；（4）驳回中粮集团有限公司的其他诉讼请求。

案例评析

一般商标民事侵权案件的审理思路（不含涉及驰名商标认定的案件）如下：第一，结合商标的显著性和知名度等证据，明确原告主张的商标权权利范围。第二，审查被诉侵权的商标标识、被诉侵权行为是否属于商标法意义上的使用行为。第三，经过比对，认定被诉侵权的商标与主张权利的商标是否相同或者近似；使用被诉侵权商标的商品或服务与主张权利的商标的核定使用商品或服务是否是同种或者类似；商标使用是否容易导致混淆。第四，民事责任的确定，包括是否适用合法来源抗辩、"撤三"规则等阻却赔偿责任等。

（一）关于商标权权利范围

商标权的权利范围包括专用权和禁用权，注册商标专用权以国家商标局核准注册的商标和核定使用的商品或服务为限；商标禁用权是指注册商标专用权人有权禁止他人未经许可在同种或者类似商品或服务上使用与其注册商标相同或者近似商标，且该使用容易导致混淆。商标禁用权的范围应由原告举证证明其商标的显著性和知名度，同时该部分证据对于商标近似的比对以及确定赔偿金额也有证明作用。因此，法院可以向原告释明要求其提供商标知名度和使用情况的证据，包括涉案注册商标的广告宣传情况、持续使用时间、使用范围等证明侵权行为发生时涉案注册商标的显著性和知名度的证据。例如本案中，一审法院对于商标的知名度和显著性未进行审查，即简单作出认定商标不近似的结论并驳回中粮公司的全部诉讼请求。在二审阶段，经二审法院释明后，中粮公司提交了证据证明涉案"华夏"商标具有相当的知名度且中粮公司此前三年在葡萄酒产品实际使用过该商标，二审改判认定商标近似容易导致混淆，构成侵权。

（二）关于商标法意义上的使用行为

商标的使用，是指将商标用于商品、商品包装或者容器以及商品交易文书上，或者将商标用于广告宣传、展览以及其他商业活动中，用于识别商品来源的行为。被诉侵权行为是否属于商标使用，应当结合被诉标识是否发挥识别来源的功能进行判定。被诉侵权标识仅为描述性使用或指示性使用，则不应认定为商标法意义上的使用；关于描述性使用和指示性使用的具体情形，可以参考《商标法》第十一条以及《最高人民法院关于审理商标授权确权行政案件若干问题的规定》第十一条的相关规定，包括作为商品的通用名称使用，也包括商标标志的使用只是或者主要是描述、说明所使用商品的质量、主要原料、功能、用途、重量、数量、产地等情形。

（三）被诉侵权标识的使用是否容易导致相关公众混淆

关于被诉侵权标识的使用是否容易导致相关公众混淆的问题，参考《最高人民法院关于审理商标授权确权行政案件若干问题的规定》第十二条规定，应结合请求保护商标的显著性和知名程度、商品的类似程度、商标标志的近似程度、相关公众的注意程度、被诉侵权人是否具有不正当使用的主观意图、市场是否已出现实际混淆的情形等因素进行综合审查认定。

1. 关于商标的显著性和知名程度

根据《最高人民法院关于充分发挥知识产权审判职能作用推动社会主义文化大发展大繁荣和促进经济自主协调发展若干问题的意见》第十九条和第二十条规定，商标的显著性和知名程度是一个动态的变量，伴随着商标使用而提升，并与商标权的权利范围中的禁用权的大小成正比关系。也就是说，在具体类别商品上所使用的商标的显著性和知名程度越高，在商标民事侵权诉讼中认定类似商品的范围以及近似商标的范围也应当越广，前者与后者成正比关系。

2. 关于商品或服务的类似程度

根据《最高人民法院关于审理商标民事纠纷案件适用法律若干问题的解释》第十一条和第十二条规定，认定商品或者服务是否类似，应当以相关公众对商品或者服务的一般认识进行综合判断，同时应全面考量商品功能、用途、生产部门、销售渠道、消费对象等方面的因素，《商标注册用商品和服务国际分类表》《类似商品和服务区分表》可以作为判断类似商品或者服务的参考，但不应作为唯一标准。根据《最高人民法院关于充分发挥知识产权审判职能作用推动社会主义文化大发展大繁荣和促进经济自主协调发展若干问题的意见》第二十条规定，认定商品类似可以参考类似商品区分表，但更应当尊重市场实际；主张权利的商标已实际使用并具有一定知名度的，认定商品类似要充分考虑商品之间的关联性。

3. 关于商标近似程度的认定问题

在此首先要澄清一个关系，商标近似的认定不等同于商标标志近似的认定，我国法律及司法解释规定的商标近似的认定包括商标标志近似的内容以及在商业使用中容易导致混淆的结果，因此关于商标近似的司法认定实际上囊括除认定商品类似程度以外审查混淆可能性的各种因素，包括前述请求保护商标的显著性和知名程度、商标标志的近似程度、相关公众的注意程度、被诉侵权人是否具有不正当使用的主观意图、市场是否已出现实际混淆的情形等方面。

首先，根据《最高人民法院关于审理商标民事纠纷案件适用法律若干问题的解释》第九条规定，商标近似是指被诉侵权的商标与原告的注册商标相比较，其文字的字形、读音、含义或者图形的构图及颜色，或者其各要素组合后的整体结构相似，或者其立体形状、颜色组合近似，易使相关公众对商品的来源产生误认或者认为其来源与原告注册商标的商品有特定的联系。该部分主要是审查商标标志自身的近似程度。

其次，上述司法解释第十条规定，认定商标相同或者近似按照以下原则进行：（1）以相关公众的一般注意力为标准；（2）既要进行对商标的整体比对，又要进行对商标主要部分的比对，比对应当在比对对象隔离的状态下分别进行；（3）判断商标是否近似，应当考虑请求保护注册商标的显著性和知名度。该部分实际强调了认定商标近似程度应当在审查商标标志的近似程度以外，增加审查请求保护商标的显著性和知名程度。

再次，根据《最高人民法院关于充分发挥知识产权审判职能作用推动社会主义文化大发展大繁荣和促进经济自主协调发展若干问题的意见》第十九条规定，妥善处理商标近似与商标标志近似的关系。（1）主张权利的商标的知名度远高于被诉侵权商标的，即使相关商标构成要素整体上不近似，仍然可以采取比较主要部分决定其近似与否。（2）主张权利的商标的知名度与被诉侵权商标的知名度均一般属于通常情况的，相关商标的构成要素整体上构成近似的，可以认定为近似商标。（3）如果主张权利的商标的知名度与被诉侵权商标的知名度均具有较高知名度，或者相关商标的共存是在特殊条件下形成时，认定商标近似还应根据两者的实际使用状况、使用历史、相关公众的认知状态、使用者的主观状态等因素综合判定。该部分强调了如何按照商标的显著性和知名程度的不同情形认定商标近似程度，并且涵盖了相关公众的注意程度、被诉侵权人是否具有不正当使用的主观意图、市场是否已出现实际混淆的情形等因素的审查。

最后，具体到本案中，二审法院正是按照上述思路进行审查认定：一是商品类别相同，均为葡萄酒；二是涉案"华夏"商标具有相当的知名度；三是从音形义作出关于商标标志的近似程度的比对；四是认定昌黎长城庄园葡萄酿酒有限公司享有"华夏千年情"商标却故意不规范使用，具有不正当意图。综合上述各方面的因素，认定被诉侵权产品上使用的商标与涉案"华夏"商标构成近似，容易导致相关公众误认被诉侵权产品的来源与中粮公司使用涉案"华夏"商标的葡萄酒类产品存在特定联系，从而产生混淆。

（四）民事责任的确定，其中也包括合法来源抗辩、适用"撤三"规则阻却赔偿责任的抗辩是否成立等问题

1. 关于适用"撤三"规则阻却赔偿责任的抗辩

《商标法》第六十四条第一款规定，注册商标专用权人请求赔偿、被诉侵权人以注册商标专用权人未使用注册商标提出抗辩的，人民法院可以要求注册商标专用权人提供此前三年内实际使用该注册商标的证据。注册商标专用权人不能证明此前三年内实际使用过该注册商标，也不能证明因侵权行为受到其他损失的，被诉侵权人不承担赔偿责任。该抗辩所涉的举证责任应由权利人承担，法院一般可以向权利人释明在提交证明商标显著性和知名程度的证据时一并予以证明。

2. 关于合法来源抗辩

《商标法》第六十四条第二款规定，销售不知道是侵犯注册商标专用权的商品，能证明该商品是自己合法取得并说明提供者的，不承担赔偿责任。本案中，澳之星公司在二审中提交了《销售单》《酒类流通随附单》《澳之星商场进货验收单》以及发票等票据，以及鹏泰公司出具的《情况说明》、被诉侵权产品的制造商昌黎长城庄园葡萄酿酒有限公司出具的《情况说明》等

证据，上述票据齐全、记载项目明细清晰、完整，且其中记载的日期、商品名称、规格、单价、数量及金额等具体项目与产品来源方出具的《情况说明》等证据均能相互对应，因此澳之星公司的合法来源抗辩成立，可以免除赔偿经济损失的民事责任，但因其已构成商标侵权，应向中粮公司支付其维权的合理费用。

商标侵权案件中商标使用的性质与合理范围

——米其林集团总公司（COMPAGNIE GENERALE DES ETABLISSEMENTS MICHELIN）诉佛山市顺德区宝骏汽车维修有限公司商标权侵权案

内容摘要

商标的基本功能在于识别商品来源，因此直接侵害商标权（区别于教唆、帮助侵权）的构成要件之一为被诉侵权行为属于在商业活动中使用并具有识别商品来源功能的商标使用行为。此为商标使用行为定性以及商标使用范围定量分析的案例。

关键词 商标使用　描述性使用　合理使用

裁判要点

商标使用是将商标用于商业活动中并用于识别商品来源的行为。在商标侵权案件中，围绕商标使用的含义进行定性和定量分析，据此认定侵权行为是否成立，是一种可采的思路。本案在这两方面均有所涉及，定性分析关注的是商标使用的性质，如不属于发挥商标识别功能的描述性使用情形，可成立不侵犯商标权的抗辩；定量分析关注的是商标使用的合理范围，指的是即使曾获得商标注册人的许可使用商标，但在实际使用时超出其所应标识的商品或服务的范围，仍然不属于正当、合理使用商标，也应构成侵犯商标权。

相关法条

《中华人民共和国商标法》（2001 年修正）第五十二条（对应现行《中华人民共和国商标法》第五十七条）

案件索引

一审：广东省佛山市中级人民法院（2013）佛中法知民初字第 528 号民事判决

二审：广东省高级人民法院（2014）粤高法民三终字第 239 号民事判决（笔者经办）

基本案情

上诉人（原审被告）：佛山市顺德区宝骏汽车维修有限公司（以下简称宝骏公司）。

被上诉人（原审原告）：米其林集团总公司（COMPAGNIE GENERALE DES ETABLISSEMENTS MICHELIN）（以下简称米其林公司）。

米其林公司分别在第 12 类轮胎商品和第 37 类服务的轮胎、轮胎修理、轮胎装配、车辆保养和修理等商品和服务上注册了"🏃""MICHELIN""米其林"等商标。宝骏公司既属于销售米其林、普利司通等轮胎的销售者，又属于从事轮胎装配、车辆维修的服务者。宝骏公司经营的店铺正门较宽，正门中部上方树有"宝骏汽车维修有限公司"全称的商业匾额，正门中部下方右侧用较大字体列出公司经营项目包括"汽车维修、轮胎服务、四轮定位"等；正门左侧悬挂标有"🏃""MICHELIN""米其林"轮胎等图样、文字标识的商业匾额，匾额左上角标有"宝骏汽车维修有限公司"的名称，匾额下方有"四轮定位""专业修补"等文字展示。宝骏公司经营店铺内有米其林轮胎、普利司通轮胎等商品出售。

米其林公司向法院起诉称：宝骏公司在经营店铺正门左侧的商业匾额上使用"🏃""MICHELIN""米其林"商标的行为侵犯其商标权并提起诉讼，请求判令：（1）宝骏公司立即停止侵犯米其林公司注册商标专用权的行为，拆除带有"🏃""MICHELIN""米其林"等字样、图形标识的匾额；（2）宝骏公司赔偿米其林公司经济损失及维权的合理开支共 10 万元；（3）宝骏公司在《中国知识产权报》上刊登启事，就其侵权行为公开消除影响；（4）诉讼费用由宝骏公司承担。

宝骏公司答辩称：（1）宝骏公司在知道本案诉讼后已经马上自行把相关涉案匾额拆除。（2）宝骏公司不仅销售米其林正牌轮胎，同时也销售普利司通轮胎，宝骏公司使用商标的行为不会构成相关公众混淆，不构成商标侵权。宝骏公司的使用行为也不会对米其林公司造成 10 万元的经济损失。（3）米其林公司要求刊登启事消除影响的请求也没有依据。

裁判理由及结果

一审法院经审理认为：其一，米其林公司在第 12 类、第 37 类、第 35 类轮胎、内胎、轮胎修理、轮胎装配等轮胎销售、轮胎服务商品和服务上注册了涉案商标，宝骏公司实际经营的是轮胎销售和轮胎装配服务等与轮胎密切相关的义务，故可认定宝骏公司销售的商品及服务类别与米其林公司涉案注册商标核定商品及服务类别系属于同一商品和服务。其二，宝骏公司在销售轮胎产品的店铺匾额上使用的标识与米其林公司涉案注册商标构成相同。其三，虽然宝骏公司也销售米其林正牌轮胎，但由于宝骏公司同时经营其他品牌轮胎的销售业务，且宝骏公司并不是经米其林公司及其关联公司授权的米其林轮胎专卖店，故宝骏公司在匾额使用商标的行为不属于正当使用米其林公司注册商标的行为。因此，应认定宝骏公司未经权利人许可使用与涉案商标相同的标识，侵犯了米其林公司的商标权，应承担停止侵权和赔偿损失的民事责任，赔偿数额酌情确定为宝骏公司向米其林公司赔偿经济损失 2 万元及合理维权费用 1 万元。此外，由于米其林公司不能证明宝骏公司的侵权行为对其商业信誉造成了不良影响，因此不支持米其林公司要求宝骏公司在《中国知识产权报》上刊登声明消除影响的诉讼请求。

综上，作出如下判决：（1）宝骏公司应于本判决生效之日起立即停止对米其林公司享有的商标的侵害，即立即拆除含有"米其林""MICHELIN""🏃"标识的匾额；（2）宝骏公司应于本判决生效之日起 10 日内，赔偿米其林公司经济损失人民币 2 万元，并支付维权合理费用人民币 1 万元；（3）驳回米其林公司其他诉讼请求。案件受理费 2300 元，由米其林公司负担 700元，由宝骏公司负担 1600 元。

宝骏公司不服一审判决，上诉称：（1）宝骏公司在匾额上使用本案商标属于正当合理使用，是为了告诉相关消费者店内有米其林轮胎销售。（2）本案不存在损害事实，宝骏公司不但没有造成米其林公司的损失，米其林公司还从中获得了销售利润。（3）宝骏公司在匾额上使用本案商标，不会导致相关公众产生混淆误认，因为宝骏公司销售的普利司通轮胎，与米其林轮胎区别很大。综上，请求二审法院依法撤销一审判决第一项、第二项，并依法驳回米其林公司的诉讼请求。

二审法院经审理认为：宝骏公司的经营范围既包括批发和零售，也包括机动车维修；宝骏公司除了销售包括米其林、普利司通轮胎在内的商品外，还从事轮胎装配、车辆维修等服务。因此，宝骏公司在经营店铺的商业匾额使用"米其林"等商标指向的商品和服务应当区分为销售轮胎商品，以及提供轮胎装配、车辆维修等服务两种情形，是否构成侵权也应当分别进行认定。

就提供轮胎装配、车辆维修等服务而言，宝骏公司未经米其林公司许可，在经营店铺的商业匾额上使用涉案商标，容易使相关公众造成混淆，让相关公众误以为宝骏公司经米其林公司授权许可提供轮胎装配、车辆维修等同类服务，根据《商标法》（2001年修正）第五十二条第（一）项的规定，宝骏公司的行为构成侵害米其林公司的注册商标专用权的行为。

就销售轮胎商品而言，本案事实和争议指向当宝骏公司经营的店铺内确有米其林轮胎出售时，宝骏公司在经营店铺的商业匾额上使用涉案商标的行为是否属于侵犯商标权的行为这一焦点。侵犯商标权行为的"商标使用"，指的是将商标用于商品或服务、商品包装或者容器以及商品或服务交易文书上，或者将商标用于广告宣传、展览等商业活动中，用于识别商品或服务来源的行为。本案中，即使宝骏公司出售的商品中包括合法使用米其林公司商标的米其林轮胎，宝骏公司也仅仅有权在与合法授权商品密切联系、直接指示合法授权商品所在货架的位置使用涉案商标。但是，现在宝骏公司在其经营店铺正门的商业匾额上突出使用商标，容易使相关公众把宝骏公司一般轮胎产品销售者的身份与米其林轮胎这种特定产品来源联系在一起，让相关公众误以为宝骏公司是经米其林公司合法授权许可的、只销售米其林轮胎商品的销售商；甚至容易导致相关公众对店内销售的其他商品的来源与米其林品牌之间产生混淆，或认为二者之间存在特定联系。因此，宝骏公司未经商标注册人许可，在经营场所正门的商业匾额上使用与涉案商标相同商标的行为，已构成侵犯注册商标专用权。

宝骏公司上诉称，其之所以在上述商业匾额上使用本案注册商标，是为了告诉相关消费者店内有米其林轮胎销售，类似于汽车修理公司在自己的广告招牌上展示多种品牌的汽车商标。若宝骏公司在店铺正门将其销售的全部轮胎商品的商标或者可以修理的全部汽车的商标集中展示并附有说明性文字，向消费者展示店内可以提供的商品和服务内容，则属于为了说明自己销售的商品的质量、原料、功能、用途、重量、数量等特点而使用他人商标。这种对商标的描述性使用有别于识别性使用，不会导致混淆。相反，宝骏公司在其店铺正门的商业匾额上仅仅突出使用米其林涉案商标，直接、特定、唯一地指向米其林品牌，因而并非属于商标的描述性使用。

综上，二审判决驳回上诉，维持原判。

案例评析

本案最关键的是围绕商标使用的含义进行定性和定量分析，据此认定侵犯商标权的行为是否成立，主要涉及以下几个问题。

（一）结合被诉侵权人的商品或服务类别划分侵权行为

审理侵犯商标权的案件，首先要确定权利人在案件中主张的商标权、商标所涉的商品或服务类别以及被诉侵权人具体的被诉行为，在确定具体被诉行为时应当结合被诉侵权人提供的商品或服务加以区分。本案中，权利人米其林公司分别在 12 类轮胎商品和第 37 类的轮胎修理、轮胎装配、车辆保养和修理等服务上注册了"🐕""MICHELIN""米其林"等涉案商标，米其林公司认为宝骏公司在经营店铺正门左侧的商业匾额上使用上述涉案商标的行为，侵犯其商标权并提起诉讼。结合经营范围及其提供商品、服务的事实，应当认定宝骏公司在轮胎商品或服务上有两种不同的经营者角色，一是作为销售米其林、普利司通等轮胎的销售者；二是作为从事轮胎装配、车辆维修的服务者。在充当两种不同经营者角色时，宝骏公司在经营店铺正门左侧的商业匾额上使用涉案商标的同一事实，与宝骏公司不同的商品、服务联系在一起，应当区分为两种不同的被诉侵权行为，分别审查这两种行为是否构成侵权。此类同一被诉事实涉及多种侵权行为的情形，应在侵犯商标权以及不正当竞争纠纷案件中给予特别关注，避免在审理中疏忽了不同侵权行为的构成要件之间的差异，从而出现错误认定。

（二）商标使用及其定性、定量分析

2013 年修改的《商标法》第四十八条规定了商标使用的定义，该条规定来源于 2002 年施行的《中华人民共和国商标法实施条例》（以下简称《商标法实施条例》），并增加了识别性的要件，即商标使用是将商标用于商业活动中并用于识别商品来源的行为。据此，商标法的商标使用限定为发挥商标识别功能的使用，进而至少有以下两项结论：一是凡不属于发挥商标识别功能的使用方式，均可成立不侵犯商标权的抗辩，典型情形如商标的描述性使用；二是即使属于发挥商标识别功能的使用也应有合理的限度和范围，使用结果应能让相关公众将商标与商品或服务一一对应；若商标使用超出其所应标识的商品或服务的范围，则不属于正当、合理使用商标，应构成侵权。以下分别进行论述。

1. 成立不侵权抗辩的商标描述性使用

商标描述性使用不属于发挥商标识别功能的使用方式，不是商标法规定的"商标使用"。2013 年修改的《商标法》第五十九条第一款规定，注册商标中含有的本商品的通用名称、图形、型号，或者直接表示商品的质量、主要原料、功能、用途、重量、数量及其他特点，或者含有的地名，注册商标专用权人无权禁止他人正当使用。该条规定沿用了 2002 年施行的《商标法实施条例》第四十九条。据此，为了描述自己销售的商品的质量、原料、功能、用途、重量、数量等信息而正当、善意使用他人商标，这种非识别性使用不会导致相关公众发生混淆可能，不构成侵犯商标专用权。如以下情形：（1）商标中含有商品的通用信息，他人为了描述商品需要使用通用信息而使用商标。（2）商标直接表示商品的原料、功能、用途等特点的，他人为了描述商品而使用商标。例如，在青苹果公司诉金辉煌公司、曼秀雷敦公司侵犯商标权纠纷一案中①，生效判决认定曼秀雷敦公司在洁面乳上使用"青苹果"

---

① 广东省高级人民法院（2013）粤高法民三终字第 99 号民事判决，见中国裁判文书网。

"GreenApple" 字样，是为了向相关公众表明产品特点为"青苹果"水果香型，这种使用方式属于描述性使用。（3）使用商标时辅以其他文字信息让相关公众不会产生混淆，如保险经纪公司在其宣传中向投保人集中展示多家保险公司的商标，并辅以文字说明其可以为投保人与这些保险公司订立合同提供中介服务，这种商标使用属于描述性使用。（4）为向相关公众告知其仅作为合法销售者的身份而正当使用商标。如美心公司诉梁嘉超、美糕公司侵犯商标权及不正当竞争纠纷一案中①，法院认定涉案"美糕网"及淘宝店铺中的产品介绍中虽然包括"美心"系列蛋糕，使用了"美心"商标，但是网页内容介绍了该销售平台经营流程是网络销售平台接受了消费者订单后于附近的相关品牌门店进行订货、提货，再将蛋糕配送到消费者提供的地址，实质属于网络代购的销售方式。美心公司不能证明代购的蛋糕系假冒"美心"注册商标专用权的产品，故梁嘉超、美糕公司不构成商标侵权。

本案中，若宝骏公司在店铺正门将其销售的全部轮胎商品的商标或者可以修理的全部汽车的商标集中展示并附有说明性文字，向消费者展示店内可以提供的商品和服务内容，则属于为了描述自己商品或服务的信息正当使用他人商标，不会导致相关公众混淆，当然不构成侵权。相反，宝骏公司在其店铺正门的商业匾额上仅仅突出使用米其林涉案商标，直接、特定、唯一地指向米其林品牌，并非属于商标的描述性使用。

2. 超出合理范围使用商标的侵权行为

在商标使用限定为识别性使用的前提下，未经商标注册人许可的情况下，任何在同种或者类似商品上使用与其注册商标相同或者近似商标的行为都属于侵犯商标权的行为；只有当经营者的商品或服务使用的商标是经商标注册人许可的，经营者在经营中使用商标的方式才存在合理范围的问题。例如，在本案中，宝骏公司店铺内确有合法许可的米其林轮胎出售时，宝骏公司在经营店铺的商业匾额上使用涉案商标的行为是否属于侵犯商标权的争议问题。

经营者在商业活动中的角色和经营范围是复杂的，可能属于商品制造者、商品销售者、服务提供者等角色其中一种或多种，可能属于某一品牌的专卖

---

① 广州市天河区人民法院（2012）穗天法知民初字第 41 号民事判决，入选 2013 年度广东省知识产权审判十大案例。

店或者属于同时销售数个品牌的卖场，相关公众在消费时往往必须依据文字介绍、商标标识等经营场所的信息加以区分和判断。鉴于此，即使商品是经权利人合法许可使用商标的，经营者也仅仅有权在与合法授权商品密切联系、直接指示合法授权商品的位置和场所使用商标，这才属于商标的正当、合理使用。如本案中，宝骏公司可以在店内不同轮胎商品的每个货架上分别使用该轮胎的商标，令相关公众足以识别每种轮胎商品的来源，则属于商标的正当、合理使用。相反，若宝骏公司存在以下商标使用方式，则属于超出合理范围使用商标：（1）宝骏公司仅在米其林轮胎商品的货架上使用米其林商标、但在其他品牌轮胎的货架上没有使用任何商标标识；（2）宝骏公司在店铺内的收银台、店铺前台等位置仅使用米其林商标；（3）宝骏公司在店铺的商业匾额上仅使用米其林商标。本案则属于第三种商标使用情形。以上第一种使用方式，容易导致相关公众认为米其林品牌与每个货架上的轮胎产品存在特定的联系；第二种、第三种的使用方式，容易导致相关公众把宝骏公司的经营者身份与米其林公司联系起来，让相关公众误以为宝骏公司是经米其林公司合法授权许可的专卖店、店内除了米其林轮胎以外销售的其他商品的来源与米其林公司也有特定联系；而非仅仅让相关公众认为宝骏公司是销售多种轮胎商品的销售者，店内出售的轮胎商品中包括米其林轮胎。

此外，值得关注的是，本案中宝骏公司作为米其林轮胎的合法销售者，当然有权在标识米其林轮胎时使用涉案商标；只是由于其在商业匾额上使用涉案商标的这种方式，超过了商标使用的合理范围而构成侵权，这种侵权行为既有别于《商标法》（2001 年修正）第五十二条第（一）至（四）项、2013 年修改的新商标法第五十七条第（一）至（六）项规定的情形，也不属于《最高人民法院关于审理商标民事纠纷案件适用法律若干问题的解释》第一条规定的几种情形，应当适用《商标法》（2001 年修正）第五十二条第（五）项，2013 年修改的《商标法》第五十七条第（七）项作为认定侵权的法律依据。

涉外定牌加工案件中商标侵权的审查标准

——威海市弘企制衣有限公司与曾培瑞本诉确认
不侵害商标权及反诉侵害商标权案

内容摘要

　　在审查涉外定牌加工中所涉的商标侵权问题时，可考虑以商标法关于直接侵权和间接侵权的基本理论为出发点进行展开。这种区分直接和间接侵权的分析方法，以及在是否构成间接侵权的主观过错审查中进一步细化要件，为法院在面对国内加工企业明知或应知国外定作方无商标权、商品出口后将返销中国境内等复杂情况时，判定涉外定牌加工行为是否侵权提供新思路。

关键词　涉外定牌加工　直接侵权　间接侵权　主观过错

裁判要点

　　本案属于涉外定牌加工中侵害商标权的案件。涉外定牌加工中所涉的商标侵权问题一直是司法实践中存在争议的问题，其中关于涉外定牌加工所涉的商标侵权审查认定主要存在两种标准：一是被诉国内加工企业的行为是否属于商标法意义上的使用行为；二是被诉国内加工企业是否履行了必要的审查注意义务。上述第一种标准实质是在审查被诉国内加工企业的行为是否构成直接侵权，而第二种标准实质是在审查被诉国内加工企业是否构成间接侵权。因此，在处理涉案定牌加工案件时，可以分别从是否构成直接侵权和间接侵权按序进行分析，构成直接侵权的关键在于被诉行为属于商标使用并容易导致相关公众混淆，据此首先审查被诉行为是否构成直接侵权；即使被诉行为不属于商标使用，但行为人在具有主观过错的情况下教唆或者帮助他人直接侵权的构成间接侵权，据此进一步审查被诉行为是否构成间接侵权。根据以上两方面按序进行审查，形成法律适用的完整逻辑。

相关法条

《中华人民共和国侵权责任法》第六条、第九条

《中华人民共和国商标法》第四十八条、第五十七条

《中华人民共和国商标法实施条例》第七十五条

案件索引

一审：广州市白云区人民法院（2016）粤 0111 民初 11712 号民事判决

二审：广州知识产权法院（2017）粤 73 民终 1373 号民事判决（笔者经办）

基本案情

上诉人（原审被告）：ZENG PERRY（中文名：曾培瑞）

被上诉人（原审原告）：威海市弘企制衣有限公司（以下简称弘企公司）

1996 年 9 月 11 日，FFB 公司于澳大利亚在包括女士服装在内的第 25 类商品上注册第 717116 号 "Valleygirl" 商标。1999 年 8 月 23 日，FFB 公司于澳大利亚在包括服装在内的第 25 类商品上注册第 804600 号 "Valleygirl" 商标。2006 年 7 月 10 日，FFB 公司于澳大利亚在包括服装在内的第 25 类商品上注册第 1122859 号 "Valleygirl" 商标。Valleygirl 品牌的服装在澳大利亚占有较高市场份额，具有广泛的社会影响力、品牌知名度和美誉度。弘企公司接受澳大利亚 FFB 公司委托加工涉案服装出口到澳大利亚，涉案货物所使用的 "Valleygirl" 商标经 FFB 公司授权同意使用。

ZENG PERRY 是我国第 1935442 号 "valley girl" 商标的注册人，该商标核定使用商品为第 25 类，包括 T 恤衫、服装等。2016 年 3 月 3 日，弘企公司向广州白云机场海关申报出口一批货物，商品为标有 "Valleygirl" 商标的女装 2122 件，运抵国为澳大利亚。后 ZENG PERRY 以上述商品涉嫌侵犯其注册商标权为由请求广州白云机场海关扣留该批次侵权嫌疑货物。2016 年 4 月

22 日，广州白云机场海关对上述货物予以扣留。FFB 公司出具声明并经公证转递，称 FFB 公司在中国委托相关企业代加工带有"Valleygirl"商标的服装全部出口并不在中国销售；服装上带有"Valleygirl"的商标标识都是由 FFB 公司指定并授权广州市明金服装辅料有限公司制造后提供给弘企公司的。

2016 年 4 月 22 日，弘企公司向 ZENG PERRY 发出催告函，告知其不侵犯 ZENG PERRY 商标权，请 ZENG PERRY 立即向海关撤回扣留货物申请或者向人民法院提起诉讼。ZENG PERRY 于 2016 年 4 月 23 日签收催告函。2016 年 6 月 17 日，弘企公司再次向 ZENG PERRY 发出催告函告知，ZENG PERRY 于 2016 年 6 月 20 日签收。

2016 年 5 月 30 日，广州白云机场海关的调查结果为不能认定涉案货物是否侵犯了 ZENG PERRY 在海关总署备案的"valley girl"商标。2016 年 7 月 4 日，广州白云机场海关决定解除扣留的涉案"Valleygirl"商标的女装 2122 件。庭审中，弘企公司确认收到解除扣留的涉案服装，其中 1440 件服装已出口至澳大利亚，其余 682 件服装弘企公司称实际非其所有，该部分服装被解除扣留后并未返还给弘企公司。广州浚捷国际货运代理有限公司出具情况说明，称弘企公司 2016 年 3 月 3 日委托其报关出口的服装总计 1440 件，工作人员错误地将其他公司的 Valleygirl 品牌服装混入弘企公司货物中，导致海关扣留时实际清点数量为 2122 件。

弘企公司起诉并请求法院判令：（1）确认弘企公司加工"Valleygirl"品牌服装并出口至澳大利亚的行为不侵犯 ZENG PERRY 第 1935442 号"valley girl"商标权；（2）案件受理费、保全费等诉讼费用由 ZENG PERRY 承担。

ZENG PERRY 辩称：弘企公司不能证明其受 FFB 公司委托将涉案产品出口至澳大利亚的事实，其在产品上使用的商标标识的来源也不合法，并不是委托方 FFB 公司直接提供的。ZENG PERRY 提起反诉认为弘企公司侵害其商标权，请求判令：（1）弘企公司生产加工"Valleygirl"注册商标品牌服装的行为侵犯了 ZENG PERRY 所有的第 1935442 号（25 类）"valley girl"注册商标专用权；（2）弘企公司赔偿因侵犯 ZENG PERRY 上述商标专用权所致损失 50 万元；（3）案件受理费、保全费等诉讼费用由弘企公司承担。

弘企公司针对反诉辩称：弘企公司接受 FFB 公司委托加工"Valleygirl"

服装并出口至澳大利亚，并不在中国进行销售，该加工出口行为不属于商标法意义上的商标使用，不构成商标侵权。

裁判理由及结果

一审法院经审理认为，本案系涉外侵害商标权纠纷，弘企公司与澳大利亚 FFB 公司存在涉外定牌加工合同关系。关于弘企公司加工生产涉案的 Valleygirl 品牌服装的行为是否侵权的问题，商标法保护商标的基本功能是保护其识别性，是否破坏商标的识别功能是判断是否构成侵害商标权的基础。本案中，弘企公司受 FFB 公司委托，按照其要求生产服装，在服装上使用"Valleygirl"标识并全部出口至澳大利亚，该批服装并不在中国市场上销售，也就是该标识不会在我国领域内发挥商标的识别功能，不具有使我国的相关公众将贴附该标志的商品与贴附有 ZENG PERRY 注册的"valley girl"商标的商品的来源产生混淆和误认的可能，则弘企公司在涉案服装上贴附"Valleygirl"标识的行为并不能被认定为我国商标法意义上的使用行为，其加工生产涉案的 Valleygirl 品牌服装的行为并不侵犯 ZENG PERRY 第 1935442 号"valley girl"商标权，故弘企公司主张其上述行为不侵害商标权的诉讼请求予以支持，对 ZENG PERRY 主张弘企公司的上述行为侵害其第 1935442 号"valley girl"商标权并要求弘企公司赔偿损失 50 万元的反诉请求不予支持。

ZENG PERRY 不服一审判决，上诉称：一审法院未对弘企公司在接受涉外定牌加工的订单时或者接受订单之前，是否对境外委托方的主体身份、享有的商标权等尽到合理审查义务进行调查和评判；弘企公司使用于涉案服装上的商标标识，来自涉嫌非法制造注册商标标识的广州市明金服装辅料有限公司；且弘企公司加工生产的涉案服装并未全部用于出口；一审法院认为涉案双方的商标是完全不同的商标，适用法律错误。据此，请求二审法院：（1）撤销一审判决；（2）改判弘企公司生产加工"Valleygirl"注册商标品牌服装的行为侵犯了 ZENG PERRY 所有的第 1935442 号（25 类）"valley girl"注册商标专用权；（3）改判弘企公司因侵犯上述商标专用权赔偿 ZENG PERRY 50 万元；（4）一审和二审的案件受理费、鉴定费、保全费等所有诉讼费用由弘企公司承担。

二审法院经审理认为，本案的本诉属于确认不侵害商标权纠纷、反诉属于侵害商标权纠纷，法院应当合并审理。双方当事人对于本案符合确认不侵害商标权之诉的程序要件、弘企公司有权提起确认不侵权之诉不持异议，本案的争议焦点为弘企公司在涉外定牌加工中作为国内加工企业的行为是否侵害了 ZENG PERRY 第 1935442 号 "valley girl" 注册商标专用权。

涉外定牌加工中国内加工企业是否构成侵害商标权行为应当按照是否构成直接侵权和间接侵权的思路分别加以分析。本案中，弘企公司受 FFB 公司委托，按照其要求生产女式针织开襟衫 720 件和女式针织套头衫 720 件，在女士服装上使用 "Valleygirl" 标识并全部出口至澳大利亚，该批女士服装不在中国市场上销售，也就是说以上标识并不会在我国领域内发挥商标应具有的识别商品来源的功能，不存在使我国相关公众将贴附 "Valleygirl" 标识的上述涉案女士服装与使用 ZENG PERRY 第 1935442 号 "valley girl" 注册商标的商品的来源发生混淆的可能性。因此，弘企公司在涉案女士服装上使用 "Valleygirl" 标识并全部出口的行为，不属于《商标法》第四十八条规定的商标使用，弘企公司不构成直接侵害 ZENG PERRY 第 1935442 号 "valley girl" 注册商标权的行为，但仍有构成间接侵害商标权行为的可能，应当进一步进行审查。

关于弘企公司是否构成间接侵害商标权的行为，由于没有其他证据证明其存在教唆 FFB 公司的行为，因此本案主要审查弘企公司是否实施帮助侵权行为。首先，FFB 公司在澳大利亚自 1996 年开始陆续在第 25 类服装商品上注册第 717116 号 "Valleygirl" 商标、第 804600 号 "Valleygirl" 商标以及第 1122859 号 "Valleygirl" 商标并使用，弘企公司主张其在签订订单时 FFB 公司已向其出具上述商标注册证明，明确授权弘企公司加工并向澳大利亚出口上述服装，证据充分，足以证明弘企公司对 FFB 公司的主体信息及其在澳大利亚享有 "Valleygirl" 商标的情况已尽合理注意义务。其次，虽然 FFB 公司的 "Valleygirl" 商标与 ZENG PERRY 第 1935442 号 "valley girl" 注册商标的英文部分基本相同，就标识而言二者之间极为近似，但二者之间仍存在 V 字母的大小区分、girl 前是否存在空格的细微区别，而弘企公司接受 FFB 公司委托在涉案女士服装上所使用的 "Valleygirl" 标识不存在以超出核定商品的范围或者以改变显著特征、拆分、组合等方式恶意使用的情形，与FFB 公司在澳大利亚享有商标权的"Valleygirl"商标完全相同。再次，弘企公司在涉案女士服装上使用的"Valleygirl"的商标标识都是由 FFB 公司指定并授权的广州市明金服装辅料有限公司制造并提供的，此种提供商标标识的方式并未违反法律规定，广州市公安局天河区分局也作出了穗公天撤案字（2017）00313 号《撤销案件决定书》，因此弘企公司对于商标标识的来源也不存在未尽注意义务的主观过错。最后，目前没有证据证明FFB 公司后续在涉案女士服装上使用商标的行为侵害了 ZENG PERRY 第1935442 号"valley girl"注册商标专用权，更没有证据证明弘企公司对此存在明知或应知的主观过错。综合上述四个方面，虽然弘企公司依据 FFB公司的授权定牌加工涉案女士服装后出口至澳大利亚，为 FFB 公司使用"Valleygirl"商标的行为提供了便利条件构成帮助行为，但由于弘企公司已经履行了其作为国内加工企业必要的注意义务，不存在主观过错，因此弘企公司也不构成帮助侵害商标权的行为。

综上，法院二审判决驳回上诉，维持原判。

案例评析

涉外定牌加工中所涉的商标侵权问题一直是司法实践中存在争议的问题，近年来，即使最高人民法院在浦江亚环案①中判决不侵权之后，仍然出现了江苏省高级人民法院的上柴公司东风案（2018 年该案已被最高人民法院再审改判认定被诉国内加工企业不构成侵权）②、上海知识产权法院的福建泉州匹克体育用品案③等从不同角度认定构成侵权的案件。在这些争议中，关于涉外定牌加工所涉的商标侵权审查认定主要存在两种标准：一是被诉国内加工企业的行为是否属于商标法意义上的使用行为，二是被诉国内加工企业是否履行了必要的审查注意义务。由于不同法院采取不同标准、从不同角度进行分析，因此存在明显差异。本案提出法院在审查涉外定牌加工中所涉的商标

---

① 最高人民法院（2014）民提字第 38 号民事判决。
② 最高人民法院（2016）最高法民再 339 号民事判决。
③ 上海知识产权法院（2016）沪 73 民终 37 号民事判决。

侵权问题时，应当以商标法关于直接侵权和间接侵权的基本理论为出发点从以上两方面进行审查。

根据《侵权责任法》第六条、第九条，《商标法》第五十七条以及《商标法实施条例》第七十五条规定，侵害商标权的行为既包括因商标使用而容易导致混淆的直接侵权行为；也包括行为人虽然并未直接实施商标使用行为，但在明知或应知的情况下教唆他人实施侵害商标权的行为或者故意为他人直接侵害商标权的行为提供仓储、运输、邮寄、印制、隐匿、经营场所、网络交易平台等便利条件的帮助侵权行为，后两种教唆、帮助行为属于间接侵权行为。在认定涉外定牌加工行为是否构成直接侵害商标权行为时，首先要根据《商标法》第四十八条规定关于商标使用的定义，认定涉外定牌加工行为是否属于商标使用行为，然后审查被诉商标标识是否容易导致相关公众混淆，而不必以国内加工企业是否存在主观过错作为侵权构成要件；若构成直接侵权，则国内加工企业作为承揽人是否具有主观过错只应对其能否参照适用合法来源抗辩免除赔偿责任产生影响，而不应对直接侵权的定性产生影响。然而，若涉外定牌加工行为不构成商标使用，则国内加工企业当然不构成直接侵害商标权的行为，如本案中法院认定被诉服装全部出口至澳大利亚，服装上的标识并不会在我国领域内发挥商标应具有的识别商品来源的功能，不存在使我国相关公众发生混淆的可能性；因此弘企公司在涉案服装上使用"Valleygirl"标识并全部出口的行为，不属于《商标法》第四十八条规定的商标使用。但审查至此，尚不能作出国内加工企业不构成侵权的结论，这是由于其即使没有商标使用行为，但在具有主观过错时仍有可能构成间接侵害商标权行为。

关于国内加工企业是否构成间接侵害商标权的行为，关键在于审查其是否存在教唆、帮助侵权行为。由于国内加工企业恶意教唆国外企业的情形较为特殊少见（本案也没有证据证明弘企公司存在教唆 FFB 公司的行为），因此一般情况下法院主要审查国内加工企业是否存在《商标法》第五十七条第（六）项规定的故意为侵犯他人商标专用权行为提供便利条件，帮助他人实施侵犯商标专用权的帮助侵权行为。考虑到国内加工企业依据国外公司的授权定牌加工后出口，为国外公司使用被诉商标的行为提供了便利条件，国内加工企业客观上已然构成帮助行为；因此其是否存在帮助侵权行为，应主要审查国内加工企业是否具有主观过错，可以从以下几方面来认定：第一，国内加工企业对国外公司的主体信息及其在出口地享有商标权的情况是否已尽合理审查义务；第二，国内加工企业接受委托在产品上所使用的商标标识是否与国外公司在出口地获得商标权的商标相同，是否不存在以超出核定商品的范围或者以改变显著特征、拆分、组合等方式恶意使用的情形；第三，国外公司在产品上使用商标的行为是否未构成直接侵害国内权利人商标权的行为，或者虽然国外公司在产品上使用商标的行为曾侵害国内权利人的商标权但国内加工企业在接受委托时，对于国外公司的直接侵权行为是否既不明知也不应知；第四，国内加工企业是否不存在其他主观过错，例如，本案中经法院审查弘企公司对于产品上所使用的来自广州市明金服装辅料有限公司制造的商标标识不存在未尽注意义务的主观过错。

综上，认定构成直接侵害商标权行为的关键在于被诉行为属于商标使用并容易导致相关公众混淆，而不必以主观过错为要件，因此目前国内法院审理涉外定牌加工案件所持的两种标准中的第一种标准实质上是在审查被诉国内加工企业的行为是否构成直接侵权。即使被诉行为不属于商标使用，行为人在具有主观过错的情况下教唆或者帮助他人直接侵权的行为构成间接侵权，即第二种标准实质上是在审查被诉行为是否构成间接侵权。在处理涉外定牌加工案件时，应当分别从是否构成直接侵权和间接侵权逐次进行分析，二者不可偏废，才能形成法律适用的完整逻辑。更重要的是，这种区分直接和间接侵权的分析方法，以及前述在是否构成间接侵权的主观过错审查中进一步细化的要件，为法院在面对国内加工企业明知或应知国外定作方无商标权、商品出口后将返销中国境内等复杂情况时，判定涉外定牌加工行为是否侵权也打开了新思路。

商标授权期限届满后因不当使用构成商标侵权的若干争议问题

——马自达汽车株式会社诉广州市马自达贸易有限公司侵害商标权纠纷案

内容摘要

国内特约经销商根据国外商标权人的授权许可在经营中使用其商标以及使用与商标相同的字号，在商标授权期限届满后，即使仍有正品存货需要继续销售，但若超越普通销售者的合理范围在实体店及网店经营中突出使用与商标相同的字号，并在自己生产的商品以及并非属于正品存货的其他来源商品上使用商标权人的商标，令相关公众误认为其仍然是商标权人的特约经销商、其销售的产品均来自于商标权人，仍然构成侵害商标权的行为。

关键词　突出使用　英文商标　中文标识　在先权利

裁判要点

本案主要涉及商标侵权中的以下三个问题：一是在商标知名度很高的情况下，删减企业名称的其他部分，不规范突出使用字号行为是否侵害商标权；二是关于英文商标与中文标识构成混淆的认定；三是在商业标识的权利冲突中判定是否构成在先权利时，应当综合考虑市场主体使用该商业标识的完整渊源以及被诉使用行为的具体方式，考虑相同的字号与商标之间知名度互通互及的辐射影响，而不仅仅单纯地从时间节点予以判定。

相关法条

《中华人民共和国商标法》第四十八条、第五十七条、第五十九条

《最高人民法院关于审理商标民事纠纷案件适用法律若干问题的解释》第一条、第十一条、第十二条

案件索引

一审：广州市越秀区人民法院（2015）穗越法知民初字第 34 号民事判决

二审：广州知识产权法院（2017）粤 73 民终 1164 号民事判决（笔者经办）

基本案情

上诉人（原审原告）：马自达汽车株式会社（以下简称马自达株式会社）。

上诉人（原审被告）：广州市马自达贸易有限公司（以下简称广州马自达）。

1980 年 3 月 25 日，东洋工业株式会社申请注册了第 135808 号"馬自達"注册商标，1985 年商标注册人变更为马自达株式会社。广州马自达于 1995 年 5 月 8 日成立，是马自达株式会社的国内特约经销商，根据马自达株式会社的授权许可 2004 年 9 月 30 日前在经营中使用其商标以及使用与商标相同的字号。马自达株式会社是"**mazpa**""马自达""🅼""🅼"商标权人，其中，马自达株式会社主张权利的涉案"马自达"商标均是 2000 年后申请的，晚于广州马自达的成立时间 1995 年 5 月 8 日。在 2004 年 9 月 30 日后，广州马自达称最后一次进口马自达正品汽车配件的时间是 2011 年 5 月，并称至今仍然有上述库存的马自达正品汽车配件，提供了记录部分库存商品的光盘。

根据（2014）沪卢证经字第 2237 号公证书及拆封实物，马自达株式会社于 2014 年 7 月 24 日购买了本案被诉侵权的 8 种商品，分别是机油格、右侧雾灯总成、刹车组件、冷气格、气囊、火花塞、机油、发动机润滑油。在购买同时发现广州马自达在登记经营的商铺招牌上使用"马自达公司""**mazpa**""🅼"；在服务台上使用了"**mazpa**"标识；在名片上使用了"**mazpa**""🅼"标识以及"马自达纯牌机油总代理""马自达纯牌配件广州代理"等

字样；在微信商城"马自达汽配、高等级壳牌"网店的网页上使用"微信马自达"文字信息以及"**mazDa**""⊘"标识。上述 8 种商品及其外包装包含以下被诉侵权标识：（1）机油格的外包装上使用了"**mazDa**""⊘"标识，没有"马自达公司"标识；同时机油格上也有"**mazDa**""⊘"标识。（2）右侧雾灯总成的外包装上使用了"**mazDa**""⊘"标识，以及"马自达公司纯正部品"的标贴，其中"马自达公司"字体大于"纯正部品"字体，并且二者之间有空格。（3）刹车组件的外包装上没有使用"**mazDa**""⊘"标识，使用了"马自达公司纯正部品"的标贴，其中"马自达公司"字体大于"纯正部品"字体，并且二者之间有空格。广州马自达对此认为，上述"马自达公司纯正部品"的标贴即使是广州马自达贴上去的，其用意也并非用于指示商品来源，仅用于表明广州马自达在销售该商品。此外，在刹车组件商品上有与长春一汽四环集团有限公司申请的第 780597 号图形商标基本相同的图形。(4) 冷气格的外包装上使用了"**mazDa**""⊘"标识，以及"马自达公司纯正部品"的标贴，其中"马自达公司"字体大于"纯正部品"字体，并且二者之间有空格。（5）气囊上使用了"⊘"标识，外包装上使用了"马自达公司纯正部品"的标贴，其中"马自达公司"字体大于"纯正部品"字体，并且二者之间有空格。（6）火花塞的外包装上使用了"**mazDa**""⊘"标识，没有"马自达公司"标识；并且火花塞上也有"**mazDa**"标识。(7) 机油上正面显著位置放大突出使用了字体大小一致的"马自达公司纯牌机油"文字；（8）发动机润滑油上使用了"**mazDa**""⊘"标识，没有"马自达公司"标识。

广州马自达认为上述 8 种商品除了机油是其自行生产以外，其余 7 种均有合法来源，但其提交的发票和货物清单上没有与 7 种被诉侵权商品对应的产品图样和产品型号；也没有其他证据证明广州马自达在购入以上商品时曾经审查过这些商品都是获得马自达株式会社授权合法使用涉案商标的正品，广州马自达仅称其根据多年经销马自达商品的经验进行购买的。

马自达株式会社于 2014 年 12 月 26 日向广州市越秀区人民法院起诉认为广州马自达侵害其涉案商标权，请求判令：（1）广州马自达立即停止侵犯马自达株式会社注册商标专用权的行为，包括停止制造、销售、出口、使用带有"mazda""🅜""马自达"涉案商标或类似字样的侵权产品。（2）广州马自达在店铺招牌、店内装潢以及彩页、名片等宣传资料上停止使用"mazda""🅜""马自达"商标。（3）广州马自达立即停止通过"微信商城"的"马自达汽配""高等级壳牌"店铺许诺销售侵犯马自达株式会社上述商标专用权的商品，删除相关侵权商品销售链接，停止使用"马自达汽配"的店铺名称，并判令停止在这些店铺页面装潢上使用"mazda""🅜""马自达"商标。（4）广州马自达立即销毁现存的侵权产品及其包装、宣传资料等。（5）广州马自达在《羊城晚报》《汽车杂志》刊物上发表公开声明，消除其侵权行为的影响。（6）广州马自达赔偿马自达株式会社包括为制止广州马自达侵犯马自达株式会社合法权益的行为而支付的合理开支在内的经济损失共计人民币300万元。（7）广州马自达承担本案的全部诉讼费用。

广州马自达辩称：（1）对于马自达株式会社涉案"马自达"商标而言，广州马自达使用"马自达"企业名称和字号在先，享有在先权利；（2）广州马自达作为马自达株式会社在中国的汽车零配件特约经销商，使用涉案商标具有合法依据；（3）广州马自达至今仍有来自于马自达株式会社的正品存货需要继续销售，因此广州马自达涉案行为不构成侵权；（4）广州马自达自身研发的汽车零部件商品均有合法的注册商标，不会产生混淆，没有侵犯马自达株式会社的商标权。

裁判理由及结果

一审法院经审理认为，根据双方当事人的协议，广州马自达应在协议期限（2004年9月30日）终止后，不再使用马自达株式会社授权的涉案商标。但是，广州马自达未经马自达株式会社授权或许可，仍然在店铺招牌、店内装潢、名片、微信商城上使用涉案商标，侵害了马自达株式会社的商标权。对于涉案保全的8种汽车零部件产品，其中机油格、右侧雾灯总成、刹车组件、冷气格、气囊、火花塞、发动机润滑油7种产品上使用了涉案商标，侵害了马自达株式会社的商标权；但是广州马自达自己生产的发动机油，虽然外包装上使用了"马自达公司纯牌机油"的文字信息，但由于广州马自达的企业名称中含有"马自达"字号，且外包装上也使用了广州马自达法定代表人王树庆注册的商标，对于一般消费公众而言，不可能构成混淆与误认，因此不构成侵害商标权的行为。对于上述侵权行为，广州马自达应承担停止侵权、赔偿损失、赔礼道歉等民事责任。综上，作出如下判决：（1）广州马自达立即停止在实体店铺招牌、店内装潢、名片及交易文件上使用涉案侵犯马自达株式会社享有对注册号为第 956111 号"MAZDA"、第 3499713 号"（图形）"、第 964429 号"mazda"、第 3499716 号"（图形）"、第 1017086 号"mazda"、第 1113848 号"（图形）"、第 4545329 号"（图形）"、第 4545346 号"（图形）"、第 135803 号"mazda"、第 4402910 号"（图形）"注册商标专用权的标识。（2）广州马自达立即停止在微信商城上开设的"马自达汽配高等级壳牌"网店内使用涉案侵犯马自达株式会社享有对注册号为第 4545260 号"马自达"、第 956111 号"mazda"、第 3499713 号"（图形）"、第 964429 号"mazda"、第 3499716 号"（图形）"、第 1017086 号"mazda"、第 1113848 号"（图形）"、第 4545329 号"（图形）"、第 3028061 号"马自达"、第 4545346 号"（图形）"、第 4545271 号"马自达"、第 135803 号"mazda"、第 4402910 号"（图形）"、第 3027862 号"马自达"注册商标专用权的标识。（3）广州马自达立即停止销售涉案侵犯马自达株式会社享有对第 1017086 号"mazda"，第 1113848 号"（图形）"、第 4545329 号"（图形）"注册商标专用权的机油格商品。（4）广州马自达立即停止销售涉案侵犯马自达株式会社享有对第 4545346 号"（图形）"、第 135803 号"mazda"注册商标专用权的右侧雾灯商品。（5）广州马自达立即停止销售涉案侵犯马自达株式会社享有对第 135803 号"mazda"、第 4402910 号"（图形）"注册商标专用权的刹车组件商品。（6）广州马自达立即停止销售涉案侵犯马自达株式会社享有对第 135803 号"mazda"、第 4545329 号"（图形）"注册商标专用权的冷气格商品。（7）广州马自达立即停止销售涉案侵犯马自达株式会社享有对第 135803 号"mazda"、第 4402910 号"（图形）"注册商标专用权的气囊商品。（8）广州马自达立即停止销售涉案侵犯马自达株式会社享有对第 135803 号"mazda"注册商标专用权的火花塞商品。（9）广州马自达立即停止销售涉案侵犯马自达株式会社享有对第 964429 号 "**mazda**"、第 3499716 号 "⬨" 注册商标专用权的发动机润滑油商品。（10）广州马自达应于判决发生法律效力之日起 10 日内，在《羊城晚报》除中缝位置外就涉案第 4545260 号 "马自达"、第 956111 号 "**mazda**"、第 3499713 号 "⬨"、第 964429 号 "**mazda**"、第 3499716 号 "⬨"、第 1017086 号 "**mazda**"、第 1113848 号 "⬨"、第 4545329 号 "⬨"、第 3028061 号 "马自达"、第 4545346 号 "⬨"、第 4545271 号 "马自达"、第 135803 号 "**mazda**"、第 4402910 号 "⬨"、第 3027862 号 "马自达" 商标的侵权行为登文向马自达株式会社刊登致歉声明（声明内容须经法院审核，逾期不履行的，法院将在有关媒体公布判决主要内容，费用由广州马自达负担）。（11）广州马自达应于判决发生法律效力之日起 10 日内赔偿经济损失人民币 200 万元给马自达株式会社。（12）广州马自达应于判决发生法律效力之日起 10 日内赔偿维权费人民币 98000 元给马自达株式会社。（13）驳回马自达株式会社的其他诉讼请求。案件受理费人民币 30800 元，由马自达株式会社负担人民币 4630 元，广州马自达负担人民币 26170 元。

马自达株式会社不服一审判决，上诉称：（1）判令广州马自达在实体店经营中立即停止侵犯马自达株式会社商标权的行为，具体是：①广州马自达在实体店铺招牌上使用 "马自达公司" 字样、在名片上使用 "马自达纯牌机油总代理""马自达纯牌配件广州代理" 字样、在右侧雾灯总成、刹车组件、冷气格、气囊上使用 "马自达公司" 标签以及在机油上标注 "马自达公司纯牌机油" 字样侵害马自达株式会社的 "马自达" 注册商标专用权；②广州马自达在机油上标注 "马自达公司纯牌机油" 字样同时侵害了马自达株式会社第 964429 号 "**mazda**"、第 3499716 号 "⬨" 注册商标专用权。（2）判令广州马自达承担本案一审及二审诉讼的全部费用。事实和理由：除了一审判决已认定的侵权以外，广州马自达在实体店经营中，在店铺招牌、名片宣传以及商品上突出使用 "马自达" 标识，足以使相关公众产生混淆，其行为侵犯了马自达株式会社的涉案注册商标专用权，一审法院对此未予认定构成侵权，存在明显错误，应予改判。

广州马自达答辩称：（1）对于马自达株式会社涉案"马自达"商标而言，广州马自达使用马自达字号在先，享有在先权利；（2）广州马自达仍然有马自达株式会社的合法商品库存，为了在销售中描述和说明客观情况，也必须使用马自达字样，这是一种善意的使用行为。

广州马自达不服一审判决，上诉称：（1）撤销一审判决第一项至第十二项，并改判为驳回马自达株式会社的全部诉讼请求；（2）一审和二审的诉讼费用由马自达株式会社承担。事实与理由：（1）结合双方当事人十几年来合作的情况和交易习惯，广州马自达有权在授权书范围内使用马自达株式会社的商标。（2）一审法院认定马自达株式会社公证购买的机油格、右侧雾灯、刹车组件、冷气格、气囊、火花塞、发动机润滑油7项商品构成商标侵权的依据不足；且广州马自达已经证明了上述涉案七项商品的合法来源，即使侵权也不需要承担赔偿责任。（3）一审判令广州马自达承担赔偿金额人民币200万元，并承担马自达株式会社的律师费等费用，无事实依据。

马自达株式会社答辩称：（1）一审法院关于马自达株式会社与广州马自达之间的合同关系认定正确，广州马自达在2004年9月30日双方合作终止后无权使用马自达株式会社的注册商标。（2）广州马自达主张涉案被诉侵权商品具有合法来源的抗辩理由不能成立。（3）一审法院关于广州马自达应承担200万元的侵权损害赔偿、合理费用以及公开发表致歉声明的判决内容，符合案件事实与法律规定，应予维持。

二审法院经审理认为，本案存在以下几个争议问题，下面逐一作出认定。

第一，关于广州马自达在8种被诉商品上是否存在使用涉案商标构成侵权的行为，其中，马自达株式会社上诉主张除了一审判决认定的侵权以外，广州马自达在右侧雾灯总成、刹车组件、冷气格、气囊、机油5种不同商品上使用"马自达"的行为侵害涉案商标权。

（1）对于机油商品而言，第一，广州马自达生产的机油商品正面显著位置放大突出使用"马自达公司纯牌机油"的文字，虽然以上文字大小一致并且机油上还另有广州马自达注册的图形商标，但对于相关公众而言，以上文字容易被理解为"马自达公司纯正品牌机油"，同时鉴于涉案商标具有很高的知名度，机油商品正面显著位置的文字中的"马自达"具有商业标识的显著性并足以发挥区分商品来源的功能，属于商标法意义上的使用。第二，由于马自达株式会社在本案中所主张的"马自达"注册商标的核定使用商品与机油商品均不构成同类或类似商品，因此广州马自达生产的机油所使用的"马自达"标识并未侵害马自达株式会社涉案"马自达"注册商标权。第三，至于广州马自达在机油上使用的"马自达"是否侵害马自达株式会社第964429号"**mazda**"商标权，涉及英文商标与中文标识的近似问题，法院主要考虑英文商标的知名度和显著性、英文商标与中文标识的对应性、权利人同时使用英文商标与中文标识的情况、相关公众对于英文商标与中文标识使用的认知能力和认可程度等要素进行判定，结论是当"**mazda**"与"马自达"使用在同类或者类似商品上时，相关公众施以一般注意力，很容易误以为商品来自于同一主体或者两者之间存在特定联系而造成混淆，侵害马自达株式会社第964429号"**mazda**"商标权。

（2）对于右侧雾灯总成、刹车组件、冷气格、气囊4种商品而言，外包装上的标识使用方式是"马自达公司"字体大于"纯正部品"字体，同时二者之间留有空格，明显突出了"马自达公司"的文字，属于商标法意义上的使用，其使用容易导致相关公众产生混淆，侵害了马自达株式会社涉案"马自达"商标权。

（3）除了马自达株式会社上诉所涉的以上侵权行为以外，维持一审法院关于机油格、右侧雾灯、冷气格、气囊、火花塞、发动机润滑油商品的侵权认定；但一审判决认定广州马自达销售刹车组件侵害第4402910号"⬦"商标权，依据不充分，予以改判。

（4）广州马自达提供的除机油以外7种商品来源的证据是发票和货物清单，但发票和货物清单上没有对应的产品图样和产品型号，仅凭以上单据无法证明其来源于马自达株式会社或其授权许可的销售商。而且，广州马自达曾作为马自达株式会社的特约经销商，对于经马自达株式会社授权许可使用其商标的正品所应附的商标证明材料应当非常清楚，但广州马自达却没有证据证明其在购入以上商品时，曾经审查过这些商品确属于马自达株式会社授权许可合法使用其商标的商品，仅仅称其根据多年经销马自达商品的经验进行购买的。因此广州马自达的合法来源抗辩不能成立。

第二，广州马自达在实体店铺招牌、店内装潢、名片以及微信商城的网店内使用"**mazda**""◇""马自达"的行为，均属于具有识别商品来源功能的商标法意义上的使用，应当根据商标侵权的路径进行审查；其中，在实体店铺招牌、店内装潢、名片以及微信商城的网店内使用"马自达"的行为属于仅保留企业名称中与涉案"马自达"商标相同的字号部分，将其他部分予以删减的不规范突出使用字号行为。2014年广州马自达早已不属于马自达株式会社授权的特约经销商，距离最后一次从中国香港万事得购入合法使用马自达株式会社商标的商品也已超过3年，双方没有再就商标授权事宜进行磋商达成新的授权；而广州马自达销售的商品除了其所述来自于马自达株式会社的库存正品外，还有其生产的机油商品以及另有其他来源的前述被诉侵权商品，因此广州马自达在实体店铺招牌、店内装潢、名片以及微信商城的网店内使用涉案商标的行为既已丧失商标授权许可的基础，也明显超越了普通销售者的合理范围，破坏了商标的识别功能，容易导致相关公众产生混淆，难言正当、合法、善意。

广州马自达又在上诉中辩称涉案"马自达"中文商标的申请注册时间均在其企业名称及字号成立使用时间之后，因此广州马自达有权在企业经营中使用其在先字号。首先，在广州马自达成立以前，马自达株式会社已在中国大陆地区使用"马自达"字号及商标，且同一主体在不同类别上注册的相同标识的注册商标的知名度可以产生辐射效果。其次，广州马自达在经营中使用涉案商标的行为源于马自达株式会社的授权，在授权期限内的使用过程中，相关公众形成的认识是：广州马自达是马自达株式会社的特约经销商，其销售的使用"马自达"商标的商品均来源于马自达株式会社。因此，广州马自达突出使用的字号不应对马自达株式会社的"马自达"商标构成在先权利，而只是马自达株式会社所享有的"马自达"商标权利的部分继受及延伸。最后，在授权期限届满后，广州马自达最多只能作为普通销售者得以继续销售合法使用"马自达"商标的库存商品，但不能在实体店铺招牌、店内装潢、名片以及微信商城的网店内突出使用"马自达"字号。因此，广州马自达的该项上诉理由不成立，法院不予采纳。

综上，二审法院经审理认为，马自达株式会社与广州马自达的上诉请求部分成立，一审判决认定事实部分有误，二审法院查明后依法予以改判。判决如下：（1）维持广东省广州市越秀区人民法院（2015）穗越法知民初字第34号民事判决第二、三、八、九、十、十一、十二、十三项。（2）变更广东省广州市越秀区人民法院（2015）穗越法知民初字第34号民事判决第一项为：广州市马自达贸易有限公司立即停止在实体店铺招牌、名片上使用涉案侵犯马自达汽车株式会社第4545260号"马自达"、第956111号"mazda"、第3499713号"⊘"、第964429号"mazda"、第3499716号"⊘"、第1017086号"mazda"、第1113848号"⊘"、第4545329号"⊘"、第3028061号"马自达"、第4545346号"⊘"、第4545271号"马自达"、第135803号"mazda"、第4402910号"⊘"、第3027862号"马自达"注册商标专用权的标识以及立即停止在店内装潢上使用涉案侵犯马自达汽车株式会社第956111号、第964429号、第1017086号、第135803号"mazda"注册商标专用权的标识。（3）变更广东省广州市越秀区人民法院（2015）穗越法知民初字第34号民事判决第四项为：广州市马自达贸易有限公司立即停止销售涉案侵犯马自达汽车株式会社第4545346号"⊘"、第135803号"mazda"、第4545271号"马自达"注册商标专用权的右侧雾灯商品。（4）变更广东省广州市越秀区人民法院（2015）穗越法知民初字第34号民事判决第五项为：广州市马自达贸易有限公司立即停止销售涉案侵犯马自达汽车株式会社第135803号"mazda"、第3027862号"马自达"注册商标专用权的刹车组件商品。（5）变更广东省广州市越秀区人民法院（2015）穗越法知民初字第34号民事判决第六项为：广州市马自达贸易有限公司立即停止销售涉案侵犯马自达汽车株式会社第135803号"mazda"、第4545329号"⊘"、第4545271号"马自达"注册商标专用权的冷气格商品。（6）变更广东省广州市越秀区人民法院（2015）穗越法知民初字第34号民事判决第七项为：广州市马自达贸易有限公司立即停止销售涉案侵犯马自达汽车株式会社第3027862号"马自达"、第135803号"mazda"、第4402910号"⊘"注册商标专用权的气囊商品。（7）广州市马自达贸易有限公司立即停止在其生产销售的机油商品上突出使用"马自达"侵犯马自达汽车株式会社第 964429 号 "**MAZDA**" 注册商标专用权的行为。一审案件受理费 30800 元，由马自达汽车株式会社负担 5133 元，广州市马自达贸易有限公司负担 25667 元。二审案件受理费 24584 元，由广州市马自达贸易有限公司负担。

案例评析

国内特约经销商根据国外商标权人的授权许可在经营中使用其商标以及使用与商标相同的字号，在商标授权期限届满后，即使仍有正品存货需要继续销售，但若超越普通销售者的合理范围在实体店及网店经营中突出使用与商标相同的字号，并在自己生产的商品以及并非属于正品存货的其他来源商品上使用商标权人的商标，令相关公众误认为其仍然是商标权人的特约经销商、其销售的产品均来自于商标权人，仍然构成侵害商标权的行为。

本案中，主要涉及商标侵权中的以下三个问题：（1）突出使用字号构成商标侵权中的特殊情形；（2）英文商标与中文标识构成混淆的认定；（3）在商业标识的权利冲突中判定在先权利要考虑的一些特殊因素。

1. 在商标知名度很高的情况下，删减企业名称的其他部分，不规范突出使用字号行为是否侵害商标权突出使用字号构成商标侵权的特殊情形

根据《商标法》第四十八条、第五十七条规定，侵害商标权的行为属于因商标使用而使相关公众对商品的来源产生误认或者认为其来源与权利人注册商标的商品有特定联系而容易导致混淆的侵权行为，其中商标使用必须发生在商业活动中，并发挥识别区分商品来源的功能。如将与他人注册商标相同或者相近似的文字作为企业的字号在相同或者类似商品上突出使用，则应依照《商标法》第五十七条第（七）项、《最高人民法院关于审理商标民事纠纷案件适用法律若干问题的解释》第一条第（一）项等规定审查是否侵害商标权，而该种侵权最为典型的是侵权人在经营中使用企业名称时将其中字号部分的字体放大后相对于其他部分更显突出的情形。本案的情形较为特殊，根据《企业名称登记管理规定》第七条、第二十条规定，企业名称是由行政区划、字号、行业或者经营特点、组织形式等基本要素构成，一般情况下企业的印章、银行账户、牌匾、信笺所使用的名称应当与登记注册的企业名称

相同。在涉案"**mazda**""马自达"商标知名度很高并且商标授权期限届满的情况下，若广州马自达只是为了说明其是涉案 8 种商品（8 种均非来源于马自达株式会社）的销售商、生产商（特指其中的机油商品）的身份而在商品上使用自己的企业名称，至少应当履行合理避让义务，谨慎、规范地使用其企业名称的全称，并且明确标注其作为销售者或生产者的身份；不应在商品上仅保留企业名称中与商标相同的"马自达"字号部分，却将行政区划、行业及组织形式等企业名称的其他部分予以删除。这种不规范突出使用马自达字号的行为，足以发挥识别区分商品来源的功能，属于商标法意义上的使用，容易导致相关公众产生混淆，构成侵害商标权的行为。同理，在商标授权期限届满后，即使广州马自达为了说明其店内仍然有来自马自达株式会社的库存正品销售，也不得在实体店铺招牌、店内装潢、名片以及微信商城的网店内不规范突出使用"马自达"字号，否则容易导致相关公众产生混淆，构成侵害商标权的行为。

2. 英文商标与中文标识构成混淆的认定

主要从以下几方面进行审查。（1）关于英文商标自身的知名度和显著性。第 964429 号"**mazda**"商标早于 1997 年核准注册，而且马自达株式会社及其关联公司进入中国市场后在商业活动中在汽车、汽车配件等相关产品长期广泛使用"**mazda**""马自达"等商标，并有"**mazda**"商标曾被评为驰名商标的记录，虽然同一主体在不同类别上注册的相同标识的注册商标专用权是相互独立的，但商标所承载的商誉是可以承继的，同一主体在不同类别上注册的相同标识的注册商标的知名度可以产生辐射的效果，因此第 964429 号"**mazda**"商标具有很高的知名度和显著性。（2）关于英文商标与中文标识的对应性。"**mazda**"英文与"马自达"中文的关联性和对应性可以从英译中和中译英两个角度的释义及发音进行考量，"**mazda**"英文除了马自达汽车外没有其他中文释义，两者的释义存在一一对应关系；同时根据发音习惯来看，"**mazda**"无论是按英文朗读习惯还是汉语拼音来朗读均很容易与"马自达"形成对应关系，反之亦然，因此对于中国大陆地区的相关公众而言，英文"**mazda**"商标与中文"马自达"之间属于稳定唯一对应关系。(3) 关于权利人同时使用英文商标与中文标识的情况。马自达株式会社同时享有并长期广泛使用"**mazda**""马自达"商标,且"马自达"同时也是其企业字号,通过使用为相关公众所熟知,相关公众很容易将二者直接对应起来。(4) 综合以上几方面,最后结合相关公众对于英文商标与中文标识使用的认知能力和认可程度进行判定。当"**mazda**"与"马自达"使用在同类或者类似商品上时,相关公众施以一般注意力,很容易误以为商品来自于同一主体或者两者之间存在特定联系而造成混淆。

3. 在商业标识的权利冲突中判定在先权利要考虑的一些特殊因素

在商业标识的权利冲突中判定是否构成在先权利时,应当综合考虑市场主体使用该商业标识的完整渊源以及被诉使用行为的具体方式,考虑相同的字号与商标之间知名度互通互及的辐射影响,而不仅仅单纯从时间节点予以判定。(1) 商标所承载的商誉是可以承继的,同一主体在不同类别上注册的相同标识的注册商标的知名度可以产生辐射效果;同理,同一主体在商业活动所使用的与注册商标完全相同的字号,二者的使用也会使知名度产生互通互及的辐射影响,进一步加深了相关公众对于商品或服务来源的认识。本案中,虽然马自达株式会社主张商标权的涉案"马自达"商标申请注册的时间在广州马自达成立之后,但是,马自达株式会社于 1920 年成立,其使用的企业字号与涉案"马自达"商标完全相同,马自达株式会社使用的案外第135808 号"馬自達"注册商标于 20 世纪 80 年代已在中国大陆地区注册使用,马自达株式会社于 1992 年与国内企业合作成立了海南马自达汽车有限公司,即在广州马自达成立以前,马自达株式会社已在中国大陆地区使用"马自达"字号及商标。因此,由于马自达株式会社在不同类别上注册的相同商标之间、商标与字号之间知名度互通互及的辐射影响,令马自达株式会社在2000 年后申请注册的涉案"马自达"商标也同样具有很高的知名度。(2) 广州马自达使用商标及字号的起源、使用范围及相关公众对此形成的认识,对于在先权利认定的影响。广州马自达在经营中使用"马自达"商标及字号的行为源于马自达株式会社的授权,但该授权约定了商标使用的期限以及仅在特约经销商的范围内使用等限制。经过 1995 年至 2004 年 9 月双方对于"马自达"商标的使用,令相关公众形成广州马自达是马自达株式会社的特约经销商，其销售的使用"马自达"商标的商品均来源于马自达株式会社的认识；而不会由于广州马自达在经营中突出使用其"马自达"字号，就产生广州马自达销售的商品来源于广州马自达的认识。因此，即使在1995年至2004年9月双方合作期间，广州马自达突出使用字号的权利仅限于明示其作为特约经销商的销售者身份，只是作为商品生产者的马自达株式会社所享有的"马自达"商标权利的部分继受及延伸，不应对马自达株式会社所使用的"马自达"商标构成在先权利。（3）在商标授权期限届满后，广州马自达失去了特约经销商身份，至多只能作为普通销售者继续销售合法使用"马自达"商标的库存商品；但其在实体店铺招牌、店内装潢、名片以及微信商城的网店内突出使用"马自达"字号，明显属于超越普通销售者身份和使用范围的恶意使用商标行为，将破坏商标的识别功能，容易导致相关公众产生混淆，难言正当、合法、善意。

关于以此前三年未实际使用注册商标作为
免除损害赔偿责任抗辩的认定

——石狮市富朗尼奥服饰有限公司诉广州市
拉古纳贸易有限公司侵害商标权纠纷案

内容摘要

商标权利人不能证明此前三年内实际使用过注册商标的，被诉侵权人不承担侵权赔偿责任。但侵害商标权的行为多属于持续性侵权行为，在持续性侵权行为中关于《商标法》第六十四条规定的"此前三年"的起算时间应如何确定？

关键词　商标使用　此前三年　赔偿责任

裁判要点

《商标法》第六十四条规定注册商标专用权人不能证明此前三年内实际使用过该注册商标，也不能证明因侵权行为受到其他损失的，被控侵权人不承担赔偿责任。对于一次性商标侵权行为，《商标法》第六十四条规定的"此前三年"的含义应当是被诉侵权行为发生之日前三年。但是，由于侵害商标权的行为多属于持续性侵权行为，持续性侵权行为中"此前三年"的起算时间如何确定，应当借鉴《最高人民法院关于审理商标民事纠纷案件适用法律若干问题的解释》第十八条关于诉讼时效规定的立法原则与精神，若被诉侵权人证明持续性侵权行为在起诉前已停止，则"此前三年"应当是持续性侵权行为停止之日前三年；若被诉侵权人的持续性侵权行为在起诉时尚未停止的，则"此前三年"应当是起诉之日前三年而非庭审之日、判决之日或裁判生效之日前三年，即将"此前三年"的起算时间确定为起诉之日。

相关法条

《中华人民共和国商标法》第六十四条

《最高人民法院关于审理商标民事纠纷案件适用法律若干问题的解释》第十六条、第十七条

案件索引

一审：广州市越秀区人民法院（2015）穗越法知民初字第 681 号

二审：广州知识产权法院（2016）粤 73 民终 539 号民事判决（笔者经办）

基本案情

上诉人（原审被告）：广州市拉古纳贸易有限公司（简称拉古纳公司）

被上诉人（原审原告）：石狮市富朗尼奥服饰有限公司（简称富朗尼奥公司）

第 1513307 号"**un**"商标核定使用商品为第 25 类的服装、帽子（头戴）、领带、T 恤衫、工作服、衬衣、夹克、袜、皮带（服饰用），鞋（脚上的穿着物），注册有效期限自 2001 年 1 月 28 日至 2011 年 1 月 27 日。2004 年 4 月 7 日，国家商标局核准第 1513307 号"**un**"商标转让给富朗尼奥公司。2010 年 10 月 25 日，国家商标局核准上述商标续展注册，续展注册有效期自 2011 年 1 月 28 日至 2021 年 1 月 27 日。第 7607162 号"**un**"商标的注册人为富朗尼奥公司，核定使用商品为第 25 类的防水服、服装、领带、帽、袜、舞衣、鞋、腰带、婴儿全套衣、游泳衣，注册有效期限自 2013 年 11 月 7 日至 2023 年 11 月 6 日。

2011 年 2 月 1 日，富朗尼奥公司与浪漫公子公司签订关于第 1513307 号"**un**"商标的许可使用协议，许可期限为 2011 年 2 月 1 日至 2021 年 1 月 27

日。浪漫公子公司与中誉公司两次签订关于第 1513307 号 "**UN**" 品牌产品的总经销协议，第一份经销协议的许可期限为 2011 年 10 月 31 日至 2015 年 10 月 31 日，第二份的许可期限为 2015 年 11 月 1 日至 2018 年 10 月 31 日。2015 年 6 月 1 日，富朗尼奥公司与浪漫公子公司签订关于第 7607162 号 "**UN**" 商标的使用许可合同，许可期限为 2015 年 6 月 1 日至 2023 年 11 月 6 日。富朗尼奥公司在一审中提交的证据 18 ~ 20 包括附有 "**UN**" 商标的牛仔裤商品、商标标签等实物；富朗尼奥公司在二审提交的产品皮带扣及皮带标签实物，附有 "**UN**" 商标、富朗尼奥公司监制、浪漫公子公司生产的内容。

根据（2014）闽泉通证民字第 5299 号《公证书》，富朗尼奥公司委托代理人 2014 年 8 月 28 日于拉占纳公司在淘宝天猫商城开设的 "un united nude 旗舰店"，购买了涉案被控侵权的鞋类商品。上述网店网页上标注有 "**UN** UNITED NUDE TM 英国建筑艺术时尚品牌" 的文字信息，网店上有各种不同款式的女装鞋类商品，在各款鞋类商品上均标注有 "**UN**" 标识；拉古纳公司所销售的被控侵权女装高跟鞋在外包装、鞋垫、鞋底位置均使用了 "**UN** UNITED NUDE TM" 整体字母排列组合标识，其中 "**UN**" 标识属于加大加粗的突出使用，与后缀字母排列组合也明显不符，该标识属于视觉强化设计的使用。此外，该被控侵权女装高跟鞋的鞋带位置、购买须知和退换须知的抬头位置单独使用了 "**UN**" 标识。至 2016 年 3 月 30 日一审庭审时，富朗尼奥公司当庭通过手机登录的方式证明拉古纳公司的上述行为仍在持续。

2014 年 6 月 11 日，富朗尼奥公司向广东省广州市白云公证处申请办理保全证据公证，公证书内容显示拉古纳公司在广州市越秀区中山三路中华广场设立的 "**UN** UNITED NUDE TM" 实体商铺的招牌上使用了 "**UN** UNITED NUDE TM" 标识，该标识同样突出使用 "**UN**" 标识，拉古纳公司在该商铺内销售了被控侵权男装休闲鞋，其包装、鞋底、鞋垫位置也使用了 "**UN** UNITED NUDE TM" 整体字母排列组合标识，其中 "**UN**" 标识属于加大加粗的突出使用，与后缀字母排列组合也明显不符，该标识属于视觉强化设计的使用。此外，该被控侵权男装休闲鞋的鞋跟位置、交易文书的抬头位置单独使用了"**UΠ**"标识。双方当事人确认上述实体店铺已于本案 2015 年 9 月起诉前关闭。

原国家工商行政管理局商标局于 2014 年 12 月 2 日作出关于第 1513307 号"**UΠ**"注册商标连续三年不使用撤销申请的决定,认定富朗尼奥公司提交的其在 2011 年 3 月 7 日至 2014 年 3 月 6 日期间使用商标的证据有效。

英国优人公司是第 5032080 号 UN UNITED NUDE 商标权人。其于 2014 年 1 月 1 日向拉古纳公司出具许可使用上述商标的商标使用授权书一份。

富朗尼奥公司于 2015 年 9 月 22 日以拉古纳公司未经许可在同种、类似商品上使用与其注册商标"UN"标识相同、相近似的商标,构成商标侵权为由向一审法院提起诉讼,请求判令:(1)拉古纳公司立即停止生产、销售、许可销售侵犯富朗尼奥公司第 1513307 号、第 7607162 号注册商标专用权的商品;(2)拉古纳公司销毁侵犯富朗尼奥公司商标专用权的侵权产品、半成品、商标标识;(3)拉古纳公司清除所有侵犯富朗尼奥公司商标专用权的网络宣传内容;(4)拉古纳公司赔偿富朗尼奥公司因商标专用权遭受侵犯所致经济损失 3335004 元(该款含维权支出费用);(5)本案全部诉讼费用由拉古纳公司负担。

拉古纳公司答辩称:(1)拉古纳公司使用的商标与涉案注册商标不构成近似,也不易混淆,且已获得案外人合法授权;(2)富朗尼奥公司无提交证据证实其有实际使用涉案商标,拉古纳公司无须赔偿经济损失;(3)富朗尼奥公司请求赔偿的金额明显过高,拉古纳公司在销售涉案被控侵权商品时已尽合理的审查义务,可免除赔偿责任。综上,请求驳回富朗尼奥公司的诉讼请求。

裁判理由及结果

一审法院认为,富朗尼奥公司享有的注册商标专用权依法受法律保护,拉古纳公司销售了涉案被控侵权的两双鞋类商品。拉古纳公司在天猫所销售的被控侵权女装高跟鞋在外包装、鞋垫、鞋底位置均使用了"**UΠ** UNITED NUDE TM"整体字母排列组合标识,其中"**UΠ**"标识属于加大加粗的突出使用,与后缀字母排列组合明显不符,故该标识属于视觉强化的设计使用。此外,该被控侵权女装高跟鞋的鞋带位置、购买须知和退换须知的抬头位置单独使用了"**UN**"标识。反观拉古纳公司抗辩认为取得授权使用的"UN UNITED NUDE"商标，被控侵权女装高跟鞋所使用的标识与其主张获得授权使用的商标在前置"UN"明显不符，而与富朗尼奥公司注册的第7607162号"**UN**"商标构成相同，与富朗尼奥公司注册的第1513307号"**un**"商标构成近似。再从拉古纳公司网店的宣传网页来看，拉古纳公司在鞋类商品图片上使用"**UN**"标识，极易使用相关消费公众产生混淆与误认。同理，拉古纳公司在广州市越秀区中山三路中华广场设立的"**UN** UNITED NUDE TM"实体商铺的招牌上使用了"**UN** UNITED NUDE TM"标识，在该商铺内销售的被控侵权男装休闲鞋的包装、鞋底、鞋垫位置使用了"**UN** UNITED NUDE TM"整体字母排列组合标识，该被控侵权男装休闲鞋的鞋跟位置、交易文书的抬头位置单独使用了"**UN**"标识。已侵犯富朗尼奥公司享有对涉案注册商标的专用权，依法应承担停止侵权的民事法律责任，并删除"un united nude 旗舰店"网页上的侵权标识。

至于拉古纳公司抗辩认为涉案侵权鞋类商品存在合法来源问题。首先，拉古纳公司认为其获得英国优人国际有限公司的授权使用涉案商标，一审法院经审查对富朗尼奥公司出示的《商标使用授权书》不予采信。另外，拉古纳公司抗辩认为涉案侵权鞋类商品是来源于东莞佑昶鞋业有限公司，但由于拉古纳公司主张的生产厂家信息无法与侵权鞋类商品的生产信息相对应一致。因此一审法院对拉古纳公司抗辩认为被控侵权的两款鞋类商品存在合法来源的意见不予采纳。

至于富朗尼奥公司主张拉古纳公司销毁侵权商品的成品、半成品、商品标识的请求问题。鉴于富朗尼奥公司没有举证证实拉古纳公司尚有库存的侵权鞋类商品或标识以及具体侵权商品的存在地点和数量，故一审法院对富朗尼奥公司的该项诉讼请求也不予支持。至于赔偿金额的确定问题。一审法院综合考虑酌情确定拉古纳公司承担的赔偿金额为55万元，该款含富朗尼奥公司为制止侵权行为所产生的合理维权费用。

综上，判决：（1）拉古纳公司立即停止销售涉案侵犯富朗尼奥公司享有对第1513307号"**un**"商标以及第7607162号"**UN**"注册商标专用权的鞋类商品。（2）拉古纳公司立即删除在淘宝网（Taobao. com）天猫商城开设的"un united nude 旗舰店"上涉案侵犯富朗尼奥公司享有对第 1513307 号"**∪∩**"商标以及第 7607162 号"**∪∩**"注册商标专用权的网络宣传标识。（3）拉古纳公司应于该判决发生法律效力之日起 10 日内赔偿经济损失 55 万元（该款含富朗尼奥公司为制止侵权所产生的合理开支费用）给富朗尼奥公司。（4）驳回富朗尼奥公司的其他诉讼请求。

拉古纳公司不服一审判决，向二审法院提起上诉称：请求二审法院撤销一审判决第一、二、三项；一、二审诉讼费由富朗尼奥公司承担。主要理由是拉古纳公司使用的 UN 标识已获案外人授权、被诉侵权产品具有合法来源以及富朗尼奥公司未提供证据证明此前三年使用涉案注册商标的事实，一审判赔数额过高。

二审法院审理认为，本案为侵害商标权纠纷。结合拉古纳公司的上诉请求、事实及理由以及富朗尼奥公司的答辩意见，二审归纳争议焦点如下：（1）拉古纳公司以其使用的商标已获得授权为由主张不侵权抗辩是否成立。（2）拉古纳公司提出的合法来源抗辩是否成立。（3）拉古纳公司以富朗尼奥公司未使用涉案商标为由主张免除赔偿责任的抗辩是否成立。（4）一审判赔数额是否合法恰当。

关于拉古纳公司以其使用的商标已获得授权为由主张不侵权抗辩是否成立的问题。经查，拉古纳公司构成以改变显著特征的方式变造使用第 5032080 号注册商标的行为，这种行为属于滥用注册商标而非正当行使专用权的行为，不能阻却拉古纳公司侵权行为的构成。此外，拉古纳公司还在经营中单独使用与富朗尼奥公司第 7607162 "**∪∩**"商标相同、第 1513307 号"**∪∩**"商标相近似的"**∪∩**"标识。因此，拉古纳公司以其使用的商标已获得授权为由主张不侵权抗辩不能成立。

关于拉古纳公司提出的合法来源抗辩是否成立的问题，一审法院认定准确，拉古纳公司主张的生产厂家信息与侵权商品的生产信息不一致，拉古纳公司没有充分证据证明被诉侵权产品具有合法来源，对于拉古纳公司的该项上诉主张，不予采纳。

关于拉古纳公司以富朗尼奥公司未使用涉案商标为由主张免除赔偿责任的抗辩是否成立的问题，本案中，拉古纳公司在实体店铺使用侵犯商标权的招牌以及销售侵权男鞋商品的时间始于 2014 年 6 月，双方当事人在一审时确认上述实体店铺已于本案 2015 年 9 月起诉前关闭，即拉古纳公司的该部分侵权行为自 2014 年 6 月持续至本案起诉前。而拉古纳公司在网店使用侵犯商标权的标识以及销售侵权女鞋商品的时间始于 2014 年 8 月，及至 2016 年 3 月 30 日一审法院庭审时，富朗尼奥公司当庭通过手机登录的方式证明拉古纳公司的侵权行为仍在持续，即本案有证据证明拉古纳公司的该部分侵权行为自 2014 年 8 月持续至 2016 年 3 月，且无证据证明拉古纳公司已经停止侵权。关于富朗尼奥公司使用涉案商标的事实，第一，根据国家工商行政管理总局商标局 2014 年 12 月 2 日的决定，证明在拉古纳公司侵权发生前，富朗尼奥公司在 2011 年 3 月至 2014 年 3 月期间使用过第 1513307 号 "ᴜп" 注册商标；以上决定结合富朗尼奥公司与浪漫公子公司签订关于第 1513307 号 "ᴜп" 商标的许可使用协议、浪漫公子公司与中誉公司签订的关于第 1513307 号 "ᴜп" 品牌产品的总经销协议，足以证明富朗尼奥公司在 2011 年至今实际使用过第 1513307 号 "ᴜп" 注册商标。第二，富朗尼奥公司的第 7607162 号 "ᴜп" 商标于 2013 年 11 月 7 日获得核准注册，根据 2015 年 6 月 1 日富朗尼奥公司与浪漫公子公司签订关于第 7607162 号 "ᴜп" 商标的使用许可合同，许可期限为 2015 年 6 月 1 日至 2023 年 11 月 6 日；结合富朗尼奥公司在一审中提交的附有 "ᴜп" 商标的牛仔裤商品、商标标签，以及在二审中提交的附有 "ᴜп" 商标及 "富朗尼奥公司监制、浪漫公子公司生产" 内容的皮带扣及皮带标签等实物，足以证明富朗尼奥公司自 2015 年 6 月起至今实际使用过第 7607162 号 "ᴜп" 商标。综上，富朗尼奥公司已证明了此前三年内实际使用过第 1513307 号 "ᴜп"、第 7607162 号 "ᴜп" 注册商标，故对于拉古纳公司的该项上诉主张，法院不予支持。

关于一审判赔数额是否合法恰当的问题。一审法院综合考虑多项因素，酌定本案赔偿金额为 55 万元，合法恰当，并无畸高情形，应予以维持。

综上所述，拉古纳公司的上诉理由不能成立，一审判决认定事实清楚，适用法律正确，依法应予维持。依照《民事诉讼法》第一百七十条第一款第一项规定，判决：驳回上诉，维持原判。

案例评析

本案的二审主要争议问题是：拉古纳公司以富朗尼奥公司此前三年未使用涉案商标为由主张免除赔偿责任的抗辩是否成立。

《商标法》第六十四条第一款规定，注册商标专用权人请求赔偿、被控侵权人以注册商标专用权人未使用注册商标提出抗辩的，人民法院可以要求注册商标专用权人提供此前三年内实际使用该注册商标的证据。注册商标专用权人不能证明此前三年内实际使用过该注册商标，也不能证明因侵权行为受到其他损失的，被控侵权人不承担赔偿责任。该规定在于鼓励商标使用，防止怠于使用商标而造成资源浪费。据此，若被诉侵权行为属于一次性侵权行为，即原告主张被告仅构成一次性侵权或者被告有证据证明其仅实施了一次被诉侵权行为时，"此前三年"的含义应当是被诉侵权行为发生之日前三年，但若被诉侵权行为属于持续性侵犯商标权行为的，即原告主张被告自某个时间点（通常为原告通过保全获得被告实施了被诉侵权行为证据的时间节点）一直实施侵权行为、且被告无法证明其仅实施了一次被诉侵权行为时，假如被诉侵权人起诉时侵权行为已停止的，则"此前三年"的含义应当是持续性侵权行为停止之日前三年；假如被诉侵权人起诉时侵权行为尚未停止，则"此前三年"的含义应当是起诉之日前三年。本案中，拉古纳公司在实体店铺使用侵犯商标权的招牌以及销售侵权男鞋商品的侵权行为自 2014 年 6 月持续至本案起诉前。而拉古纳公司在网店使用侵犯商标权的标识以及销售侵权女鞋商品的侵权行为自 2014 年 8 月持续至 2016 年 3 月 30 日一审法院庭审时，且无证据证明拉古纳公司已经停止侵权。同时，有证据证明富朗尼奥公司在 2011 年至今实际使用过第 1513307 号" **un** "注册商标，2015 年 6 月起至今实际使用过第 7607162 号" **un** "商标。因此，富朗尼奥公司已证明了此前三年内实际使用过第 1513307 号" **un** "、第 7607162 号" **un** "注册商标，拉古纳公司的该项上诉主张不能成立。

通过本案，日后在处理类似案件时应当注意：

第一，商标权人并非注册商标后就可高枕无忧，而应当在商业活动中实际使用该商标，使商标因使用而实现识别功能、更具显著性，否则可能面临侵权成立却无法获得赔偿的问题。如广东省高级人民法院审理的（2015）粤高法民三终字第 145 号上诉人广东美的制冷设备有限公司与被上诉人珠海格力电器股份有限公司、原审被告珠海市泰锋电业有限公司侵害商标权纠纷一案①，法院二审认定美的公司的持续性侵权行为在格力公司起诉前已停止，格力公司并未提交证据证明在美的公司实施被诉侵权行为之前已经实际使用其注册商标"五谷丰登"，格力公司侵权损害赔偿请求权未得到法院支持。

第二，如果商标权人确实使用了注册商标的，则在商标注册后的实际经营使用中应当按年度保留使用商标的证据，例如，带有生产日期的商品、商标标签及包装、相关商标许可或特许经营等含有约定该商标使用的交易文书、将商标用于宣传及展览等证据，便于在维权时证明其在商业活动中实际使用商标的事实，而不至于出现侵权人构成侵权却免于承担赔偿责任的结果。并且，商标权人无正当理由连续三年怠于实际使用其注册商标，任何单位或者个人包括被诉侵权人可以向商标局申请撤销该注册商标，此时商标权人不仅可能面临无法获得赔偿的问题，也有可能出现丧失商标权利的风险，商标权人对此绝不可轻忽，才能更好地保护自己的知识产权。

第三，若商标注册人确实存在未实际使用商标情形，仅仅为了保持商标不被撤销或者在侵权诉讼中获得赔偿，而制造出仅具有象征意义的"实际使用"的证据，在审判实践中不会获得支持。在北京知识产权法院审理的（2015）京知行初字第 5982 号原告何榆因商标权撤销复审行政纠纷一案中②，何榆以诉争商标连续三年停止使用为由向商标局提出撤销申请，法院认为应当审查的关键问题之一就是在案证据是否能够证明诉争商标的使用行为是"真实、善意的商标使用行为"，而非"象征意义的使用行为"。法院经审查认定第三人提交的在案证据均为复制件，对其中的发票进行检索，未检索到

---

① 广东省高级人民法院审理的（2015）粤高法民三终字第 145 号民事判决书，见中国裁判文书网。

② 北京知识产权法院的（2015）京知行初字第 5982 号行政判决书，见中国裁判文书网。

发票的有效性信息；其中的广告合同所体现的商标与诉争商标有所不同，且无合同具体履行的证据；另有数份复印件不清晰的宣传材料，无法确定发行时间。以上证据不足以证明诉争商标在指定期间内进行了真实、善意的商业使用。

法院在甄别商标实际使用的证据时，应当审查商标是否在其注册核准的使用权边界内真实、善意地使用。其一，商标使用指的是在商标核定使用的商品或服务的类别中、而非超出核定商品或服务范围的使用；其二，商标使用指的是与原注册商标相同的使用而非将商标变造、拆分或与其他标识组合等方式使用；其三，证明使用的证据应当能达到证明商标存在真实使用的高度盖然性。法院应根据以上标准对商标使用的证据的真实性与关联性逐一进行审查核实，从而排除伪造商标实际使用的证据。

如何处理知识产权的权利冲突

——广东东鹏陶瓷股份有限公司诉开平市东鹏卫浴实业
有限公司、广州市诺冠五金有限公司、何锦涛
侵害商标专用权及不正当竞争纠纷案

内容摘要

知识产权纠纷中的权利冲突主要表现为注册商标权与企业名称权、外观设计专利权、著作权之间以及企业名称权之间的权利冲突等。要解决权利冲突的纠纷，首先应当明确双方当事人各自享有的权利及其范围、边界，其次在于依据诚实信用、保护在先权利、维护公平竞争这几项原则进行处理。

关键词　知识产权权利冲突　字号权　诚实信用　在先权利　公平竞争

裁判要点

由于本案双方当事人均享有商标权和企业名称权，因此对于原告要求被告停止简化使用企业名称为"东鹏卫浴"的主张，应结合双方使用商标和字号的历史状况、已经客观形成的市场格局、相关公众的认知状态、使用者的主观意图等因素综合判定。

相关法条

《中华人民共和国商标法》（2001 年修正）第五十二条、第五十六条

《中华人民共和国商标法实施条例》（2002 年施行）第五十条

《最高人民法院关于审理商标民事纠纷案件适用法律若干问题的解释》

第九条第二款

《中华人民共和国反不正当竞争法》（1993 年施行）第二条、第五条、第二十条

案件索引

一审：佛山市禅城区人民法院（2011）佛禅法知民初字第 9 号民事判决

二审：佛山市中级人民法院（2012）佛中法知民终字第 107 号民事判决

再审申请审查：广东省高级人民法院（2013）粤高法民三申字第 64 号民事裁定（笔者经办）

基本案情

再审申请人（一审被告、二审上诉人）：开平市东鹏卫浴实业有限公司（以下简称东鹏卫浴公司）

再审被申请人（一审原告、二审被上诉人）：广东东鹏陶瓷股份有限公司（以下简称东鹏陶瓷公司）

原审被告：广州市诺冠五金有限公司（以下简称诺冠公司）、何锦涛

佛山市石湾东鹏陶瓷集团有限公司于 1997 年成立，2001 年名称变更为东鹏陶瓷公司。东鹏陶瓷公司于 1998 年先后在昆明、深圳、北京等地成立分公司，还成立了佛山东鹏洁具有限公司经营卫浴洁具产品。1996 年 3 月 26 日，由东鹏陶瓷公司为主要投资人的华泰公司在第 11 类、第 19 类洗脸盆、浴室装置、抽水马桶等卫浴洁具类和建筑砖瓦类商品上申请了"东鹏＋图"注册商标（图二），注册号为 1036581 和 1063247，并于 1997 年 6 月 21 日和 1997 年 7 月 28 日起获得商标专用权；同时 1997 年 8 月 13 日，又在第 11 类、第 19 类洗脸盆、浴室装置、抽水马桶、建筑砖瓦等卫浴洁具类和建筑砖瓦类申请了"DONGPENG＋东鹏＋图"注册商标（图一），注册号为 1213479 和 1212844，并于 1998 年 10 月 7 日起获得商标专用权。经国家商标局核准，东鹏陶瓷公司分别于 1990 年和 2001 年受让第 1036581 号、1063247 号、1213479 号、1212844 号商标。在东鹏陶瓷公司的推广下，东鹏陶瓷公司的"东鹏"商标产品社会知名度高并获得一系列荣誉，国家工商行政管理总局

商标局在 2005 年 12 月 21 日认定东鹏陶瓷公司的"东鹏＋DONGPENG＋图"（图一）商标为驰名商标。

图一 　　　　　　　　　　　　　　　　图二

东鹏卫浴公司于 2001 年 4 月 17 日成立，进行水暖器材、洁具配件的生产、销售。2000 年 1 月 19 日，开平市水口镇俊发五金厂在 11 类申请"東鹏＋Do Pen＋图"的商标（图三），用于龙头、水龙头、进水装置等商品，并于 2001 年 5 月 7 日取得商标专用权，注册号为 1566637。2002 年 4 月 18 日，变更东鹏卫浴公司为商标专用权人。2005 年 3 月 16 日，东鹏卫浴公司又在 11 类申请"Do　Pen"商标（图四）、"東鹏＋Do　Pen"商标（图五）、"Do　Pen＋图"的商标（图六）、图形商标（图七），并于 2008 年 4 月 28 日取得商标专用权，注册号分别为 4543060、4543057、4543053、4543064。

图三

图四

图五

图六

图七

公证书记载，2010 年 12 月 8 日，网站上显示"开平市东鹏官方卫浴网站、东鹏水龙头、东鹏淋浴系列、东鹏浴室柜……"文字下方显示"東鹏＋DoPen＋图"商标及用较大的粗黑字体显示"东鹏卫浴"等字样，而在其网站产品展示的"东鹏产品分类"中展示了抽水马桶产品。

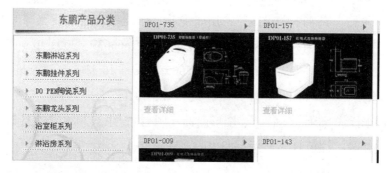

公证书记载，2010 年 12 月 8 日，www. dongpengweiyu. com 网站上显示"东鹏卫浴广州总代理、面盆龙头、淋浴龙头、菜盆龙头、淋浴花洒……"及联系方式"公司名称：东鹏卫浴广州总代理……"等字样。

公证书记载，2010 年 11 月 24 日，公证员在诺冠公司经营的"东鹏卫浴番禺营销中心"商铺，购买了坐便器一个。该店铺门面"东鹏卫浴"为最大最醒目字样，商铺内除了销售东鹏卫浴公司的水龙头产品外，还销售东鹏卫浴公司的抽水马桶、洗脸盆等陶瓷产品。而在其宣传资料上除了有"开平市东鹏卫浴实业有限公司"字样外，还突出"东鹏卫浴"等字样，并在其"东鹏陶瓷系列"中展示了抽水马桶、蹲便器等陶瓷产品。庭审中，对东鹏陶瓷公司公证购买的坐便器进行比对，该坐便器有东鹏卫浴公司的 4543053 注册商标标识，但其外用包装带有"东鹏"字样（如下图所示）。

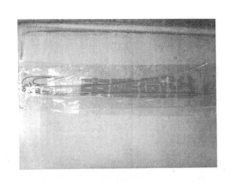 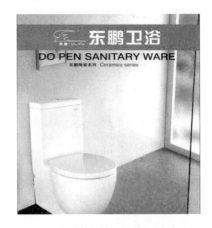

公证书记载，2010 年 12 月 7 日，公证员与向少云在何锦涛经营的"汉斯卫浴"商铺，购得水龙头和净瓷盆各一件，商铺内突出"东鹏卫浴"字眼，并进行其他陶瓷产品的销售。庭审中，对东鹏陶瓷公司公证购买的净瓷盆进行比对，该净瓷盆没有商标标识。

根据公证书记载，2011 年 1 月 25 日，公证员与向少云在广东省河源市龙川县的"东鹏卫浴"商铺，购买了"DP119－1"的水龙头和一个型号为"DP04－219"的洗手盆，并取得印有"开平市东鹏卫浴实业有限公司"字眼的产品报价表和产品彩色宣传册两本、印有"东鹏卫浴黄卫兰"的名片等。该产品彩色宣传册印有"开平市东鹏卫浴实业有限公司"等字样，并展示了抽水马桶及艺术脸盆等产品。

公证书记载，2011 年 2 月 28 日，公证员与向少云在广东省深圳市龙华布龙路旁的"东鹏卫浴"商铺，购买了水龙头和蹲便器各一个，并取得印有"开平市东鹏卫浴实业有限公司"字眼的产品彩色宣传册两本，该产品彩色宣传册印有"开平市东鹏卫浴实业有限公司"等字样，突出"东鹏卫浴"字眼并展示了抽水马桶、蹲便器等产品。此外，东鹏卫浴公司还在其公司厂房上方突出"东鹏"二字，在户外广告牌上均突出"东鹏卫浴"字样。

东鹏陶瓷公司于 2011 年 1 月 26 日对东鹏卫浴公司注册的第 1566637 号"东鹏 Do Pen 及图"商标提出争议申请。商标评审委员会于 2012 年 8 月 27 日作出商评字 2012 第 35457 号争议裁定书裁定：争议商标予以维持。

东鹏陶瓷公司认为东鹏卫浴公司、诺冠公司、何锦涛的上述行为已侵害其商标权并构成不正当竞争，向法院起诉。

裁判理由及结果

一审法院经审理认为：本案属于侵犯商标专用权及不正当竞争纠纷，东鹏陶瓷公司的第 11 类第 1036581 号"东鹏 + 图"注册商标与第 11 类第 1213479 号"东鹏 + DONGPENG + 图"商标，使用范围均包括"洗脸盆、抽水马桶"等，依我国《商标法》① 第五十二条及《商标法实施条例》② 第五十条规定，东鹏陶瓷公司有权禁止他人在相同或类似的商品上使用。

东鹏卫浴公司违法使用了涉案商标，构成商标侵权。从《商标法实施条例》的第三条规定可以看到，除了直接在商品上使用商标属于商标的使用外，在商品包装、商品容器、商品交易文书、广告宣传、展览等，均属于商标的使用。东鹏卫浴公司在其商品包装、广告宣传文书及其官方网站上使用了带"东鹏"的标识、突出使用了"东鹏卫浴"以及注明"东鹏陶瓷系列"，并将抽水马桶命名为"东鹏产品系列"。东鹏卫浴公司的上述行为是在与东鹏陶瓷公司注册商标指定使用的相同商品上使用近似商标，侵犯了东鹏陶瓷公司第 1036581 号和第 1213479 号注册商标专用权。

东鹏陶瓷公司的"东鹏"品牌陶瓷产品在中国市场具有一定知名度，为相关公众所知悉。东鹏卫浴公司既生产、销售水龙头产品，同时也生产、销售抽水马桶、洗脸盆等陶瓷产品，其在公司厂房上方将其企业名称简化为"东鹏"、突出"东鹏"二字，在户外广告牌上均突出"东鹏卫浴"字样，还在专卖店的店门、广告牌等处突出"东鹏卫浴"字样。这些行为足以使相关消费者对东鹏卫浴公司与东鹏陶瓷公司的关系产生误认，违反了诚实信用原则，构成对东鹏陶瓷公司的不正当竞争。同理，销售商何锦涛、诺冠公司的行为同样构成不正当竞争，且诺冠公司还构成侵害商标权的行为。

综上，一审法院判决：（1）诺冠公司、东鹏卫浴公司于判决生效之日起

---

① 本案例所适用的 2001 年修正的《商标法》，下同。
② 本案例所适用的是 2002 年施行的《商标法实施条例》，下同。

立即停止侵害东鹏陶瓷公司第 1036581 号和第 1213479 号注册商标专用权行为；（2）何锦涛、诺冠公司、东鹏卫浴公司于判决生效之日起立即停止侵害东鹏陶瓷公司的不正当竞争行为；即在经营中规范使用企业名称，不得将"开平市东鹏卫浴实业有限公司"简化使用；（3）东鹏卫浴公司于判决生效后 10 日内赔偿东鹏陶瓷公司 8 万元；（4）诺冠公司于判决生效后 10 日内赔偿东鹏陶瓷公司 1 万元；（5）何锦涛于判决生效后 10 日内赔偿东鹏陶瓷公司 8000 元；（6）驳回东鹏陶瓷公司的其他诉讼请求。

东鹏卫浴公司不服原审判决，向二审法院提起上诉。

二审法院经审理认为：本案为侵害商标专用权及不正当竞争纠纷，原审判决没有超出东鹏陶瓷公司的诉讼请求范围；原审判决认定东鹏陶瓷公司享有第 1036581 号和第 1213479 号商标的专用权并无不当。关键在于东鹏卫浴公司使用"东鹏陶瓷系列"及"东鹏卫浴"是否构成侵权的问题。

东鹏陶瓷公司享有注册商标专用权的第 1036581 号及第 1213479 号注册商标的文字部分为汉字"东鹏"，东鹏卫浴公司在其产品及宣传资料上将"东鹏"二字作为产品名称及商品装潢。本案中，东鹏卫浴公司在核定使用商品上完整、显著地标明了其注册商标属依法使用；而东鹏卫浴公司就其企业名称的使用是否属依法正常使用则是本案的关键。

第一，关于东鹏卫浴公司对其企业名称的使用是否属正常使用的问题。国家工商行政管理总局《企业名称登记管理实施办法》第三十九条规定，企业使用名称，应当遵循诚实信用原则。国家工商行政管理总局《企业名称登记管理规定》第二十条明确规定："企业的印章、银行账户、牌匾、信笺所使用的名称应当与登记注册的企业名称相同。从事商业、公共饮食、服务等行业的企业名称牌匾可适当简化，但应当报登记主管机关备案。"国家工商行政管理总局《关于〈企业名称登记管理规定〉有关问题的答复》（工商企字〔2001〕第 28 号）第二条明确规定："企业分支机构名称适用《企业名称登记管理规定》的有关规定。"根据上述规定，企业名称一般应当规范使用，使用时应当与登记注册的企业名称相同。特定行业允许在符合诚实信用原则的前提下依法适当简化使用企业名称，但仅限于在牌匾上使用。东鹏卫浴公司没有规范、完整地使用其企业名称，相反，在外墙、内外装饰、宣传资料上，大量使用东鹏陶瓷系列、东鹏卫浴等与其企业名称不符的文字。法律只规定企业有依法"简化"企业名称的权利，而未规定企业可以随意变更企业名称。简化是在全称基础上的合理缩减，而非彻底抛弃原名称，随意使用与原名称完全不同的新名称，况且法律规定，企业名称的简化只允许在牌匾上使用，还须报登记主管机关备案，东鹏卫浴公司的行为明显不符合法律规定，故东鹏卫浴公司并非正常使用其企业名称。

第二，关于东鹏卫浴公司对"东鹏"文字的使用是否容易使相关公众产生误认的问题。从东鹏卫浴公司对"东鹏"文字的具体使用情况上看，具有违背诚实信用原则的不正当竞争意图，主观上具有混淆商品来源的故意。首先，东鹏卫浴公司故意使用东鹏陶瓷系列，可以认定东鹏卫浴公司具有不正当竞争故意，违背诚实信用原则不当使用企业名称。由于东鹏卫浴公司并非正常使用其字号，且具有明显不正当意图，原判认定东鹏卫浴公司侵犯东鹏陶瓷公司注册商标专用权属正确，应予维持。其次，从东鹏卫浴公司不当使用东鹏陶瓷公司涉案注册商标文字"东鹏"的后果看，客观上会使普通消费者在认知上对权利主体产生混淆和误认。

综上所述，东鹏卫浴公司已构成对东鹏陶瓷公司注册商标专用权的侵害。因此二审法院判决驳回上诉，维持原判。

东鹏卫浴公司不服广东省佛山市中级人民法院（2012）佛中法知民终字第107号民事判决，申请再审，请求：依法再审本案；撤销（2011）佛禅法知民初字第9号民事判决及（2012）佛中法知民终字第107号民事判决；驳回东鹏陶瓷公司全部诉讼请求。

法院认为，被诉侵权行为部分属于侵犯商标权的行为，部分属于不正当竞争行为。"原""被"双方当事人相同，属于可以合并审理的两个法律关系，一审、二审法院将其合并审理并确定为并列的案由并无不当。东鹏陶瓷公司在一审庭审中明确表示起诉东鹏卫浴公司侵害其商标专用权及构成不正当竞争，并且在一审起诉状中分别主张了商标权和企业名称权的事实，因此一审、二审判决没有超出东鹏陶瓷公司的诉讼请求。

关于东鹏卫浴公司认为一审、二审判决认定东鹏卫浴公司侵犯东鹏陶瓷公司第1036581号和第1213479号注册商标专用权的基本事实缺乏证据证明的问题。东鹏卫浴公司称其使用的标识不属商标近似，不会造成消费者混淆，经查，东鹏卫浴公司在其生产的坐便器产品包装物及坐便器产品宣传册中突出使用"东鹏卫浴"，在陶瓷卫浴产品的宣传资料上使用"东鹏陶瓷系列"，在网站上突出使用"东鹏卫浴"及将其卫浴产品命名在"东鹏产品分类"下。由于东鹏陶瓷公司在第 11 类洗脸盆、浴室装置、抽水马桶等卫浴洁具类产品上已在先注册了第 1036581 号"东鹏 + 图"商标、第 1213479 号"东鹏 + DONGPENG + 图"商标，并且上述商标具有较高的知名度，因此东鹏卫浴公司在包括坐便器在内等卫浴产品的包装、宣传中突出使用"东鹏陶瓷""东鹏卫浴"字样，容易使相关公众对东鹏卫浴公司所生产的同类商品的来源产生误认，或认为东鹏卫浴公司的商品与东鹏陶瓷公司的商品有特定联系，已构成商标近似。综上，一审、二审判决认定东鹏卫浴公司的上述行为侵犯东鹏陶瓷公司第 1036581 号和第 1213479 号注册商标专用权的基本事实有充分证据证明，东鹏卫浴公司此项申请再审理由不能成立。

关于东鹏卫浴公司认为一审、二审判决认定东鹏卫浴公司应立即停止不正当竞争行为的基本事实缺乏证据支持，适用法律错误的问题。经查，佛山市石湾东鹏陶瓷集团有限公司于 1997 年成立，2001 年名称变更为东鹏陶瓷公司；东鹏陶瓷公司在浴室装置、抽水马桶、陶瓷、建筑砖瓦等产品上享有的第 1036581 号、1063247 号、1213479 号、1212844 号注册商标分别于 1997 年和 1998 年注册。由于东鹏卫浴公司在后于 2001 年登记成立，因此东鹏卫浴公司的专卖店在经营浴室装置、抽水马桶等同类或类似商品时，使用了"东鹏卫浴""东鹏"等字样的企业简称，足以使相关公众对商品来源产生误认，已构成了不正当竞争。同时，由于东鹏卫浴公司是 2001 年注册的第 1566637"東鹏 + DOPEN + 图案"商标专用权人，该商标的核定使用商品是第 11 类水龙头、压力水箱、进水装置等产品，因此东鹏卫浴公司在水龙头、压力水箱、进水装置这些商品上有权使用"東鹏 + DOPEN + 图案"商标。在两家公司均享有"东鹏"字号权、并在第 11 类商品的不同商品上分别享有"东鹏""東鹏"文字部分商标权的情况下，为了避免相关公众对商品来源产生误认，双方在生产经营和商业活动中均有义务规范使用企业全称，以保护消费者利益。因此，本案中东鹏卫浴公司在其厂房上方以及户外广告牌上需要表明企业身份时，应当规范使用企业全称，避免相关公众可能对商品来源和企业身份产生误认和混淆。综上，一审、二审法院判决东鹏卫浴公司在经营中规范使用企业名称、不得将企业名称简化使用，虽然不宜以《企业名称登记管理规定》《企业名称登记管理实施办法》的规定为依据；但鉴于本案双方商标权、企业字号权的权利状况，若一方突出使用企业字号的，将会造成市场混淆的结果，故一审、二审法院的处理结果合法合理，东鹏卫浴公司此项申请再审理由不能成立。

综上，裁定如下：驳回开平市东鹏卫浴实业有限公司的再审申请。

案例评析

本案实质上是由于双方当事人之间因权利冲突而产生的纠纷。根据《最高人民法院关于审理注册商标、企业名称与在先权利冲突的民事纠纷案件若干问题的规定》中的相关规定，知识产权纠纷中的权利冲突主要表现为注册商标权与企业名称权、外观设计专利权、著作权之间以及企业名称权之间的权利冲突等。因此，要解决权利冲突的纠纷，首先应当明确双方当事人各自享有的权利及其范围、边界。

如在本案中，东鹏陶瓷公司享有的权利如下：（1）东鹏陶瓷公司1997年成立，名称为佛山市石湾东鹏陶瓷集团有限公司，2001年变更为现名称；东鹏陶瓷公司在浴室装置、抽水马桶、陶瓷、建筑砖瓦等产品上享有的第1036581号、1063247号、1213479号、1212844号注册商标分别于1997年和1998年注册。因此东鹏陶瓷公司自上述登记注册时间起享有企业名称权（包括"东鹏陶瓷"字号权）及在浴室装置、抽水马桶、陶瓷、建筑砖瓦等产品上享有包含"东鹏"文字的商标权。（2）关于东鹏陶瓷公司所享有的上述权利的范围，第一，对于企业名称权而言，根据现行反不正当竞争法第六条关于经营者不得擅自使用他人有一定影响的企业名称（包括简称、字号等），引人误认为是他人商品或者与他人存在特定联系之规定，企业名称权（包括简称、字号等权利）必须以有一定知名度、他人擅自使用容易导致混淆为前提，因此该权利的范围与其知名度成正比关系。第二，对于商标权而言，商标权既包括注册商标专用权也包括禁用权，商标禁用权是指注册商标专用权人有权禁止他人未经许可在同种或者类似商品或服务上使用与其注册商标相同或者近似商标，而商标禁用权的范围，也与商标的显著性和知名程度成正比关系。第三，商标所承载的商誉是可以承继的，同一主体在不同类别上注册的相同标识的注册商标的知名度可以产生辐射效果；同理，同一主体在商业活动所使用的与注册商标完全相同的字号，二者的使用也会使知名度产生互通互及的辐射影响，进一步加深了相关公众对于商品或服务来源的认识。综合以上三方面，东鹏陶瓷公司的企业字号与其注册商标均使用相同的"东鹏"文字，并结合国家工商行政管理总局商标局曾认定东鹏陶瓷公司包含文字部分为"东鹏"的商标为驰名商标等相关证据，法院据此认定东鹏陶瓷公司享有的企业名称权和商标权的范围。

而东鹏卫浴公司享有的权利如下：（1）东鹏卫浴公司于2001年注册第1566637"東鹏 DOPEN"及图商标，该商标的核定使用商品是第11类水龙头、压力水箱、进水装置等产品，因此东鹏卫浴公司在水龙头、压力水箱、进水装置这些商品上应有权使用"東鹏 DOPEN"及图商标。（2）没有证据显示东鹏卫浴公司于2001年以"开平市东鹏卫浴实业有限公司"企业名称注册时具有搭便车的恶意，那么东鹏卫浴公司自2001年起应享有该企业名称权，也应有权在经营其注册商标核定使用的商品即水龙头、压力水箱、进水装置这些商品时使用其企业名称。

在明确了双方的商标权及企业名称权的范围后，解决权利冲突的关键在于遵循诚实信用、保护在先权利、维护公平竞争这几项原则。面对本案双方当事人均享有商标权和企业名称权的情况，第一种意见认为，既然法院认定东鹏卫浴公司于2001年进行企业名称注册时没有搭便车的恶意，即东鹏卫浴公司以现有企业名称登记成立时不存在违反诚实信用的问题，那么东鹏卫浴公司在经营其注册商标核定使用的商品即水龙头、压力水箱、进水装置这些商品时也应有权突出使用"东鹏"或"东鹏卫浴"的企业字号或企业简称。在双方当事人均享有"东鹏"字号权并在不同商品上分别享有"东鹏""東鹏"文字部分商标权的情况下，单方面禁止东鹏卫浴公司使用"东鹏"企业简称是不合理的。因此，东鹏卫浴公司应当有权在其厂房上方以及水龙头产品的户外广告牌上使用"东鹏""东鹏卫浴"的字样。二审法院以《企业名称登记管理规定》第20条等规定作为依据，没有区分东鹏卫浴公司注册商标核定使用商品的类别和经营商品的具体情形，直接判决其在经营中不得将其企业名称简化使用是不恰当的。

第二种意见则认为：（1）东鹏陶瓷公司的"东鹏"商标及字号注册及使用在先，在卫浴洁具、陶瓷、建筑砖瓦等产品上具有较高的市场知名度，同时相同的商标和字号的使用令显著性产生叠加效果，进一步使其为相关公众所知悉。在这种情况下，东鹏卫浴公司在经营与东鹏陶瓷公司享有"东鹏"商标权及字号权的同类或类似商品时，使用企业名称应当注意合理避让，防止造成市场混淆的结果发生；也就是说此时东鹏卫浴公司的字号权"东鹏卫浴"，应当避让东鹏陶瓷公司在浴室装置、抽水马桶、陶瓷、建筑砖瓦等核定使用商品上的商标权和字号权"东鹏""东鹏陶瓷"。然而，东鹏卫浴公司在包括坐便器在内等卫浴产品的包装、宣传及专卖店中突出使用"东鹏陶瓷""东鹏卫浴"，因此构成了商标侵权及不正当竞争。（2）鉴于东鹏卫浴公司在水龙头、进水装置等商品享有"東鵬 + DOPEN + 图案"注册商标，并且没有证据证明在上述商标注册时东鹏陶瓷公司的"东鹏"商标已达驰名程度；因此即使在2010年纠纷发生时东鹏陶瓷公司的"东鹏"商标及字号的知名度非常高，甚至达到驰名程度，东鹏卫浴公司仍然有权在水龙头、进水装置等商品使用"東鵬 + DOPEN + 图案"注册商标，并在涉及水龙头、进水装置等商品的生产经营和商业活动中使用其企业名称。但是为了避免相关公众对商品来源产生混淆误认，东鹏卫浴公司在生产经营和商业活动中仍应规范使用其注册商标和企业全称，以保护消费者利益。

笔者认为，第二种处理意见结合了双方使用商标和字号的历史状况、已经客观形成的市场格局、相关公众的认知状态、使用者的主观意图等因素综合判定，达到遵循诚实信用、保护在先权利、维护公平竞争、保护消费者利益的目的，更为可取。

关于侵害商业秘密的审查认定

——广州要玩娱乐网络技术股份有限公司
诉李金丹侵害商业秘密案

内容摘要

侵害商业秘密案件的一般审理思路具体分为以下几个步骤：一是确定原告主张的商业秘密的性质、内容及范围；二是确定原告所主张的被诉侵害商业秘密的行为类别及具体表现；三是审查原告所主张的商业秘密在被诉行为发生时是否符合秘密性、实用性及保密性的构成要件；四是比对原告主张的商业秘密的内容与被告被诉侵害商业秘密获得的内容是否一致；五是审查认定各项被诉侵害商业秘密的行为是否成立，被告是否存在合法或合理的抗辩理由；六是被告存在侵害行为时应承担的民事责任。

关键词 商业秘密 秘密性

裁判要点

本案主要涉及以下审查认定的内容：原告所主张的经营秘密的内容、原告所主张的秘密内容是否符合秘密性的构成要件，以及被告因移动办公的需要适量地将工作资料上传至需要密码登录并且自己能有效控制的互联网空间中，且没有造成资料进一步泄露的行为是否属于以不正当手段获取商业秘密的行为。

相关法条

《中华人民共和国反不正当竞争法》（1993 年施行）第十条（对应现行《中华人民共和国反不正当竞争法》第九条）

《最高人民法院关于审理不正当竞争民事案件应用法律若干问题的解释》第九条、第十条、第十一条、第十四条

案件索引

一审：广州市天河区人民法院（2016）粤 0106 民初 9293 号民事判决

二审：广州知识产权法院（2017）粤 73 民终 1874 号民事判决（笔者经办）

基本案情

上诉人（原审原告）：广州要玩娱乐网络技术股份有限公司（以下简称要玩公司）

被上诉人（原审被告）：李金丹

2014 年 12 月 29 日，李金丹向要玩公司应聘人力资源经理一职，广州要玩公司（甲方）与李金丹（乙方）签订《保密及竞业限制协议》约定，乙方于 2014 年 12 月 29 日起受雇于甲方，鉴于乙方在甲方工作期间可能从甲方获得重要的商业秘密、技术资料和其他敏感数据，根据《中华人民共和国劳动法》及相关法律法规规定，甲乙双方就乙方保守甲方商业秘密、保密事项及乙方竞业限制义务方面达成协议。其后，2014 年 12 月 31 日，李金丹从要玩公司处领取型号为"联想 E420"的笔记本电脑一台。

要玩公司提供的广州市劳动人事争议仲裁委员会庭审笔录载明，证人余军述称，2015 年 12 月 16 日 16 时许，要玩公司 MI 商业秘密主管余军发现公司的 IP 地址 192.168.12.68 显示流量异常，持续上传 20 多个小时，上传流量达 12G，该 IP 地址为李金丹所用，当时李金丹不在，余军使用管理员的权限修改密码后登录李金丹使用的电脑查看发现上传的文件均为公司内部资料，当天下午 19 时左右余军在上级办公室对该电脑进行截图处理，后于 21 日下午再次将电脑相关情况全部完成截图。截图打印件内容为对账号为 zhuyanxin@163.com 的云 U 盘中文件夹界面及传输列表界面。

要玩公司明确其主张构成商业秘密的信息为截图时间为 2015 年 12 月 21 日的截图显示传输列表项下的简历、招聘管理制度、薪酬管理制度、通讯录

等"已完成"的文件，并主张上述文件为李金丹于 2015 年 12 月 16 日开始上传至其云 U 盘，但要玩公司称除静态截图外，并未通过拍视频等动态方式对证据进行固定。

李金丹对上述截图的真实性不予认可，否认其上传了上述文件；并称其于 2015 年 12 月 16 日下午至 2015 年 12 月 21 日期间均未接触过涉案笔记本电脑，且其涉案笔记本电脑中的云 U 盘在日常登录中处于自动保存用户名和密码的状态，任何人操作其电脑均可以上传文件。由于双方当事人均确认云 U 盘已于 2016 年 6 月 30 日停止服务，因此庭审时已经无法核实云 U 盘登录是否具有自动保存用户名和密码的功能。

李金丹提交了微信对话记录截屏打印件、面谈录音记录、调岗通知及回复的邮件截图打印件，拟证明其因加班等工作需要而上传部分公司文件到其 QQ 邮箱的情况。对此，要玩公司再次明确，本案中要玩公司主张李金丹侵害商业秘密的行为仅限于李金丹将要玩公司的简历、招聘管理制度、薪酬管理制度、通讯录等文件上传至李金丹的云 U 盘的行为，而不包括上传至 QQ 邮箱等其他行为。

在（2016）粤 0106 民初 9296 号案中，查明在本案一审庭审中李金丹曾确认在日常工作中存在上传简历、采购合同以及人力资源盘点规划、行为测试等个人使用的文件至云 U 盘的行为。该案上诉至广州市中级人民法院后，该院作出（2017）粤 01 民终 15514 号民事二审判决，二审查明事实与一审判决查明事实一致，并判决驳回上诉，维持原判。本案二审中，李金丹辩称上述简历均系从社会招聘网站上下载得来，不属于要玩公司的商业秘密。对此，要玩公司认为，简历的收集需向招聘网站支付费用，故该简历属于要玩公司的权利，属于要玩公司的商业秘密。

要玩公司于 2016 年 5 月 23 日向一审法院起诉请求：（1）判令李金丹停止侵权，并在要玩公司的监督下销毁其所掌握的商业秘密；（2）判令李金丹以书面形式（即刊登在省级报刊的形式）向要玩公司赔礼道歉；（3）判令李金丹向要玩公司承担造成的损失人民币 8 万元。

裁判理由及结果

一审法院认为，本案系侵害商业秘密纠纷，要玩公司主张李金丹存在侵害要玩公司商业秘密的不正当竞争行为，本案存在以下两个主要争议焦点：一是要玩公司主张权利的文件信息是否构成商业秘密；二是李金丹是否存在侵害要玩公司商业秘密的行为。

1. 要玩公司主张权利的文件信息是否构成商业秘密

要玩公司明确在本案中主张权利的商业秘密包括截图时间为 2015 年 12 月 21 日的截图显示传输列表项下的简历、招聘管理制度、薪酬管理制度、通讯录等"已完成"的文件。（1）关于是否为公众所知悉，上述文件包含的信息，属于要玩公司管理制度文件、招聘简历及员工通讯录等公司内部文件，按一般常理，此类文件的知悉范围有限，且要玩公司、李金丹签订的《保密及竞业限制协议》也将此类文件约定在保密范围内，在李金丹未提供证据证明上述文件属于其所属领域的相关人员普遍知悉和容易获得的情况下，应认定要玩公司主张权利的上述文件信息不为公众所知悉。（2）关于是否能为权利人带来经济利益、具有实用性，要玩公司作为经营者，其公司内部包括薪酬管理、招聘管理、员工管理等涉及公司各方面业务管理的制度文件能为公司的经营提供指导，从而提高公司的经营效率及赢利能力，而公司的招聘简历及员工通讯录等文件，记载了已就职或有意向就职于要玩公司的人才的个人信息，这些信息能为要玩公司的员工管理及员工招聘等业务带来便利，要玩公司主张权利的文件信息具有现实的或者潜在的商业价值，能为要玩公司带来竞争优势，应认定系能为权利人带来经济利益并具有实用性的经营信息。（3）关于是否采取保密措施，要玩公司与李金丹签订的《保密及竞业限制协议》将要玩公司主张权利的文件约定在保密范围内，并约定李金丹需保守要玩公司商业秘密（包括公司的信息类、人事类等文件），未经要玩公司批准，李金丹不得带走复印、摘抄、收发、拷贝或指使他人带走复印、摘抄、收发、拷贝一切属于要玩公司的商业秘密和信息，要玩公司对涉案文件采取的措施在正常情况下足以防止涉密信息泄露，故应认定要玩公司采取了保密措施。

综上，一审法院认定要玩公司主张权利的简历、招聘管理制度、通讯录等文件信息构成商业秘密。

2. 李金丹是否侵害要玩公司的商业秘密

要玩公司的经营范围系专业技术服务业，李金丹在要玩公司处任职期间从事人力资源经理职位，要玩公司主张李金丹侵害其商业秘密的主要证据是要玩公司于 2015 年 12 月 16 日、21 日完成的电脑截图，虽然截图显示属于李金丹的账号为 zhuyanxin@163.com 的云 U 盘 "传输中" 及 "已完成" 项下存在若干文件，但由于要玩公司未采取公证保全证据的方式，也无李金丹或其他第三方在场的情况下自行进行截屏取证，且要玩公司提供的电脑流量截图显示李金丹的 IP 地址流量较大的应用系 QQ 聊天，云 U 盘所从属的 "其他HTTP 商业秘密的流量" 仅排在第五位，要玩公司发现李金丹 IP 地址流量大后未对 QQ 聊天工具传输的文件作截图而仅对云 U 盘作截图，其取证方式缺乏公正性与合理性；在要玩公司两次进行截屏之时，李金丹已离开其电脑数个小时或五日之久，在李金丹的电脑存在他人接触可能性的情况下，要玩公司的截图不能证明该云 U 盘正在上传或已经上传完成的文件系由李金丹操作上传。

即使要玩公司截图所显示的文件确系李金丹上传，此类文件均系人事类信息，系李金丹依其工作职位性质可正常接触、获取、掌握并依权限使用的文件资料，由于李金丹工作的可移动性，李金丹适量复制工作资料以满足工作之需符合一般常理，涉案的云 U 盘虽然属于互联网空间，但需要密码才能登录并查看内容，在正常情况下，将文件复制至云 U 盘不会造成资料泄露，李金丹将工作资料上传至云 U 盘后，该资料仍处于李金丹可有效控制的状态中，在要玩公司未提供证据证明李金丹存在披露、超越其权限使用或者允许他人使用要玩公司商业秘密的情况下，即使李金丹存在将上述文件上传至其云 U 盘的行为，也不足以构成侵害要玩公司商业秘密的行为。综上，一审法院判决驳回要玩公司的诉讼请求。

要玩公司不服一审判决，向法院提起上诉。

二审法院认为，根据双方当事人的诉辩意见，本案二审争议的焦点为：（1）要玩公司主张的涉案简历、招聘管理制度、薪酬管理制度、通讯录等是否构成商业秘密；（2）李金丹是否存在侵害要玩公司商业秘密的行为。

1. 关于要玩公司主张的涉案简历、招聘管理制度、薪酬管理制度、通讯录等是否构成商业秘密的问题

对于上述招聘管理制度、薪酬管理制度以及通讯录，一审法院认定其构成商业秘密，符合法律规定，且双方当事人二审中均未对此提出异议，二审法院予以维持。至于涉案简历，依照《最高人民法院关于审理不正当竞争民事案件应用法律若干问题的解释》第九条规定，"不为公众所知悉"是指构成商业秘密的相关信息不为其所属领域的相关人员普遍知悉和容易获得，具有秘密性。而涉案简历系从公开的社会招聘网站上下载所得，虽需支付一定的费用，但客观上已经处于可以从公开、正当的渠道容易获得的状态，故涉案简历并不具备秘密性的条件，不应认定为"不为公众所知悉"，不构成商业秘密。一审法院关于涉案简历信息构成商业秘密的认定有误，二审法院予以纠正。

2. 关于李金丹是否存在侵害要玩公司商业秘密行为的问题

要玩公司在本案中以其分别于 2015 年 12 月 16 日、21 日的电脑截图为据，主张李金丹将诉争信息上传至云 U 盘的行为构成侵害商业秘密的行为。首先，涉案截图时间为 2015 年 12 月 16 日的截图所显示的文件主要为"约见面试简历""校园招聘""美术简历""美术""总简历库"等，并未显示有与涉案招聘管理制度、薪酬管理制度、通讯录等相关的信息；如前所述，简历信息不构成商业秘密，故即使该日上传以上简历信息的行为是李金丹实施的，其也不构成侵害商业秘密的行为；况且，李金丹否认 2015 年 12 月 16 日截图的信息是其上传至云 U 盘的，要玩公司也没有其他证据证明该日的上传行为是李金丹本人实施的。其次，涉案截图时间为 2015 年 12 月 21 日的截图显示的文件为与招聘管理制度、薪酬管理制度、通讯录等相关信息，上述信息构成商业秘密，但要玩公司进行该次截图操作时，涉案电脑已脱离李金丹的控制长达五日之久，在此期间不能排除他人通过涉案电脑操作进行上传招聘管理制度、薪酬管理制度、通讯录等相关信息的可能性，无法证明该次截图所显示的文件均为李金丹操作上传，且李金丹否认上述信息由其上传，故要玩公司无法证明李金丹存在将要玩公司的商业秘密上传至云 U 盘的行为。最后，虽然在（2016）粤 0106 民初 9296 号案中查明了李金丹曾确认在日常

工作中存在上传简历、采购合同以及人力资源盘点规划、行为测试等个人使用的文件至云 U 盘的行为，但以上文件中，要玩公司未主张采购合同以及人力资源盘点规划、行为测试等属于商业秘密，只有简历属于要玩公司在本案中主张属于商业秘密的范围，而如前所述涉案简历因不具备"不为公众所知悉"的要件而不属于要玩公司的商业秘密，因此（2016）粤 0106 民初 9296 号案中查明的事实也不足以证明李金丹侵害了要玩公司的商业秘密。综上，要玩公司在本案中提交的证据无法证明李金丹存在侵害要玩公司商业秘密的行为，一审法院关于李金丹不构成侵害要玩公司商业秘密行为的认定正确，法院予以维持。

综上所述，二审法院判决驳回上诉，维持原判。

案例评析

本案涉及侵害商业秘密案件的一般审理思路，具体分为以下几个步骤：一是确定原告主张的商业秘密的性质、内容及范围；二是确定原告所主张的被诉侵害商业秘密的行为类别及具体内容；三是审查原告所主张的商业秘密在被诉行为发生时是否符合秘密性、实用性及保密性的构成要件；四是比对原告主张的商业秘密的内容与被告被诉侵害商业秘密获得的内容是否一致；五是审查认定各项被诉侵害商业秘密的行为是否成立，被告是否存在合法或合理的抗辩理由；六是被告存在侵害行为时应承担的民事责任。

第一，关于原告主张的商业秘密的性质、内容及范围。商业秘密可以区分为经营秘密和技术秘密，经营秘密应当通过时间、内容等具体要素予以明确其范围，如本案中原告主张的是"截图时间为 2015 年 12 月 21 日的截图显示传输列表项下的简历、招聘管理制度、薪酬管理制度、通讯录"；技术秘密则应具体到研发及完成时间、具体技术方案及其中所主张的技术秘密点等内容，可以类比专利侵权案件中要求权利人确定专利权保护范围的方式进行。

第二，关于原告所主张的被诉侵害商业秘密的行为类别及具体内容。根据反不正当竞争法的规定，侵害商业秘密的行为包括：（1）以不正当手段获取商业秘密的行为；（2）以不正当手段获取后披露、使用或者允许他人使用商业秘密的行为；（3）违反合同约定或保密要求，披露、使用或者允许他人使用商业秘密的行为；（4）明知或应知存在前述违法行为，仍然获取、披露、使用或者允许他人使用商业秘密的行为。例如在本案中，要玩公司主张李金丹侵害商业秘密的行为仅限于李金丹将要玩公司的简历、招聘管理制度、薪酬管理制度、通讯录等文件上传至李金丹的云 U 盘的行为，而不包括上传至 QQ 邮箱及其他行为。即要玩公司主张的侵害行为实质上是认为李金丹存在以不正当手段获取商业秘密的行为，并且获取的途径仅限于"上传至李金丹的云 U 盘"，获取的时间是 2015 年 12 月 16 日至 21 日；而要玩公司既无证据证明也没有主张李金丹存在将上述诉争信息披露、使用或者允许他人使用的行为。

第三，关于审查原告所主张的商业秘密在被诉行为发生时是否符合秘密性、实用性及保密性的构成要件。根据《最高人民法院关于审理不正当竞争民事案件应用法律若干问题的解释》第九条至第十一条规定，一是有关信息不为其所属领域的相关人员普遍知悉和容易获得，应当认定为"不为公众所知悉"，具有秘密性；二是有关信息具有现实的或者潜在的商业价值，能为权利人带来竞争优势的，应当认定具有实用性；三是权利人为防止信息泄露所采取的与其商业价值等具体情况相适应的合理保护措施，应当具有保密性。本案中，要玩公司主张属于经营秘密的招聘管理制度、薪酬管理制度、通讯录均符合上述三性的构成要件；但关于简历，要玩公司称简历是通过向招聘网站支付费用而获得，客观上处于可以从公开、正当的渠道容易获得的状态，不属于"不为公众所知悉"，即不具有秘密性故不构成商业秘密。

第四，关于比对原告主张的商业秘密的内容与被告被诉侵害商业秘密获得的内容是否一致的问题。对于经营秘密的情形，一般是从文件名称、内容进行比对即可，比较容易判断。但是对于技术秘密的情形，应根据原告所限定的技术秘密的内容以及秘密点来展开比对，相对复杂得多；例如若属于类似专利方面的技术秘密，则将涉及技术方案、相应技术特征、相关实施例、相应图形等内容的比对；若属于类似计算机程序方面的技术秘密，则将可能涉及源代码、源程序的比对，甚至需要进行鉴定程序才能解决。

第五，关于认定各项被诉侵害商业秘密的行为是否成立以及被告是否存在合法或合理的抗辩理由的问题，需要紧紧围绕原告所诉请的行为类别，结合个案情况进行分析。如本案中，假设要玩公司主张的经营信息全部属于商业秘密，并且假设李金丹实施了将属于要玩公司商业秘密的经营信息上传至其云U盘的行为，李金丹的行为是否属于以不正当手段获取商业秘密的行为？对此，笔者认为，应当正确分析"不正当手段"的含义并以此为基础作出认定。根据反不正当竞争法第九条规定，不正当手段包括以盗窃、贿赂、欺诈、胁迫及其他不正当手段的情形。本案中，李金丹的工作职位是人力资源经理，若涉案的经营信息均属于李金丹依其工作职位可正常接触、获取、掌握且依工作权限及办公需要应使用的人事类信息，此时李金丹由于移动办公的需求，适量地将工作资料上传至需要密码登录并且自己能有效控制的互联网空间中，且没有造成资料泄露的后果，那么李金丹的行为应属于为满足正常工作所实施的合理手段，不属于"以不正当手段获取商业秘密的行为"。

著作权侵权篇

著作权民事侵权案件的审理思路:
以"权属抗辩"以及根据"接触可能性"
加"实质相似"原则认定侵权为重点

——广州市喀什图制衣有限公司诉广州市杰晖
服装有限公司、朱固民侵犯著作权纠纷案

内容摘要

关于审理侵害著作权案件的一般思路具体归纳如下:一是确定原告所主张的作品类型以及根据不同类型作品的独创性要求认定是否构成作品。二是根据署名等相关证据认定原告对于涉案作品是否享有著作权,以及享有的具体权项是哪些。三是对被告提出的权属抗辩的不同情形进行审查。四是根据证据确定被告所实施的具体行为。五是根据"接触可能性"加"实质相似"原则,进行侵权比对并认定被告是否构成侵权。六是特殊抗辩事由,包括合理使用、合法来源抗辩等。七是关于民事责任的承担。由于本案例涉及侵害著作权纠纷的一般审理思路,因此在著作权侵权篇中居首。

关键词 审理侵害著作权案件的一般思路　权属抗辩　接触可能性　实质相似

裁判要点

本案中主要涉及权属抗辩以及根据"接触可能性"加"实质相似"原则认定侵权的问题。我国对于著作权实行的是自动保护和自愿登记原则,在作品登记程序中缺乏对于独创性的实质审查。在侵犯著作权纠纷中,被告以著作权登记证书作为其享有原告作品著作权的依据或者是提出原告与被告各自

享有著作权的抗辩时，法院不能据此直接认定，必须结合其他证据对双方作品的独创性以及其他记载事项予以严格审查。同时，在认定侵犯著作权时应当适用"接触可能性"加"实质相似"的原则，被告是否有接触原告作品的可能，应由原告举证证明。

相关法条

《中华人民共和国著作权法》第十条第一款第（五）项和第（六）项、第二款、第十一条第四款、第四十八条第（一）项、第四十九条

《最高人民法院关于审理著作权民事纠纷案件适用法律若干问题的解释》第七条、第二十五条、第二十六条

案件索引

一审：广东省广州市南沙区人民法院（2009）南法民二知初字第 121 号

二审：广东省广州市中级人民法院（2010）穗中法民三终字第 106 号（笔者经办）

基本案情

上诉人（原审被告）：广州市杰晖服装有限公司（以下简称杰晖公司）

上诉人（原审被告）：朱固民

被上诉人（原审原告）：广州市喀什图制衣有限公司（以下简称喀什图公司）

2008 年 9 月 16 日，广东省版权保护联合会向喀什图公司颁发"作登字：19 - 2008 - F - 1230 号"著作权登记证书，作品名称为"09 少女印花图案系列 T 恤（一）~（三）"，作品类型为美术作品，作者为余健超、余健屏，著作权人为喀什图公司，该证书记载的作品完成日期为 2008 年 8 月 1 日，作品登记日期为 2008 年 9 月 16 日。该证书所附"09 少女印花图案系列 T 恤（一）目录"第 39 页为涉案图案，编号为 SS090139158S。该图案与喀什图公司提交的作品底稿上的图案区别在头部的倾斜度不同，但两者人物的整体神态、动作及外观基本相同。底稿上的图案可辨认出有铅笔勾勒修改的痕迹，

并有手写的"余健屏"和"2008.5.15"字样，庭审中余健屏确认该底稿是其所创作完成，在完成当天由其亲手在底稿上签具姓名及日期。将余健屏在庭审当场所画图案与喀什图公司提交的底稿图案相比对，两图案中的人物形象、姿态、饰物位置、形状等基本相同，虽然在某些细节方面有细微差别，但并不影响两幅图案的整体相似性。

本案被诉侵权服装为一件灰色女 T 恤，由喀什图公司分别于 2009 年 3 月 10 日、13 日、16 日通过公证方式购买，杰晖公司和朱固民确认公证购买的服装是他们销售的。该 T 恤正面印有一少女上半身漫画图案，经比对，该图案与原告第 SS090139158S 号图案，从整体形态上观察无差别，两图案上的人物神态、动作及外观均相同。

2009 年 6 月 3 日，广东省版权保护联合会向朱固民颁发"作登字：19 - 2009 - F - 0475 号"著作权登记证书，作品名称为"名娅丽系列 91329# - 92132#"，作品类型为美术作品，作者为朱固民，著作权人为朱固民，该证书记载的作品完成日期为 2008 年 5 月 7 日，作品登记日期为 2009 年 6 月 3 日。该证书所附"名娅丽 91372#"图案为涉案图案。该图案与喀什图公司公证购买的被诉侵权服装上所印的图案一致。朱固民将"名娅丽"系列图案的著作权自 2008 年 6 月初起许可给杰晖公司使用。

一审法院于 2009 年 11 月 17 日向广东省版权保护联合会发出《关于著作权登记证书上的"作品完成日期"如何审核确定的函》，广东省版权保护联合会于 2009 年 11 月 20 日向一审法院发出《关于著作权登记证书上的"作品完成日期"审核问题的复函》（以下简称复函），内容有："……作品自愿登记时，一般只核查作者或其他权利人的身份证、表明作品权利归属的证明如封面或版权页的复印件、部分手稿的复印件及照片、样本，委托创作或职务创作合同等，对其他事项，一般不作实质性审查。"

喀什图公司针对杰晖公司和朱固民侵犯"09 美少女印花图案系列"作品著作权的行为提起 10 案（含本案）诉讼，共支出公证费 1000 元、律师费 40000 元、购买侵权商品费用 10380 元。

喀什图公司于 2009 年 5 月 14 日在原审法院立案起诉，提出的诉讼请求是：（1）杰晖公司和朱固民立即停止生产和销售印有喀什图公司享有著作权的图案作品的 T 恤衫等产品，销毁库存侵权产品以及印花模具；（2）杰晖公司和朱固民在《广州日报》上登文赔礼道歉，消除影响；（3）杰晖公司和朱固民赔偿喀什图公司经济损失 50000 元以及为制止侵权支付的合理开支 5000元，共计 55000 元；（4）杰晖公司和朱固民共同承担本案诉讼费。

裁判理由及结果

一审法院认为，喀什图公司主张著作权的"09 美少女印花图案系列"第SS090139158S 号图案，属于美术作品。根据广东省版权保护联合会给一审法院的复函，该联合会对作品完成日期并不作实质性审查。故虽然喀什图公司提交的著作权登记证书上标注有作品完成日期，但并非是在作品完成当日进行登记的，喀什图公司有义务对其作品的实际完成日期作进一步的举证。

喀什图公司提交的涉案底稿上的图案可辨认出有铅笔勾勒修改的痕迹，并有手写的"余健屏"和"2008.5.15"字样，由于本案所涉喀什图公司主张权利的底稿图案与余健屏当庭现场作画所对应的底稿图案是一个系列的美术作品，创作者也相同，经比对余健屏于 2009 年 7 月 2 日当庭所画图案，与喀什图公司提交的底稿图案除一些细节方面有所不同外，整体形态、外观、笔画等均基本相同，余健屏在事隔一年多之后，仅凭记忆当场作画完成的图案与底稿图案基本相同，该行为已足以证明余健屏是喀什图公司主张权利的系列美术作品的作者。余健超将余健屏创作的图案经过电脑后期加工后用于著作权登记附件，而涉案底稿上的图案与喀什图公司用于进行著作权登记的图案基本相同，进一步印证了喀什图公司提交的著作权登记证书上记载的作者系余健超与余健屏的事实。喀什图公司已经完成对作品著作权方面的举证，证明的内容为喀什图公司的员工余健屏于 2008 年 5 月 15 日创作了涉案图案，属于职务作品，余健屏享有署名权，喀什图公司享有著作权的其他权利。杰晖公司和朱固民对上述事实予以否认，应由其承担提交相反证据予以证明的责任，但杰晖公司和朱固民并未提交相应的证据，对其抗辩意见不予采纳。由于喀什图公司享有的涉案作品的著作权尚处有效期内，喀什图公司有权依照其享有的著作权提起诉讼。

杰晖公司和朱固民认为其所生产、销售的被诉侵权产品上的图案是朱固民享有著作权的"名娅丽"系列美术图案，并提交于 2009 年 6 月 3 日取得的著作权登记证书予以证明，该证书显示的作品完成日期为 2008 年 5 月 7 日，作者及著作权人均为朱固民，同样根据广东省版权保护联合会给一审法院的复函，杰晖公司和朱固民应对其登记的涉案作品的实际完成日期进一步予以举证。

由于杰晖公司和朱固民所提交的证据均无法证明其在本案被诉侵权服装上使用的"名娅丽"系列图案的作品完成与发表日期早于喀什图公司，应由杰晖公司和朱固民承担举证不能的法律后果。且朱固民直到本案诉讼过程中的 2009 年 6 月 3 日才向著作权登记机关进行"名娅丽"系列图案的著作权登记，而喀什图公司的著作权登记日期为 2008 年 9 月 16 日。即使喀什图公司无法证明其作品实际完成日期，在喀什图公司、杰晖公司和朱固民双方均无法对其主张的作品的实际完成日期予以证明的情况下，喀什图公司进行著作权登记备案的日期也早于杰晖公司和朱固民登记备案的日期。由于经过比对，被诉侵权服装上的图案与喀什图公司享有著作权的"09 少女印花图案系列 T恤（一）"美术作品中编号为 SS090139158S 的图案基本相同，而该被诉侵权图案与朱固民进行著作权登记的图案相同。一审法院认定杰晖公司生产销售的涉案 T恤使用的图案，复制喀什图公司涉案作品图案用于涉案 T恤装潢，并销售这些侵权产品，由于杰晖公司作为专门从事服装生产、销售的公司，朱固民作为杰晖公司的法定代表人，均具有专业的商品经营管理经验，对其生产、销售的同类商品上使用图案的著作权情况更加了解，杰晖公司未在生产、销售过程中对相关著作权情况尽到审慎义务，侵犯了喀什图公司对该作品的复制权、发行权，应承担停止侵权、赔偿损失的民事责任。朱固民抄袭喀什图公司涉案作品，并将抄袭作品提供给杰晖公司用于所生产销售的商品，与杰晖公司构成共同侵权，应与杰晖公司承担连带赔偿责任。

由于杰晖公司和朱固民因侵权所获得的利益或者喀什图公司因被侵权所受到的损失均难以确定，一审法院根据喀什图公司的申请，综合考虑作品类型、侵权行为性质及后果、杰晖公司和朱固民的经营期间及规模等因素，酌情确定杰晖公司和朱固民应当赔偿的数额。

关于喀什图公司要求杰晖公司和朱固民在《广州日报》上赔礼道歉并消

除影响的诉请。一审法院认为，杰晖公司和朱固民侵犯喀什图公司作品的复制权、发行权属于著作财产权范畴，而赔礼道歉、消除影响均是适用与人身权范畴的责任方式。故对于喀什图公司的该项诉讼请求一审法院不予支持。

综上所述，一审法院判决：（1）广州市杰晖服装有限公司自本判决书生效之日起立即停止生产和销售侵犯广州市喀什图制衣有限公司 "09 少女印花图案系列 T 恤（一）" 美术作品中编号为 SS090139158S 图案著作权的产品的行为。（2）广州市杰晖服装有限公司自本判决书生效之日起十日内赔偿广州市喀什图制衣有限公司经济损失 10000 元。（3）朱固民对第二项判决所确定的赔偿责任承担连带清偿责任。四、驳回广州市喀什图制衣有限公司的其他诉讼请求。本案受理费 1175 元，财产保全费 570 元，共计 1745 元，由广州市杰晖服装有限公司、朱固民共同负担。

杰晖公司及朱固民不服一审判决，上诉请求二审法院：（1）依法撤销原审判决第一、二、三项，改判驳回喀什图公司的全部诉讼请求；（2）一、二审的诉讼费用由喀什图公司承担。

二审法院认为，将杰晖公司制造销售之服装产品上的被诉图案与喀什图公司主张权利之美术作品对比，二者的人物形象从整体形态上基本无差别，人物轮廓及其动作、神态相同，因此一审法院认定二者图案基本相同，是正确的，二审法院予以维持。

诉讼中，喀什图公司为证明其享有著作权提交了相应证据，包括由作品的创作者当庭作画，这些证据均可证明其享有著作权，一审法院据此认定喀什图公司享有涉案美术作品的著作权，合法有据，应予维持。虽然喀什图公司提交的证据不能证明其在著作权登记证上记载的作品完成日期 2008 年 8 月 1 日是其涉案作品完成的真实日期，但由于喀什图公司在 2008 年 9 月 16 日进行了著作权登记，喀什图公司在登记时必须提交美术作品，可以认定喀什图公司最迟在 2008 年 9 月 16 日已经完成了涉案作品。

由于杰晖公司和朱固民在上诉中认为喀什图公司的证据只能证明其登记的作品最迟完成于 2008 年 9 月 16 日，并且认为双方当事人均是参考电脑上公布的图案并结合自己的产品特点来各自设计图案，因此杰晖公司和朱固民的上诉理由并不是否定喀什图公司享有涉案作品的著作权，而是认为朱固民享有被诉图案的著作权，即认为被诉图案与涉案作品是双方当事人各自享有著作权的作品，所以不存在侵权事由。故本案的争议焦点集中在被诉图案是否是由朱固民自行创作并享有著作权的作品，以及被诉图案是否是剽窃于涉案美术作品这两方面。

关于被诉图案是否是由朱固民自行创作并享有著作权的作品，杰晖公司和朱固民提交了相应证据，拟证明与喀什图公司涉案作品基本相同的被诉图案由其自行创作完成。对此，二审法院认为，首先，杰晖公司和朱固民不能提交原始手画的纸质底稿、原始扫描的电脑、数码照片的原始数据资料。其次，杰晖公司和朱固民在诉讼中辩称底稿被原设计师离职时带走了，表明被诉图案并非由朱固民本人所创作，也没有原设计师出庭作证，这与朱固民将被诉图案作者登记为朱固民相矛盾。另外，杰晖公司和朱固民二审中提交的网页证据也无法证明其真实性和关联性。因此，杰晖公司和朱固民不能证明朱固民自行创作了被诉图案。最后，喀什图公司诉至一审法院后，一审法院于 2009 年 5 月 25 日向杰晖公司和朱固民送达了起诉状副本、证据等诉讼文书和证据材料，此时朱固民已经知晓喀什图公司主张权利的涉案作品，其于 2009 年 6 月 3 日才将被诉图案进行著作权登记，如此形成的著作权登记证书在本案中不能单独作为朱固民证明其享有被诉图案著作权的依据。综上，杰晖公司和朱固民在一审和二审诉讼中提交的证据不足以支持其主张，不应认定朱固民享有被诉图案的著作权。

以下将分析被诉图案是否剽窃于喀什图公司的涉案美术作品。如前所述，经比对，被诉图案与涉案作品基本相同，若被诉图案完成于涉案作品之后，又有证据足以证实或者推定朱固民实际接触或者有可能接触在先完成的涉案作品，那么应认定被诉图案构成剽窃。因此，完成涉案美术作品与被诉图案孰先孰后，以及是否实际接触或者有可能接触，是判定本案争议的重要环节。

关于被诉图案的完成时间，杰晖公司和朱固民在上诉中以名雅时装厂裁床单为依据主张其于 2008 年 8 月至 9 月前就已完成被诉图案并用于生产和销售，二审法院在认证中不予采信，因此杰晖公司和朱固民的上述主张没有证据予以支持。同时，杰晖公司和朱固民提交的著作权登记证书上记载的"作品完成日期" 2008 年 5 月 7 日，也没有其他证据辅佐证明，故不应认定 2008

年 5 月 7 日为被诉图案的实际完成日期。而公证保全被诉产品的时间是 2009 年 3 月，因此从现有证据只能认定杰晖公司在 2009 年 3 月完成了被诉图案并生产、销售了使用被诉图案的服装产品，但没有证据证明杰晖公司和朱固民在此之前已经完成并使用了被诉图案。

关于涉案作品的完成时间，根据前述内容，可以认定喀什图公司最迟在 2008 年 9 月 16 日已经完成了涉案作品。另根据喀什图公司在二审中提交的证据证明，喀什图公司在 2009 年 1 月委托他人制作了包含涉案作品的宣传图册，涉案作品在杰晖公司和朱固民 2009 年 3 月完成并使用被诉图案前已经公开，杰晖公司与喀什图公司为同地域（广州市）的同业经营者，双方存在竞争关系，按经济活动中的生产经营常理，经营者会较密切地关注同行业竞争者的相关产品设计，尤其在有较多时尚因素的服装行业，同业竞争者的互相关注度较强，因此推定，朱固民和杰晖公司有接触在先完成的涉案美术作品的可能。

综上所述，朱固民没有证据证明其享有被诉图案的著作权；喀什图公司最迟完成涉案作品的时间是 2008 年 9 月 16 日，公开涉案作品的时间最迟是 2009 年 1 月，均早于杰晖公司和朱固民在生产、销售的服装产品中完成并使用被诉图案的时间 2009 年 3 月，即使扣除制作服装并流入市场的合理时间，仍可认定朱固民和杰晖公司有接触涉案美术作品的可能；而且被诉图案与涉案美术作品对比基本相同。因此，朱固民剽窃了喀什图公司的涉案作品，并提供给杰晖公司在生产销售的服装中使用，有事实和法律依据，二审法院予以认定。

杰晖公司和朱固民用于杰晖公司的服装产品上的被诉图案剽窃了喀什图公司的涉案美术作品，侵犯喀什图公司的著作权，应承担相应的法律责任。原审认定事实清楚，适用法律及处理得当，应予维持。上诉人的上诉请求和理由没有事实和法律依据，应予驳回。依据《民事诉讼法》第一百五十三条第一款第（一）项规定，判决如下：驳回上诉，维持原判。二审案件受理费 1175 元，由上诉人广州市杰晖服装有限公司、朱固民共同负担。

案例评析

关于审理侵害著作权案件的一般思路，具体归纳如下。一是确定原告所主张的作品类型以及根据不同类型作品的独创性要求认定是否构成作品，如结合个案情况认定 MTV 属于作品还是制品的问题。二是根据署名等相关证据认定原告对于涉案作品是否享有著作权，以及享有的具体权项是哪些，特别是当原告属于被许可人、仅享有部分权利的情况。三是对被告提出的权属抗辩的不同情形进行审查。四是根据证据确定被告所实施的具体行为。五是根据"接触可能性"加"实质相似"原则，进行侵权比对并认定被告是否构成侵权。六是特殊抗辩事由，例如包括合理使用、合法来源等抗辩。七是关于民事责任的承担。本案中主要涉及权属抗辩以及根据"接触可能性"加"实质相似"原则认定侵权的问题。

（一）侵犯著作权纠纷中的权属抗辩

在侵犯著作权案件中，原告是否享有著作权，是原告首先要证明的事实。在不少案件中，被告都提出了权属抗辩，归纳起来可分为四种：其一是被告认为原告的证据不足以证明其享有涉案作品的著作权；其二是被告认为涉案作品的著作权人是案外人；其三是被告认为其对于涉案作品享有著作权；其四是被告认为原告与被告各自享有不同的著作权。本案被告杰晖公司和朱固民在一审中抗辩认为涉案美术作品的著作权人是朱固民，喀什图公司是剽窃朱固民的作品然后进行著作权登记，属于第三种情况；在二审中则抗辩认为喀什图公司与朱固民分别享有涉案美术作品和被诉图案的著作权，属于第四种情况。

与专利权、商标权以向行政机关登记注册作为取得权利的必要要件不同，我国对于著作权实行的是自动保护和自愿登记原则，著作权自作品创作完成之日起产生，不需要行政机关的授权。由于著作权的产生缺乏公示程序，因此在作品发表前，公众对作品几乎没有了解的渠道。这就造成了在诉讼中当著作权的权属发生上述争议时，当事人的举证只能局限于其在相应领域创作时的有关材料。比起专利权和商标权案件，法院对权属的审查和认定增加了难度，不同法院、法官对于审查标准的把握也很难统一。

1. 四种权属抗辩中原告的举证责任各有不同要求

首先，对于被告抗辩原告的证据不足以证明其享有涉案作品的著作权的情形，根据《关于审理著作权民事纠纷案件适用法律若干问题的解释》第七条规定，当事人提供的涉及著作权的底稿、原件、合法出版物、著作权登记证书、认证机构出具的证明、取得权利的合同等，可以作为证据。在作品或者制品上署名的自然人、法人或者其他组织视为著作权、与著作权有关权益的权利人，但有相反证明的除外。因此在被告没有相反证据的情况下，只要原告能够提供上述初步证据，如本案中的著作权登记证书，就可以认定原告尽到了举证责任，享有涉案作品的著作权。在这种情形下，原告的举证责任要求最为宽松。其次，对于被告抗辩涉案作品的著作权人是案外人的情形，比起前一种情形而言，不仅需要综合审查被告提出的证明著作权人是案外人的证据，同时应当加大对于原告创作作品过程所需要的资料以及产生的相关材料的举证责任，例如，对于文字作品应审查原告是否能举证证明作品大纲、作品底稿、作废的修改稿等，对于摄影作品应审查原告是否能举证证明拍摄的器材、拍摄场景及人员的情况、原始胶片、数码 RAW 文件等。第三，对于被告抗辩享有涉案作品的著作权或者抗辩原告、被告各自享有不同的著作权的情形，法院不仅必须在上述情形的基础上对权属证据予以审查，而且应以同一认证标准对原告和被告的权属证据予以采信，对创作时间、创作思路、创作素材等方面予以比较。即上述第一种、第二种情形法院可以较为宽松地采信原告关于权属方面的初步证据、形式证据；但在第三种、第四种情形中，法院对于原告和被告的权属证据在采信标准上必须一视同仁，不能对原告宽松而对被告严苛。如本案二审中，上诉人杰晖公司、朱固民和被上诉人喀什图公司为了证明作品的创作及发表时间，均提供了裁床单明细来证明其包含了各自作品的衣服产品公开销售的时间。若采信喀什图公司提供的裁床单，则也应当采信杰晖公司、朱固民提供的证据形式基本一致的裁床单作为定案依据，最后，二审法院经过审查，认定双方提供的裁床单都是当事人内部流程的单据，没有对外的销售单据予以对应，该部分证据可以由当事人自行制作并随时修改，因此均不予采信。

2. 双方均进行了著作权登记的情况下著作权权属如何认定

关于著作权登记制度，我国实施的是自愿登记原则，但在作品登记程序中缺乏对于独创性的实质审查，如本案一审中，广东省版权保护联合会向一审法院发出《关于著作权登记证书上的"作品完成日期"审核问题的复函》中称："……作品自愿登记时，一般只核查作者或其他权利人的身份证、表明作品权利归属的证明如封面或版权页的复印件、部分手稿的复印件及照片、样本，委托创作或职务创作合同等，对其他事项，一般不作实质性审查。"因此，在司法实践中，著作权登记证书只能作为权属的初步证据。在双方均进行了著作权登记，且被告以此作为抗辩的依据时，法院不能径行认定双方均享有著作权，必须结合其他证据予以分析，对双方登记作品的独创性以及登记记载的作品完成日期予以严格审查。如在本案中，首先，对喀什图公司登记的"09 少女印花图案系列 T 恤（一）"第 SS090139158S 号图案的独创性以及登记记载的作品完成日期进行审查。由于本案中的作品类型是美术作品，喀什图公司提供了有作者余健屏姓名的作品底稿、余健屏也作为证人到庭确认并凭记忆当庭作画，上述证据结合著作权登记证书足以认定喀什图公司是上述作品的著作权人，但是由于喀什图公司不能证明登记的作品完成日期 2008 年 8 月 1 日是其涉案作品完成的真实日期，因此只能认定其在 2008 年 9 月 16 日登记时已完成了对涉案作品的创作。其次，对朱固民登记的"名娅丽系列 91329# – 92132#"的独创性以及登记记载的作品完成日期进行审查。其一，朱固民不能提交原始底稿或原始素材、设计思路；其二，朱固民辩称底稿被原作品设计师离职时带走了，表明被诉图案另有作者，这与朱固民将被诉图案作者登记为朱固民相矛盾；其三，朱固民是在收到一审的诉讼材料后才进行著作权登记，有利用不进行实质审查的漏洞、为抗辩目的进行著作权登记的嫌疑；其四，朱固民登记的作品完成日期 2008 年 5 月 7 日也没有证据证明。综上，朱固民无法证明"名娅丽系列 91329# – 92132#"具有独创性，不应认定朱固民享有著作权。

（二）侵犯著作权纠纷中关于"接触可能性"的认定

认定侵犯著作权应当适用"接触可能性"加"实质相似"原则，"接触可能性"是指被告接触原告作品的可能；"实质相似"是指被告的被诉作品与原告作品受著作权保护的部分进行比对，判定两者是否实质相似。

杰晖公司和朱固民是否有接触喀什图公司作品的可能，应由喀什图公司举证证明。如前所述，由于著作权的产生缺乏公示程序，如喀什图公司在作品完成后未对外发表，一般公众没有接触作品的机会。本案一审中，喀什图公司没有举证证明其在作品完成后对外公开发表，即没有证明杰晖公司和朱固民对喀什图公司作品有接触的可能，一审法院也没有对此进行审查，便在将涉案作品与被诉图案进行比对认定构成实质相似后直接判决杰晖公司和朱固民侵犯喀什图公司的著作权，缺少了"接触"的环节，在事实认定上存在重大遗漏。

在二审期间，法院对于这个问题予以重点审查。首先，如前所述，可以认定喀什图公司主张权利的涉案作品在 2008 年 9 月 16 日登记时已完成了创作；其次，公证保全被诉产品的时间是 2009 年 3 月，由于朱固民和杰晖公司均不能提供证据证明在此之前已在生产经营中使用被诉图案，即只能认定杰晖公司在 2009 年 3 月生产、销售了使用被诉图案的服装产品；第三，喀什图公司提供了证据证明在 2009 年 1 月委托他人制作了包含涉案作品的宣传图册，即可以认定涉案作品最迟在 2009 年 1 月时已经公开发表。综上，由于杰晖公司和朱固民使用被诉图案的时间相对于喀什图公司公开发表涉案作品的时间至少迟两个月，且杰晖公司与喀什图公司为同地域（广州市）存在竞争关系的同业经营者，按生产经营的常理判断，经营者会较密切地关注同行业竞争者的相关产品设计，尤其在有较多时尚因素的服装行业，同业竞争者的互相关注度较强，因此推定朱固民和杰晖公司有接触在先完成的涉案美术作品的可能。最后，再结合涉案作品与被诉图案比对构成实质近似的结果，才足以认定杰晖公司和朱固民剽窃了喀什图公司的涉案作品的事实。

非著作权集体管理组织当事人的诉权应以其享有实体权利为要件

——深圳菜之鸟唱片有限公司诉广州市顺景餐饮娱乐有限公司侵害著作权纠纷案

内容摘要

由于我国著作权采取自动保护制度，即作品一经创作完成便产生著作权而不以注册登记为效力产生的要件，因此著作权的权属问题是侵害著作权案件中的审查重点之一，直接关系到原告是否有权提起诉讼。在著作权权属争议中存在的一种典型情况是，作为非集体管理组织的当事人根据著作权人的信托授权，在未取得著作权实体权利的情况下，是否有权单独以自己的名义对侵害著作权的行为提起侵权之诉。

关键词　非著作权集体管理组织　诉权　信托财产权　实体权利

裁判要点

在著作权侵权诉讼中，著作权集体管理组织因法律规定赋予其有权实施的著作权集体管理活动而享有诉权；通过继受取得权利的非著作权集体管理组织当事人的诉权，应以《著作权法》第二十四条、第二十五条规定的因权利许可或转让而产生的实体权利为基础，而对于不具有著作权实体权利的非著作权集体管理组织当事人，法院将驳回其起诉。

相关法条

《中华人民共和国侵权责任法》第二条

《中华人民共和国著作权法》第三条第（六）项、第八条、第十条、第十五条、第二十四条、第二十五条

案件索引

基本案情

上诉人（原审被告）：广州市顺景餐饮娱乐有限公司（以下简称顺景公司）

被上诉人（原审原告）：深圳菜之鸟唱片有限公司（以下简称菜之鸟公司）

1. 关于涉案音乐专辑《中国音乐电视金曲 VCD（伍）》中收录的《好人一生平安》等 12 首歌曲的权利状况及其法律状态

菜之鸟公司提交的《中国音乐电视金曲 VCD（伍）》音乐专辑封底显示内容包括：中国唱片广州公司出版·发行，ISRC CN－F13－96－347－00/V.J6，贵州四达音像公司制作，CHINA RECORD CO. GUANGZHOU 版权所有·翻录必究。该音乐专辑收录了《好人一生平安》等 12 首涉案歌曲。

1997 年 6 月 16 日，贵州四达音像公司出具《版权证明书》，主要内容为：贵州四达音像公司于 1997 年 6 月 16 日将本公司拥有的全部录音录像节目版权（包括全部音像节目介质的录音带、CD、LD、VCD、DVD 及版权节目等）全权独家转让给其子公司广州四达音像有限公司和王宪全权所有，三方已履行完毕全部交接手续。今后，广州四达音像有限公司与王宪可全权拥有并运营转让后的全部录音录像节目版权，对此贵州四达音像公司予以认可，并承诺不再对已转让的全部录音录像节目版权享有任何权利，也不会以任何形式使用已转让的全部录音录像节目版权。

2014 年 5 月 1 日，菜之鸟公司（甲方）与广州四达音像有限公司、王宪（乙方）签署《授权书》，编号 CZN20141201B，主要内容为：乙方拥有本授

权书所列视听作品合法有效的著作权权利，现授予甲方进行运营及维权。乙方授权甲方将视听作品用于宽带及互联网（包括广域网、局域网等）平台、电信运营商增值业务平台、KTV/夜总会/酒吧等场所，授权权利包括但不限于复制权、发行权、信息网络传播权、放映权、表演权、广播权、修改权、转授权及相关邻接权等权利，上述权利包括乙方过去、现在和将来自己制作、购买或以其他任何方式取得的权利。……甲方可以自己的名义向任何第三方主张权利，包括但不限于提起民事诉讼、刑事诉讼及行政诉讼、向本授权生效前实施侵权行为的侵权人主张权利的权利，上述管理活动，均以甲方名义进行。授权方式为专属独家授权。授权范围为中国地区。授权期限：2014年5月1日至2024年12月31日，授权期满前30日内如双方均无异议，授权期限自动顺延2年，顺延次数不限。该授权书所附授权歌曲包括涉案的《好人一生平安》等12首歌曲。

2014年6月5日，菜之鸟公司（甲方）与广州四达音像有限公司、王宪（乙方）签署《补充协议》，协议编号CZN20140605A，主要内容为：乙方将权利授权方式由专属独家授权改为转让给甲方，转让后甲方作为乙方转让权利的合法主体可以自己的名义进行维权……甲方可以自己的名义向任何第三方主张权利，包括但不限于提起民事诉讼、刑事诉讼及行政诉讼、向本协议签署前实施侵权行为的侵权人主张权利的权利，上述维权活动，均以甲方名义进行。乙方不再以自己名义或委托第三方行使已经转让给甲方的权利。

2014年6月10日，菜之鸟公司（甲方）与广州四达音像有限公司、王宪（乙方）签署《补充变更协议》，协议编号CZN20140610A，主要内容为：将编号CZN20140605A《补充协议》第1条中"乙方将权利授权方式由专属独家授权改为转让给甲方"变更为"乙方将2014年5月1日签署的《授权书》（编号：CZN20141201B）中授权权利第（1）、（2）条中所包含的所有著作权权利及其邻接权全部转让给甲方"。补充一条："甲方已经履行完成应当履行的义务，双方已完成全部交接手续。自2014年6月5日起，甲方为《授权书》（编号：CZN20141201B）所包含视听作品的著作权人，享有著作权人的所有权益，在中华人民共和国领域内行使著作权人的权利，受《中华人民共和国著作权法》及相关法律保护。"

2015 年 5 月 19 日，中国唱片广州公司出具《版权证明》，主要内容为：兹有我公司出版的《中国音乐电视金曲》系列专辑和《春天的故事》VCD、LD、DVD 版权属广州四达音像有限公司所有，所列版号包括：《中国音乐电视金曲》（伍）VCD、ISRC CN－F13－96－347－00/V.J6 上述音乐专辑中收录有涉案的《好人一生平安》等 12 首歌曲。

2015 年 10 月 20 日，由广东省南方文化产权交易所股份有限公司、广州市华南版权贸易股份有限公司、国家版权贸易基地（越秀）颁发的《版权交易合同备案证书》显示：备案号：BQJD－HB－2015000001，合同编号 CZN20141201A、CZN20140605A，转让方：广州四达音像有限公司，受让方：深圳菜之鸟唱片有限公司，涉及作品：《祝你平安》等 171 首音乐作品/音乐电视作品（详见附件），交易权利范围：复制权、发行权、信息网络传播权、放映权、表演权、广播权、修改权、转授权及相关邻接权等权利，地域范围：不限，合同期限：永久。该备案证书所附音乐电视作品附件中包括涉案的《好人一生平安》等 12 首歌曲。

2016 年 2 月 16 日，广州四达音像有限公司出具《收款确认书》，主要内容为：广州四达音像有限公司、王宪共同确认于 2015 年 5 月 7 日收到深圳菜之鸟唱片有限公司支付的版权转让款人民币壹拾万元整。该笔版权转让款是 2014 年 5 月 1 日签署的《合作协议》（协议编号：CZN20141201A）、2014 年 5 月 1 日签署的《授权书》（编号：CZN20141201B）、2014 年 6 月 5 日签署的《补充协议》（协议编号：CZN20140605A）和 2014 年 6 月 10 日签署的《补充变更协议书》（协议编号：CZN20140610A）中所涉及的版权转让价金。

2015 年 1 月 7 日，菜之鸟公司委托代理人陈晓丽向福建省厦门市湖里区公证处申请对其复制刻录出版物《中国音乐电视金曲 VCD》的内容及过程进行保全证据公证。同日，陈晓丽在公证人员以及见证人的见证下，对出版物《中国音乐电视金曲 VCD（伍）》的封面、封底及该 VCD 外观进行复印，并用其提供的"先锋"一拖五光盘拷贝机对出版物《中国音乐电视金曲 VCD（伍）》的内容进行复制刻录，共复制刻录歌曲十三首。2015 年 1 月 7 日，上述公证处作出（2015）厦湖证内字第 34 号公证书，证明菜之鸟公司委托代理人陈晓丽于 2015 年 1 月 7 日对出版物《中国音乐电视金曲 VCD（伍）》的封面、封底及该 VCD 外观进行复印，对该张专辑的内容进行复制刻录，共复制刻录歌曲十三首，所复制刻录的内容均与原件相符。

2. 被诉侵权情况及其他查明的事实

2015 年 9 月 1 日，赣州兴弘知识产权代理有限公司向江西省赣州市阳明公证处申请保全证据公证。同年 11 月 23 日，公证处公证人员随同参与人黄汉荣、刘宾来到位于广东省广州市白云区顺景量贩式 KTV，黄汉荣开始对安置在包厢内的歌曲点播机进行操作，依次播放了以下歌曲：《祝你平安》《走四方》等共 118 首歌曲片段，并使用摄像机对上述 118 首歌曲的播放过程同步录像。

顺景公司为证实其并未侵权提交了以下等证据：《中国音乐电视》（1 ~ 5）、《中国音乐电视金曲小金蝶》《中国音乐电视金曲大花轿》《春天的故事 MTV》《中国当代名曲》1 ~ 2 专辑，专辑在封面或封底分别注明"中央电视台文艺部《东西南北中》摄制"或"中央电视台《东西南北中》MTV"等字样；中国唱片广州公司《更正声明》，内容为："我公司曾分别于 2002 年 11 月 12 日、2015 年 5 月 19 日、2015 年 10 月 22 日出具了三份《版权证明》（见附件 1、2、3），现对所出具的上述《版权证明》更正如下：1. 我公司作为上述节目的出版单位，不负责著作权归属的证明；2. 我公司不是上述三份《版权证明》（见附件 1、2、3）所列音像节目的著作权人，也从未授权过王宪及广州四达音像有限公司、贵州四达音像公司；3. 本更正声明取代上述三份《版权证明》（见附件 1、2、3），如内容不一致，以本更正声明为准。上述附件中包括了菜之鸟公司提交的 2015 年 5 月 19 日中国唱片广州公司出具的《版权证明》。"顺景公司的证据拟证明中央电视台是被诉侵权歌曲 MTV 的制作者即著作权人，贵州四达音像公司只是对中央电视台播放的 MTV 歌曲进行编辑制作成卡拉 OK 的版本，编辑之后还是原来的歌手、背景、画面，且该公司一直处于亏损状态，无实力拍摄涉案 MTV。贵州四达音像公司并非涉案专辑的著作权人等。

菜之鸟公司起诉请求判令：（1）顺景公司立即停止对《好人一生平安》等 12 首音乐电视作品实施复制、放映、信息网络传播权的侵权行为；（2）顺景公司赔偿菜之鸟公司经济损失及为维权支出的合理费用共 12000 元；（3）顺景公司承担案件诉讼费用。

裁判理由及结果

一审法院认为，涉案的《好人一生平安》等 12 首歌曲属于音乐电视作品。关于上述音乐专辑中涉案的 12 首音乐电视作品的著作权权属问题，根据《著作权法》规定，如无相反证据，在作品上署名的公民、法人或者其他组织为作者。菜之鸟公司提供的音乐专辑《中国音乐电视金曲 VCD（伍）》外包装上均载明的版权声明为："贵州四达音像公司制作，CHINA RECORD CO. GUANGZHOU 版权所有·翻录必究"。结合顺景公司提交的中国唱片广州公司于 2015 年 12 月 7 日出具的《更正声明》可以认定中国唱片广州公司仅为上述音乐专辑的出版单位而非著作权人，因此，上述专辑应当按照《著作权法》第十五条规定由制片人享有著作权。至于《中国音乐电视金曲 VCD（伍）》音乐专辑封底中央电视台（东方时空）摄制供版，根据字面意思理解中央电视台《东方时空》栏目在上述音乐专辑中所负责的工作仅为摄制，不能以此否认贵州四达音像公司为上述音乐专辑享有的著作权人身份。顺景公司认为中央电视台对上述音乐专辑享有著作权的理由不成立，一审法院不予采纳。

根据菜之鸟司提交的贵州四达音像公司 1997 年 6 月 16 日出具的《版权证明书》、菜之鸟公司与广州四达音像有限公司、王宪 2014 年 5 月 1 日签订的《授权书》、2014 年 6 月 5 日签订的《补充协议》、2014 年 6 月 10 日签订的《补充变更协议》以及广东省南方文化产权交易所股份有限公司、广州市华南版权贸易股份有限公司、国家版权贸易基地（越秀）2015 年 10 月 20 日颁发的《版权交易合同备案证书》，菜之鸟公司的证据已经可以形成一个紧密证据链，可以证实菜之鸟公司依法取得贵州四达音像公司对上述音乐专辑所享有的包括复制权、发行权、信息网络传播权等在内的著作权利。

关于菜之鸟公司是否有权以其公司的名义提起本案诉讼问题，根据贵州四达音像公司出具的《版权证明书》、菜之鸟公司与广州四达音像有限公司、王宪签订的《授权书》《补充协议》以及《补充变更协议》可见，菜之鸟公司取得了上述音乐电视作品包括复制权、发行权、信息网络传播权等在内的著作权利，其有权为维护其自身合法权益而主张权利。顺景公司认为菜之鸟公司并非依照《著作权集体管理条例》设立的集体管理组织，不能以自己的名义提起诉讼的理据不充分，一审法院不予支持。

综上所述，并且由于顺景公司未经涉案《好人一生平安》等11首音乐电视作品著作权人的许可，以经营为目的，将该音乐电视作品复制在其卡拉OK曲库系统中并以卡拉OK的方式向公众放映，侵害了菜之鸟公司对该音乐电视作品的复制权、放映权，应当承担相应的侵权责任。因此一审法院判决：(1) 广州市顺景餐饮娱乐有限公司于判决生效之日起立即停止侵犯深圳菜之鸟唱片有限公司享有的《好人一生平安》等11首音乐电视作品著作权之复制权、放映权的行为；(2) 广州市顺景餐饮娱乐有限公司于判决生效之日起十日内赔偿深圳菜之鸟唱片有限公司经济损失6600元（含合理开支）；(3) 驳回深圳菜之鸟唱片有限公司的其他诉讼请求。

顺景公司不服一审判决，向二审法院提起上诉。

二审法院认为，本案双方当事人二审争议的焦点是：菜之鸟公司是否是涉案音乐电视作品的著作权人。在（2017）粤73民终34号菜之鸟公司与广州凯乐会餐饮有限公司（以下简称凯乐会公司）著作权侵权纠纷案中，所涉歌曲包括了本案所涉的12首歌曲。该案于2017年3月31日作出终审判决，查明播放《中国音乐电视金曲VCD（壹）～（玖）》系列专辑时，每首歌曲均显示有"四达音像"字样，但未注明身份；并作出以下等认定：(1) 菜之鸟公司主张其是涉案作品著作权人最为核心证据的是《中国音乐电视金曲VCD》封底标注"贵州四达音像公司制作"，该VCD属于音像载体。如果VCD由所收录的涉案音乐电视作品制片者制作，则该VCD可以视为涉案作品的载体，故其封底标注"某某制作"可以视为制片者的署名。但如果VCD并非涉案作品制片者制作，而是另由录音录像制作者在取得涉案作品制片者授权的情况下制作，则该VCD属于使用他人作品制作的录音录像制品。此时，仅在VCD封底标注"某某制作"，只能视为制品制作者的署名，不能视为被使用作品制片者的署名。其次，根据二审查明事实，在涉案音乐电视作品播放过程中，画面虽然可见"四达音像"字样，但都没有明确标注"四达音像"是"出品人""制片人""摄制人""联合摄制人""联合制片人"或贵州四达音像公司版权所有。而且，部分作品画面还同时标注其他单位署名信息。综上，涉案音乐电视作品的制片者署名并不明确。一审法院根据该VCD封底标注"贵州四达音像公司制作"认定贵州四达音像公司是涉案作品制片者，只考虑了VCD由作品制片者制作的情形，没有考虑VCD由录音录像制作者使用他人作品制作的情形，明显依据不足。（2）根据贵州四达音像公司法定代表人王宪的证言，部分涉案作品是在中央电视台播放歌曲的基础上改编为卡拉OK版本，改编后的版本还是原来的歌手、原来的背景和原来的画面。这充分表明，部分涉案作品并非贵州四达音像公司摄制，贵州四达音像公司不是制片者。另外，贵州四达音像公司对该部分涉案作品进行卡拉OK版的改编，也没有形成新的作品。（3）除个别歌曲词曲作者向菜之鸟公司出具了证明和收据外，菜之鸟公司未能提交摄制全部涉案作品的原始证据，如与词曲作者签订的合同、与歌手签订的合同、与表演者签订的合同、与导演或其他拍摄工作人员签订的合同、支付报酬的凭证，等等。另外，涉案作品基本都是流行度广、知名度高的经典歌曲，有些还是著名歌手的成名曲。根据日常生活经验，拍摄这100首涉案作品，需要投入大量人力、物力、财力。菜之鸟公司未能提交任何证据证明贵州四达音像公司具备摄制这些作品的能力。（4）凯乐会公司提交了大量从市场购买或从中国唱片总公司取得的音像制品。其中，《中国MTV音乐电视》及从中国唱片总公司取得的音像制品表面具备合法出版物的特征。这些合法出版物至少收录了菜之鸟公司主张的部分涉案作品，但其制作署名并非贵州四达音像公司。综合以上因素，二审法院在（2017）粤73民终34号中认为菜之鸟公司未能证明其是涉案作品的著作权人，裁定驳回了菜之鸟公司的起诉。其后，菜之鸟公司申请再审，广东省高级人民法院于2017年8月1日作出（2017）粤民申3207号民事裁定，裁定驳回菜之鸟公司的再审申请。

鉴于本案所涉的《中国音乐电视金曲VCD（伍）》音乐专辑收录的12首歌曲已被上述（2017）粤73民终34号案所涉歌曲涵盖，而（2017）粤73民终34号终审生效裁定中包含了菜之鸟公司不能证明其是《中国音乐电视金曲VCD（伍）》音乐专辑的著作权人的事实及认定。根据《最高人民法院关于适用〈中华人民共和国民事诉讼法〉的解释》第九十三条第一款第（五）项规定，已被人民法院发生法律效力的裁判所确认的事实，当事人无须举证证明，当事人有相反证据足以推翻的除外。因此，基于与（2017）粤 73 民终 34 号案相同的事实及争议问题，本案应作出与其相同的认定，故二审法院认为菜之鸟公司未能证明其是涉案作品的著作权人，无权主张顺景公司侵犯涉案作品著作权，其起诉应予以驳回。一审法院查明事实基本清楚，但适用法律错误，二审法院予以纠正。遂判决：（1）撤销广东省广州市白云区人民法院（2016）粤 0111 民初 11484 号民事判决；（2）驳回深圳菜之鸟唱片有限公司的起诉。

案例评析

近年来，从深圳声影公司系列案件到菜之鸟公司系列案件，引发争议与关注的问题是：作为非集体管理组织的当事人（如前述案件中的深圳声影公司、菜之鸟公司等）根据著作权人的授权，是否有权单独以自己的名义对卡拉 OK 娱乐场所播放 MTV 音乐作品的侵害著作权行为提起侵权之诉。

《著作权法》第八条第一款规定，著作权人和与著作权有关的权利人可以授权著作权集体管理组织行使著作权或者与著作权有关的权利。著作权集体管理组织被授权后，可以以自己的名义为与著作权人和与著作权有关的权利人主张权利，并可以作为当事人进行涉及著作权或与著作权有关的权利的诉讼、仲裁活动。《著作权集体管理条例》第二条规定，著作权集体管理活动包括向使用者收取使用费、向权利人转付使用费、进行涉及著作权或者与著作权有关的权利的诉讼、仲裁等。第六条规定，除依照本条例规定设立的著作权集体管理组织外，任何组织和个人不得从事著作权集体管理活动。《最高人民法院关于审理著作权民事纠纷案件适用法律若干问题的解释》第六条规定，依法成立的著作权集体管理组织，根据著作权人的书面授权，以自己的名义提起诉讼，人民法院应当受理。此外，《著作权法》第二十四条和第二十五条规定了著作权的许可使用以及著作权的权利转让。

根据上述规定，著作权集体管理组织根据《著作权法》第八条享有的诉权，并非以《著作权法》第二十四条规定的专有使用权或《著作权法》第二十五条规定的著作权权利转让为基础，而是以类似信托管理关系而产生的一种信托财产权利为基础。非著作权集体管理组织的当事人没有此种信托财产权，当然也不得以此种权利为基础享有诉权；若其据此提起侵权之诉，法院应当驳回起诉。但是，如果非著作权集体管理组织的当事人有证据证明其根据权利转让合同获得著作权具体权项或根据许可合同获得专用使用权等已获得著作权实体权利情况下，则可以依据《著作权法》第二十四条和第二十五条规定，单独以其名义提起诉讼。

然而，在现实情形中，非著作权集体管理组织的当事人有可能为了获得诉权，与著作权人签订形式上或文义上符合《著作权法》第二十四条规定的许可合同，实质上却属于信托管理关系的情形；或者在一份合同中同时约定上述两种不同权利，此时法院应当如何审查并区分合同以及其中所约定权利的性质，就是一个比较关键的问题。

如在广州知识产权法院（2015）粤知法著民终字第 327 号深圳声影公司与大歌星公司侵害著作权纠纷案中，广东播种者投资有限公司（甲方）与深圳声影公司（乙方）签订《音像著作权授权合同》，合同中关于授权许可的约定主要包括两部分内容，第一部分为甲方同意将其依法拥有的音乐作品和音乐电视作品（MV/MTV）在中国大陆地区的合法的、有效的完整著作权中的词曲著作权、复制权、放映权、广播权以专有的方式在以下使用范围内授权给乙方以自己的名义：将甲方授权作品在授权有效期内保存在自有数字音乐分发业务、互联网电视、数字电视、IPTV 平台，其中乙方自有卡拉 OK（含 MV）音乐产品分发平台为独家授权，其他音乐分发业务平台为非独家授权；许可或授权卡拉 OK 经营者及其他公共娱乐场所按上述使用方式使用并向卡拉 OK 经营者及其他公共娱乐场所收取使用费的权利。上述权利在其存续期间及在本合同有效期内完全由乙方行使。第二部分为：乙方对甲方的权利管理，指同音乐作品、音乐电视作品（MV/MTV）的使用者商谈使用条件并发放使用许可，征集使用情况，以作品权利人的身份向使用者收取使用费，上述管理活动（在本合同约定有效期内），均以乙方的名义进行；为有效管理甲方授予乙方的权利，甲方同意在本合约有效期内乙方有权以自己的名义向侵权使用者提起诉讼、刑事告诉及行政投诉等方式，甲方有义务进行协助等内容。广东省高级人民法院在（2016）粤民申 6707 号案中对上述案件进行申请再审的审查，审查认定上述关于授权许可第一部分的约定属于著作人根据《著作权法》第二十四条规定，将涉案作品包括复制权在内的专有使用权授予深圳声影公司，因此声影公司可以据其享有的专用使用权提起侵权之诉；但是合同中关于授权许可第二部分的约定，实际是著作权人授权深圳声影公司以作品权利人的身份向使用者收取使用费，属于信托财产权，因此声影公司根据该部分的授权，不能以自己的名义提起诉讼。

又如在广东省高级人民法院（2016）粤民终 1016 号民事裁定中，一审法院认为菜之鸟公司不是著作权集体管理组织，因此其通过与音乐作品权利人签订合同获得授权，不能以自己名义提起诉讼，故裁定驳回其起诉；二审阶段，法院认为菜之鸟公司与权利人所签订的合同实质为《著作权法》第二十五条规定的权利转让合同，因此菜之鸟公司有权提起诉讼，故撤销原裁定，指令一审法院进行审理。

此外，还应引起注意的是，如在本案以及（2017）粤 73 民终 34 号等菜之鸟公司系列案件中，菜之鸟公司所签订的授权合同虽然从文义而言属于《著作权法》第二十四条和第二十五条规定的权利许可或转让合同，但由于存在音像载体上的署名无法判断是音乐电视作品的著作权人还是录音录像制品的邻接权人、作品内的署名不明确或者存在矛盾等因素，导致无法认定上述授权合同中的授权方是涉案作品的著作权人，此时菜之鸟公司根据授权合同的约定依然没有获得著作权实体权利，其起诉仍应予以驳回。

聚合平台深层链接的著作权法规制

——恒大音乐有限公司诉广州电蟒信息技术有限公司侵害录音制品的信息网络传播权案

内容摘要

关于聚合平台通过深层链接技术传播作品的行为，引发了关于信息网络传播行为"服务器标准""用户感知标准"与"实质性替代标准"之争议；在不同情况下，对于聚合平台应承担的责任，除了认为构成直接侵害信息网络传播权的行为或者帮助侵权应承担侵权责任外，司法实践中也出现了认为应由被链网站向聚合平台主张破坏、避开技术措施的侵权责任或根据反不正当竞争法的规定主张聚合平台构成不正当竞争的处理方式。以下将在评述中结合案例对上述不同处理思路进行评析。

关键词 聚合平台　深层链接　信息网络传播权　提供行为　服务器标准　实质性替代标准

裁判要点

本案涉及聚合平台传播作品或制品是否侵害信息网络传播权的问题。若根据聚合平台界面信息，用户无法判断链接来源的，则举证责任应转移给被诉侵权人。在被诉侵权人不能证明聚合平台上播放的作品是链接于他人的情况下，应当认定聚合平台上播放的作品是由被诉侵权人直接提供的，被诉侵权人在未经权利人许可的情况下构成直接侵害信息网络传播权的行为。

相关法条

《中华人民共和国著作权法》第四十八条第（一）项、第（六）项

《最高人民法院关于审理侵害信息网络传播权民事纠纷案件使用法律若干问题的规定》第三条、第六条

案件索引

一审：广州市花都区人民法院（2015）穗花法知民初字第 37 号民事判决

二审：广州知识产权法院（2016）粤 73 民终 905 号民事判决（笔者经办）

基本案情

上诉人（原审被告）：广州电蟒信息技术有限公司（以下简称电蟒公司）

被上诉人（原审原告）：恒大音乐有限公司（以下简称恒大公司）

广州天韵云音实业有限公司于 2014 年 2 月 19 日成立，于 2015 年 8 月 31 日变更企业名称为电蟒公司。

恒大公司提供的出版物专辑《大年三十》载有："本专辑内音乐作品之录音、词曲版权为恒大音乐有限公司全权所有，未经许可，禁止任何单位或个人作翻唱、复制、演出、网络传播以及其他商业用途"，列有《倍儿爽》等曲目。

2014 年 11 月 26 日，恒大公司委托代理人在公证人员的监督下，登录电蟒公司的"www. crazyboa"网站，首页上有"电蟒云音响"的购买页面，该网站上有"自有云内容 180 万首云音乐库""Crazyboa 与中国电信合作，取得了旗下 iMusic 爱音乐音乐平台的使用权限，目前该平台上拥有的曲目有 180 万首左右""电蟒拥有 180 万首云音乐库，用户直接在电蟒上在线搜索、选择、播放，曲库来自九天，版权来自中国电信"等宣传用语。恒大公司委托代理人支付了 1999 元从该网站购买了一台"电蟒（Crazyboa）SH－1 智能云音响"，实物包装上所示出品商为"广州天韵云音实业有限公司"，所附产品合格证上注明生产日期是 2014 年 8 月 6 日。开启该云音响，开机画面有"i music 爱音乐 www. 118100. cn"，主界面显示有"云播放""USB 模式""蓝牙模式""line in 模式""网络收音机"菜单。点击设置图标，显示版本号为

2.02.04，DRA播放器版本号为V1.0.B20140528，MAC地址为98：3b：16：a9：0d：e5。将该音响设备连接互联网后，点击"云播放"，显示界面有"正在播放""我的音乐""云音汇"菜单；点击菜单"我的音乐"显示有"最近播放""我的歌单""频道收藏""专辑收藏"菜单；点击"云音汇"，显示有"歌手""古典音乐""儿童音乐""最新热门""最新金曲"等菜单；点击"歌手"，显示有"华人女歌手""华人男歌手"等菜单；点击"华人女歌手"，显示有"邓丽君""蔡琴"等歌手名字；点击歌手名字，则显示歌曲名称等。

2014年12月18日，恒大公司委托代理人利用公证处的计算机连接互联网，从互联网上下载并安装了"wireshark"软件。然后操作该公证购买的电蟒云音响，通过点击"云播放""云音汇"，在"云音汇"界面中的"输入歌曲名和歌手"空白栏内输入"大张伟"进行搜索，点击专辑"大年三十"，并依次点击该搜索结果中的《倍儿爽》等涉案曲目，进行各音频的播放并使用摄像机对播放内容进行录像。同时使用从互联网上下载的"wireshark"软件对上述操作过程及播放过程进行信息读取，读取的数据信息显示"http：//mdra.tingwin.com…"，IP地址为61.145.118.135。

恒大公司为证明公证获取的数据来源于电蟒公司自己享有的服务器或IP，申请证人姚天昉出庭作证。姚天昉提供证言如下：在这次举证过程当中使用了一个软件（wireshark）。现在举证时所使用的软件是成为网络封包分析软件，它的主要原理是通过客户端和服务器之间在交换数据时会有一个信息传送，这个工具就可以通过它设置的端口进行获取数据包，它可以知道传送时间，数据包传送的原地址及目标地址，传送时用什么协议，数据包的长度和数据包内容的附加信息，都可以通过这个软件来进行分析，这个是基本的工作原理。

一审法院根据恒大公司的申请，向中国电信股份有限公司广州花都区分公司调查IP地址（61.145.118.128－255）的实际使用人以及"www.crazyboa.com"和"tingwin.com"的服务器所在地及实际IP地址。调查结果显示：61.145.118.128/25的使用人为上海网宿科技股份有限公司广州分公司；"www.crazyboa.com"的IP地址为61.145.118.138；无"www.tingwin.com"的查询结果。

电蟒公司与天翼爱音乐文化科技有限公司（以下简称天翼公司）签订了《合作备忘录》，约定电蟒公司负责硬件开发及研发、生产，天翼公司负责提供整体解决方案包含音乐等有声内容服务、内容版权的提供管理、结算及运营，包括优惠的流量政策；自协议生效日起至 2014 年 12 月 31 日为试运营期；试运营期内，天翼公司免费提供音乐等有声服务内容及运营的相关工作；天翼公司保证所有提供的音乐等有声资源均具备相应版权所有者合法授权，并符合相关法律法规要求。《合作备忘录》无签订日期。

2014 年 4 月 9 日，恒大公司与天翼公司签订了《数字音乐版权使用协议》，约定恒大公司将其授权作品授权天翼公司数字音乐平台使用；未经恒大公司另行书面许可，天翼公司不得将恒大公司提供的授权作品通过第三方互联网网站/应用软件公开传播，协议有效期自 2014 年 1 月 1 日至 2014 年 12 月 31 日。

二审法院另查明，电蟒云音响的"云设置"界面中有以下内容介绍：天韵云音乐实业有限公司为中国新锐数字音乐全产业链的领导者，服务全方位涵盖数字音乐产业链上节目源、版权方、运营商、软件、硬件音响厂商等不同领域，整合提升全产业链的核心竞争力。天韵音乐系统以简便易用的天韵云音乐平台为支撑，以 DRA 数字音频解码技术为信源载体，以 DPS 技术为后处理补偿，"三位一体"为您炮制专属的高品质音乐解决方案。

电蟒公司针对电蟒云音响及涉案歌曲作出以下陈述：（1）通过电蟒云音响搜索播放的歌曲，部分来自于电蟒公司享有著作权的歌曲曲库，部分来自于互联网上随机搜索的第三方网站，本案所涉歌曲作品均来自于第三方网站。（2）为了提升用户体验和界面美观，通过电蟒云音响搜索播放来自于第三方网站的歌曲，不会发生跳转到被链网站的结果，也不会显示被链第三方网站的信息。（3）电蟒公司无法提供证明被链第三方网站网址信息的数据日志等证据。

恒大公司于 2015 年 6 月 9 日向一审法院起诉请求：（1）电蟒公司立即停止对恒大公司享有著作权的录音制品之信息网络传播权的侵权，停止提供涉案录音制品的在线播放服务；（2）电蟒公司赔偿恒大公司经济损失 15000 元（以每首歌曲损失为 1500 元的标准进行计算）；（3）电蟒公司赔偿恒大公司为调查侵权行为所支出的合理费用 3000 元；（4）电蟒公司负担本案全部诉讼费用。

裁判理由及结果

一审法院认为：恒大公司系该出版物的著作权人，电蟒云音响所播放的歌曲与恒大公司主张权利的同名歌曲的音源一致。

电蟒公司生产的电蟒云音响连接互联网后可以在线播放涉案歌曲，从电蟒云音响的文字介绍、界面设置到涉案歌曲的搜索、播放过程来看，电蟒公司所提供的服务足以让人理解为涉案歌曲系其自行提供，电蟒公司主张涉案歌曲链接自第三方网站，其应当就此承担举证责任，但电蟒公司未尽到上述举证责任。理由如下：（1）电蟒公司依据与天翼公司签订的《合作备忘录》主张电蟒云音响播放的歌曲的权利来源，但是从恒大公司对歌曲的公证取证时间看，电蟒公司在《合作备忘录》约定的试运营期满后，仍然播放涉案歌曲，而电蟒公司无证据证明恒大公司取证时歌曲的权利来源。（2）根据涉案歌曲播放过程所抓取的数据，电蟒公司并无证据证明抓取数据显示的数据来源于天翼公司。（3）根据涉案歌曲播放的操作过程，未显示有任何网址输入或者链接其他网址之处，故电蟒云音响中的音乐资源均来自电蟒公司所称的"后台云播放终端"。（4）即便涉案歌曲来源于第三方网站，电蟒公司也应当尽到合理的注意义务。从电蟒云音响相关界面的设置来看，电蟒公司在电蟒云音响的操作界面上对歌曲进行了分类、整理，且显示了歌曲专辑的封面、歌手名称以及歌曲名称等相关信息，表明电蟒公司在向用户提供网络服务时对相关歌曲以目录、索引等方式进行了推荐，使公众可以在其提供的播放器界面上直接在线听歌，而电蟒公司的现有证据也不能证明其是否获得相应授权向公众提供涉案歌曲的在线播放服务尽到了合理的审查注意义务，其涉案行为不属于《最高人民法院关于审理侵害信息网络传播权民事纠纷案件适用法律若干问题的规定》中所规定的不构成侵权的情形。综上所述，电蟒公司未能尽到证明通过电蟒云音响所播放的涉案歌曲系链接自第三方网站的举证责任，其依法应当承担举证不能的不利后果。依据现有证据及查明的事实，可以认定电蟒公司通过电蟒云音响提供了涉案歌曲的在线播放服务，使公众可以在其个人选定的时间和地点获得涉案歌曲，但却未取得恒大公司的许可，故电蟒公司侵害了恒大公司对涉案歌曲享有的信息网络传播权。

为此，一审法院判决：（1）电蟒公司自判决生效之日立即停止通过其生产的电蟒云音响提供涉案作品在线播放服务行为；（2）电蟒公司自判决生效之日起十日内赔偿恒大公司经济损失及合理开支共 13000 元；（3）驳回恒大公司的其他诉讼请求。

电蟒公司不服一审判决，提起上诉。

二审法院认为，本案为侵害录音制品的信息网络传播权纠纷，根据《著作权法》第四十二条规定，恒大公司享有涉案歌曲录音制作者权中的信息网络传播权。根据双方当事人的上诉主张及答辩，二审的争议焦点为：（1）电蟒公司是否实施侵害信息网络传播权的行为。（2）一审法院的判赔金额是否合法恰当。

关于电蟒公司是否实施侵害信息网络传播权行为的问题。根据《最高人民法院关于审理侵害信息网络传播权民事纠纷案件适用法律若干问题的规定》第三条规定，认定对信息网络传播权构成直接侵权行为的标准应由权利人证明被诉侵权人具有未经权利人许可通过信息网络提供作品、表演、录音录像制品的行为。同时，根据《最高人民法院关于审理侵害信息网络传播权民事纠纷案件适用法律若干问题的规定》第六条规定，权利人提供初步证据证明被诉侵权人提供了作品、表演、录音录像制品构成直接侵权的，被诉侵权人如予以否认，应对此承担举证责任，举证不能则应承担不利后果。本案中，恒大公司证明了电蟒公司制造的电蟒云音响可以在线播放涉案歌曲，就外在表现形式而言与电蟒公司提供涉案歌曲并无二致，恒大公司有合理理由相信电蟒公司是提供涉案歌曲侵害其信息网络传播权的直接侵权人，电蟒公司主张涉案歌曲均来自于第三方网站，其属于提供搜索链接服务的行为，应当对此承担举证责任。但是，电蟒公司明确表示不能提供证明被链第三方网站网址信息的证据，电蟒云音响在播放涉案歌曲的过程中也没有体现链接第三方网站的信息，电蟒公司对此应承担举证不能的不利后果，因此在现有证据情况下，一审法院认定电蟒公司提供涉案歌曲在线播放，侵害恒大公司信息网络传播权，认定准确，二审法院予以维持；电蟒公司应当依法停止通过其生产的电蟒云音响提供涉案歌曲在线播放的信息网络传播行为并向恒大公司赔偿经济损失及合理开支。鉴于一审法院酌定电蟒公司赔偿恒大公司13000元，合法恰当，应当予以维持。遂判决驳回上诉，维持原判。

案例评析

本案涉及聚合平台传播作品或制品是否侵害信息网络传播权的问题。在上诉人北京易联伟达科技有限公司与被上诉人深圳市腾讯计算机系统有限公司侵害作品信息网络传播权纠纷案① （以下简称腾讯案）中，一审法院关于影视聚合平台有以下论述：影视聚合平台通过定向链接抓取的技术，将散布于全网或几个主流视频网站上的视频资源通过深度链接的方式，抓取、集合在自己的平台上，按照自己设计的界面、编排方式呈现给用户。……聚合影视平台的目的通常并不在于提供简单的技术中介服务，而在于通过提供搜索、选择、编辑等附加服务，让用户在其平台上简单操作就可实现"一站式"视频内容获取。本案中，用户在电蟒云音响上也获得了此种"一站式"的感知和体验，当该音响设备连接互联网后，在音响界面中的"云音汇"内所体现的是"歌手""古典音乐""儿童音乐""最新热门"等已通过选择和编辑的菜单，进一步点击可以显示更为详细的子菜单，例如点击"歌手"，显示有"华人女歌手""华人男歌手"等菜单；点击"华人女歌手"，显示有"邓丽君""蔡琴"等歌手名字；点击歌手名字，则显示歌曲名称等；然后用户点击歌曲可以直接实现歌曲播放。

在此类案件中，被告常辩称其仅为提供网络链接服务的主体，其链接的网站是对涉案作品享有信息网络传播权的传播主体，或者主张其可依据"避风港规则"进行无过错抗辩。对此，笔者认为，对于此类案件应当依循以下思路进行审查：

1. 被诉侵权人能否证明其经营的聚合平台上播放作品的链接来源

《最高人民法院关于审理侵害信息网络传播权民事纠纷案件适用法律若干问题的规定》第三条规定，网络用户、网络服务提供者未经许可，通过信

---

① 北京知识产权法院（2016）京73民终143号民事判决。

息网络提供权利人享有信息网络传播权的作品、表演、录音录像制品，除法律、行政法规另有规定外，法院应当认定其构成侵害信息网络传播权行为。第六条规定，原告有初步证据证明网络服务提供者提供了相关作品、表演、录音录像制品，但网络服务提供者能够证明其仅提供网络服务，且无过错的，人民法院不应认定为构成侵权。据此，当原告证明了被诉侵权人经营的聚合平台可以在线播放涉案作品后，此时应从用户体验与感知的角度，来判断用户能否确定聚合平台播放作品所链接的来源。如果根据界面信息等用户对链接来源能加以判断的，则应认定该聚合平台链接的网站来源。例如在上诉人深圳市迅雷网络技术有限公司与被上诉人飞狐信息技术（天津）有限公司著作权侵权纠纷案①（以下简称迅雷案）中，"迅雷－免费云播和加速下载"软件在播放涉案作品时，画面左上角有"××视频""tv. sohu. com"字样，地址栏也出现含有"tv. sohu. com"的 URL 地址。而且涉案作品在"××视频"网站播放第一集时的 URL 地址，与"迅雷－免费云播和加速下载"软件播放涉案作品第一集的地址完全相同，因此法院作出了"迅雷－免费云播和加速下载"软件播放的涉案作品系链接于"××视频"网站的认定。

但是，若根据界面信息，用户无法判断链接来源的，则举证责任应转移给被诉侵权人。在被诉侵权人不能证明聚合平台上播放的作品是链接于他人的情况下，应当认定聚合平台上播放的作品是由被诉侵权人直接提供的，被诉侵权人在未经权利人许可的情况下构成直接侵害信息网络传播权的行为。例如在本案中，电蟒公司主张涉案歌曲均链接于第三方网站，应当对此承担举证责任；但是，电蟒云音响在播放涉案歌曲的过程中没有体现链接第三方网站的信息，电蟒公司也称通过电蟒云音响搜索播放的歌曲，存在部分来自于电蟒公司歌曲曲库的情况，且电蟒公司明确表示不能提供证明被链第三方网站网址信息的证据，因此电蟒公司应承担举证不能的不利后果，法院认定其构成直接侵害信息网络传播权的行为。

2. 在确定了链接来源后，如何认定聚合平台通过深层链接技术向用户播放作品的行为性质，决定了下一步审理的不同思路

第一种意见认为，直接侵害信息网络传播权应当以构成信息网络传播行

① 广东省深圳市中级人民法院（2016）粤 03 民终 4741 号民事判决。

为作为必要要件，而信息网络传播行为的实施主体应以提供作品的服务器作为标准来确定，即前述腾讯案中二审法院坚持的"服务器标准"。在此思路下，上述聚合平台深层链接的情形中，提供作品的行为是由被链网站完成的，甚至是被链网站的用户完成的（当被链网站属于提供存储空间服务时），而聚合平台所实施的仍然是链接服务。因此，在被链网站是否构成侵权的不同情况下，聚合平台的法律规制会有进一步的区分。

（1）当被链网站上传播的作品由于缺乏合法授权而构成侵害信息网络传播权的行为时，聚合平台如有过错则将构成帮助侵权，主要依据是《最高人民法院关于审理侵害信息网络传播权民事纠纷案件适用法律若干问题的规定》第九条规定的"人民法院应当根据网络用户侵害信息网络传播权的具体事实是否明显，综合考虑以下因素，认定网络服务提供者是否构成应知：……（二）传播的作品、表演、录音录像制品的类型、知名度及侵权信息的明显程度；（三）网络服务提供者是否主动对作品、表演、录音录像制品进行了选择、编辑、修改、推荐等"。如本案中，一审法院认为即便涉案歌曲来源于第三方网站，从电蟒云音响相关界面的设置来看，电蟒公司在电蟒云音响的操作界面上对歌曲进行了分类、整理，在向用户提供网络服务时对相关歌曲以目录、索引等方式进行了推荐等，其涉案行为也构成侵权。

（2）当被链网站上传播的作品属于获得合法授权的作品时，被链网站不存在直接侵害信息网络传播权的行为，因此聚合平台不存在构成帮助侵害信息网络传播权的可能。这意味着享有作品信息网络传播权的著作权人向聚合平台提起的关于侵害信息网络传播权的主张得不到法院的支持，例如前述的腾讯案以及迅雷案的二审法院均持此种观点。当然，若被链网站能够证明聚合平台使用的深层链接技术存在破坏、避开其设置的技术措施的行为时，可以依据《著作权法》第四十八条第（六）项关于未经权利人许可，故意避开或者破坏权利人为其作品、录音录像制品等采取的保护著作权或者与著作权有关的权利的技术措施构成侵权之规定，法院可以认定聚合平台侵害了被链网站的权利，在前述迅雷案中二审法院判决被告构成侵权正是基于上述理由。此外，若被链网站能够证明聚合平台深层链接的行为存在违反诚实信息原则、公认的商业道德的不正当竞争时，被链网站可以依据反不正当竞争法的相关规定向其主张民事责任。综上，根据这种意见，当被链网站上传播的作品属于获得合法授权的作品时，著作权人不能依据信息网络传播权向其主张侵权责任，而只能由被链网站向聚合平台主张破坏、避开技术措施的侵权责任或根据反不正当竞争法的规定主张聚合平台构成不正当竞争。

第二种意见认为，根据《最高人民法院关于审理侵害信息网络传播权民事纠纷案件适用法律若干问题的规定》第五条规定，网络服务提供者以提供网页快照、缩略图等方式实质替代其他网络服务提供者向公众提供相关作品的，人民法院应当认定其构成提供行为。前款规定的提供行为不影响相关作品的正常使用，且未不合理损害权利人对该作品的合法权益，网络服务提供者主张其未侵害信息网络传播权的，人民法院应予支持。由于聚合平台通过深层链接技术传播作品的行为实质性替代了提供行为，这意味着无论被链网站上传播的作品是否属于合法授权，聚合平台均构成直接侵害信息网络传播权的行为，著作权人可据此向其主张侵权责任。前述腾讯案及迅雷案的一审法院均持此种观点。

腾讯案的二审法院将以上这两种意见的分歧归纳为认定信息网络传播行为的"服务器标准"与"实质性替代标准"之争，并论证认为"服务器标准"是信息网络传播行为的唯一认定标准。笔者注意到，该案二审有以下论述：审理侵害著作权案件的基本审理思路应当是：明确权利人主张的权利，认定被告实施的行为是否落入该权利范围，即判断被诉行为是否具备该权利所控制行为的特点和要件；如果落入，才进一步分析被诉行为是否属于著作权权利限制及例外的情形、以及原告损失或被告获利等内容。据此，二审法院进一步认为，正如复制权针对的是对作品的复制行为、发行权所控制的是对作品的原件或者复制件的出售或者赠予行为，信息网络传播权所控制的是对作品的传输，而网络环境下传输的对象是作品的数据形式，作品的传输行为指的是"初始上传行为"，初始上传行为指向的是每一个独立的网络传播过程中的初始上传行为。而深层链接行为不涉及对作品任何数据形式的传输，仅仅是提供了某一作品的网络地址，用户是否可以获得作品完全取决于被链接网站，因此不属于信息网络传播行为。

对此，笔者认为，民法是典型的权利法，法律是围绕权利为核心进行规定，作为民法体系内的知识产权法也不例外；而刑法是典型的行为法，法律是围绕"禁止性的构成要件"为核心进行规定，包括反不正当竞争法中的虚假宣传行为、商业诋毁行为等均属此类情形。因此，在适用这两类法律审查侵害行为是否存在时，审理思路是完全不同的。根据行为法规范审查侵害时，除了极个别情形以外（如侵害商业秘密罪需要审查商业秘密是否构成），一般不需要对权利或权益进行单独审查，而是将其作为一项必然存在的前提，直接审查被诉行为是否符合法律规定的"禁止性的构成要件"，从而确定相应的法律效果。但根据权利法规范审查侵害时，根据客体、主体、权利的种类及范围等要件对权利进行审查是必要前提、不可或缺。例如对于本案所涉的信息网络传播权的审查，一是根据独创性审查是否构成作品，这是关于权利客体的审查；二是审查原告是否属于权利主体、原告享有的权项是否包含信息网络传播权，这是关于权利主体的审查；三是原告享有的信息网络传播权范围的审查，这是关于权利种类、范围及边界的审查。但在此要强调的是，由于著作权属于绝对权利，故笔者认为信息网络传播权的权利范围至少包括享有、信息网络传播、处分（包括许可和转让）和收益的积极权能，以及依法排除他人妨碍干涉的消极权能（即权利排他性）。任何导致著作权人无法实现其积极权能的行为，均属于侵权行为，著作权人应可通过其消极权能排除妨害、停止侵害。而在界定"信息网络传播"的积极权能时，不应以"所控制行为"的方式对其予以限定，而应采用权利控制范围或区域的概念对其进行理解。也就是说，经权利人合法授权许可后，被许可人选择以具体的网站为载体向公众提供作品进行网络传播是权利人允许的，公众浏览、获知作品内容必须登录作为载体的上述网站，但却不能擅自将作品转载至其他网站进行网络传播，即被许可人选择的具体网站载体已被涵盖在允许通过信息网络提供作品的范围内。因此，设置一般链接的行为也是允许的，因为公众通过一般链接浏览、获知作品时仍然会进入被许可人选择提供作品的网站载体中，没有超出信息网络传播权涵盖的范围。然而，聚合平台的深层链接技术，令公众可以直接在聚合平台上浏览、获知作品，却不需要跳转进入被许可人选择提供作品的网站载体，这实际上是通过替代方式妨碍了被许可人以具体的网站作为传播载体的选择。当这种选择的权利是以权利人授予信息网络传播权为前提时，妨碍被许可人的选择，当然侵入了信息网络传播权所涵盖的权利范围。因此，笔者认为根据《最高人民法院关于审理侵害信息网络传播权民事纠纷案件适用法律若干问题的规定》第五条关于网络服务提供者以提供网页快照、缩略图等方式实质替代其他网络服务提供者向公众提供相关作品的构成提供行为之规定，聚合平台通过深层链接技术传播作品的行为，属于直接侵害信息网络传播权的行为，赞同上述第二种意见的结论。

体育赛事直播中所涉的著作权问题研究

——央视国际网络有限公司诉世纪龙信息网络 有限责任公司侵害信息网络传播权案

内容摘要

本案发生在 2010—2012 年，当其时体育赛事直播问题尚未被业界给予足够的重视，本案的裁判便先行提出了一种解决思路。但是，自 2016 年以来，此问题引发业界热议，笔者对此问题也有了进一步的思考，并对规制路径作了五种意见的归纳和分析，将在评述部分予以阐明。

关键词 体育赛事直播 独创性高度 电影作品 录音录像制品 信息网络传播权 非交互式的定时播放 广播权 广播组织专有权 不正当竞争

裁判要点

以直播或者称为"定时播放"方式在网络传播的体育赛事节目，在独创性上尚未达到电影作品和以类似摄制电影的方法创作的作品所要求的高度，根据现行法律规定，应当作为录音录像制品纳入信息网络传播权的保护范畴，而不应通过广播组织专有权获得保护。

相关法条

《中华人民共和国著作权法》第四十五条第一款

《中华人民共和国著作权法实施条例》第五条第（三）项

《信息网络传播权保护条例》第十八条、第二十六条

案件索引

一审：广州市中级人民法院（2010）穗中法民三初字第 196 号（笔者经办）

基本案情

原告：央视国际网络有限公司（以下简称央视公司）

被告：世纪龙信息网络有限责任公司（以下简称世纪龙公司）

2008 年 6 月 20 日，国家版权局、工业和信息化部、国家广播电影电视总局联合发布了《关于严禁通过互联网非法转播奥运赛事及相关活动的通知》。该通知部分内容如下：第 29 届奥林匹克运动会赛事及相关活动在中国大陆和澳门地区的新媒体（互联网和移动平台）转播权已由国际奥委会独家授予中国中央电视台。未经中央电视台授权许可，其他任何互联网和移动平台等新媒体均不得擅自转播。……六、本通知所称"转播"，指通过互联网或移动平台同步或不同步地传输奥运赛事及相关活动的行动。

2008 年 7 月 22 日，中央电视台向央视公司出具《著作权声明书》，将奥运开幕式、闭幕式、北京 2008 年奥运会及与奥运相关之所有赛事直播或录播节目等的信息网络传播权授权央视公司独占行使，央视公司可以以自己的名义，针对侵权行为提起诉讼、提出索赔、获得赔偿等各种法律措施。上述所有授权内容自 2006 年 4 月 28 日起生效。

2008 年 12 月 17 日，上海市静安公证处出具（2008）沪静证经字第 4143 号公证书一份。公证书显示，2008 年 8 月 6 日登录到世纪龙公司经营的 www.21cn.com 网站主页，该网站提供 VGO 软件下载，并且注明 VGO 软件的发行者是世纪龙公司，该软件的功能包括 P2P 视频点播、P2P 视频直播、P2P 下载功能等。在 www.21cn.com 网站主页，点击"奥运"链接，显示的页面中包含"德巴女足正式打响奥运首战"的标题链接。其后，访问 21CN vgo 站点（vgo.21cn.com）页面，该页面下端标注了"世纪龙公司版权所有"的提示，右侧栏"最新公告"的第三项是"VGO 直播测试频道—CCTV 奥运"。运行已安装的 VGO 软件，并用 21CN 通行证登录后，该软件左栏显示

"分类"等内容栏目列表，右栏为"最新更新"等内容列表或播放窗口，点击左栏"分类"中"电视直播"栏目下"体育频道"子栏目，右栏显示"CCTV5（直播测试频道）"。

在"CCTV5（直播测试频道）"中点击"点播"后，首先是中国移动通信与奥运有关的广告，然后实时播放了中央电视台 CCTV—奥运频道正在直播的"德巴女足赛"，播放时视频左上角有 CCTV 奥运频道的台标，播放的比赛过程包括围绕运动的足球为中心的部分球场画面、个别球员特写画面及姓名介绍、场边教练人员的特写画面、赛场观众的画面、央视主持人的解说、球赛中场休息时央视主持人评论的画面等内容。在开始播放后，播放窗口的右侧一栏显示以下内容：上部是"CCTV5 中央电视台测试频道"的图标，下部是"影片名：CCTV5（测试），国家：中国，年份：2008"，没有显示该影片任何链接地址的信息。

此外，广州中院 2009 年判决生效的（2009）穗中法民三终字第 13 号安乐（北京）电影发行有限公司起诉世纪龙信息网络有限责任公司侵犯著作财产权纠纷一案，涉案被控电影于 2008 年 2 月 25 日也是通过安装、运行世纪龙公司的 VGO 软件进行播放的，但在播放过程中，与本案有所区别的是，播放窗口的右侧显示该影片的链接地址"p2ps：//96CdlCA……wmv"及影片内容介绍。

央视公司为制止侵权行为提起诉讼，请求法院判令世纪龙公司：（1）立即停止对央视公司享有的相关著作权的侵害，停止通过信息网络转播所涉频道、涉案节目的服务；（2）在其经营的网站首页及《中国电视报》上发布声明，向央视公司公开赔礼道歉；（3）赔偿央视公司经济损失 200 万元，为调查世纪龙公司侵权行为和起诉世纪龙公司所支付的合理费用 10 万元，以上金额合计人民币 210 万元；（4）承担本案全部诉讼费用。

裁判理由及结果

法院的裁判理由及分析如下。

1. 关于电视节目"德巴女足赛"的性质

央视公司所主张的"德巴女足赛"，是广大观众在屏幕前观看的经摄制而成的电视节目，其与比赛现场所进行的德巴女足赛有所不同，至少存在以下等区别：（1）电视节目的比赛进程展现的是围绕运动的足球为中心的部分球场画面，并非全程展现完整的比赛场面；（2）电视节目中会出现在比赛现场无法获取的信息：例如个别球员的特写画面及姓名介绍、央视主持人的解说、场边教练人员的特写画面等；（3）电视节目中，在球赛中场休息时会出现央视主持人评论的画面。因此，中央电视台作为电视节目"德巴足球赛"的摄制者，其独创性主要体现在对现场比赛的拍摄及解说，包括机位的设置、镜头的选择、主持、解说和编导的参与等方面。然而尽管如此，其作为以直播现场体育比赛为主要目的的电视节目，在独创性上尚未达到电影作品和以类似摄制电影的方法创作的作品所要求的高度，特别是其中对于比赛进程的控制、拍摄内容的选择、解说内容的编排等方面，摄制者按照其意志所能作出的选择和表达非常有限，摄制者并非处于主导地位。因此，中央电视台摄制的"德巴足球赛"，不足以构成电影作品或以类似摄制电影的方法创作的作品。但是，如前所述，中央电视台在摄制"德巴足球赛"的过程中体现了一定的独创性，根据《中华人民共和国著作权法实施条例》（以下简称《著作权法实施条例》）第五条第（三）项规定，电视节目"德巴足球赛"应当作为电影作品和以类似摄制电影的方法创作的作品以外的有伴音或者无伴音的连续相关形象、图像的录制品予以保护，中央电视台对其享有录音录像制作者权。

2. 关于央视公司在本案中的权利

国际奥委会将奥运赛事转播权独家授予中国中央电视台，该转播权包含了著作权法意义上的信息网络传播权。未经中央电视台授权许可，其他任何互联网和移动平台等新媒体均不得擅自转播。本案央视公司获得了中央电视台授予的信息网络传播权，其合法权益应受法律保护。因此，法院认定央视公司有权在本案中就"德巴足球赛"电视节目向世纪龙公司主张录音录像制作者的信息网络传播权。

关于央视公司在本案中同时起诉世纪龙公司侵犯其享有的广播组织专有权，根据《著作权法》第四十五条第一款规定，广播电台、电视台有权禁止未经其许可将其播放的广播、电视转播的行为，本条规定的广播组织专有权的行使主体限于广播电台、电视台，法律没有规定允许广播电台、电视台将该权利授予其他主体，如本案央视公司单独行使，因此对于央视公司在本案中主张其享有广播组织专有权，法院不予支持。

3. 关于世纪龙公司的行为是否侵犯央视公司权利的问题

根据公证书显示的内容以及世纪龙公司的陈述，可以认定通过安装、运行、并用21CN通行证登录从世纪龙公司网站上下载的VGO软件，依次点击该软件窗口"电视直播"栏目、"体育频道"子栏目、"CCTV5（直播测试频道）"，即可以实现对中央电视台CCTV—奥运频道正在直播的涉案电视节目"德巴女足赛"进行实时播放。现没有证据证明"CCTV5（直播测试频道）"播放涉案电视节目"德巴女足赛"获得了中央电视台的授权许可，因此，通过"CCTV5（直播测试频道）"提供涉案电视节目的主体应当构成侵犯央视公司作为录音录像制作者的信息网络传播权的直接侵权行为。

央视公司与世纪龙公司双方争议的焦点是世纪龙公司辩称其作为网络服务提供者，仅为被诉侵权的"德巴女足赛"提供了点对点（P2P）技术服务，而不存在央视公司起诉的通过自己的服务器提供"德巴女足赛"给互联网用户观看的直接侵权行为。

根据《信息网络传播权保护条例》第十八条、第二十六条相关规定，侵犯他人信息网络传播权的直接侵权行为，是指通过信息网络擅自向公众提供他人的作品、表演、录音录像制品，使公众可以在其个人选定的时间和地点获得作品、表演或者录音录像制品的行为。这里的"提供"，系指行为人通过上传到网络服务器、开放计算机硬盘或者以其他方式，将作品、表演、录音录像制品置于向公众开放的信息网络中，使公众可以以下载、浏览等方式获得的。本案中，根据VGO软件安装过程中显示的信息以及世纪龙公司的21CN vgo站点（vgo.21cn.com）页面上的"软件特点"等信息，VGO软件从功能上而言提供的是点对点技术服务，该技术令网络用户无须登录中央服务器浏览和下载，而是进行个人计算机与个人计算机之间的直接通信，每台个人计算机同时扮演服务器与客户机的角色，直接从其他用户的计算机而非从中央服务器获取数据资源。

　　然而，VGO 软件提供的虽然是点对点技术服务，仍然不能否定其中的"CCTV5（直播测试频道）"是世纪龙公司通过自己服务器向公众提供浏览的可能，要判断世纪龙公司是否存在此种直接侵权行为，还需要审查以下事实：首先，世纪龙公司在其 21CN vgo 站点（vgo.21cn.com）页面上"最新公告"的第三项列明了"VGO 直播测试频道—CCTV 奥运"，足以证明世纪龙公司明知其 VGO 软件中存在"CCTV5（直播测试频道）"的事实并通过公告进行宣传。其次，本案 VGO 软件的播放信息与公证保全时间基本在同一时期（2008 年 2 月 25 日）的（2009）穗中法民三终字第 13 号案有明显区别的是，同是使用世纪龙公司的 VGO 软件，该案在开始播放后会在播放窗口的右侧出现明显不属于世纪龙公司的链接地址"p2ps：//96CdlCA……wmv"，法院因此认定是案外第三人擅自上传涉案电影供其他网络用户浏览下载，而本案的播放窗口右侧没有任何链接地址的信息，从两案显示的链接信息的区别至少可以确定，显示链接地址并不能成为 VGO 软件的技术障碍，若世纪龙公司否认存在直接侵权行为，完全有能力也应当举证让央视公司获知"CCTV5（直播测试频道）"的链接地址信息，但世纪龙公司至今仍未提供该部分证据。第三，与一般通过点对点技术共享传播的文件通常是事先储存在案外第三方用户计算机上的现成文件有所区别的是，本案中通过信息网络传播的是中央电视台的电视节目，而且是通过实时同步播放（直播）的方式进行传播，这就要求通过"CCTV5（直播测试频道）"播放涉案电视节目的主体可以完成电视信号的接收、转化为数字信号、在信息网络上传播这个过程，在硬件的配置和技术要求上，所需均应高于一般的个人用户通过点对点技术将储存在其计算机上的文件提供给网络用户浏览下载的情形。综合上述几方面，考虑到世纪龙公司经营的是国内大型门户网站，从常理分析，其后台强大的服务器拥有将电视节目通过实时同步播放（直播）的方式进行传播的能力；并且，在《关于严禁通过互联网非法转播奥运赛事及相关活动的通知》颁布后，世纪龙公司应当明知未经中央电视台授权许可，其他任何互联网和移动平台等新媒体均不得擅自转播涉案电视节目；最关键的是，在没有技术障碍的情况下，世纪龙公司不能提供证据证明在 VGO 软件平台上建立链接的被诉侵权内容系由案外第三方网络用户提供的；因此，法院推定世纪龙公司提供了侵权内容，直接侵犯了央视公司作为录音录像制作者的信息网络传播权。

4. 世纪龙公司应承担的民事责任

世纪龙公司侵犯了央视公司作为录音录像制作者的信息网络传播权，应承担相应的民事责任。央视公司要求世纪龙公司立即停止通过信息网络转播中央电视台 CCTV—奥运频道的"德巴女足赛"的服务，考虑到上述涉案电视节目的内容是 2008 年北京奥运会比赛，播放时间是 2008 年 8 月，距今已将近四年，事实上已经不可能再进行实时转播，因此对于央视公司该项诉讼请求，法院不再支持。

央视公司还要求世纪龙公司在其经营的网站首页及《中国电视报》上发布声明，向央视公司公开赔礼道歉。法院认为，赔礼道歉是以侵犯著作权人身权利为条件的，首先，本案中播放的内容并没有进行编辑、更改，实时转播的视频有 CCTV 的台标；其次，本案央视公司没有证据证明世纪龙公司实施的行为给其商誉造成损害，因此，对于央视公司的该项诉讼请求法院不予支持。

央视公司还要求世纪龙公司赔偿其经济损失 200 万元以及为调查世纪龙公司侵权行为和起诉世纪龙公司所支付的合理费用 10 万元。鉴于央视公司没有证据证明央视公司因侵权行为造成的实际损失和世纪龙公司因侵权行为获得的利润情况，法院将根据央视公司权利的性质、世纪龙公司网站的性质、侵权的性质和后果、国家版权局等三部门联合发布《关于严禁通过互联网非法转播奥运赛事及相关活动的通知》的时间等因素，以及央视公司为本案诉讼所支付的律师费、公证费等费用的合理性、必要性，酌情确定本案的赔偿数额为 20 万元。

综上，法院判决如下：（1）世纪龙公司自本判决发生法律效力之日起十日内赔偿央视公司经济损失以及为本案支出的合理费用共计人民币 20 万元。（2）驳回央视公司的其他诉讼请求。当事人未上诉，一审判决已生效。

案例评析

该案例涉及网络内容提供者通过点对点（peer to peer）技术，未经权利人许可擅自通过信息网络定时播放电视台正在现场直播的奥运体育赛事节目的纠纷。按照审理侵害著作权案件依序审查"民事权利及其归属、侵权行为、民事责任"的思路，首先，应当依据独创性审查涉案体育赛事节目是否构成作品或制品。本案关于涉案节目独创性的审查，明确了作品独创性的审查思路和方法，公开了电影作品独创性的审查要素，减少了法官行使裁量权的任意性和不确定性，令当事人以及社会公众对于案件结果更为信服和认可。其次，对央视公司作为邻接权人享有的权利进行分析，其中涉及的"定时播放"纠纷是否应纳入信息网络传播权保护范畴、广播组织专有权是否应扩张至信息网络传播领域等问题均是著作权法以及信息网络传播权相关司法解释修改中具有前瞻性的疑难复杂问题。最后，涉及点对点技术服务的信息网络传播权侵权纠纷，属于著作权侵权中的新类型案件，国内最早见于上海步升音乐文化传播有限公司诉北京飞行网音乐软件开发有限公司等侵害录音制作者权案，本案通过优势证据规则推定世纪龙公司是网络内容提供者，相关依据和思路也值得研究。

1. 体育赛事节目的独创性审查

根据《著作权法实施条例》第二条规定，著作权法所称作品，是指文学、艺术和科学领域内具有独创性并能以某种有形形式复制的智力成果。由于著作权的产生不以登记为生效要件，作品一旦完成，权利人便享有著作权。因此，在审理侵害著作权案件时，首先应对原告所主张的可以以有形形式复制的智力成果进行"独创性"分析，判断该成果在文学、艺术和科学领域内是否具有独创性，以此为依据认定其是否属于作品，继而确定涉案权利客体、权利的内涵和外延等。但是，由于独创性分析不属于司法鉴定的范围，法院不能通过委托鉴定方式来确定智力成果的独创高度；并且，法律法规中也没有规定作品独创性的审查标准，因此审查作品的独创性成为著作权案件中应由法官行使裁量权的主要疑难问题之一。

对于作品的独创性，应当根据作品的类型结合其表现形式、表现手法等因素进行分析。如对于地图作品，根据《最高人民法院知识产权案件年度报告（2010）》中"第15. 行政区划地图的可版权性及其保护程度"的规定，最高人民法院的意见是如果在整体构图、客观地理要素的选择及表现形式上具有独创性，可构成著作权法意义上的作品；但是行政区划图中关于行政区的整体形状、位置以及各内设辖区的形状和位置等，由于系客观存在，表达方式非常有限，在认定侵权时应不予考虑。本案的作品独创性分析也依循该思路进行。

涉案的体育赛事节目是拍摄制作的电视节目，从类型上区分，应当归属于《著作权法》第三条第（六）项规定的电影作品或者以类似摄制电影的方法创作的作品。《著作权法实施条例》第四条第（十一）项规定，电影作品和以类似摄制电影的方法创作的作品，是指摄制在一定介质上，由一系列有伴音或者无伴音的画面组成，并且借助适当装置放映或者以其他方式传播的作品。第五条第（三）项规定，录像制品是指电影作品和以类似摄制电影的方法创作的作品以外的任何有伴音或者无伴音的连续相关形象、图像的录制品。因此，涉案的体育赛事节目，根据其是否具有独创性，以及独创性的高度进行分析，结论是以下三种可能：（1）属于以类似摄制电影的方法创作的作品，权利人根据《著作权法》第三条第（六）项享有著作权；（2）属于录制品，权利人根据《著作权法》第四十二条享有邻接权之一的录音录像制作者权；（3）独创高度达不到录制品的标准，涉案节目不应受到著作权法保护。

分析独创性的第一层次，是将涉案的体育赛事节目与真实发生的现场比赛进行对比。节目中出现了个别球员的特写画面及姓名介绍、央视主持人的解说、场边教练人员的特写画面等区别于现场比赛的内容，这些区别是电视节目的独创之处，解决了节目是否具有独创性的问题。分析独创性的第二层次是分析独创性的高度，主要是分析上述区别在形式上是否能够体现独特的拍摄方式、剪辑手法；在内容上是否具有鲜明的个性特征，从而展示制片者所要追求的独特思想表达。涉案节目对于现场比赛的拍摄手法及解说内容，包括机位的设置、镜头的选择、主持、解说等方面具有独创性，但由于其中对于比赛进程的控制、拍摄内容的选择、解说内容的编排等方面，摄制者按照其意志所能作出的选择和表达非常有限，摄制者并非处于主导地位，独创高度达不到以类似摄制电影的方法创作的作品的标准，因此将其认定是录制品是适宜的。

由于电视台等主体对于直播体育赛事的拍摄方式、剪辑手法相对固定，以上对于体育赛事节目的独创性分析，是否可以适用于其他电视台所拍摄播放的所有体育比赛节目，是否会让免费转播其他电视台拍摄的体育赛事节目成为过去式，给体育赛事的转播带来新的问题和纠纷，值得进一步研究和思考。值得关注的是，北京知识产权法院在 2018 年审结的北京新浪互联信息服务有限公司与北京天盈九州网络技术有限公司、乐视网信息技术（北京）股份有限公司侵害著作权及不正当竞争案中（以下简称新浪案），① 也同样作出涉案体育赛事节目不构成电影作品的认定；并在央视国际网络有限公司与暴风集团股份有限公司侵害著作权纠纷案中（以下简称暴风案），② 进一步认定涉案体育赛事节目构成录音录像制品。

2. "定时播放" 行为的定性及其司法实践中对其规制的不同路径

第一种意见认为，非交互式的网络"定时播放"行为仍应属于信息网络传播行为，因此即使体育赛事节目不属于作品而属于录音录像制品，仍然可以通过信息网络传播权予以保护——《信息网络传播权保护条例》第二条规定信息网络传播权保护的客体包括作品、表演和录音录像制品。具体而言，根据《著作权法》第十条第一款第（十二）项规定，信息网络传播权是以有线或者无线方式向公众提供作品，使公众可以在其个人选定的时间和地点获得作品的权利。《信息网络传播权保护条例》第二十六条第一款也重复了关于"信息网络传播权"的上述含义。根据以上规定的文义解释，信息网络传播权的规范对象局限于"公众可以在其个人选定的时间和地点获得作品"的"交互式"网络传播行为，似乎不应包括本案中的定时播放行为。但是实践中对于公众只能在网络传播者预定的时间里获得特定作品内容的"非交互式"网络传播行为是否应当纳入信息网络传播权保护范畴，依然存在争议。例如在本案审理之前的已有生效案例中，2008 年"宁波成功多媒体通信有限公司诉北京时越网络技术有限公司"一案③，法院认定被告定时在线播放行为侵害了原告的信息网络传播权。当然，坚持认为非交互式的网络定时播放行为不属于信息网络传播行为的司法判决也不在少数。

① 北京知识产权法院（2015）京知民终字第 1818 号民事判决。
② 北京知识产权法院（2015）京知民终字第 1055 号民事判决。
③ 北京市第一中级人民法院（2008）一中民终字第 5314 号民事判决。

对于这种司法实践中的分歧，有学者认为，这是由于著作权法与《世界知识产权组织版权条约》规定不一致所造成的，著作权法只是规定了上述条约第八条中"包括"部分的内容，导致出现了立法外延不周的情形，结果遗漏了上述"非交互式"网络传播行为。① 之前最高人民法院在制定关于信息网络传播权的司法解释时也注意到这个问题，根据 2012 年《最高人民法院关于审理侵害信息网络传播权民事纠纷案件适用法律若干问题的规定》（征求意见稿）第十六条规定，第一种意见就是赞同将定时播放行为纳入信息网络传播权的调整范围，第二种意见就是将其纳入《著作权法》第十条第一款第（十七）项规定的"其他权"的调整范围。然而比较遗憾的是，在正式施行的上述司法解释中，这一条规定被删除，最高人民法院对该问题没有表明其态度。但是，该司法解释第三条规定，未经许可通过信息网络提供权利人的作品、表演、录音录像制品，人民法院应当认定其构成侵害信息网络传播权行为。据此，认定侵害信息网络传播权行为的核心在于认定侵权人通过信息网络的"提供行为"，至于播放方式是否属于定时播放，不应影响信息网络传播行为的认定。并且，当体育赛事节目属于点播而非直播（定时播放）情况下，法院基本对此种行为属于信息网络传播行为并无不同意见，例如，前述暴风案；但应值得注意的是，现在网站对于直播的节目也一般设置有回放、点播功能，对于直播与点播这两种行为作出如此泾渭分明的区别，不符合现实情况。本案在处理时也基本秉持此种观点，最终认定被告在本案中通过信息网络定时播放体育赛事节目的行为，应当纳入信息网络传播权的调整范围。当然，如果在著作权法修改后，对于信息网络传播权仍然明确保留交互式网络传播行为的限定，那么此种观点也应与时俱进、合理摒弃。

第二种意见认为，《著作权法》第十条第（十一）项"广播权"是指"以无线方式公开广播或者传播作品，以有线传播或者转播的方式向公众传播广播的作品，以及通过扩音器或者其他传送符号、声音、图像的类似工具向公众传播广播的作品的权利"，非交互式的网络"定时播放"行为属于

---

① 焦和平：《论我国〈著作权法〉上"信息网络传播权"的完善——以"非交互式"网络传播行为侵权认定为视角》，载于《法律科学》2009 年第 6 期，146—147 页。

"以有线传播或者转播的方式向公众传播广播的作品"的行为。例如,前述新浪案,二审法院便作出此项认定。但是,笔者认为,《著作权法》第十条"广播权"规定中"以有线传播或者转播的方式向公众传播广播的作品"的行为,从文义理解,仅规定了以"有线"方式的传播或转播行为,不包含以"无线"方式的传播或转播行为,因此不能规制涉案的无线转播行为。并且,在《中华人民共和国著作权法(修订草案送审稿)》第十三条第(六)项中,"广播权"修改为"播放权",相应内容修改为"以无线或者有线方式公开播放作品或者转播该作品的播放"行为,在有线方式前增加了无线方式的规定,更进一步说明了现行法律规定的"广播权"不应包含以无线方式转播的行为。值得注意的是,将来由于"三网融合"的技术发展,计算机互联网、广播电视网、固定通信网、移动通信网等都属于信息网络,如果信息网络传播权在著作权法修后可突破交互式网络传播行为的限定,播放权最终趋势应该会是与信息网络传播权相互融合甚至被信息网络传播权所吸收①。否则,如果信息网络传播权在著作权法修改后仍然明确保留交互式网络传播行为的限定,在播放的节目构成作品的前提下,若著作权法修改后的播放权已包含了无线转播行为,权利人届时可以依据播放权的规定对未经许可的定时播放行为(网络直播)主张救济。

第三种意见认为,非交互式的网络"定时播放"行为属于侵害《著作权法》第十条第一款第(十七)项规定的"应当由著作权人享有的其他权利"的行为。在 2008 年的"安乐影片有限公司诉北京时越网络技术有限公司"案,② 法院便作出了此种认定;而在前述新浪案,一审法院也作了相同的认定。笔者认为,这种意见实质是基于认为非交互式的"定时播放"行为不属于信息网络传播行为、现行著作权法中的"广播权"不包含以"无线"方式的传播或转播行为,以及播放节目构成作品这三项作为前提,才选择第(十七)项的其他著作权权利作为基础进行规制的。

第四种意见认为,此类行为在根据现行著作权不能予以规制的情况下,

---

① 焦和平:"三网融合下广播权与信息网络传播权的重构——兼论《著作权法(修改草案)》前两稿的相关规定",载《法律科学》2013 年第 1 期,第 159 页。

② 北京市第二中级人民法院(2008)二中民初字第 10396 号民事判决。

可以依据反不正当竞争法予以规制。例如，央视国际网络有限公司与广州市动景计算机科技有限公司著作权侵权及不正当竞争纠纷案，① 法院认为动景公司的直播行为实质性替代来源网站进行播放，客观上导致央视国际网站访问量减少，分流了目标群体，减少了央视国际的点击量，这种"搭便车"的行为有违诚实信用原则和商业道德，扰乱了正常的市场竞争秩序，也损害了央视国际的经济利益，具有不正当性，构成不正当竞争行为。

还有一种意见认为，待著作权法修改后，网络"定时播放"行为可以依据已包含"许可他人网络转播行为"在内的广播组织专有权予以规制。在前述新浪案中，二审法院便持此种观点。对此，笔者认为，《中华人民共和国著作权法（修订草案送审稿)》第四十一条、第四十二条的规定进一步明确，对于广播电台和电视台而言，广播电视节目可以理解为广播电台、电视台首次播放的载有声音或者图像的"信号"，而广播组织专有权的实质是包括广播电台和电视台许可他人以无线或者有线方式转播该信号的权利。该规定与现行著作权法第四十五条规定的主要区别在于增加了"许可他人以无线方式转播"内容，而现行《著作权法》第四十五条规定的"将其播放的广播、电视转播"应理解为与第十条第（十一）项的"广播权"中规定的转播方式相对应，仅限于有线方式而不包含无线方式。因此，若著作权法最终作出上述修改，并有充分依据认定广播组织专有权的行使主体不限于广播电台、电视台，而是可以授权其他主体行使的前提下，无论播放的节目是作品还是制品，以及无论被诉的播放方式是属于非交互式的定时播放（直播）还是属于交互式的点播，通过广播组织专有权的路径对"信号"予以规制，笔者是赞同的。

---

① 广州知识产权法院（2015）粤知法著民终字第 732 号民事判决。

其他：证据、程序及"三合一"等

通过采用可信时间戳认证等电子存证
方式所取得的电子证据的审查认定

——华盖创意（北京）图像技术有限公司诉广州中汉口腔用品有限公司、北京微梦创科网络技术有限公司著作权侵权案

内容摘要

本文涉及电子证据在各类知识产权案件中应用的主要诉辩环节、以可信时间戳认证为代表的电子存证方式取得的电子证据的审查认定标准两方面的问题。

关键词 电子证据　电子存证　可信时间戳认证　区块链　存证云　公证云

裁判要点

采用可信时间戳认证方式等新类型的取证方式所固定的证据要成为定案证据应具备以下四个要件：一是使用者应证明其登录互联网取证之前对所用的计算机设备进行了相应的清洁性检查；二是使用者通过该计算机登录互联网涉案网页的过程是真实清晰的，使用者在该过程不存在擅自修改、增删网页内容的可能；三是网页内容足以证明在具体的时间节点存在待证事实；四是使用者应证明其取证过程及内容固化后保持完整且不存在篡改与伪造的可能，以便法院及当事人随时查看核实。

相关法条

《中华人民共和国著作权法》第三条、第十条、第四十八条

《最高人民法院关于审理著作权民事纠纷案件适用法律若干问题的解释》第七条

案件索引

基本案情

上诉人（原审被告）：广州中汉口腔用品有限公司（以下简称中汉公司）

被上诉人（原审原告）：华盖创意（北京）图像技术有限公司（以下简称华盖公司）

原审被告：北京微梦创科网络技术有限公司（以下简称微梦公司）

2014 年 2 月 10 日，美国公司 Getty Images，Inc. 出具《授权及确认书》，确认：Getty Images，Inc. 拥有盖帝图像集团公司（含盖帝图像国际有限公司）的终极持有权，其对附件 A 中所列出之品牌相关的所有图像享有版权，有权展示、销售和许可他人使用附件 A 中所列出之品牌相关的所有图像。这些图像展示在我公司的互联网站 www. gettyimages. ca，www. gettyimages. com，www. gettyimages. co. uk 和 www. gettyimages. cn 上，在中华人民共和国境内也能看到。Getty Images，Inc. 已指定华盖公司作为担任中华人民共和国境内的授权代表。盖帝公司明确授权华盖公司在中华人民共和国境内展示、销售和许可他人使用附件 A 中所列出之品牌相关的所有图像，这些图像展示在华盖公司的互联网站 www. gettyimages. cn 上。

华盖公司为证实涉案八张图片的权属情况，递交了联合信任时间戳服务中心提供的可信时间戳认证证书两份，证书附件显示：2016 年 3 月 22 日，通过登录 http：//www. gettyimages. ca 网站选择 "international" 栏目并点击进入 "中华人民共和国" 链接，在显示为 "GettyImages 华盖创意图片库" 界面中可搜索到涉案的八张图片，其版权所有均为 1995—2016，所在网页底部均载有版权申明。

此外，关于权属问题，二审法院查明，在华盖公司网站的涉案图片上均有"华盖创意www. gettyimages. cn"的水印署名，图片网页底部均载有版权申明。美国Getty Images，Inc. 向华盖公司出具的版权确认及授权书的附件A中包含了涉案图片所属品牌，在授权书中声明附件A中的图片所展示的网站包括www. gettyimages. cn。

华盖公司为证实中汉公司的侵权行为，也递交了联合信任时间戳服务中心提供的可信时间戳认证证书六份，证书附件显示：2015年6月5日，通过登录中汉公司微博，可搜索到配图为猫、女人吃棒棒糖、小男孩刷牙、小女孩刷牙、刷牙、口腔检查的微博内容。上述八张微博配图与华盖公司网站上的八张图片基本一致。上述可信时间戳认证证书所附视频显示华盖公司的取证过程如下：华盖公司人员首先点击屏幕录像软件，将取证过程开始录制视频；其次对所用计算机进行清洁性检查，包括杀毒及删除浏览器的历史记录等；再次是通过登录中汉公司的微博，可以搜索到与涉案图片完全相同的图片；最后再将以上证明内容提交给国家授时中心负责授时和守时保障的联合信任时间戳服务中心，该中心签发可信时间戳认证证书，证明文件（或电子数据）自申请时间戳时起已经存在且内容保持完整、未经篡改。在一审庭审中，一审法院当庭通过时间戳网站对涉案的时间戳文件进行验证，结果是验证成功。

华盖公司向法院起诉称：中汉公司、微梦公司在没有得到华盖公司授权的情况下，基于商业目的擅自使用侵犯华盖公司著作权的图片，据此请求法院判令：（1）中汉公司向华盖公司支付图片赔偿金及维权费用20000元；（2）中汉公司、微梦公司删除并停止使用侵权图片；（3）中汉公司、微梦公司负担本案诉讼费用。

中汉公司辩称：（1）华盖公司提交的证据不能证明美国盖帝公司是涉案图片的著作权人；（2）华盖公司通过可信时间戳认证方式固定的证据真实性存疑；（3）即使中汉公司在微博上使用涉案图片，也属于合理使用不构成侵权；（4）中汉公司的微博中现已找不到涉案图片，华盖公司主张的赔偿费用过高。

微梦公司辩称：（1）微梦公司在本案中无主观侵权过错，不构成侵犯华盖公司著作权的行为；（2）对于涉案微博中的图片，华盖公司并未事先通知微梦要求删除，微梦公司在收悉诉讼材料后，核实涉案图片已不存在，作为网络服务提供商，微梦公司只承担通知后的删除责任，不构成侵权。

裁判理由及结果

一审法院经审理认为，根据现有证据应认定 Getty Images，Inc. 是涉案图片的著作权人，根据美国 Getty Images，Inc. 的相关授权确认书，华盖公司也依法对涉案图片享有在中国境内展示、销售和许可他人使用的权利，并有权在中国境内以其自己的名义就他人未经授权使用涉案图片的行为提起诉讼。

关于中汉公司是否实施了被诉侵权行为，是否应承担侵权责任的问题。华盖公司起诉中汉公司实施侵权行为的证据是通过可信时间戳认证的网页截屏中中汉公司所发的八条配图微博，经庭审比对，其与华盖公司主张享有著作权的八张图片内容视觉上无差别。故中汉公司侵犯了华盖公司对涉案图片享有的信息网络传播权，理应承担赔偿损失及合理费用的责任。据此，一审法院判决：（1）中汉公司于判决生效之日起 10 日内赔偿华盖公司经济损失 7200 元（含合理费用）；（2）驳回华盖公司的其他诉讼请求。一审案件受理费 550 元，由华盖公司负担 352 元，中汉公司负担 198 元。

中汉公司不服一审判决，提起上诉。

二审法院经审理认为，首先，在华盖公司网站的涉案图片上均有华盖公司"华盖创意 www. gettyimages. cn"的水印署名，且图片网页下方附有版权声明；同时，华盖公司能够提供美国 Getty Images，Inc. 向其出具的版权确认及授权书（含附件 A），该份授权书的附件 A 中包含了涉案图片所属品牌，授权书中也声明附件 A 中的图片所展示的网站包括 www. gettyimages. cn，华盖公司足以证明其就涉案图片所享有的著作权利的具体来源。据此，在中汉公司不能提交相反证据的情况下，根据现有证据可以证明华盖公司根据美国 Getty Images，Inc. 的授权，有权以自己名义就相关侵权行为提起诉讼。

其次，对于华盖公司通过可信时间戳认证的这种新类型的取证方式获得中汉公司在微博中使用涉案图片的证据，应当符合以下要件才可被采信为定案证据：一是华盖公司应证明其登录互联网取证之前对所用的计算机设备进行了相应的清洁性检查；二是华盖公司通过该计算机登录互联网涉案网页的过程是真实清晰的，华盖公司在该过程不存在擅自修改、增删网页内容的可能；三是网页内容足以证明中汉公司未经华盖公司许可在其微博使用与涉案图片完全相同图片的事实；四是在本案诉讼过程中，华盖公司应证明其上述一、二、三项中所涉及的取证过程及内容固化后保持完整且不存在篡改与伪造的可能，法院及当事人可以随时查看核实。本案中，华盖公司提交的可信时间戳认证证书及所附视频的内容，以及一审法院在庭审中通过时间戳网站对涉案的时间戳文件验证成功的事实，足以证明华盖公司通过可信时间戳认证的取证方式所取得证据具备上述四项要件，也足以认定中汉公司未经权利人许可在其微博使用了与涉案图片完全相同的图片。故依照《民事诉讼法》第一百七十条第一款第（一）项规定，判决驳回上诉，维持原判。

案例评析

从本案的案情出发进一步深入思考，该案至少涉及电子证据在各类知识产权案件中应用的主要诉辩环节、通过不同电子存证方式取得的电子证据的审查认定两方面内容。

（一）电子证据在各类知识产权案件中应用的主要诉辩环节

越来越多的电子证据（按证据类型划分应为电子数据）出现在知识产权诉讼中，以下按侵害专利权、侵害著作权、侵害商标权以及不正当竞争等不同的诉讼类型，对电子证据所应用的主要诉辩环节加以说明。

1. 电子证据在侵害专利权诉讼中的主要应用

（1）关于证明被告实施制造、销售、许诺销售被诉侵权产品等行为的电子证据，一般情况是原告通过网购方式购买被诉侵权产品的全过程。例如，原告通过淘宝平台的涉案网店从浏览产品链接、下单购买、向支付宝付款、收取邮寄货物、确认付款的全过程，用于证明许诺销售和销售行为；以及被告在网络店铺或公司网站上关于制造工具、制造规模、经营范围、产品品牌的介绍等，用于辅助证明相关的制造行为。由于购货过程涉及后续的收货步骤，该部分证据就目前而言主流的方式仍然是通过公证处进行证据的保全固定，当然也有一些例如通过律师见证的特殊取证方式。（2）关于侵权比对，主要是针对没有取得产品实物的情形，例如，被诉行为仅涉及许诺销售时，必须依靠网页中的产品设计或产品特征与涉案专利进行比对。（3）关于现有技术或现有设计抗辩所涉的电子证据，主要涉及证明对比文件是否已向不特定公众公开、公开时间是否在涉案专利申请日前、对比文件的具体设计或技术特征。例如，微信朋友圈上的对比文件是否属于已向不特定公众公开，证明QQ空间内的对比文件在涉案专利申请日前公开的具体要件，淘宝交易快照、宝贝快照及其他网页上显示的时间能否认定为公开时间，网页中是否具有可供与被诉侵权产品比对的对比设计或技术特征内容等。（4）关于合法来源抗辩所涉的电子证据，主要包括与商家的微信聊天记录、淘宝交易记录如交易详情、交易快照等。（5）关于赔偿责任所涉的电子证据，一般情况是用以证明产品销售数量、销售价格、库存数量等方面的证据，例如出现了原告举证用京东平台上产品的评价数量来证明产品销售数量的情形。

2. 电子证据在侵害著作权诉讼中的主要应用

（1）鉴于著作权具有作品一经完成自动产生权利而无须注册登记的特性，故在证明著作权权利归属方面常涉及电子证据，例如证明作品内容、署名信息、发表时间、发表场所的相关网页证据等。此外，通过可信时间戳等电子存证方式保存作品创作的过程作为权属证据的情形也已出现。（2）使用电子证据证明被诉侵权行为的情形最常见于侵害信息网络传播权案件，例如用以证明网络内容提供者信息网络传播行为、网络服务提供者帮助侵权行为的相关网页证据等；当然，在证明在网购产品上存在侵害复制权、发行权情形时，网购过程的电子证据应用与上述侵害专利权案件中证明销售行为所涉的情形并无太大差别，在此不再赘述。（3）在多种作品的侵权比对中均涉及电子证据，从常见的美术、摄影作品与侵权图片的比对、音乐作品与侵权歌曲的比对、电影作品与侵权视频的比对等，到近年来比较热门的如网络游戏画面的比对、APP的UI界面比对等。（4）合法来源抗辩与赔偿责任中所涉的电子证据情形，与侵害专利权案件并无太大差别，在此不再赘述。

3. 电子证据在侵害商标权及不正当竞争诉讼中的主要应用

（1）对于产品上使用侵权商标这种最常见的商标侵权诉讼而言，包括购买被诉侵权产品的过程、产品合法来源、与认定赔偿数额相关的产品销售数量、售价等案件事实所涉及的电子证据与侵害专利权案件中对应事实的电子证据应用并无太大差别。（2）对于网站宣传中存在的商标侵权以及仿冒、虚假宣传、商业诋毁等传统不正当竞争行为时，电子证据在证据中的比重日益增大。（3）近年来出现的大量涉互联网的不正当竞争行为，如浏览器屏幕视频广告、搜索引擎竞价排名、安全软件不当评价、流量劫持等案件，所涉证明侵权行为构成的证据更是大多以电子证据为主。

（二）不同电子存证审查认定的思路

由于电子存证是指取得电子证据的手段和方式，因此关于电子存证的审查认定是指采用电子存证取得的证据要成为具有证明力的定案证据具体需要哪些要件。本案中，华盖公司通过可信时间戳认证（以下简称时间戳）的电子存证方式固定权属和侵权证据；而在知识产权侵权诉讼中，除了时间戳以外，常见的新类别电子存证方式还包括区块链、公证云、存证云等。对于不同电子存证的审查认定，应该按照以下思路进行。

1. 审查确定各种不同的电子存证方式的技术原理

审查技术原理包括但不限于以下内容：（1）主导完成存证流程的主体是申请人（使用者）还是存证机构，前者如时间戳、后者如存证云与公证云；（2）存证主要步骤是在申请人的本地计算机完成还是申请人提交后在存证机构的服务器完成，前者如时间戳、后者如存证云与公证云；（3）存证机构是公证机关还是其他机构，例如公证云与存证云的区别；（4）用于存证的计算机的清洁性检查能否证明等。

2. 根据不同电子存证方式的技术原理，分别作出司法审查认定的结论

除本案涉及的时间戳以外，区块链、公证云、存证云所涉案例举证如下：（1）关于区块链存证，如杭州互联网法院在杭州华泰一媒文化传媒有限公司与深圳市道同科技发展有限公司侵害著作权纠纷案[1]中作出相关认定，采信了区块链存证的证据；（2）关于公证云存证，如广州知识产权法院在泉州市西丰佛艺工艺品有限公司与武建宇侵害外观设计专利权纠纷案[2]中作出相关认定，采信了公证云存证的证据；（3）关于存证云存证，如最高人民法院在

---

[1]　杭州互联网法院（2018）浙8601民初81号民事判决。
[2]　广州知识产权法院（2017）粤73民初2748号民事判决。

上海铭轩家具有限公司与国家知识产权局专利复审委员会外观设计专利权无效行政纠纷案①、北京市第一中级人民法院在中版文化传媒公司与网易有道计算机系统公司名誉权纠纷案②中均涉及相关审查认定。

根据上述思路，本案中，查明通过时间戳取证的基本流程如下：（1）原告的代理人登录时间戳网站 www. tsa. cn 注册用户；（2）开启屏幕录像软件及外部录像，确定开始时间，对整个取证过程进行录像记录；（3）用户对自己的计算机进行一系列清洁检查，包括检查 IP 地址、查杀病毒、删除浏览器历史记录等；（4）开始保全电子证据，通过搜索引擎找到目标网站，将涉案网页证据以截屏等方式保全；（5）最后将以上获得的电子文件提交给联合信任时间戳服务中心，该中心签发可信时间戳认证证书，证明上述电子文件自申请时间戳起已经存在且内容保持完整、未经篡改；（6）庭审中，法院通过时间戳网站对涉案的时间戳进行验证，结果是验证成功。

根据以上过程可以看出，原告或其代理人单独主导时间戳存证整个流程的每个步骤，其身边缺少类似于公证人员进行监督，因此笔者认为，采用时间戳电子存证取得的证据要成为具有证明力的定案证据至少应具备以下四项要件：一是使用者应证明其登录互联网取证之前对所用的计算机设备进行了相应的清洁性检查，以此排除使用者提前伪造虚假的网络内容等可能对取证结果造成影响的因素；二是使用者开始通过该计算机保全互联网涉案网页的过程是真实、连贯、清晰的，使用者在该过程不存在擅自修改、增删网页内容的可能，且这个过程应通过录像等方式予以记录；三是网页内容足以证明在具体的时间节点存在待证事实；四是使用者应证明其取证过程及存证取得的证据保持完整且不存在篡改与伪造的可能，法院及当事人对于取证过程及存证取得的证据可以随时查看核实。

最后需要予以强调的是，上述第一、二、四项要件满足后，仅能证明在使用时间戳电子存证方式的那个时间节点，具体网页中存在某项内容，但该内容是否是真实可信的，还得结合该网页所在的网站或平台的公信力等其他

---

① 最高人民法院（2016）最高法行申 2812 号。
② 北京市第一中级人民法院（2016）京 01 民终 3857 号民事判决。

证据予以认定，而这部分属于第三项要件中要审查的内容。例如，被告在外观设计专利侵权案中主张现有设计抗辩，并通过时间戳电子存证方式证明在具体时间节点能浏览某国外公司网站的具体网页文章内容中包含涉案被诉设计的图片，并且该网页中标示了文章的公开时间早于涉案专利的申请日。此时，法官应当结合该国外网站的公信力、文章公开时间的可靠程度以及文章、图片是否存在修改的可能等因素审查认定包含涉案被诉设计的图片是否在涉案专利申请日前已公开，而非因被告采取了时间戳电子存证方式取证，便可对所涉证据直接予以采信。

律师见证书的证据效力及证明力

——广东东箭汽车用品制造有限公司诉东莞市宏昌
汽车服务有限公司外观设计专利权侵权案

内容摘要

在知识产权司法实践中，针对以侵权证据为代表的证据保全固定的需求，当事人除了越来越多地运用电子存证方式来代替主流的公证保全方式以外，律师见证也成为当事人采用的一种保全证据的方式。

关键词　律师见证书　公证书　证人证言　证据效力　证明力

裁判要点

民事诉讼法及其相关司法解释没有规定律师见证书与公证文书具有相同的证据效力，律师见证书不属于没有相反证据反驳即可采纳作为定案依据的证据。从证据种类而言，律师见证书属于证人证言，见证律师应当出庭接受双方当事人的询问后，再结合其他证据确定律师见证书对于待证事实的证明力。

相关法条

《中华人民共和国民事诉讼法》第六十三条、第七十二条

《最高人民法院关于适用〈中华人民共和国民事诉讼法〉的解释》第九十三条

案件索引

一审：东莞市中级人民法院（2014）东中法知民初字第 187 号民事判决

二审：广东省高级人民法院（2015）粤高法民三终字第 57 号民事判决（笔者经办）

基本案情

上诉人（原审原告）：广东东箭汽车用品制造有限公司（以下简称东箭公司）

被上诉人（原审被告）：东莞市宏昌汽车服务有限公司（以下简称宏昌公司）

2012 年 2 月 14 日，东箭公司申请名称为"汽车行李架"的外观设计专利（以下简称本专利），于 2012 年 9 月 26 日获得授权，专利权人是东箭公司，专利号为 ZL201230028274.3。

2014 年 4 月 23 日，东箭公司的委托代理人韦定坤向广东青晖律师事务所（以下简称青晖律所）申请办理购买行为见证法律服务，青晖律所指派陈永辉律师、方亮律师进行见证并出具见证书，见证书称：陈永辉律师、方亮律师于 2014 年 4 月 27 日来到东莞市寮步镇百业国际汽配城，在牌匾店名为"东莞市宏昌汽车服务有限公司"的店内，对韦定坤购买产品的有关情况进行了现场见证，韦定坤现场取得了行李架一套、名片一张、收据一张、银联 POS 签购单一张。对本次见证行为，青晖律所出具了 2014 广青晖见字第 07 号律师见证书。东箭公司提交了两段见证购买被诉侵权产品时的录像视频，在文件名为 VID_0000_compress 的视频文件中显示东箭公司工作人员于 2014 年 4 月 26 日前往宏昌公司处，向宏昌公司工作人员询问是否有 2012 款 CRV 汽车行李架出售，宏昌公司工作人员回复说有，要去拿货，但其后宏昌公司是否拿到该产品视频中无显示。在文件名为 VID_0009 的视频文件中显示东箭公司于 2014 年 4 月 27 日前往宏昌公司取货，因该视频文件显示购买产品的外观较为模糊，无法显示购买产品外观细节。东箭公司另提交了照片，主张是购买后在见证律师事务所拍摄的被诉侵权产品外观照片；另，东箭公司确认将见证购买的被诉侵权产品带回律师事务所并进行封存的过程没有进行录像。

宏昌公司确认其有售卖给东箭公司行李架，但是与东箭公司提交的被诉侵权产品是不一样的。宏昌公司主张东箭公司所拍摄视频中没有体现被诉侵权产品的外观，照片的拍摄地点不是在宏昌公司，有调包的可能，不能证明细节图片中显示的产品是在宏昌公司购买。宏昌公司提交了店内监控视频主张其售卖的产品都在产品上贴有宏昌公司的标签用以保修，但是涉案被诉侵权产品上没有标签，其出售给东箭公司的产品与东箭公司提交的被诉侵权产品不一致。

将被诉侵权产品与本专利进行比对，东箭公司发表比对意见认为见证购买的被诉侵权产品与本专利完全一致；而宏昌公司发表比对意见认为，无法判断被诉侵权产品是否与本专利一致，东箭公司提供的视频也没有完整体现其购买的产品的外观。

二审中，律师陈永辉作为证人出庭，发表以下证言：2014 广青晖见字第07 号《律师见证书》记载的均是事实，本案的被诉产品是 2014 年 4 月 27 日在律师见证下向宏昌公司购买的。2014 年 4 月 26 日的协商过程及 27 日的买卖过程我均在现场，一进店铺就开始录制视频。2014 年 4 月 26 日我们在宏昌公司店内的墙上看见了竖排挂着的被诉产品实物样品，由于店内只有样品，因此要从仓库调货，同时为了方便运输，因此确定在 27 日统一购买。购买以后，我们在纸箱上注明"宏昌"两字及编号进行存放。但是由于我们在长沙、广西等地还有其他业务，因此直到 2014 年 5 月 23 日前几天才进行拍照，并于 2014 年 5 月 23 日进行封存。

根据东箭公司的当庭陈述，2014 年 4 月 26 日，东箭公司代理人韦定坤是在宏昌公司销售人员出示的一本宣传册中找到被诉产品样式，并要求购买的；根据宏昌公司的当庭陈述，2014 年 4 月 26 日时宏昌公司店内没有被诉产品，是东箭公司在宏昌公司的宣传册上指出要购买的产品。经过当庭播放东箭公司提供的两段视频，2014 年 4 月 26 日的协商过程与东箭公司的陈述基本一致。视频中虽然出现了宏昌公司店内墙上竖排挂着的类似产品，但根据当事人和证人辨认，其中没有被诉产品的实物样品。2014 年 4 月 26 日和27 日两段视频均未能体现被诉产品的外观以及将被诉产品带回律所进行封存的过程。

东箭公司认为宏昌公司构成侵权，于 2014 年 6 月 24 日向原审法院提起诉讼，诉请判令：（1）宏昌公司立即停止销售侵害涉案专利的产品的行为，销毁库存产品；（2）宏昌公司赔偿东箭公司经济损失人民币 4 万元；（3）宏昌公司支付东箭公司为制止侵权支付的合理费用人民币 1 万元；（4）宏昌公司承担本案诉讼费。

裁判理由及结果

一审法院经审理认为，本案为侵害外观设计专利权纠纷。本专利处于合法有效的期限内，依法应当受到保护。本案的主要争议焦点是：（1）被诉侵权产品是否是由宏昌公司售出；（2）被诉侵权产品是否落入本专利保护范围；（3）若侵权成立，宏昌公司应承担何种责任。

针对争议焦点一，东箭公司主张被诉侵权产品由宏昌公司售出，并提供了律师见证书、视频文件、照片予以证明，对此，原审法院分析如下：（1）关于律师见证书的效力。律师见证与公证行为不同，任何法律行为或法律意义的文书、事实经过公证证明，即产生法律意义上的证据效力，如无相反证据予以推翻，即可作为证据使用。而我国并无相关法律赋予律师见证行为法律意义上的证据效力，律师见证属于证人证言，相关见证人应到庭作证并结合其他相关证据才能作为认定事实的根据，而本案中相关见证人并未出庭作证。（2）本案中，东箭公司提供了视频文件拟证明被诉侵权产品与购买的产品一致，但文件名为 VID_ 0009 的视频文件经庭审播放，其显示的产品并不清晰，无法看清产品的整体外观，无法判断视频文件中宏昌公司售出的产品是否与当庭拆封的被诉侵权产品一致，文件名为 VID_ 0000_ compress 的视频文件显示 2014 年 4 月 26 日东箭公司前往宏昌公司处时宏昌公司店内并没有被诉侵权产品。（3）东箭公司并未将见证购买的产品带回律师事务所并进行封存的过程进行录像或以其他形式固定，不能排除东箭公司将见证购买的产品带回律师事务所后进行调包的可能，对东箭公司所提供的照片，原审法院不予采信。综上，东箭公司所提供的证据不能形成完整的证据链，无法证明被诉侵权产品系由宏昌公司售出，应承担举证不足的不利后果。关于争议焦点二、三，因无法认定被诉侵权产品是由宏昌公司售出，故其他争议焦点已无赘述必要。综上所述，原审法院判决驳回东箭公司的全部诉讼请求。

上诉人东箭公司不服原审判决，提起上诉。

二审法院认为：本案二审的争议焦点是一审判决以宏昌公司没有销售被诉产品为由，驳回东箭公司的诉讼请求是否正确。

本案中东箭公司主张被诉产品是由宏昌公司售出，提交了包括律师见证书及见证律师陈永辉的证言、视频文件及照片、封存的被诉产品实物等证据。法院认为，其一，民事诉讼法及其相关司法解释没有规定律师见证书与公证文书具有相同的证据效力，律师见证书不属于没有相反证据反驳即可采纳作为定案依据的证据，因此本案律师见证书中记载的内容是否属实，仍然需要东箭公司举证证明。其二，为证明律师见证书记载内容的真实性，东箭公司申请了见证律师之一陈永辉出庭作证。陈永辉的证言中包括"2014年4月26日在宏昌公司店内的墙上看见了竖排挂着的被诉产品实物样品"，但这与东箭公司和宏昌公司所陈述的是根据宣传册订购产品的过程存在出入，当事人和证人也无法在4月26日视频拍摄的店铺墙上辨认出被诉产品的实物样品，因此该部分证言与事实不一致。陈永辉陈述拍照与封存被诉产品的时间距离购买时间将近一个月，间隔时间相对于合理期间过长，而且没有将这个过程进行录像或以其他方式固定，难以证明封存的被诉产品与购买的产品之间存在唯一确定性。其三，东箭公司提供的视频没有体现被诉产品的外观，被诉产品的外包装及其内部均没有可以证明是由宏昌公司销售的信息；而律师见证书上的产品收据仅列明了产品名称为12CRV，该收据与产品及其包装上的信息也无法形成唯一对应性。综上，原审法院认定东箭公司提供的证据无法证明被诉产品就是宏昌公司销售的，理由充分，法院予以维持。

综上所述，东箭公司的上诉请求和理由没有事实和法律依据，法院不予支持。原审判决认定事实基本清楚，适用法律正确，依法应予以维持。遂判决如下：驳回上诉，维持原判。

案例评析

本案涉及律师见证书的证据效力以及证明力问题。律师见证目前尚无法律法规的依据，只在中华全国律师协会于2007年制订的《律师见证业务工作细则》（以下简称细则）中有所涉及。根据细则第二条、第三条规定，律师见证是指律师应客户的申请，根据见证律师本人亲身所见，以律师事务所的名义在被见证的法律行为发生之时依法对具体法律事实等进行证明的一种活动。根据细则第二十条规定，律师见证书主要内容包括：（1）委托见证事实；（2）律师见证的过程；（3）律师见证的法律依据；（4）律师见证的结论；（5）见证律师的签名，并由律师事务所盖章；（6）律师见证的时间。

根据以上内容，律师见证书的实质是知道案件中所涉具体法律事实的见证律师以其律师事务所的名义，对涉案的具体法律事实进行证明所产生的文书。但是，律师见证书与公证文书在证据效力上又明显不同，最关键的区别在于公证文书属于《最高人民法院关于适用〈中华人民共和国民事诉讼法〉的解释》第九十三条规定的除非有相反证据足以推翻的、否则当事人无须举证证明的证据，而律师见证书却不具备此等证据效力。在法律未对律师见证书的证据效力予以特别规定的情况下，根据《民事诉讼法》第七十二条关于凡是知道案件情况的单位和个人都有义务出庭作证之规定，见证律师既然知道具体的涉案法律事实，也应当作为证人身份出庭作证。因此从证据种类而言，律师见证书应属于《民事诉讼法》第六十三条规定的证人证言。当然，由于此时证人具有律师的特殊身份以及法律方面的知识结构，相较于普通证人而言其见证的法律事实对于构成要件的证明作用一般情况下在逻辑上更为周延及完备；因此，在没有相反证据证明见证律师与案件存在利害关系的情况下，其证人证言相对于普通证人证言的证明力较高。

然而，若有证据证明见证律师陈述的证言与当事人陈述等其他证据明显存在矛盾之处，或者见证律师的见证、取证行为明显存在程序上的不合理之处，则律师见证书的内容不应予以采信。如在本案中，首先，见证律师的证言中包括"在宏昌公司店内的墙上看见了竖排挂着的被诉产品实物样品"，但这与东箭公司和宏昌公司所陈述的是根据宣传册订购产品的过程明显存在矛盾冲突；其次，当事人和见证律师也无法在订购产品时拍摄的视频中显示的店铺墙上辩认出被诉产品的实物样品，因此见证律师的部分证言与事实明显不一致。此外，见证律师陈述拍照与封存被诉产品的时间比购买时间晚一个月，从程序上而言间隔时间相对于合理期间明显过长，而且也没有将这个过程进行录像或以其他方式固定，难以证明其封存的被诉产品与购买的产品之间存在唯一确定性。综上，法院认定原告提交的律师见证书不能证明被告销售被诉产品的事实，对律师见证书不予采信。

关于二审审理范围及裁判方式的争议

——周钊文、广州市欧梵家具制造有限公司诉
叶信亮、叶朋亮、黄志承侵害外观设计专利权案

内容摘要

此案例涉及诉讼程序问题，民事诉讼的第二审程序仍应遵循"不告不理"的原则，围绕当事人的上诉请求进行审理。但是，若二审查明的基本事实较之一审已发生明显变化，导致仅免除上诉人（被告之一）的责任且不改判由其他一审被告替代承担责任时，实体处理结果将对一审原告明显不公，此时二审的审理范围及裁判方式应当如何选择。

关键词 合法来源抗辩 第二审的审理范围 发回重审 改判

裁判要点

一审判决后，原告与一审判决无须承责的被告均未上诉，而一审判决应当承责的被告在其上诉请求中主张合法来源抗辩，并要求改判由其他被告承担全部赔偿责任。二审法院在审查认定上诉所涉的合法来源抗辩成立的同时，查明了一审判决无须承责的被告存在制造、销售侵权产品的行为，是否可以直接在二审中改判由该被告承担停止侵权和赔偿损失的民事责任。

相关法条

《中华人民共和国专利法》第十一条第二款、第五十九条第二款、第七十条

《最高人民法院关于审理侵犯专利权纠纷案件应用法律若干问题的解释（二）》第二十五条

《最高人民法院关于适用〈中华人民共和国民事诉讼法〉的解释》第三百二十三条

案件索引

一审：佛山市中级人民法院（2014）佛中法知民初字第 7 号民事判决

二审：广东省高级人民法院（2014）粤高法民三终字第 1090 号民事判决（笔者经办）

基本案情

上诉人（原审被告）：黄志承

被上诉人：（原审原告）周钊文、广州市欧梵家具制造有限公司（以下简称欧梵公司）、（原审被告）叶信亮、叶朋亮

2010 年 7 月 16 日，周钊文申请名称为"支撑脚（二）"的外观设计专利权，并于 2010 年 12 月 22 日获得授权，专利号为 ZL201030240613.5。2011 年 2 月 10 日，周钊文将涉案专利权许可给欧梵公司实施，许可方式是普通许可，有效期至 2020 年 7 月 16 日。

2013 年 9 月 17 日，周钊文的委托代理人梁毅在公证员的陪同下，到佛山市顺德区"顺联家具城"十三座一门面标有"乐晟办公家具"等字样的商店，提取了被诉侵权产品，同时取得收据、名片各一张。

黄志承确认其向周钊文、欧梵公司销售的被诉侵权产品与公证书附件中的产品照片是一样的。被诉侵权产品如下图所示：

二审法院另查明，周钊文的委托代理人梁毅购买被诉产品时，黄志承出具的订货合同单据上注明被诉产品的名称是"桌面屏风"，型号和规格是2.4×1.2四人位，无柜子、主机架，数量是1组。

黄志承提交了编号为0004560的《送货单》一份，单据上载明以下信息：出具单据的商家名称为"锦明信亮办公家具五金厂"，厂址是"广东省佛山市南海区西樵山根工业区"，电话和传真为"8635121"；门市地址为"佛山市顺德区龙江镇亚洲国际材料市场A5排50号"，电话和传真是"0757－23373893"；购货单位是"乐晟"，提货日期是2013年6月21日，购买产品型号是D0907－2，规格是2360×1160白色，数量是2，单价是490元，合计980元；收款人的农行账号户名是黄艳转；供货经办人处签名为"黄"。

黄志承另提交了编号为0004585的《送货单》一份，单据上载明的出具单据的商家名称、厂址、门市地址、电话和传真、购货单位、收款人账号及户名、供货经办人均与编号为0004560的《送货单》的信息相同；提货日期是2013年6月28日，购买的产品型号是D0907，规格是3600×600四排脚，数量是3，单价是520元，合计1560元。并且，在该送货单上标注了"2单04585＋04560合计金额2540元，7月21日转农行"的字样。

2013年7月21日，黄志承通过其中国农业银行账号向黄艳转账号转账2540元。2013年6月21日，黄艳转出具《收款收据》一张，载明"今收到乐晟购D0907－2 2360×1160　2套×490＝980元"，收款单位处盖的是"顺德区龙江镇锦明办公五金家具厂"收款专用章。

根据佛山市公安人口信息查询以及佛山市顺德区龙江镇人民政府婚姻登记查询，黄艳转的身份信息如下：2002年3月5日与叶朋亮办理结婚登记，是夫妻关系。在一审中，叶信亮、叶朋亮回答原审法院称不清楚黄艳转与叶朋亮的关系，隐瞒叶朋亮与黄艳转是夫妻关系的事实。

黄志承提交了2012年宣传册和2014年宣传册以及其交易时从黄艳转处取得的名片一张。2012年宣传册第39页、2014年宣传册第28页均有D0907－2的产品图片，黄志承认为D0907－2就是其销售的被诉产品。两本宣传册的封面名称均为"信亮（锦明）五金办公家具"；封底均载明以下信息：名称是信亮（锦明）五金办公家具，厂址为广东省佛山市南海区西樵山根工业区；内页上侧均有"信亮五金办公"字样。其中 2012 年宣传册的工厂电话是 0757 - 86905630，传真是 0757 - 86910180，网址是 www. gdxinliang. com，（阿里巴巴）http：//xinliangwj. cn. alibaba. com，阿里巴巴：佛山市南海西樵信亮五金厂，门市是佛山市顺德区龙江亚洲国际材料城 A6 排 27 号。2014 年宣传册的工厂电话和传真是 0757 - 86835121，网址是 www. fsxinliang. com。门市是佛山市顺德区龙江亚洲国际材料城 A6 排 27 号，电话和传真是 0757 - 23373893，其中 D0907 - 2 产品图片如下：

叶信亮自称广东省佛山市南海区西樵山根工业区是其个体工商户佛山市南海西樵信亮五金厂的经营地址。黄艳转的名片记载以下信息：商户名称是信亮（锦明）办公家具，门市是佛山市顺德区龙江亚洲国际 A 区 6 排 27 号，电话和传真是 0757 - 23373893，厂址是广东省佛山市南海区西樵山根工业区，电话是 0757 - 86835121，网址是 www. gdxinliang. com。

叶信亮、叶朋亮也提交了 2012 年宣传册和 2014 年宣传册，并主张其提交的产品宣传册才是其对外发放的宣传册，而其他宣传册则是虚假的。宣传册上的产品是由叶信亮提供给叶朋亮销售的，宣传册上 D0907 - 2 的产品图片与黄志承提交的两本宣传册完全不同。叶信亮提交的宣传册的整体样式和色彩设计、封面名称、封底名称、厂址、门市地址以及内页上的"信亮五金办公"字样与黄志承提交的宣传册上的信息相同；但是叶信亮、叶朋亮提交的两本宣传册上的电话和网址等信息均与黄志承提交的 2014 年宣传册相同，与黄志承提交的 2012 年宣传册明显不同。叶信亮、叶朋亮的宣传册上 D0907 - 2 产品图片如下：

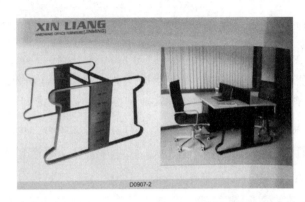

　　二审时，黄志承提交了 2014 年 11 月 12 日拍摄的叶信亮经营的佛山市南海西樵信亮五金厂的经营场所照片，照片上显示该厂匾额使用"锦明（信亮）五金厂"的名称，并显示电话是 8690××××（此处省略处理——编者注）。黄志承提交了叶朋亮经营的佛山市顺德区龙江镇 1668 五金商行经营场所的正门照片，照片显示该店铺匾额使用"信亮（锦明）办公"的名称，电话和传真是 0757-2337××××（此处省略处理——编者注）。叶信亮、叶朋亮确认上述照片分别是其经营的个体工商户经营场所的照片。黄志承还提交了叶朋亮经营的个体工商户经营场所的内部照片，其中包含了被诉产品，叶信亮、叶朋亮对此予以否认。照片如下：

　　根据佛山市顺德区市场安全监管局的档案资料，叶朋亮经营的佛山市顺德区龙江镇 1668 五金商行原经营场所是佛山市顺德区龙江镇亚洲国际家具材料交易中心 A5-50 号，于 2012 年 6 月 26 日变更经营场所登记为佛山市顺德区龙江镇亚洲国际家具材料交易中心 A6-27 号。

根据佛山市顺德区市场安全监管局的查询，截至 2014 年 11 月 26 日，佛山市顺德区龙江镇锦明信亮办公家具五金厂、佛山市顺德区龙江镇锦明办公五金家具厂、佛山市顺德区信亮锦明玻璃办公家具有限公司在龙江镇辖区内暂无工商登记记录。

黄志承还提交了 QQ 名为"佛山乐晟办公"与"锦明厂办公五金"的聊天记录以及通话录音资料。叶信亮、叶朋亮对聊天记录和通话录音均不予确认。

周钊文、欧梵公司认为黄志承销售的被诉产品侵犯了其专利权，黄志承认为其销售的被诉产品来源于叶信亮、叶朋亮，因此周钊文、欧梵公司认为叶信亮、叶朋亮也实施了侵权行为，向法院起诉请求判令：（1）黄志承、叶信亮、叶朋亮立即停止制造、销售、许诺销售侵权产品，并销毁库存侵权产品及专用模具、技术图纸。（2）黄志承、叶信亮、叶朋亮赔偿周钊文、欧梵公司经济损失及因调查、制止侵权行为所支付的合理费用共计 8 万元。（3）黄志承、叶信亮、叶朋亮承担本案全部诉讼费用。

裁判理由及结果

一审法院认为：本案为侵害外观设计专利权纠纷案件。被诉侵权产品采用的设计与涉案专利授权公告的图片相对比，两者外观设计相同，被诉侵权产品落入了本案外观设计专利权的保护范围；并且黄志承承认周钊文、欧梵公司公证购买的被诉侵权产品是其销售的。

关于黄志承的合法来源抗辩是否成立以及叶信亮、叶朋亮是否存在制造、销售、许诺销售被诉侵权产品的行为的问题，因黄志承提供的内容为企业名称"锦明信亮办公家具五金厂"、经营地址"广东省佛山市南海区西樵山根工业区"的单据等，不能充分证明制造工厂由叶信亮、叶朋亮经营，且黄志承不能提供证据证明被诉侵权产品是在叶朋亮的 1688 商行购买，也未能提供充分有效的证据证明"黄艳转"与叶信亮、叶朋亮有合伙经营等关系，对于叶信亮供货给叶朋亮、"黄艳转"的主张也没有证据证明。因此，黄志承的合法来源抗辩不能成立；周钊文、欧梵公司和黄志承主张叶信亮、叶朋亮存在制造、销售、许诺销售被诉侵权产品的行为，依据不足，原审法院不予支持。

综上所述，一审法院判决如下：（1）黄志承应于判决发生法律效力之日起立即停止销售侵害周钊文、广州市欧梵家具制造有限公司名称为"支撑脚（二）"、专利号为 ZL201030240613.5 的外观设计专利权的侵权产品，并销毁库存侵权产品；（2）黄志承应在判决发生法律效力之日起 10 日内赔偿周钊文、广州市欧梵家具制造有限公司经济损失及为制止侵权行为而支出的合理费用共计 51800 元；（3）驳回周钊文、广州市欧梵家具制造有限公司的其他诉讼请求。

上诉人黄志承不服一审判决，向法院提起上诉，请求如下：（1）撤销一审判决第二项，依法改判由叶信亮、叶朋亮承担全部赔偿责任；（2）一审和二审的诉讼费用由周钊文、欧梵公司、叶信亮、叶朋亮承担。

被上诉人周钊文、欧梵公司答辩称：一审法院查明事实清楚，适用法律正确。

二审法院认为：本案二审的争议焦点是：（1）黄志承的合法来源抗辩是否成立。（2）叶信亮、叶朋亮是否构成侵权并应承担相应的民事责任。

1. 关于黄志承的合法来源是否成立的问题

第一，黄志承主张其于 2013 年向叶信亮和叶朋亮购入的 D0907-2 产品就是被诉产品，其提交了两册包含 D0907-2 产品的 2012 年宣传册和 2014 年宣传册，并称该两本宣传册系交易中从叶信亮、叶朋亮处获取。叶信亮和叶朋亮则提交了同样为 2012 年和 2014 年的宣传册来进行反驳。由于黄志承主张购入 D0907-2 产品的时间是 2013 年，因此 2012 年宣传册与本案事实更具关联性。对比双方当事人各自提交的 2012 年宣传册，两者的整体样式和色彩设计、封面名称、封底名称、厂址、门市地址、内页上的"信亮五金办公"字样以及内含 60 余页共计数百种其他产品图片基本一致；但封底的电话、网址信息以及其中第 39 页 D0907-2 产品图片有所区别。二审法院认为，其一，根据常理分析，黄志承不可能掌握叶信亮、叶朋亮制造、销售的数百种产品图片，要制作出一本与叶信亮的宣传册在整体样式、色彩设计、名称和厂址等内容完全相同的宣传册，伪造成本高、难度大。同时，若黄志承获得叶信亮、叶朋亮的宣传册后以更换 D0907-2 产品图片的方法伪造，则黄志承完全没有必要更换宣传册封底的电话、网址等信息，造成与原宣传册的封底内容出现区别的情形。其二，就封底部分区别的信息而言，黄志承提交的 2012 年宣传册中叶信亮的个体工商户所留电话为 0757 - 8690 × × ×（此处省略处理——编者注），与叶信亮的个体工商户实际经营场所匾额上所留电话一致；而叶信亮 2012 年宣传册中的相应电话为 0757 - 8683 × × ×（此处省略处理——编者注），与其个体工商户匾额上的电话不一致。黄志承提交的 2012 年宣传册中工厂的网址为 www. gdxiliang. com，与黄志承提交的交易时取得的名片所记载的工厂网址一致；而叶信亮 2012 年宣传册中的相应网址为 www. fsxinliang. com，与名片上的信息不一致。其三，由于二审时叶信亮、叶朋亮当庭陈述宣传册上的产品是由叶信亮提供给叶朋亮销售的，宣传册是由叶信亮、叶朋亮为其产品制作的，因此他们在宣传册的电子版上更改其中某个型号的产品图片或封底信息重新制作，较之黄志承明显更为容易。综上，二审法院认定黄志承提交的 2012 年宣传册是黄志承购买产品时从叶信亮、叶朋亮处获得的，应作为本案的定案依据。

第二，由于该宣传册的封面名称、封底名称、厂址、门市地址、内页标注的信息相同，使用的名称均是"信亮（锦明）五金办公家具"，工厂地址是叶信亮经营的个体工商户的经营地址，门市地址是叶朋亮经营的个体工商户的经营地址，内页均标注"信亮五金办公"。同时，叶信亮的个体工商户经营场所匾额使用"锦明（信亮）五金厂"的名称，叶朋亮的个体工商户经营场所匾额使用"信亮（锦明）办公"的名称，均含有"信亮""锦明"字样，与宣传册使用的名称所含字样对应，与叶信亮的个体工商户佛山市南海西樵信亮五金厂所含"信亮"字样也对应。并且，即使是叶信亮、叶朋亮自行提交的 2012 年宣传册，也包含了上述相同全部信息，二审时叶信亮、叶朋亮承认宣传册上的产品是由叶信亮提供给叶朋亮销售的。因此，以上证据足以证明叶信亮、叶朋亮对外统一使用包含"信亮""锦明"字样的名称共同制造、销售办公家具的事实。

第三，经查明，黄志承购入 D0907、D0907 - 2 产品的送货单上，商家名称锦明信亮办公家具五金厂包含"信亮""锦明"字样，厂址广东省佛山市南海区西樵山根工业区是叶信亮经营的个体工商户的地址，门市地址是叶朋亮经营的个体工商户曾使用过的经营地址，收款人黄艳转是叶朋亮的妻子。

黄艳转 2013 年 6 月 21 日出具的收款收据上所盖的是"顺德区龙江镇锦明办公五金家具厂"公章,公章上的名称未经工商登记,其中包含"锦明"字样,与叶信亮、叶朋亮对外统一使用的名称对应。黄艳转也于 2013 年 7 月 21日收到黄志承支付的货款 2540 元。以上证据足以证明黄志承从叶信亮、叶朋亮处购入 D0907、D0907 - 2 产品的事实,向黄志承销售产品的实际经办人是叶朋亮的妻子黄艳转。

第四,如前所述,黄志承提交的 2012 年宣传册是黄志承购买产品时从叶信亮、叶朋亮处获得的,宣传册中的图片应作为认定 D0907 - 2 产品样式的依据。经比对,该宣传册中的 D0907 - 2 产品图片与被诉产品一致。同时,该产品图片与黄志承从叶朋亮的个体工商户经营场所拍摄到被诉产品的照片也可以相互印证,足以证明黄志承向周钊文、欧梵公司销售的被诉产品是其向叶信亮、叶朋亮购买的 D0907 - 2 产品。

综上,同时考虑到没有证据证明黄志承购买 D0907 - 2 产品时明知或应知这是未经专利权人许可而制造并售出的专利侵权产品,因此黄志承的合法来源抗辩成立,依法应承担停止侵权的民事责任,但不承担赔偿责任。

2. 关于叶信亮、叶朋亮是否构成侵权并应承担相应的民事责任的问题

黄志承销售的被诉产品是叶信亮、叶朋亮经营的个体工商户共同制造、销售的,即叶信亮、叶朋亮未经许可制造、销售侵害本案专利权的产品,已构成侵害周钊文、欧梵公司外观设计专利权的行为,应承担停止侵权和赔偿经济损失及支付合理费用的民事责任。停止侵权包括停止制造、销售侵权产品,销毁库存侵权产品及制造侵权产品的专用模具。关于赔偿数额,从周钊文、欧梵公司提交的证据来看,其因侵权行为而遭受的经济损失或侵权人侵权获利的具体数额,以及涉案专利许可使用费的具体数额,均难以查明。由于本案专利是外观设计专利,产品属于办公台和家具的支撑脚;周钊文、欧梵公司提起了两起专利侵权诉讼,共支付了公证费 1500 元,购买两案侵权产品共支付 2100 元;一审判决认定赔偿数额虽然针对的是销售侵权产品的行为,但周钊文、欧梵公司对赔偿数额没有提起上诉,在二审答辩中也没有提出异议。在以上事实的基础上,二审法院综合本案的专利权类型、周钊文和欧梵公司为调查、制止侵权支付的合理费用,以及权利人对一审判决未予上

诉等因素，酌定叶信亮、叶朋亮应当向周钊文、欧梵公司赔偿经济损失及合理费用共计51800元。

综上，由于二审出现了新证据证明黄志承上诉主张的合法来源抗辩成立，黄志承不承担赔偿责任；叶信亮、叶朋亮侵害周钊文、欧梵公司的外观设计专利权，应承担停止侵权和赔偿损失的民事责任，二审法院依法予以改判。依照《民事诉讼法》第一百七十条第一款第（二）项之规定，判决如下：（1）维持一审判决第一项、第三项；（2）撤销一审判决第二项；（3）叶信亮、叶朋亮应于判决发生法律效力之日起立即停止制造、销售侵害周钊文、广州市欧梵家具制造有限公司外观设计专利权的侵权产品，并销毁库存侵权产品及制造侵权产品的专用模具。（4）叶信亮、叶朋亮应在判决发生法律效力之日起10日内连带赔偿周钊文、广州市欧梵家具制造有限公司经济损失及为制止侵权行为而支出的合理费用共计51800元。

案例评析

本案一审认定黄志承合法来源抗辩不成立，并认定没有充分证据证明被诉侵权产品是叶信亮、叶朋亮制造、销售的，判决黄志承承担侵权赔偿责任。在一审判决后，原告周钊文、欧梵公司并未针对一审法院认定"没有充分证据证明被诉侵权产品是叶信亮、叶朋亮制造、销售的"的部分提起上诉；黄志承针对一审判决单独提起上诉，上诉请求包括撤销一审判决第二项，依法改判由叶信亮、叶朋亮承担全部赔偿责任等内容。在二审阶段法院经审查认定黄志承的合法来源抗辩成立，叶信亮、叶朋亮制造被诉侵权产品后销售给黄志承，黄志承再向原告销售的事实是存在的。但是，对于作为权利人的原告周钊文、欧梵公司并未针对一审法院关于没有充分证据证明叶信亮、叶朋亮存在制造、销售被诉侵权产品的侵权行为的认定结论提起上诉的情况下，二审法院能否依据另一被告黄志承的上诉请求和二审查明的事实，直接改判叶信亮、叶朋亮因制造、销售被诉侵权产品的侵权行为承担停止侵权以及赔偿损失的民事责任，在司法实践中有不同意见。

一种意见认为，虽然周钊文、欧梵公司一审的诉讼请求包括要求叶信亮、叶朋亮停止制造、销售、许诺销售的侵权行为和承担赔偿责任，但一审法院在一审判决中已经驳回了该部分诉讼请求。对于一审法院作出的该部分判决内容，有权提起上诉的应当是争议双方周钊文、欧梵公司与叶信亮、叶朋亮，黄志承不属于该部分争议的任何一方当事人，无权针对该部分判决内容提出上诉请求。由于周钊文、欧梵公司与叶信亮、叶朋亮均未对该部分判决内容提起上诉，根据《最高人民法院关于适用〈中华人民共和国民事诉讼法〉的解释》第三百二十三条关于"第二审人民法院应当围绕当事人的上诉请求进行审理。当事人没有提出请求的，不予审理，但一审判决违反法律禁止性规定，或者损害国家利益、社会公共利益、他人合法权益的除外"的规定，二审法院在二审程序中不能撤销一审法院该部分判决内容，直接改判由叶信亮、叶朋亮承担停止侵权和赔偿损失的民事责任。但是，由于二审查明的基本事实已发生明显变化，一审判决存在认定基本事实错误的情况，若在免除黄志承的赔偿责任后，不对叶信亮、叶朋亮作为制造者的侵权责任进行审理，将令权利人在实体上无法获得侵权救济，对周钊文、欧梵公司明显有违公平。综上，由于二审出现了新证据足以证明黄志承销售的被诉产品是由叶信亮、叶朋亮共同制造销售的，一审判决遗漏了重要事实，导致基本事实认定不清；二审中依法不应直接改判由叶信亮、叶朋亮承担侵权责任，因此二审法院应当依据《民事诉讼法》第一百七十条第（三）项规定，裁定撤销一审判决，发回一审法院重审。

另一种意见认为，本案的实质是虽然当事人提出了上诉请求，但请求内容是除了自己作为被告不承担赔偿责任外，还要求由其他被告承担赔偿责任，人民法院是否应当审理并支持其上诉请求的问题。此种意见认为，法律对此没有明文规定，综合考虑还是直接改判更恰当。理由是：（1）二审围绕黄志承的上诉主张审理后，发现构成侵权和应承担赔偿责任确实是制造商叶信亮、叶朋亮，而在一审程序中原告对制造商是具有明确的诉讼请求的，因此在二审中改判制造商承担责任，不存在超过原审原告诉讼请求的情况。（2）根据《民事诉讼法》第一百七十条第（三）、（四）项规定，发回重审的情形规定较为严格，分别是严重违反法定程序以及二审无法查清基本事实的情况，而本案中不存在严重违反法定程序的情形，同时关于黄志承合法来源抗辩以及叶信亮、叶朋亮制造、销售侵权产品的事实也已经查清，也不存在无法查清基本事实的情形，因此本案不应裁定发回重审。（3）如果本案二审不裁定发回重审，却在认定黄志承的合法来源抗辩成立的情况下不判决叶信亮、叶朋亮承担停止侵权和赔偿损失的法律责任，对于权利人极其不公平。（4）从公平与效率的角度来思考，为了防止诉累，二审直接改判也更为合适。本案的二审判决采纳了第二种处理意见。

本案所涉的争议可以进一步拓展为：在周钊文、欧梵公司与叶信亮、叶朋亮均未上诉的情况下，假如黄志承的上诉请求中仅主张其合法来源抗辩成立而不应承担赔偿责任，不包含要求改判由叶信亮、叶朋亮承担全部赔偿责任的主张，此时二审法院在审查合法来源抗辩的同时查明了叶信亮、叶朋亮制造侵权产品销售给黄志承的事实，是否可以直接在二审中改判为由叶信亮、叶朋亮承担停止侵权和赔偿损失的民事责任。

对于此种情形，笔者认为，第一，二审法院审查认定黄志承上诉主张的合法来源抗辩成立，免除黄志承的赔偿责任。此时，若不裁定发回重审或改判由制造、销售侵权产品的叶信亮、叶朋亮承担侵权责任，则意味着二审判决的结论是改判一审判决关于黄志承承担赔偿责任的判项，同时叶信亮、叶朋亮无须承担任何侵权责任；即对于周钊文、欧梵公司而言，其赔偿请求将全部得不到支持，出现实体处理上对于权利人极不公平的情况。第二，即使周钊文、欧梵公司可以通过申请再审的方式令其对于叶信亮、叶朋亮的诉讼请求获得救济，对于当事人而言也会形成诉累。况且，最高人民法院（2017）最高法民申2483号"王某与卢某等民间借贷纠纷案"[①] 的裁判要旨为：一审胜诉或部分胜诉的当事人未提起上诉，且在二审明确表示一审判决正确应予维持；在二审判决维持原判后，该当事人又申请再审的，因其缺乏再审利益，对其再审请求不应予以支持，否则将变相鼓励或放纵不守诚信的当事人滥用再审程序，导致对诉讼权利的滥用和对司法资源的浪费。本案中，周钊文、欧梵公司在部分胜诉后没有上诉，且周钊文、欧梵公司在二审中明确表示一审法院查明事实清楚，适用法律正确，若二审判决对于一审驳回周

---

① 《中华人民共和国最高人民法院公报》2018年第2期（总第261期），裁判文书选登第39页。

钊文、欧梵公司要求叶信亮、叶朋亮停止侵权行为和承担赔偿责任的诉讼请求部分予以维持，那么周钊文、欧梵公司对于该部分维持的认定是否仍具有再审利益，尚有争议。第三，考虑到发回重审的适用条件较为严格，本案不存在严重违反法定程序、基本事实难以查清、遗漏诉讼请求、遗漏必须参加诉讼的当事人或者有独立请求权的第三人等法定情形，因此笔者认为二审可以依据《最高人民法院关于适用〈中华人民共和国民事诉讼法〉的解释》第三百二十三条关于"第二审人民法院应当围绕当事人的上诉请求进行审理。当事人没有提出请求的，不予审理，但一审判决违反法律禁止性规定，或者损害国家利益、社会公共利益、他人合法权益的除外"之规定中但书条款的精神，在围绕当事人的上诉请求审理过程中，发现查明的基本事实已发生明显变化，在免除黄志承一方赔偿责任的同时，为了防止实体处理上出现明显损害权利人利益的情况，直接改判由叶信亮、叶朋亮承担侵权责任。当然，也希望民事诉讼法或司法解释日后修订时能够关注到这个问题，对此加以明确规定，彻底解决此争议。

因恶意提起知识产权诉讼
行为中主观恶意的认定

——蔡贤有诉广东群兴玩具实业有限公司因恶意提起
知识产权诉讼损害责任、因申请诉中证据保全
损害责任、因申请诉中财产保全损害责任纠纷案

内容摘要

在司法实践中，被诉侵权人或在知识产权侵权案件中提起因恶意提起知识产权诉讼损害责任纠纷的反诉请求（反诉是否获得准许属于另一问题），或在侵权之诉判决原告败诉后提起该诉讼。审理此类纠纷的关键在于遵循诚实信用原则，一般情况下坚持不溯及既往，但以知识产权的诉权被恶意滥用为例外，滥用诉权者要承担因恶意提起知识产权诉讼的损害赔偿责任。

关键词 因恶意提起知识产权诉讼损害责任 主观恶意 滥用诉权

裁判要点

因恶意提起知识产权诉讼损害责任纠纷属于《2011 年民事案件案由规定》修改时新增的案由，现行法律法规对于因恶意提起知识产权诉讼行为的构成要件没有明确规定，可参照侵权行为的四要件作出认定。其中主观恶意要件应当理解为直接故意，即明知自己的知识产权属于无效权利或者提起诉讼没有合法正当理由，仍然故意滥用诉权追求对方当事人损失结果发生的心理状态。

相关法条

《中华人民共和国民法通则》第一百零六条第二款

《中华人民共和国专利法》第四十七条第二款

《中华人民共和国侵权责任法》第六条第一款

案件索引

一审：汕头市中级人民法院（2011）汕中法民三初字第 112 号民事判决

二审：广东省高级人民法院（2013）粤高法民三终字第 437 号民事判决（笔者经办）

基本案情

原告：蔡贤有

被告：广东群兴玩具实业有限公司（以下简称群兴公司）

2001 年 2 月，澄海市①玩具协会和澄海市工艺美术协会共同发行了《2001 澄海玩具与工艺》，该杂志由澄海市启明星广告有限公司协办、设计及印制，在该杂志第 39 ~ 40 页刊登了群兴公司的厂址、企业简介、相关图片以及群兴公司系列产品的广告，其中包括 3199 玩具手枪图片。

广东省澄海市玩具协会和广东省澄海市工艺美术协会共同发行了《2003 澄海玩具与工艺》，国际刊号为 ISSN - 1007 - 4007，国内刊号为 CN31 - 1287，出版日期为 2003 年 1 月。该杂志第 16 页和第 18 页，刊登了群兴公司的厂址、企业简介、相关图片以及群兴公司系列产品的广告，其中包括 QX - 3199 玩具手枪图片。

2004 年 5 月 1 日，群兴公司向国家知识产权局申请"玩具手枪（2）"外观设计专利，2004 年 11 月 24 日授权公告获得专利权，专利号为 ZL200430039834.0，群兴公司依据该项专利生产型号为 QX - 3199 的玩具手枪产品。

2008 年 5 月 22 日，群兴公司以蔡贤有侵犯其"玩具手枪（2）"外观设计专利权为由，向广东省汕头市中级人民法院提起侵犯专利权诉讼。请求判令：（1）蔡贤有立即停止生产和销售侵犯群兴公司专利权的型号为 3199 八

---

① 2003 年 4 月，澄海撤市设区，现为汕头市辖区。

音枪，销毁生产侵权产品的全部模具、设备、库存的侵权产品、半成品；（2）蔡贤有赔偿群兴公司经济损失30万元，以及为调查、制止侵权行为所支出的相关费用及律师费12400元；（3）蔡贤有承担本案全部诉讼费用。汕头市中级人民法院以（2008）汕中法知初字第60号立案审理。

2008年6月5日，根据群兴公司的证据保全申请，汕头市中级人民法院裁定查封了蔡贤有生产涉嫌侵犯群兴公司外观设计专利权的型号为3199玩具八音枪的模具及提取蔡贤有生产的涉嫌侵权产品3199玩具八音枪两支。同日，汕头市中级人民法院依法实施了证据保全措施。2008年9月12日，汕头市中级人民法院采取活查封的方式将查封的3199玩具八音枪模具交蔡贤有使用。

2008年6月5日，根据群兴公司的财产保全申请，汕头市中级人民法院裁定查封了蔡贤有的小汽车一辆及机器设备、涉嫌侵权产品3199玩具八音枪的成品、半成品，价值以30万元为限。同日，汕头市中级人民法院依法实施了财产保全措施。

2008年6月30日，汕头市高科专利事务所依据其与蔡贤有于2008年6月15日签订的《委托代理合同》的约定，向蔡贤有预收了（2008）汕中法知初字第59号和第60号两案的诉讼代理费及无效宣告代理费共50000元，并向蔡贤有出具了收款收据一张。

在（2008）汕中法知初字第60号案审理过程中，群兴公司针对蔡贤有提出的现有设计抗辩，反驳称2003年1月出版发行的《2003澄海玩具与工艺》虽然有出版号，但只是澄海市玩具协会会员单位内部交流使用；并且曾提交了澄海市玩具协会于2008年7月22日出具的内容为《2001澄海玩具与工艺》系内部刊物的证明作为反驳证据。

2008年11月17日，汕头市中级人民法院经审理认为，群兴公司的"玩具手枪（2）"外观设计专利已在专利申请日之前的《2001澄海玩具与工艺》《2003澄海玩具与工艺》宣传刊物上公开发表，系公知设计内容，蔡贤有的行为不构成专利侵权，判决驳回群兴公司的诉讼请求。案件受理费5986元，保全费3020元，共9006元，由群兴公司负担。

2008年11月18日，国家知识产权局专利复审委员会根据蔡贤有的申请作出第 12557 号《无效宣告请求审查决定》，认为广东省澄海市玩具协会和广东省澄海市工艺美术协会于 2003 年 1 月出版发行的国际刊号为 ISSN - 1007 - 4007 的《2003 澄海玩具与工艺》第 16 页和第 18 页刊登的 QX - 3199 玩具手枪的设计与 200430039834.0 号外观设计是相同的设计，因此决定宣告 200430039834.0 号外观设计全部无效。当事人对该决定不服的，可以自收到决定之日起三个月内向北京市第一中级人民法院起诉。该决定作出后，群兴公司未提起行政诉讼。

2008 年 12 月 4 日，群兴公司不服上述一审判决，向广东省高级人民法院提起上诉。2009 年 9 月 20 日，广东省高级人民法院作出（2009）粤高法民三终字第 21 号民事判决，判决驳回上诉，维持原判。该案二审案件受理费 5986 元，判决由群兴公司负担。

2008 年 9 月 10 日，群兴公司以（2008）汕中法知初字第 60 号案中的外观设计构成美术作品，向汕头市中级人民法院起诉蔡贤有侵犯其著作权，汕头市中级人民法院以（2008）汕中法知初字第 95 号立案受理。

2009 年 8 月 22 日，根据群兴公司的申请，汕头市中级人民法院作出（2008）汕中法知初字第 60 号之三《民事裁定书》，裁定解除对蔡贤有模具、财产的查封。同日，汕头市中级人民法院又根据群兴公司的申请，在（2008）汕中法知初字第 95 号案中作出（2008）汕中法知初字第 95 号之二《民事裁定书》，裁定查封蔡贤有的上述模具、财产。

2009 年 12 月 16 日，汕头市中级人民法院经审理认为，群兴公司对公开于《2001 澄海玩具与工艺》《2003 澄海玩具与工艺》宣传刊物的 3199 手枪作品享有著作权，蔡贤有生产的被控侵权产品系复制群兴公司的作品，构成对群兴公司著作权的侵犯，遂作出判决：蔡贤有应停止生产、销售侵犯群兴公司的型号为 QX - 3199 的玩具手枪产品；销毁库存的侵权产品、半成品及模具；赔偿群兴公司经济损失 10000 元等。

蔡贤有不服上述一审判决，向广东省高级人民法院提起上诉。2010 年 6 月 12 日，广东省高级人民法院作出（2010）粤高法民三终字第 114 号《民事判决书》，判决驳回上诉，维持原判。蔡贤有向最高人民法院申请再审，最高人民法院于 2011 年 10 月 28 日作出（2011）民申字第 925 号民事裁定书，裁定指令广东省高级人民法院对该案进行再审。

2011 年 9 月 28 日，蔡贤有以群兴公司模仿他人产品申请专利，并以该专利权起诉蔡贤有，群兴公司的无理诉讼造成蔡贤有律师代理费及其他诉讼费用等的损失为由，向汕头市中级人民法院提起本案一审诉讼，请求判令：（1）群兴公司赔偿蔡贤有各项经济损失 10 万元；（2）群兴公司承担本案的诉讼费用。

群兴公司辩称：蔡贤有称群兴公司"系模仿他人产品申请专利"纯属捏造事实，群兴公司的该项外观设计专利是自主研发的。蔡贤有恶意剽窃仿造，大肆生产销售侵权产品。虽然在侵害外观设计专利权诉讼中蔡贤有的现有设计抗辩成立，但蔡贤有的被诉产品仍然构成侵害群兴公司美术作品的著作权。因此群兴公司不存在主观恶意，应当驳回蔡贤有的全部诉讼请求。

裁判理由及结果

一审法院认为：本案系因恶意提起知识产权诉讼损害责任、因申请诉中证据保全损害责任、因申请诉中财产保全损害责任纠纷。双方当事人争议的焦点问题是蔡贤有主张群兴公司恶意提起知识产权诉讼是否成立，群兴公司是否应就此承担相应的法律责任；以及群兴公司申请财产保全和证据保全的行为是否存在过错并是否应承担相应法律责任。

关于蔡贤有主张群兴公司恶意提起知识产权诉讼的问题。虽然群兴公司在提起侵犯外观设计专利权诉讼时，依据的是经国家知识产权局合法授权的、有效的外观设计专利，但在一审法院判决驳回其诉讼请求后，国家专利复审委员会作出了宣告其外观设计专利全部无效的决定。因此群兴公司再提起专利诉讼已失去了法律依据。群兴公司并没有采取措施及时终止诉讼程序，而向二审法院提起上诉，群兴公司该诉讼行为主观故意明显，构成恶意诉讼，故依法应对蔡贤有在二审期间为被指控侵犯外观设计专利权而支出的相关费用承担赔偿责任。因蔡贤有举证证明其已支付的（2008）汕中法知初字第 59 号和第 60 号两案的诉讼代理费及无效宣告代理费共 50000 元，系该两案一审的相关费用，却没有提供证据证明其在二审所支付的相关费用，故法院综合考虑该案一、二审的审结情况，酌情确定由群兴公司赔偿蔡贤有二审所支付的相关费用 10000 元并承担本案诉讼费。

关于蔡贤有请求群兴公司赔偿其生产模具、产品被查封的经济损失问题。因群兴公司在（2008）汕中法知初字第 60 号侵犯外观设计专利权纠纷案中的诉讼请求被一审法院判决驳回，且二审法院也判决维持一审法院判决，故群兴公司在诉讼中申请证据保全和财产保全确有错误。因蔡贤有在（2008）汕中法知初字第 95 号侵犯著作权纠纷案中被认定构成著作权侵权，被判决承担停止生产、销售侵犯群兴公司著作权的玩具手枪产品、销毁库存的侵权产品、半成品及模具及赔偿经济损失等责任，二审法院也判决维持一审法院判决。依据该生效判决，蔡贤有被查封的模具是生产制造侵权产品的工具，应予销毁；所以，蔡贤有自始都不能使用这些模具进行侵权产品的生产，同样侵权产品也不能进行销售，故蔡贤有不存在生产模具、产品被查封的合法经济损失。群兴公司的申请行为虽有过错，但鉴于蔡贤有所提的损失并非合法的经济损失，不应受法律保护，故群兴公司可以免予承担赔偿经济损失的责任。

综上，一审法院作出以下判决：（1）群兴公司应在判决发生法律效力之日起 10 日内向蔡贤有支付赔偿金 10000 元；（2）驳回蔡贤有的其他诉讼请求。案件受理费 2300 元，由群兴公司负担。

群兴公司不服一审判决，上诉请求：（1）撤销原审判决；（2）驳回蔡贤有原审全部诉讼请求。事实和理由如下：（1）蔡贤有认为群兴公司模仿他人产品申请专利作为权利依据起诉蔡贤有侵害专利权，是恶意提起知识产权诉讼，一审法院对此关键事实认定不清。群兴公司的该款产品是自主研发的，只是由于自行在专利申请日前公开，导致蔡贤有的现有设计抗辩成立；但蔡贤有的被诉产品仍然构成侵害群兴公司的著作权。（2）一审法院将群兴公司依法行使上诉权认定为恶意诉讼是错误的。在侵害专利权诉讼的一审判决后，群兴公司的涉案专利虽然被专利复审委员会宣告无效，但群兴公司仍然有权依法提起上诉；而且此时群兴公司针对无效宣告请求审查决定也仍然有权在三个月内提起行政诉讼，该决定尚未生效。（3）一审法院认定群兴公司构成恶意诉讼，判令群兴公司赔偿 10000 元，严重不公。

二审法院经审理认为：一审判决认定群兴公司申请证据保全和财产保全

的行为并未造成蔡贤有合法的经济损失，因此不需要承担赔偿责任，蔡贤有未对此提起上诉、群兴公司也未表示异议，二审判决对此予以维持。本案二审诉讼争议焦点是群兴公司是否存在因恶意提起知识产权诉讼造成蔡贤有损失的行为。

因恶意提起知识产权诉讼的行为属于侵权行为，根据《民法通则》第一百零六条第二款、《侵权责任法》第六条第一款规定，侵权行为由主观过错、侵害行为、损害结果以及侵害行为与损害结果之间的因果关系四个要件共同构成。《专利法》第四十七条第二款对于专利诉讼中专利被宣告无效时，提起侵害专利权诉讼是否属于因恶意提起知识产权诉讼的行为予以进一步明确。根据该条规定，专利权人具有主观恶意，明知其专利属于现有技术或者现有设计等必将导致专利无效的情形；仍然实施了滥用诉权向他人提起侵害专利权诉讼的行为；在诉讼中造成对方损失的，属于因恶意提起侵害专利权诉讼的行为，应承担赔偿责任。据此，因恶意提起知识产权诉讼的行为应当由权利人具有主观恶意、权利人滥用诉权提起知识产权诉讼、在知识产权诉讼中造成对方当事人损失、权利人滥用诉权的行为与对方当事人的损失之间存在因果关系四个要件共同构成。其中权利人具有主观恶意，应为其明知自己的知识产权属于无效权利，仍然故意滥用权利的心理状态。

本案中，群兴公司申请专利的"玩具手枪（2）"外观设计，由其自己创造，并非抄袭他人成果。虽然群兴公司在申请 ZL200430039834.0 号"玩具手枪（2）"外观设计专利前，曾在《2001 澄海玩具与工艺》《2003 澄海玩具与工艺》上登载过该专利设计；但是，群兴公司在（2008）汕中法知初字第 60 号案中一直主张《澄海玩具与工艺》为内部会员刊物，其登载该专利设计的行为不属于公开其专利设计，该专利设计并非现有设计。该刊物的发行方之一澄海市玩具协会也出具了该刊物为内部刊物的证明。因此根据现有证据，不能认定群兴公司在起诉前明知其专利属于现有设计，群兴公司在起诉时不具有主观恶意。

对于群兴公司就（2008）汕中法知初字第 60 号案判决向二审法院提起上诉的行为是否具有恶意的问题，二审法院认为，虽然在（2008）汕中法知初字第 60 号案一审判决后，国家专利复审委员会以第 12557 号《无效宣告请求审查决定书》对涉案专利作出了全部无效的宣告决定；但是群兴公司对于该决定不服，享有在三个月内提起行政诉讼的权利，因此宣告专利无效的决定在群兴公司（2008）汕中法知初字第 60 号案一审判决的上诉期届满前尚未发生法律效力。群兴公司以其有效专利为依据提起上诉，不属不当行使权利的行为。此时，在《2001 澄海玩具与工艺》《2003 澄海玩具与工艺》上登载涉案外观设计是否属于公开，该设计是否属于现有设计，仍然有待二审法院终审判决认定。综上，一审法院以第 12557 号《无效宣告请求审查决定书》为依据，认为群兴公司主张的侵害专利权诉讼已丧失法律依据、群兴公司继续向二审法院提起上诉的行为构成因恶意提起知识产权诉讼行为，属于认定错误，二审法院予以纠正。

综上，一审判决错误适用法律认定群兴公司构成恶意提起知识产权诉讼的行为，依法应予改判。群兴公司的上诉请求成立，二审法院判决撤销一审判决，驳回蔡贤有的全部诉讼请求。

案例评析

该案例涉及认定因恶意提起知识产权诉讼行为的构成要件问题。《与贸易有关的知识产权协议》（以下简称 TRIPS 协议）第 48 条第 1 项规定，如果一方当事人滥用了知识产权执法程序，司法部门应有权责令该当事人向受到非法禁止或限制的另一方当事人对因滥用而造成的损害提供适当的赔偿。为了防范知识产权的诉权滥用，我国民事案件案由规定于 2011 年进行了修订，增加了因恶意提起知识产权诉讼损害责任的案由。但是，对于因恶意提起知识产权诉讼行为的具体构成要件，现行法律、法规及相关司法解释尚无明确规定，本案判决对此进行探索。

由于因恶意提起知识产权诉讼的行为属于民事侵权行为，故首先应参照《民法通则》第一百零陆条第二款和《侵权责任法》第六条第一款关于侵权四要件的一般性规定来进行认定其构成要件。同时，针对专利权人因恶意提起诉讼的行为，《专利法》第四十七条第二款作了原则性规定，专利权人具有主观恶意，明知其专利属于现有技术或者现有设计等必将导致专利无效的情形；仍然实施了滥用诉权向他人提起侵害专利权诉讼的行为；在诉讼中造成对方损失的，属于因恶意提起侵害专利权诉讼的行为，应承担赔偿责任。针对商标权人因恶意提起诉讼的行为，2013 年新修改的《商标法》增设了第四十七条第二款规定，注册商标被宣告无效，无效前商标注册人因具有恶意提起诉讼给他人造成损失的，应当给予赔偿。针对品种权人因恶意提起诉讼的行为，2013 年新修改的《植物新品种保护条例》也在第三十八条第二款进行了类似规定。综合考虑上述规定，因恶意提起知识产权诉讼的行为应当由权利人具有主观恶意、权利人具有滥用诉权提起知识产权诉讼的侵害行为、在诉讼中造成对方当事人损失、侵害行为与损失之间存在因果关系四个要件共同构成，而如何认定权利人具有主观恶意是四要件中的一个关键问题。

对于主观恶意的认定，应当全面综合考虑法律的规定和相关的司法政策。我国民事法律中涉及"恶意"的规定主要包括以下：（1）《民事诉讼法》第十三条规定，民事诉讼应当遵循诚实信用原则；第一百一十二条规定，当事人之间恶意串通，企图通过诉讼、调解等方式侵害他人合法权益的，人民法院应当驳回其请求。（2）《民法通则》第五十八条第一款第（四）项以及《合同法》第五十二条第一款第（二）项规定，恶意串通，损害国家、集体或者第三人利益的，民事行为无效。等等。知识产权司法政策中涉及"恶意"有以下内容：（1）《最高人民法院关于充分发挥知识产权审判职能作用推动社会主义文化大发展大繁荣和促进经济自主协调发展若干问题的意见》（法发〔2011〕18 号）第十六条规定，在依法保护专利权和保障当事人诉权的同时，注意防止专利权人明显违背法律目的行使权利，不正当地损害竞争对手，妨碍公平竞争和扰乱市场秩序。对于明知其专利权属于现有技术或者现有设计，仍然恶意向正当实施者及其交易对象滥发侵权警告或者滥用诉权，构成侵权的，可以视情况支持受害人的损害赔偿请求。（2）《最高人民法院关于当前经济形势下知识产权审判服务大局若干问题的意见》（法发〔2009〕23 号）第十四条规定，对于为阻碍他人新产品上市等重大经营活动而恶意申请诉前停止侵权措施，致使他人的市场利益受到严重损害的情形，要注意给予受害人充分保护。等等。综合考虑上述规定，我们认为：（1）以故意和过失来区分主观过错的程度，因恶意提起知识产权诉讼中的"恶意"应当理解为直接故意，由"明知自己的知识产权属于无效权利或者提起诉讼没有合法正当理由"的意识因素和"希望和追求对方当事人受到损害"的意志因素共同构成,即明知自己的知识产权属于无效权利或者提起诉讼没有合法正当理由,仍然故意滥用诉权追求对方当事人损失结果发生的心理状态;但应排除间接故意、重大过失和一般过失等过错情形。例如作为共同权利人的一方,虽然明知共同的知识产权属于无效权利,但在另一方权利人提起诉讼后,没有采取积极措施终止诉讼程序,而是采取放任不参与的做法如缺席审判等,其主观过错不应认定为恶意。(2)关于恶意中明知的范围,"要从严把握,要以充分保障诉权为主要取向,只有对于极少数恶意明显的诉讼,才可以尝试通过诉讼反制。有时,为了保障诉权,甚至要宽容当事人对诉权的某些情节轻微的过度行使行为"①,在当前的司法审判中建议主要考虑在权属领域进行适用,即恶意中的明知主要理解为"明知自己的知识产权属于无效权利"。在涉及侵权比对、赔偿数额的主张等其他方面时认定恶意时要谨慎适用,理由是知识产权具有无形性的特点,在侵权案件判决生效以前,权利人对于侵权比对、损失获利这些方面难以获得明确的判断,这也意味着法院要认定权利人的主观上明知"被诉产品与知识产权相比不构成相同或相近似""没有任何损失或者获利"存在现实困难。

本案中,对于群兴公司的诉讼行为是否具有恶意的审查分别在起诉阶段和上诉阶段进行,以下分别予以分析:

根据我国《专利法》第六十二条规定,被控侵权人有证据证明其实施的技术或者设计属于现有技术或现有设计的,不构成侵犯专利权。根据《专利审查指南》的相关规定,现有技术或现有设计公开方式包括出版物公开、使用公开和以其他方式公开三种;对于属于内部资料、内部发行的出版物,确系在特定范围内发行并要求保密的,不属于公开出版物。本案中,在侵害外观设计专利权纠纷案件的起诉阶段,群兴公司主张的外观设计是其自己创造的而并非抄袭他人成果,虽然群兴公司在专利申请前曾在有出版刊号的《澄海玩具与工艺》刊物上登载过该专利设计,但群兴公司一直主张上述刊物为

---

① 《最高人民法院知识产权审判庭庭长孔祥俊在全国法院知识产权审判工作座谈会上的总结讲话》(法民三〔2010〕8号)。

内部会员刊物，该刊物的发行方之一澄海市玩具协会也出具了该刊物为内部刊物的证明。因此，由于误认为《澄海玩具与工艺》是内部出版物，群兴公司在起诉前存在专利设计在申请前没有公开的误解，应认定群兴公司的主观心态是过失，不能认定其在起诉前明知其专利属于现有设计，故群兴公司在起诉时不具有主观恶意。

在侵权诉讼一审判决后的上诉阶段，一审法院认为，涉案专利被国家专利复审委员会作出宣告无效的决定，群兴公司没有采取措施及时终止诉讼程序却仍然提起上诉，主观恶意明显。但是，由于群兴公司对于该决定不服，依法享有在三个月内提起行政诉讼的权利，因此宣告专利无效的决定在群兴公司侵权诉讼上诉期届满前尚未发生法律效力。群兴公司以其有效专利为依据提起上诉，是其正当行使权利的行为；群兴公司诉讼行为的正当性至少应当延续到该宣告专利无效的决定生效之日。而且，此时在《澄海玩具与工艺》上登载涉案外观设计是否属于公开，该设计是否属于现有设计，仍然有待二审法院终审判决认定，群兴公司也无法确定最终结果，也不存在明知其专利属于现有设计的心理状态。因此，一审法院认定群兴公司在上诉阶段主观恶意明显是不正确的，二审法院对此予以纠正。

知识产权民事、行政和
刑事交叉案件的程序衔接

——张某犯假冒注册商标罪案及鲁道夫·达斯勒
体育用品波马股份公司诉张某侵害商标权案

内容摘要

广东法院于 2006 年启动知识产权民事、行政和刑事案件审判"三合一"改革，笔者当时任职于试点法院之一的广州市天河区人民法院，作为经办法官同时审理了大量的上述三类案件，为研究程序衔接和机制创新等问题积累了较丰富的素材。此案例为"三合一"部分的第一个案例。

关键词

知识产权民事、行政和刑事案件审判"三合一"　刑民交叉　刑行衔接　行民交叉

裁判要点

在知识产权民事、行政和刑事案件审判"三合一"机制下，知识产权民事、行政和刑事交叉案件的程序衔接以及所涉的证据制度中有很多值得研究的问题。本两案是基于同一侵害事实的知识产权刑事和民事交叉案件，司法实践不应采取机械的"先刑后民"或者"先民后刑"的审理顺序，而应当根据案件实际情形按照"刑民并行"原则去进行处理。

相关法条

《中华人民共和国刑法》第五十二条、第六十四条、第六十七条、第七十二条、第七十三条、第二百一十三条

《中华人民共和国商标法》（2001 年修正）第五十二条、第五十六条

《最高人民法院、最高人民检察院关于办理侵犯知识产权刑事案件具体应用法律若干问题的解释》第一条第二款第（二）项、第十二条第一款

《最高人民法院关于处理自首和立功具体应用法律若干问题的解释》第一条

案件索引

一审：广州市天河区人民法院（2006）天法知刑初字第 9 号（笔者经办）、广州市天河区人民法院（2007）天法知民初字第 5 号（笔者经办）

基本案情

2005 年 2 月，被告人张某通过同案人成某（另案处理）租用了本市天河区员村五横路文冲围 3 号 4 楼作为厂房，设立“广州宝丰制衣厂”，从事运动服装生产，该厂自成立起未到工商行政管理部门进行注册登记。自 2006 年 1 月起，被告人张某在未经注册商标所有人许可的情况下，在该厂内组织生产大批量假冒“adidas”“PUMA”“NIKE”等注册商标的运动服装，并由同案人成某（另案处理）在其租赁的本市站西路 57 号精都大厦 1045 室的销售部进行销售。自 2006 年 1 月至 3 月期间，共生产销售假冒上述注册商标的运动服装共计人民币 667807 元［公安机关提取的广州宝丰制衣厂 2006 年 1 月到 3 月期间《广州市篮足运动休闲系列》的销售单据、销售情况统计表及说明、粤信司鉴字（2006）000012 号广东广信司法会计鉴定所司法鉴定书，证明被告人张某组织生产销售的假冒“PUMA”“adidas”“NIKE”等注册商标服装的销售金额 2006 年 1 月是 153580 元、2006 年 2 月是 291171 元、2006 年 3 月是 223056 元，合计为 667807 元］。2006 年 3 月 13 日、14 日，广州市工商局天河分局根据投诉对“广州宝丰制衣厂”进行执法检查，查封扣押了假冒“NIKE”注册商标的运动服成品 400 件、半成品 1360 件；假冒“PUMA”注册商标的运动服成品 740 件、半成品 720 件；假冒“adidas”注册商标的运动服成品 840 件、半成品 2320 件，上述成品共价值 66755 元。还扣押了假冒“NIKE”“PUMA”“adidas”的纸标识和布标识，以及相关工具一批。2006

年3月13日，被告人张某在工商执法人员现场检查时主动交代自己的犯罪事实；2006年3月14日，公安机关将被告人张某抓获归案。

公诉机关认为被告人张某的行为已触犯《中华人民共和国刑法》（以下简称《刑法》）第二百一十三条规定，构成假冒注册商标罪；并认为被告人张某在工商执法人员现场检查时能够主动交代自己的罪行，是自首，根据《刑法》第六十七条规定，可以从轻或者减轻处罚，提请法院依法判处。被告人张某认为公诉机关对其的指控属实，表示认罪。

同时，上述刑事案件中的被害单位之一"PUMA"注册商标权利人鲁道夫·达斯勒体育用品波马股份公司（以下简称鲁道夫公司）向法院提起了民事诉讼，要求被告张某承担侵害"PUMA"商标权的民事侵权赔偿责任。

裁判理由及结果

法院生效判决认为：在刑事案件中，被告人张某未经"PUMA""adidas""NIKE"注册商标所有人许可，在同一种商品上使用与其注册商标相同的商标，非法经营数额在15万元以上，其行为已构成假冒注册商标罪，依法应予惩处。被告人张某在工商执法人员现场检查时能够主动交代自己的罪行，有自首情节，可以从轻处罚。另外鉴于被告人归案后的供述也基本稳定一致，而且是初犯，有悔罪表现并积极缴纳罚金，可以酌情从轻处罚。根据其犯罪事实和对社会的危害程度，适用缓刑确实不致再危害社会，可宣告缓刑。缴获的假冒注册商标产品、作案工具、供犯罪所用的财物等，依法应予没收。遂判决：（1）被告人张某犯假冒注册商标罪，判处有期徒刑三年，缓刑五年，并处罚金人民币15万元（缓刑考验期从判决确定之日起计算）。（2）缴获的假冒注册商标产品、作案工具、供犯罪所用的财物（详见涉案物品清单），予以没收。

在民事案件中，法院认为张某未经鲁道夫公司许可擅自在运动服装上使用与"PUMA"商标相同的商标，已侵犯了鲁道夫公司的注册商标专用权，依法应负赔偿责任。故法院根据张某在2006年1月至3月生产销售侵害"PUMA"商标权产品的总金额，以及鲁道夫公司为制止侵权所支付的费用之合理性和必要性，认定张某应向鲁道夫公司赔偿的数额。

案例评析

知识产权司法保护机制问题影响着全国知识产权司法的格局，最高人民法院也于 2005 年将其列为重点调研课题，针对我国知识产权司法保护机制运行现状、利弊及完善进行深入研究。与该调研相呼应，广东省高级人民法院于 2006 年启动了知识产权民事、行政和刑事案件"三合一"的审判方式（以下简称"三合一"）改革，力图在实践中通过创新知识产权审判机制，揭示和解决民事、行政和刑事诉讼的衔接中所存在的问题，有效地配置和整合知识产权司法审判资源。笔者在广州市天河区人民法院知识产权庭工作期间，同时审理知识产权的民事、行政、刑事案件，而且在所审理的案件中出现了基于同一侵害事实的刑事和民事、民事和行政的交叉案件，为研究程序衔接和机制创新均提供了丰富的素材。本案所涉的正是基于同一侵害事实的刑事和民事交叉案件，以下将从不同诉讼程序的衔接以及所涉证据制度进行讨论。

（一）知识产权民事、行政、刑事交叉案件的程序衔接

2007 年 1 月，《最高人民法院关于全面加强知识产权审判工作为建设创新型国家提供司法保障的意见》（以下简称《意见》）出台，其中第三部分的主题"充分发挥知识产权司法保护的职能作用"中就如何实现知识产权民事、行政、刑事案件之间的程序衔接作出了方向性的指导。以下将结合《意见》中的规定以及实践中的操作，分别从知识产权"刑民交叉""刑行衔接"和"行民交叉"案件这三个角度讨论在"三合一"改革中贯彻实施《意见》时的困惑与疑难。

1. 知识产权"刑民交叉"案件问题

关于何为"刑民交叉"案件，有学者将其区分为三类，认为其中第三类因同一法律事实同时侵犯刑事法律关系和民事法律关系从而构成交叉案件是最主要的表现形式，而该类中的知识产权案件，应实行"先民后刑"方式才符合案件特点和审判规律，其关键理由是定罪前提是对权属、侵权等民事问题的判断。[①] 对此，理论界和实务界也多有附和之声，特别是对于知识产权

---

① 江伟、范跃如："刑民交叉案件处理机制研究"，载《法商研究》2005 年第 4 期，第 31~32、34 页。

案件审理的"先民后刑"还是"先刑后民"的选择，不少意见都认为"先刑后民"的做法不适宜，其中包括相关调研报告的倾向性意见。① 然而，在司法实践中，笔者认为"刑民交叉"问题远不是理论上这般容易澄清，鉴于知识产权"刑民交叉"案件的多发性以及其中同时涉及两种诉讼的立案、中止、移送等程序内容，轻易作出"先民后刑"方式的判断，未必是一种最佳选择，更有可能带来不利于审判实践的后果。的确，若依据法律关系来分析，定罪的前提首先是要对权属和侵权等民事问题作出判断，但不可忽视的是，至少由于以下两方面的制约，"先民后刑"未必能实现理论上的完美。其一是民事诉讼的证明标准与刑事诉讼有所区别，简单地说就是民事诉讼中只要一方的证据达到"高度盖然性"的证明要求，法官便可以作出民事裁判。但是这种民事裁判结论放在刑事诉讼中，又能否有预决效力或者作为证据使用呢？由于我国刑事诉讼的证明标准是"案件事实清楚，证据确实、充分"和实行"疑罪从无"的处理原则，这明显高于民事诉讼的证明标准，因此即使是已生效的民事裁判，也不能直接作为定罪依据，刑事法官仍需综合所有证据重新进行认证。既然权属、侵权等问题的民事判断不必然成为定罪的依据，那么实行"先民后刑"的方式对审判的公正和效率而言均不见得有明显的促进作用。其二是民事诉讼当事人的取证能力与刑事侦查机关对比存在巨大差异，在知识产权民事诉讼中，权利人由于取证能力有限，提供证明自己的损失或侵权人获益的证据是非常困难的——这也正是民事诉讼中实行"法定赔偿"的根本原因，于是在诉讼中常常出现权利人根本不能举出造成具体损失的任何证据，但民事法官也应当在酌情考虑后判决赔偿数额。然而在刑事诉讼中，由于侵权造成的损害情节（多数情况具体为数额）是罪与非罪的界限，因此拥有强大取证能力的侦查机关往往集中精力查实该部分的证据后才移送检察院提起诉讼。倘若实行"先民后刑"的方式，如果民事裁判酌定的赔偿数额远低于之后在刑事诉讼中查清的造成损害的数额，那么对于民事裁判是否应当启动审判监督程序去纠正呢？

---

① 最高人民法院研究室、民三庭、刑二庭："知识产权刑法保护有关问题的调研报告"，载《知识产权审判指导与参考》（第7卷），法律出版社2004年版，138~140页。

对于"先刑后民"还是"先民后刑"的问题，《意见》第7点确立的基本是"刑民并行"原则：在民事案件审理中发现犯罪嫌疑线索符合刑事自诉条件的，应当告知权利人可以同时提起刑事自诉；依法提起公诉的，应及时将涉嫌犯罪内容移送公安机关侦查处理，移送后不影响民事案件审理的，民事案件可以继续审理。但"是否影响民事案件的审理"的判断，则既可以成为"先刑后民"支持者的理由，也可以相反。因此，在司法实践中不应机械地适用"先刑后民"或者"先民后刑"方式去处理知识产权案件，而应当根据案件实际情形按照"刑民并行"原则去进行处理。

2. 知识产权"行刑衔接"案件问题

根据《意见》第7点规定，在行政案件审理过程中发现涉嫌刑事犯罪应当给予刑事制裁而仅受到行政处罚或者行政处理的，应在向行政机关提出司法建议的同时，及时将犯罪线索移送公安机关侦查处理。在实践操作中落实这项规定时，会遇到程序上的困惑：在行政案件审理中将犯罪线索移送公安机关侦查处理，此时行政案件本身应当如何处理？是应当判决撤销具体行政行为后再行移送，还是应当移送后继续审理行政案件然后迳行判决，或者是应当移送后中止行政诉讼等待刑事诉讼的结果？撤销具体行政行为后再行移送的做法显然是错误的，毕竟刑事诉讼能否启动以及启动后犯罪能否成立均是未知之数，此时便以涉嫌犯罪应当给予刑事制裁为由判决撤销行政行为没有法律依据。对于在移送后是应当继续审理行政案件还是应当先行中止的问题，恐怕得考虑两方面的因素，其一是行政诉讼的原告是否会由于侦查机关在刑事立案后采取强制措施限制其人身自由，而导致实际不能继续参加行政诉讼；其二是被告所作的具体行政行为除了侵权事实涉嫌犯罪这一点外，有没有其他不合法因素足以作出撤销判决，若有则可以考虑迳行处理而不必中止诉讼，若除了侵权事实涉嫌犯罪外，没有其他不合法因素，则可以考虑中止诉讼，等待刑事诉讼的结果。若刑事诉讼最终作出了有罪判决，根据"一事不二罚"原则，此时行政诉讼应当在恢复审理后作出撤销判决。

3. 知识产权"行民交叉"案件问题

知识产权"行民交叉"案件是指基于同一侵权事实的知识产权行政和民事案件同时审理的情形，此时往往行政案件的原告是民事案件的被告，行政案件的第三人是民事案件的原告，那么，这两种案件是否应当有审理的先后顺序？民事诉讼是否应当先行中止等待行政诉讼裁判的生效？一种观点认为，这类争议案件中行政问题是民事审判的前提，不解决行政行为的合法性问题，民事审判无法进行。① 另一种观点认为，行政诉讼与民事诉讼二者并没有确定的"先行后民"或"先民后行"的模式，二者之间的关系应当遵循"谁为前提谁优先"的原则，如果民事争议的解决须依赖于行政争议的解决，则须先中止民事诉讼等待行政诉讼裁判。② 笔者认为后一种观点是可取的，在面对知识产权"行民交叉"案件形成时，一般情况下行政行为的合法性会成为民事审判的前提，民事诉讼应当先行中止等待行政诉讼裁判的生效再行恢复审理；但是若民事诉讼并不需要以行政行为的合法性为前提时，则没有中止的必要而可以迳行裁判。例如在商标侵权案中，商标权人在民事诉讼中向法院提交的证据的充分程度远远超过行政诉讼中具体行政行为的事实依据，即使具体行政行为因事实依据不足被撤销，民事诉讼中商标权人的主张仍然可获支持，则商标侵权纠纷的民事诉讼不必考虑行政诉讼的结果，可迳行裁判；反之，如果民事诉讼的裁判中权利人（原告）提交的证据不足以支持其主张，则民事诉讼应先行中止，等待行政诉讼裁判的结果。

（二）证据问题：从举证顺序到法律思维

知识产权民事、行政和刑事三类诉讼程序上的差异，决定了三类诉讼在举证顺序、证明标准乃至于具体证据形式等证据问题上的重大区别，例如民事诉讼与刑事诉讼证明标准的差异、行政裁判文书作为证据对于民事诉讼的影响等。但笔者认为其中的首要问题，却是举证顺序方面的差异。举证顺序问题，所关注的不仅是当事人在诉讼中证据出示的先后以及如何排列组合，更为重要的是关注当事人举证的顺序是否能反映其清晰的法律思维，而这种思维模式是否符合知识产权法律关系的内在特点，形成与法官思维的互动，最终体现在裁判文书中。用这种标尺在司法实践中度量，不少知识产权刑事

---

① 薛刚凌："处理行政、民事争议重合案件的程序探讨"，载《行政与民事争议交织的难题——焦作房产纠纷案的反思与展开》，法律出版社 2005 年版，第 48 页。

② 马怀德、张红："行政争议与民事争议的交织与处理"，载《行政与民事争议交织的难题——焦作房产纠纷案的反思与展开》，法律出版社 2005 年版，第 63 页。

和行政案件的举证顺序都有可商榷之处。例如在刑事诉讼中，公诉机关依据传统的犯罪构成去安排举证顺序本来并无可诉病之处，但问题在于《刑法》所规范的每一种法律关系均有其特殊之处，仅依照犯罪构成理论而不去考虑该法律关系的特殊之处，在侦查或出示证据时将可能产生遗漏而导致重要法律事实无法查明。以《刑法》第二百一十三条规定的假冒注册商标罪为例，公诉机关往往套用审理生产、销售伪劣产品罪的思维，关注于出示被告人造假行为的证据，例如现场查获的赃物、证明被告人造假的证人证言等，却容易遗漏证明商标权存在的商标注册证、证明商标注册证上的注册商标已经在权利人的商品中使用、通过实物比对证明权利人的商品与赃物是同一商品，以及权利人的注册商标与赃物上的商标是同一商标这些知识产权法律关系中特有的关于权属、侵权比对等方面的证据。而且倘若权利不是商标权这种可以通过注册证书直接认定的类型，而是如商业秘密、著作权这种需要根据构成要件的审查才能认定的权利，在刑事诉讼的举证中证据遗漏的问题就更为严重，若审理的法院对这个问题也欠细致考虑，简单定罪的错判也将因此发生。要解决这个问题，还得要求司法机关能够结合三类诉讼的特点，从知识产权侵权认定的法律思维本身出发，关键是以较为成熟的民事诉讼举证顺序为基础，整理出一套适用于知识产权刑事和行政诉讼的举证顺序，然后再通过以法院为核心的执法机关联系机制加以推广，在减少执法机关之间冲突的同时，提高知识产权司法保护的效率。

"私设服务器" 案件中侵犯著作权罪的认定

——张某、施某、高某犯侵犯著作权罪案

内容摘要

认定知识产权犯罪虽然可以按照我国犯罪构成理论进行审理，但由于加强知识产权保护中民事、行政、刑事各种救济手段协调与互动的必要性，以及犯罪与侵权二者之间在法律制度中所存在的内在联系，因此笔者思考在认定知识产权犯罪时，可借鉴民事侵权的审查方式，以"权利"为中心、以"权属—侵权—损害结果"为线索进行展开。而实际上在采取这种审理模式后，知识产权犯罪中的若干特殊疑难问题得以剖析，审查路径清晰明了，刑事制度与民事制度之间的设置矛盾也得以展现，对比"犯罪客体—客观方面—犯罪主体—主观方面"这种传统审查顺序的表述及操作，更有避免失之空泛和针对性不足的效果。此为"三合一"部分的第二个案例。

关键词 网络游戏 私设服务器 私服架设者 侵犯著作权罪

裁判要点

三被告人未经韩国 We Made Entertainment CO，. Ltd 和 Actoz Soft CO.，Ltd 两公司或其授权的上海盛大网络发展有限公司的授权，通过建立"奇缘在线"网站私自架设"热血传奇"网络游戏服务器供网民游戏的方式进行传播，应当视为复制发行了"热血传奇"游戏软件；并且三被告人以售卖游戏中的虚拟装备方式牟利 1748169.6 元，违法所得数额巨大，因此构成侵犯著作权罪。

相关法条

《中华人民共和国刑法》第十七条第三款、第二十五条、第二十六条第一款和第四款、第二十七条、第三十七条、第五十二条、第六十四条、第七十二条、第七十三条、第二百一十七条第一款第（一）项

《最高人民法院、最高人民检察院关于办理侵犯知识产权刑事案件具体应用法律若干问题的解释》第五条第二款、第十一条

最高人民法院《关于审理未成年人刑事案件具体应用法律若干问题的解释》第十七条第（四）项

案件索引

一审：广州市天河区人民法院（2006）天法知刑初字第 8 号（笔者经办）

基本案情

公诉机关：广州市天河区人民检察院

被告人：张某、施某、高某

2003 年年底，被告人张某在任广州市三口贸易有限公司 IT 部负责人期间，与该公司的法定代表人许某（另案处理）及其股东被告人施某（与许某为夫妻关系）商议后，未经"热血传奇"网络游戏软件的著作权人韩国 We Made Entertainment CO,. Ltd 和 Actoz Soft CO., Ltd 两公司或其授权的网络游戏软件运营商上海盛大网络发展有限公司的授权，以许某和被告人施某提供的人民币 10000 元作为启动资金，利用向茂名市群英网络有限公司和北京华顺宝科贸有限公司等租赁的 15 台服务器和私设"热血传奇"游戏服务器所需的软件（即被告人张某所供述购买的"翎凤 M2"游戏内核主程序），建立"奇缘在线"网站（www.518cn.net）私自架设"热血传奇"网络游戏服务器供网民游戏，并以售卖游戏中的虚拟装备方式牟利。"奇缘在线"网站的日常工作由被告人张某全面负责，其他工作人员包括负责网站客户服务和财务管理的被告人高某（是被告人施某的外甥女）和负责客户服务的郭某和何某。许某、被告人施某与被告人张某就私自架设服务器提供网络游戏所牟取

的非法利润商定了分成比例，最初是被告人张某占 20%，许某与被告人施某等人占 80%；在 2004 年 5 月后改为被告人张某占 60%，许某与被告人施某占 40%，具体的利润分成由被告人高某操作。至 2005 年 12 月，三被告人通过"奇缘在线"网站私设服务器的违法所得共为 1748169.6 元，对外收取网民款项的是高某名下的八个账户，被告人高某获取上述违法所得后根据被告人张某、施某的指示通过存入现金或者转账等方式按比例分给两被告人。其中被告人张某共分得 639139.82 元。被告人施某共分得约 59 万元。2005 年 12 月 14 日，公安机关对被告人张某、高某的工作地点进行搜查，查获并扣押了作案工具及物品（详见扣押物品、文件清单）。同日，公安机关将被告人张某、施某、高某抓获归案。2005 年 12 月 16 日，公安机关将上述被告人高某名下八个对外收款账号内共 169154.87 元违法所得予以冻结；之后公安机关又将上述被告人张某两个收款账号内共 469991.29 元违法所得予以冻结，将被告人施某两个收款账号内共 207.46 元违法所得予以冻结；另外公安机关将被告人张某在中国工商银行广州车陂支行账号内 9951.21 元予以冻结。经鉴定，"奇缘在线"传奇私服软件的程序、数据库、配置脚本文件中出现了"热血传奇"游戏软件专有的特征，即"奇缘在线"传奇私服软件对"热血传奇"游戏软件程序中的相关数据库、配置脚本、程序片段等进行了复制。

经法庭教育，被告人高某认识到私设服务器侵犯著作权的行为之社会危害性，表示要悔改。被告人施某在本案审理期间主动向法院退缴违法所得 45 万元。

公诉机关认为被告人张某、施某、高某以营利为目的，未经著作权人许可，复制发行其计算机软件及其作品，违法所得数额巨大，其行为共同触犯了《刑法》第二百一十七条第一项规定，均构成侵犯著作权罪。被告人高某犯罪时未满十八周岁，根据《刑法》第十七条第三款规定，应当从轻或者减轻处罚。被告人高某在共同犯罪中起次要、辅助作用，是从犯，根据《刑法》第二十七条规定，应当从轻或者减轻处罚。提请法院依法判处。

裁判理由及结果

法院生效裁判认为：被告人张某、施某、高某以营利为目的，未经"热血传奇"游戏软件著作权人或其授权的网络游戏软件运营商的授权，通过建立"奇缘在线"网站私自架设"热血传奇"网络游戏服务器供网民游戏的方式进行传播，应当视为复制发行了"热血传奇"游戏软件，违法所得数额在15万元以上，属于违法所得数额巨大，因此三被告人的行为已构成侵犯著作权罪。被告人张某在建立网站私设服务器侵犯著作权的犯罪中从始至终都是主要负责人，不仅有提议、筹备、建立、管理网站等行为，并且从网站分得的违法所得占主要部分多于其他共犯，在共同侵犯著作权的犯罪中起主要作用，是主犯，应当按照其所组织、指挥的全部犯罪处罚。鉴于被告人张某是初犯，归案后能承认基本的犯罪事实，其个人所分的违法所得639139.82元中的大部分共469991.29元（在冻结期间另有利息）已被冻结，而且其认罪态度较好并积极缴纳罚金，因此可以酌情从轻处罚，根据被告人张某的犯罪事实和对社会的危害程度，适用缓刑确实不致再危害社会，可宣告缓刑。被告人施某不仅与被告人张某共同议定并实际出资10000元建立网站，而且她也参与确定网站违法所得的分成比例和审核、指挥被告人高某进行具体分成操作，另外她实际所获的违法所得数额巨大，共约59万元，在共同侵犯著作权的犯罪中起主要作用，是主犯，应当按照其所参与的全部犯罪处罚。鉴于被告人施某是初犯，归案后能承认基本的犯罪事实，认罪态度较好，而且被告人施某在审理期间主动退出违法所得45万元，有积极的悔罪表现，可以酌情从轻处罚。根据被告人施某的犯罪事实和对社会的危害程度，适用缓刑确实不致再危害社会，可宣告缓刑。被告人高某在共同犯罪中起辅助作用，未获得网站违法所得的分成，是从犯，依法应当减轻处罚；而且其犯罪的时间段是从2003年年底至2005年12月（即从16周岁至18周岁），其中自2003年年底至2005年7月15日这段时期被告人高某尚未满18周岁，依法应当减轻处罚；此外被告人高某是初犯，认罪态度较好，可以酌情从轻处罚；综合上述几方面，被告人高某犯罪情节轻微不需要判处刑罚，可以免予刑事处罚。被告人犯罪违法所得的一切财物，应当予以追缴，包括被告人施某主动退出的违法所得 45 万元、被公安机关冻结的被告人高某八个账户内、被告人张某两个账户内、被告人施某两个账户内的违法所得（含利息）等；供犯罪所用的本人财物，应当予以没收。冻结的被告人张某在中国工商银行广州车陂支行账号内 9950 元，充抵罚金上缴国库。法院判决：（1）被告人张某犯侵犯著作权罪，判处有期徒刑三年，缓刑五年，并处罚金人民币 60000 元（缓刑考验期从判决确定之日起计算）；（2）被告人施某犯侵犯著作权罪，判处有期徒刑三年，缓刑四年，并处罚金人民币 50000 元（缓刑考验期从判决确定之日起计算；罚金应自判决发生法律效力第二日起十日内一次性缴纳）；（3）被告人高某犯侵犯著作权罪，免予刑事处罚；（4）缴获的作案工具一批及供犯罪所用的本人财物（详见扣押物品、文件清单），予以没收。（5）追缴本案被告人侵犯著作权的违法所得，上缴国库。

案例评析

本案审结于 2007 年，当时"私设服务器"案件即使在知识产权民事侵权领域，也属于新类型侵权，而将其认定为犯罪处以刑罚，更是 2005 年才出现的判例。全国首例是 2005 年侵犯知识产权犯罪的十大国内案件之一——上海市普陀区人民法院审理的"游某某、叶某某私服侵犯著作权案"。该类案件涉及以下主体和相关行业术语：作为网络游戏软件著作权人的"开发商"——如本案的韩国 We Made Entertainment CO，.Ltd 和 Actoz Soft CO.，Ltd 两公司、拥有开发商正式授权得以运营该游戏的"官方运营商"——如本案的上海盛大网络发展有限公司、私设服务器程序提供者（以下简称"私服提供者"）——如本案中提供"翎风 M2"游戏内核主程序的主体、私设服务器架设者（以下简称"私服架设者"）——如本案中的三被告人。所谓"私设服务器"，即指"私服架设者"未经"开发商"或其授权的"官方运营商"的授权，通过"私服提供者"提供的游戏软件源程序或服务器端安装程序，私自架设网络游戏服务器供玩家游戏并牟利的行为。在民事方面，根据《著作权法》《反不正当竞争法》和《计算机软件保护条例》的规定，"私设服务器"的行为已构成对"开发商"包括复制权、修改权、发行权、信息网络传播权等软件著作权的侵害，对"官方运营商"则构成游戏经营中的不正当竞争。在刑事方面，根据《刑法》第二百一十七条规定，以营利为目的，未经著作权人许可，复制发行其计算机软件，违法所得数额较大或者有其他严重情节的，构成侵犯著作权罪。以下将以侵犯著作权罪的犯罪构成为基础，结合民事侵权的审查思路，逐一作出分析，同时在知识产权犯罪的总体框架下作出延伸性思考。

（一）成立侵犯著作权罪的司法审查要点

1. 权属问题

根据案件事实，首先必须审查"热血传奇"游戏软件作为计算机软件的独创性以及著作权人是否是韩国 We Made Entertainment CO，. Ltd 和 Actoz Soft CO．，Ltd 两公司——由于著作权不需要进行登记，故主要审查方向是软件著作权是否存在转让、是否涉及委托作品和法人作品等问题。以上这部分类似于知识产权民事纠纷中权属方面的审查，在权属审查时由于知识产权的特殊性，会出现以下疑难问题。

（1）由于知识产权具有无形性、地域性、时间性等特点，因此在认定权利时所作的审查大大有别于一般的自然犯罪，例如故意伤害罪的审查重点不会放在"人身权"是否成立这种不言自明的问题，但是侵犯商业秘密罪中关于是否构成"商业秘密"的审查就必须根据商业秘密的三要件秘密性、保密性和实用性来进行。正因为这种权利审查上的专业性和特殊性，司法人员更容易产生疏忽而未能在证据上对权利予以证明或者是虽然有相关证据，但存在或多或少的瑕疵——如商标权是有期限的，但侦查机关未对此进行严格审查的情况，于是在司法实践中便出现了刑事判决认定有罪，却未对商业秘密是否构成作出认定的判例，有可能造成前后裁判冲突，司法公信力被削弱。

（2）由于知识产权往往会出现权利组合的情形，进一步增加了知识产权犯罪中关于权利构成的审查困难，法官在司法审查时往往必须考虑除了检察院起诉的罪名外，被告人的行为是否构成其他罪名。例如本案中"热血传奇"游戏软件的源代码如果证明是韩国两公司享有著作权，则该源代码也同时应当属于该两公司的商业秘密，这就是商业秘密和著作权的组合，即侵权者未经允许使用了该软件，在民事上便同时侵犯了甲公司的商业秘密和著作权。这种情形还会出现在商标权和不正当竞争等知识产权竞合中，值得我们深入研究。

（3）由于我国知识产权刑法保护采取的是刑法典立法模式（即罪刑均规定在刑法典和刑事司法解释中），所以知识产权刑事保护所规范的权利外延远远小于知识产权民事保护。以本案所涉的著作权为例，根据《著作权法》第四十七条规定，载明的八种侵权行为除了民事责任外有承担行政和刑事责任的可能。但是上述规定没有具体的罪状和明确的法定刑，不属于严格的附属刑法规范，所以违反罪刑法定原则而不能成为定罪量刑的依据，因此在认定侵犯著作权罪时，若审查发现所侵犯的权利虽然在著作权法里规定应承担刑事责任，但却未在刑法典中规定，仍不应认定为犯罪，这种法律体系上的冲突势必在司法裁判中造成一定的认识困惑。

2. 侵害行为

在本案中，所涉的侵犯著作权问题即三被告人是否存在未经著作权人许可擅自复制"热血传奇"游戏软件的行为，首先需要审查的是"奇缘在线"传奇私服软件与"热血传奇"游戏软件之间是否存在同一性，即侵权比对以确定一致性的问题。侵权认定中通过比对来确定一致性的问题是知识产权案件中事实认定的特殊难题，如著作权中摄影作品中被修改过的照片与原照片的比对、音源比对、文章抄袭比对等，都涉及不同行业、学科、标准和要求，司法人员难以面面俱到，而所有个案均通过鉴定也不可能实现，或者即使是通过鉴定，很多情况下也难以作出绝对有力的判断。在本案中，所涉及的是"奇缘在线"传奇私服软件与"热血传奇"游戏软件的源代码比对，这种比对当然必须通过鉴定解决，但是由于委托鉴定要求的不同，一致性问题便未必能够轻易得到解决。例如由于源代码数量众多，鉴定机关使用抽样比对的方式来认定两种源代码的一致性便有可能失于偏颇，这是因为程序中有通用的代码，抽样不一定能避免；但是如果鉴定机关虽然使用的是抽样鉴定的方式进行，鉴定的结论是两种程序中所含有的"错误程序"也相同，一致性的证明力便得到增强——正确的程序相同还有可能是由于通用程序，但错误的程序往往是自己研发过程中产生的特有程序。若侦查机关除了委托鉴定机关抽样鉴定外，还委托鉴定机关作出程序的全面性、概括性鉴定，从程序的总数量、软件程序与硬件的特有关系等方面给出实质相似的结论，证明力将得到进一步增强。然而，由于知识产权的侵权比对始终是一种人为的比对，难以实现百分百的准确认定，因此在面对利用比对来认定犯罪的知识产权刑事案件时，必须慎之又慎。在解决了一致性问题后，就必须考虑在案件事实中所涉及的侵权行为是否属于刑法规制的范围。前述由于不存在严格的附属刑法规范所造成的缺失在此亦有体现，而在本案中所涉行为是"通过信息网络传播"，这种行为从严格意义上而言所侵犯的是著作权中的"信息网络传播权"，与狭义的"复制权"和"发行权"存在区别，而侵犯"信息网络传播权"的又并未在刑法典中规定为犯罪行为，类似的问题应当引起我们的关注。当然，本案的行为在司法解释中得到了补充性的规定，两院将"复制权"和"发行权"作了广义理解，即《最高人民法院、最高人民检察院关于办理侵犯知识产权刑事案件具体应用法律若干问题的解释》第十一条第一款和第三款规定，通过信息网络向公众传播他人文字作品、音乐、电影、电视、录像作品、计算机软件及其他作品的行为，应当视为"侵犯著作权罪"中规定的"复制发行"。

3. 主体和主观方面

本案中需要审查的三被告人的行为在主观上是否为故意，并是否以营利为目的。认为知识产权犯罪只是民事侵权与法定数额简单相加的审查思路是不可取的，比较明显的理由之一就是犯罪构成的主观方面必须是故意或者其他特殊的要求。例如在销售假冒注册商标的商品罪中，销售辅助人员文化水平低下，销售假冒注册商标产品只是按照老板吩咐从事，其根本不懂得分辨真伪商标的情形便不能认定为构成销售假冒注册商标的商品罪（是否能以伪劣产品罪或非法经营罪认定是另一个问题），而在上述所涉案例中，构成侵犯著作权罪的主观要件不仅仅要求是故意，甚至还必须是"以营利为目的"。而在本案中，应当根据《最高人民法院、最高人民检察院关于办理侵犯知识产权刑事案件具体应用法律若干问题的解释》第十一条第一款和第三款规定，以刊登收费广告等方式直接或者间接收取费用的情形，属于"侵犯著作权罪"中规定的"以营利为目的"。认定三被告人主观上具备了"以营利为目的"。

4. 行为人的违法所得数额是否较大或有其他严重情节符合刑法的规定

本案中三被告人的违法所得总额为1748169.6元，在15万元以上，属于违法所得数额巨大。根据《最高人民法院、最高人民检察院关于办理侵犯知识产权刑事案件具体应用法律若干问题的解释》的规定，三被告人的行为造成的违法数额已达到成立侵犯著作权罪的标准。此外，还要考虑是否构成单位犯罪的问题，是否由于权利组合会产生一罪和数罪或者想象竞合等问题，在此不再一一展开。

（二）侵犯知识产权犯罪的司法审查路径

1. 关于我国犯罪构成要件的若干审查顺序

在我国平面式犯罪构成理论中，虽然四个方面的要件在一个层面上，但是在其内部而言，仍然存在先后的次序，即我国现有的犯罪构成要件并非随机排列，而不同的学者、司法实务人员所主张或采用的每种排列顺序其实都体现了他们独特的逻辑思维和良苦用心。

（1）犯罪客体—客观方面—犯罪主体—主观方面。

持该种观点的学者认为，刑法学要为司法机关认定犯罪提供理论指导，而根据行为本位的犯罪构成论，认定犯罪的一般过程是首先发现某种客体受到侵害的事实（犯罪客体），其次是查明该客体所受侵害是否是人的行为（客观方面），再次是查明谁是行为人以及行为人的个人情况（犯罪主体），最后才能判断行为人在实施行为之时的主观心态（主观方面）。[1]

（2）犯罪主体—主观方面—客观方面—犯罪客体。

主张该种构成要件的排列顺序的学者认为，犯罪构成其他三个方面都是以犯罪主体要件为基础的，它是犯罪构成其他要件乃至犯罪构成整体要件存在的前提条件，也是主、客观相统一的定罪原则的基础。[2] 也有学者认为，这种排列顺序是以行为自身形成过程与发展规律为依据的，即符合犯罪主体条件的人，在其犯罪心理态度的支配下实施犯罪行为，危害一定的客体即某种社会关系。[3]

（3）犯罪主体—犯罪客体—主观方面—客观方面。

持该种观点的学者认为，[4] 在四要件中犯罪主体是最具有主动性和能动

---

[1] 高铭暄，马克昌主编：《刑法学》，中国法制出版社1999年版，第105~106页。
[2] 陈明华主编：《刑法学》，中国政法大学出版社1999年版，第108页。
[3] 赵秉志：《刑法原理与实务》，高等教育出版社2002年版，第63页。
[4] 何秉松：《犯罪构成系统论》，中国法制出版社1995年版，第117~119页。

性的要素，处于发动、驾驭和控制的地位；而犯罪构成实际上是主体人身危险性的表现与实现。而犯罪客体相对于主体而言是犯罪构成系统结构中相对的两极，客观的性质与特点决定了满足主体需要与欲望的程度及范围。而联结以上两极的中介则是主观方面与客观方面，因此犯罪构成要件应以此为顺序进行排列。

2. 本案中犯罪构成要件的审查顺序

若将本案例分析中所采用的司法审查思路放置于我国犯罪构成理论的要件中去分析，首先审查的知识产权的权属问题根据我国通说应当属于客体体系中的"直接客体"，即具体的知识产权；其次审查的侵权行为和结果属于"客观方面"的内容；最后再审查犯罪主体（如责任能力）和主观方面的内容，即构成要件的审查顺序是犯罪客体—客观方面—犯罪主体—主观方面，这种审查顺序与上述三种排列顺序均不相同，但在侵犯知识产权犯罪中却是完全可以适用的。因此，正如日本学者平野龙一所言，"犯罪论体系是整理法官的思考，作为统制法官判断的手段而存在的"[1]。将此观点进行延伸，在认定知识产权犯罪的司法实践中，抛弃门户之见，使用以民事侵权中"权属—侵权—损害结果"为主干的审查顺序，恐怕比起"犯罪客体—客观方面—犯罪主体—主观方面"的表述，更有避免失之空泛和针对性不足的效果。

---

[1] 转引自张明楷："犯罪论体系的思考"，载《政法论坛》2003 年第 6 期，第 25 页。

关于侵犯商业秘密罪及侵犯著作权罪的认定

——李某、黄某犯侵犯著作权罪案

内容摘要

具备秘密性、保密性和实用性的计算机软件既属于权利人的作品，也属于权利人的商业秘密。因此，同一侵害行为有可能同时触犯了两种罪名，是否应当按照想象竞合犯的刑法理论，依从一重罪处断的原则处理，值得研究。此为"三合一"部分的第三个案例。

关键词

侵犯商业秘密罪　侵犯著作权罪　知识产权犯罪竞合　造成损失 非法经营数额

裁判要点

侵犯知识产权犯罪中所涉的知识产权包括著作权、商标权、专利权、商业秘密等，本案两被告人实施的"利用离职时未经许可带走的高科公司的技术资料生产出侵权产品以牟利"的行为所涉权利包括商业秘密和著作权两部分。法院根据商业秘密的秘密性、保密性和实用性的属性以及被控行为等要件对侵犯商业秘密罪部分进行详细审理，认定虽然两被告人存在侵犯商业秘密的行为，但由于两被告人侵犯商业秘密造成高科公司的损失依现有证据未能证明在 50 万元以上，因此不构成侵犯商业秘密罪；但两被告人同时构成侵犯著作权的行为，且非法经营数额达 80 余万元，构成侵犯著作权罪。

相关法条

《中华人民共和国刑法》第二十六条第一款和第四款、第五十二条、第六十四条、第二百一十七条、第二百一十九条

《最高人民法院、最高人民检察院关于办理侵犯知识产权刑事案件具体应用法律若干问题的解释》第五条第二款第（一）项、第七条、第十二条第一款

《计算机软件保护条例》第二十四条第一款第（一）项

案件索引

一审：广州市天河区人民法院（2006）天法知刑初字第 3 号（笔者经办）

基本案情

公诉机关：广州市天河区人民检察院

被告人：李某

被告人：黄某

2002 年 3 月和 4 月，被告人李某、黄某先后到广州市高科通信技术股份有限公司（以下简称高科公司）工作，并与该公司签订了保密协议，保密内容包括高科公司的知识产权、商业秘密等，保密期限至双方解除劳动合同之日起两年内。之后被告人李某担任高科公司 NGN 项目经理，负责研发 IAD 产品 MG6000 系列（含 MG189、MG6008、MG6016、MG6030 等）媒体接入网关对外销售，黄某同为 NGN 项目组成员，在研发过程中两被告人接触了高科公司 MG6000 系列设备软件程序及其他技术资料。高科公司的 MG6000 系列媒体接入网关设备于 2004 年 2 月、6 月分别获得科学技术成果鉴定证书和新产品新技术鉴定验收证书，鉴定意见是总体性能技术指标达到国内先进水平，部分性能指标达到了国内领先水平，仅 2004 年 6 月至 11 月高科公司的 MG6000 系列产品销售收入就达到 4454519.6 元。

2003 年 12 月，被告人李某离开高科公司，并于 2004 年 3 月加入中联通信设备有限公司（以下简称中联公司），主持研发同为媒体接入网关功能的 CyberVoice1000 系列产品，工作地点在上海市青浦区赵巷镇菘泽工业园区菘绣路 695 号中联公司办公楼内。为了研发该产品，被告人李某先后聘请了原在高科公司工作的李某霞、何某等人到中联公司工作，并于 2004 年 5 月聘请

了被告人黄某，两被告人违反与高科公司签订的保密协议，利用从高科公司掌握的 IAD 产品 MG6000 系列设备软件程序及其他技术信息于 2004 年 9 月生产出 CyberVoice1000 系列产品（包括 CyberVoice1004、CyberVoice1008、CyberVoice1016 等）在市场上销售，截至 2005 年 6 月底销售金额为 810090 元，收款金额为 610857.60 元。2005 年 7 月 19 日，公安机关对被告人李某、黄某的工作地点上海市青浦区赵巷镇菘泽工业园区菘绣路 695 号中联公司办公楼技术开发人员办公室进行搜查，查获了 CyberVoice1004 IAD 产品 1 台、CyberVoice1008 IAD 产品 1 台、CyberVoice1016 IAD 产品 1 台、CyberVoice1000 系列写片器 2 块、IBM 笔记本电脑 1 台、台式电脑主机 1 台、文件夹 4 册、32MB 和 64MB 的 U 盘各 1 个、电脑光碟 17 张、方正牌台式电脑主机 2 台、COMPAQ 牌笔记本电脑 1 台、电脑服务器 1 台、IBM 移动硬盘 1 个；并对被告人李某、被告人黄某、证人李某霞所使用的计算机，开发人员办公室内的服务器进行现场勘验检查。同日，公安机关将被告人李某、黄某抓获归案。2006 年 8 月 3 日，公安机关将被告人李某在交通银行上海分行开设的个人账户内 58531.92 元冻结。

经鉴定，高科公司 MG6000 系列产品中 MG6008 设备软件是该公司技术人员专门开发的专用程序，具有新颖性，属于设计者的刻意选择和创造性的技术（方法）运用；并且是尚未公开的技术成果，属于不为公众所知悉的技术信息。CyberVoice1000 系列产品中 CyberVoice1008 设备程序存在 MG6008 设备程序不为公众所知悉的技术信息，CyberVoice 设备的程序在编码层上复制了 MG6000 设备的程序。

公诉机关认为被告人李某、黄某的行为共同触犯《刑法》第二百一十九条规定，被告人李某、黄某均构成侵犯商业秘密罪，提请法院依法判处。

被告人李某对公诉机关的指控有异议，其辩称：（1）MG6000 系列设备软件并不是"不为公众所知悉"的计算机程序，可以通过反编译的方式得到，属于公知技术。（2）CyberVoice1000 系列设备软件所使用的程序协议源代码来源不一，但不是来源于 MG6000 系列设备软件；而且 CyberVoice1000 系列设备是采用了全新的技术和思路，因此 CyberVoice1000 系列设备属于自主生产的技术产品。另外，其从来不知道被告人黄某的移动硬盘里有什么资料。

（3）CyberVoice1000 系列设备对外销售时间不是从 2004 年 6 月开始，而是从 2004 年 9 月开始，且对外销售总额是 62 万元左右。（4）关于 CyberVoice1000 系列设备的成本，其电脑上的文件已经证明 CyberVoice1008 设备（共八路）当时的成本是 1500 元，1200 元只是一个未实现的目标成本，司法会计鉴定书计算 CyberVoice1000 系列设备获利时"每路成本"为 150 元是采用了 1200 元这个标准，是没有事实依据的。

被告人黄某对公诉机关的指控有异议，其辩称：（1）黄某到上海中联公司工作与高科公司的工作没有关联性，没有侵犯高科公司的商业秘密；其自己移动硬盘里是带走了部分高科公司的资料，仅是用于学习和研究，并没有提供给他人使用和盈利。（2）关于 CyberVoice1000 系列设备软件的源代码，或可从网上下载，或可通过反编译等途径得到，鉴定结论通过比对认为两个软件相似不能说明任何问题。（3）关于 IAD 产品，李某的辩护人已举证证明在市场上存在大量的产品，因此该产品无论从功能或技术上都已进入公知领域。（4）CyberVoice1000 系列产品的销售时间是 2004 年 9 月，不是 2004 年 6 月。（5）关于损失问题，现在 IT 行业经营不景气，还有经营不善等原因，所以高科公司的销售额下降是正常的，不能证明是被告人的行为所致；而关于盈利数额的审计是以李某电脑资料为前提的，这属于李某个人的观点陈述，没有任何证据印证。

裁判理由及结果

法院生效判决的理由及分析如下。

1. 高科公司 MG6000 系列设备技术信息（包含 MG6000 系列设备软件）属于商业秘密

公诉机关认为高科公司的商业秘密包括 MG6000 系列设备软件以及相关技术资料，根据《刑法》第二百一十九条第三款规定，商业秘密是指不为公众所知悉，能为权利人带来经济利益，具有实用性并经权利人采取保密措施的技术信息和经营信息。经查：（1）粤知司鉴所〔2004〕鉴字第 31 号司法鉴定书、粤知司鉴所〔2006〕鉴字第 24 号司法鉴定书均证实 MG6000 系列产品中 MG6008 设备的源程序是为了实现 MG6008 设备的特定功能开发的专用程序，该程序是尚未公开的技术成果，不是从公开渠道可以直接获取的，以上足以证明 MG6000 系列设备软件程序属于不为公众所知悉的技术信息。（2）被告人李某提交《接触机密申请书》证实被告人李某接触的"NGN 项目 IAD&终端产品可行性研究报告、MG6000 系列中继媒体网关可行性研究报告、概要设计说明书、详细设计说明书、MG6000 IAD 立项文件、MG6008 立项文件"等 MG6000 系列设备相关技术资料是高科公司的内部机密文件，必须通过提交《接触机密申请书》才能接触，属于不为公众所知悉的技术信息。（3）大同鉴字〔2006〕06 号司法会计鉴定书证实高科公司销售 MG6000系列媒体接入网关的销售收入发生额在"2004 年 6 月至 11 月"这个时间段是 4454519.6 元，即 MG6000 系列产品能给高科公司带来经济利益，具有实用性。（4）被告人李某和黄某所签的保密协议均证实高科公司对上述的技术信息采取了保密措施。综上，高科公司生产 MG6000 系列产品所需的软件程序及相关的技术资料不为公众所知悉，并能够应用于生产，为高科公司带来经济利益，高科公司对此也已采取了保密措施，应当认定为商业秘密，因此公诉机关的意见应予采纳。被告人李某认为 MG6000 系列设备软件并不是"不为公众所知悉"的计算机程序的辩解，与事实不符，不予采纳。另外，被告人李某认为 MG6000 系列设备软件可以通过反编译手段取得的辩解、被告人黄某认为 CyberVoice1000 系列设备软件的源代码可以通过反编译途径取得的辩解、被告人黄某的辩护人认为通过反向工程获得源代码是合法的辩护意见，没有证据证明，且与粤知司鉴所〔2006〕鉴字第 24 号司法鉴定书鉴定意见中认为 MG6000 设备软件属于不为公众所知悉的技术信息不符，不予采纳。

2. 高科公司的 MG6000 系列设备软件属于计算机软件，高科公司对其享有软件著作权

公诉机关认为高科公司对其研发的 MG6000 系列设备软件享有著作权，两被告人的行为已同时触犯了《刑法》第二百一十七条和第二百一十九条之规定，仅指控两被告人构成侵犯商业秘密罪是根据法条竞合的理论。经查，（1）新产品新技术鉴定验收证书和科学技术成果鉴定证书证实高科公司研发的 MG6000 系列产品技术指标上的"信令/协议"包含了"H.323V2、SIP、MGCP（在研）、H.248（在研）"等，总体性能技术指标达到国内先进水平，

部分性能指标达到了国内领先水平。（2）粤知司鉴所〔2004〕鉴字第31号司法鉴定书、粤知司鉴所〔2006〕鉴字第24号司法鉴定书均证实MG6000系列产品中MG6008设备的源程序具有新颖性，该程序由大量函数组成，其中有相当部分是高科公司程序设计人员按任务要求自定义的，其实现的程序段是由这些人员编制并非来自公有领域；另一部分是来自公有领域的函数，但这些函数连同自定义函数如何运用，如何确立它们在程序中的地位以及建立各函数之间的特定关系，这些函数用在什么地方和怎样利用它们去解决实际问题，仍属于设计者的刻意选择和创造性的技术（方法）运用，即使是其他的业内人士也难得知晓。（3）证人的证言以及被告人李某、黄某的供述均证明了高科公司自主研发MG6000系列设备软件程序的事实，包括了如H.323、MGCP等协议的开发。综上，根据《计算机软件保护条例》第四条、第五条第一款和第十三条规定，足以认定高科公司组织研发的MG6000系列设备程序具有独创性，高科公司对其应享有著作权，公诉机关的意见应予采纳。关于被告人黄某的辩护人认为没有证据证明高科公司的MG6000系列设备软件有著作权，没有相关的软件著作权凭证如软件登记证书等，没有对新颖性进行鉴别的辩护意见，根据《计算机软件保护条例》第七条规定，软件著作权人可以向软件登记机构办理登记，而不是应当办理登记，登记并不是软件著作权产生的法定要件；有关新颖性的问题在粤知司鉴所〔2006〕鉴字第24号司法鉴定书也已经作出了鉴定，因此对于被告人黄某的辩护人该项辩护意见，不予采纳。

3. 被告人李某、黄某所生产销售的 CyberVoice 设备中的程序对 MG6000 设备程序在编码层上有整段复制的行为，被告人李某、黄某同时侵犯了高科公司的商业秘密和著作权

关于被告人李某称 CyberVoice1000 系列设备软件所使用的程序协议源代码并不是来源于 MG6000 系列设备软件，而是通过下载或购买得到的，并且 CyberVoice1000 系列产品有 SIP 协议，高科公司的产品没有 SIP 协议，CyberVoice1000 系列产品属于自主生产的技术产品的辩解；被告人黄某称关于 CyberVoice1000 系列设备软件的源代码，可从网上下载，属于通用格式、商业代码、开放源代码等的辩解；以及被告人黄某的辩护人所提出的

CyberVoice1000 系列设备软件有部分代码是公开地进入了公知领域，所以不存在侵权的辩护意见。经查，2004 年 2 月 26 日广州市科学技术局组织的鉴定、2004 年 6 月 16 日的广州市经济委员会组织的新产品鉴定均证实高科公司的 MG6000 媒体网关（MG189、MG6016、MG6030）技术指标上的"信令/协议"包含了 SIP 协议，被告人李某关于高科公司的产品没有 SIP 协议的辩解与事实不符。虽然粤知司鉴所〔2004〕鉴字第 31 号司法鉴定书和粤知司鉴所〔2006〕鉴字第 24 号司法鉴定书均证实 MG6000 系列产品中 MG6008 设备的源程序中有来自公有领域的函数，但这些函数连同自定义函数如何运用，如何确立它们在程序中的地位以及建立各函数之间的特定关系，这些函数用在什么地方和怎样利用它们去解决实际问题，仍属于设计者的刻意选择和创造性的技术（方法）运用，其他的业内人士难得知晓，因此即使被告人李某和黄某可以通过下载方式获得部分函数和协议，也不应在选择、组成、运用上与高科公司的 MG6000 系列设备程序产生实质相似。然而粤知司鉴所〔2005〕鉴字第 21 号司法鉴定书却证实了 CyberVoice 设备软件源代码与 MG6000 设备软件源代码进行比对构成相似，这种相似不但是因双方的结构、顺序、逻辑关系、语句（包括定义函数、定义变量、赋值等）、文字表达等的相同或相似，而且存在多处随机性表达（如个人编写习惯、随意动作效果等）相同的现象，这一现象在两个独立开发的程序之间不可能出现，因此 CyberVoice 设备程序对 MG6000 设备程序在编码层上有整段复制的行为。另外粤知司鉴所〔2004〕鉴字第 32 号司法鉴定书也进一步证实了 CyberVoice1000 系列产品中的 CyberVoice1008 设备程序里大量函数之间的关系（包括属于公有领域的函数）及程序组成均与 MG6008 设备（MG6000 系列设备中一种）程序呈实质相似，有明显的源自 MG6008 设备程序但经改造的痕迹。综上，该部分被告人李某的辩解、被告人黄某的辩解及其辩护人的辩护意见，与事实不符，不予采纳。

4. 被告人李某、黄某在离职时带走高科公司 MG6000 系列设备技术信息（包含 MG6000 系列设备软件），其主观是为了生产出 CyberVoice1000 系列产品对外销售以获利

关于被告人黄某称他自己移动硬盘里所带走高科公司的 MG6000 系列产

品的技术资料只是用于学习和研究，并没有提供给他人使用和盈利的辩解及其辩护人认为被告人黄某为了学习研究等用途使用是合法的辩护意见，被告人李某不知道被告人黄某的移动硬盘里有什么资料的辩解。经查，从2004年5月被告人李某聘请被告人黄某离开高科公司加入中联公司，被告人黄某在离开高科公司时带走高科公司MG6000系列产品的技术资料，中联公司于2004年9月正式生产出CyberVoice1000系列产品对外销售这一系列过程，以及在被告人李某和黄某的工作电脑里均有高科公司的MG6000硬件部件设计书文件，在被告人黄某的工作电脑和移动硬盘里还有高科公司的MG189媒体接入网关前台应用与网管接口定义、NGN项目的MG6016（MGCP）前台软件概要设计说明书等技术资料，另外还有认为CyberVoice设备程序对MG6000设备程序在编码层上有整段复制行为的鉴定结论相佐证，证实了被告人黄某带走高科公司的技术资料不是为了自己学习使用，而是为了利用高科公司的技术实际运用到CyberVoice1000系列产品的研发过程中，而被告人李某正是研发的主持人，因此对于被告人黄某的辩解及其辩护人的辩护意见、被告人李某的辩解，不予采纳。

5. 被告人李某、黄某侵犯商业秘密造成高科公司的损失是780564.42元的依据不足；现有证据未能证明被告人李某、黄某侵犯商业秘密给高科公司造成50万元以上损失，但能证明被告人李某、黄某侵犯著作权的非法经营数额是810090元

关于公诉机关指控被告人李某、黄某造成高科公司的损失是780564.42元，是由以下两部分相加所得：（1）高科公司的MG6000系列媒体接入网关产品的销售收入发生额"2004年6月至11月"的4454519.6元对比"2004年1月至5月"的5086794.02元减少了632274.42元；（2）大同鉴字〔2006〕06号司法会计鉴定书上鉴定出被告人李某于2004年9月14日至2005年6月30日销售CyberVoice1000系列产品的销售总金额是810090元、收款总金额是610857.60元，再根据150元每线路的成本，鉴定出CyberVoice1000系列产品的成本总额是661800元，从而计算出销售获利是148290元。对于公诉机关的上述公诉意见，经查：第一，大同鉴字〔2006〕06号司法会计鉴定书在"鉴定结论（1）"中鉴定出2004年6月至11月高科公司销售MG6000系列媒

体接入网关产品的收入额为 4454519.6 元，这一数额有高科公司销售 MG6000 系列产品的记账凭证互相印证，应予采纳。但"鉴定结论（1）"也明确指出高科公司于 2004 年 1 月至 5 月的销售收入发生额因受检材所限，无法确认该部分销售收入及其获利的真实性，因此对公诉机关认为高科公司"2004 年 1 月至 5 月"销售收入是 5086794.02 元的意见不予采纳，现有证据不足以证明高科公司"2004 年 6 月至 11 月"这个时间段比起"2004 年 1 月至 5 月"时间段的销售收入下降 632274.42 元的事实。第二，大同鉴字〔2006〕06 号司法会计鉴定书鉴定出被告人李某于 2004 年 9 月 14 日至 2005 年 6 月 30 日销售 CyberVoice1000 系列产品的销售总金额是 810090 元、收款总金额是 610857.60 元，对此应予采纳；对于被告人李某称对外销售总金额是 62 万元左右的辩解，不予采纳。关于 CyberVoice1000 系列产品的成本，该鉴定书采用了每线路 150 元的标准，依据的是被告人李某电脑内的"沟通记录"文件提及的"目前 8 路的成本大约在 1500 元，可以降成本的地方：第一步……第二步……第三步……第四步……，总的来说，成本可以从 1500 元，降低到 1200 元左右，即 150 元/路"，然而该"沟通记录"仅仅能够证明 8 路的成本已经到了 1500 元，而 8 路成本 1200 元还只是一个目标值，即 150 元/路的成本是否最终实现需要其他证据予以佐证，在没有其他证据的情况下该鉴定书采用的成本是每线路 150 元的标准依据不足，因此对于大同鉴字〔2006〕06 号司法会计鉴定书鉴定出 CyberVoice1000 系列产品的成本总额是 661800 元从而计算出获利是 148290 元这两项数额，不予采纳。综上，公诉机关指控被告人李某、黄某造成高科公司的损失是 780564.42 元的意见不应采纳，只对其中涉及的 2004 年 6 月至 11 月高科公司销售 MG6000 系列媒体接入网关产品的收入额为 4454519.6 元、被告人李某于 2004 年 9 月 14 日至 2005 年 6 月 30 日销售 CyberVoice1000 系列产品的销售总金额是 810090 元、收款总金额是 610857.60 元这三项数额予以采纳。

法院认为，被告人李某、黄某以营利为目的，未经高科公司许可同时违反了保密协议的约定擅自利用他们在高科公司任职期间接触掌握的属于高科公司商业秘密的 MG6000 系列媒体接入网关产品的技术信息，在中联公司生产出同类功能的 CyberVoice1000 系列产品对外销售，销售总金额达 810090

元，而且 CyberVoice1000 系列产品中的 CyberVoice 设备程序复制了高科公司享有著作权的 MG6000 设备程序，因此两被告人已同时对高科公司的商业秘密和软件著作权构成侵权。根据《刑法》第二百一十七条、《最高人民法院、最高人民检察院关于办理侵犯知识产权刑事案件具体应用法律若干问题的解释》第五条第二款第（一）项、第十二条第一款规定，以营利为目的，未经权利人的许可，实施了复制发行著作权人计算机软件的侵犯著作权行为，非法经营数额在 25 万元以上的，属于有其他特别严重情节，构成侵犯著作权罪。而非法经营数额是指行为人在侵权行为中制造、储存、运输、销售侵权产品的价值，本案中 CyberVoice1000 系列产品对外销售的总金额 810090 元即属于两被告人侵犯高科公司著作权的非法经营数额，该数额已远超 25 万元，故两被告人的行为已共同构成侵犯著作权罪，依法应按照两被告人在共同犯罪中所起的作用分别予以惩处。根据《刑法》第二百一十九条和《最高人民法院、最高人民检察院关于办理侵犯知识产权刑事案件具体应用法律若干问题的解释》第七条规定，侵犯商业秘密的行为给权利人造成损失数额在 50 万元以上的，才属于给商业秘密权利人造成重大损失而构成侵犯商业秘密罪，本案中 CyberVoice1000 系列产品对外销售的总金额 810090 元不能等同于两被告人的获利或高科公司的损失，依现有证据无法证实两被告人侵犯商业秘密的行为给高科公司造成的损失在 50 万元以上，故公诉机关起诉指控被告人李某、黄某犯侵犯商业秘密罪不能成立。违禁品和供犯罪所用的本人财物，应当予以没收；冻结的被告人李某 40551225114419105 个人账户内 58531.92 元，充抵罚金上缴国库。法院判决：（1）被告人李某犯侵犯著作权罪，判处有期徒刑三年六个月，并处罚金人民币 60000 元。（2）被告人黄某犯侵犯著作权罪，判处有期徒刑三年，并处罚金人民币 40000 元。（3）缴获的违禁品和供犯罪所用的本人财物，予以没收。

案例评析

本案公诉机关以侵犯商业秘密罪对两被告人提起公诉，法院经审查最终以侵犯著作权罪对两被告人定罪量刑。关于"侵犯商业秘密罪"的指控经审查可得出以下结论：（1）MG6000 产品包含了硬件和软件两部分，由于符合秘密性、保密性和实用性因而构成商业秘密的内容包括 MG6000 系列设备软件以及相关技术资料，该商业秘密属于高科公司。（2）两被告人在高科公司任职期间接触和掌握了高科公司上述商业秘密，并在离开高科公司后违反保密协议的约定故意使用所掌握的商业秘密，生产出侵权的 CyberVoice1000 系列产品对外销售，符合《刑法》第二百一十九条第（三）项规定的侵犯商业秘密的行为；但由于侵犯商业秘密罪属于结果犯，认定构成犯罪还必须符合给商业秘密的权利人造成重大损失的结果要件。（3）由于依现有证据未能证明两被告人侵犯商业秘密造成高科公司的损失在 50 万元以上，两被告人不构成侵犯商业秘密罪。

关于"侵犯著作权罪"的问题，笔者认为，由于知识产权与知识创新息息相关，新的权利类型和以新技术手段实施的侵权行为复杂多变，如网络侵权形式逐渐增多，知识产权民事法律也因此频繁地更新和修改；而与此同时，我国知识产权刑法保护采取的却是刑法典立法模式，该模式的特点是将知识产权犯罪的具体罪刑设置都规定在《刑法》及相关司法解释中，在内容上滞后于知识产权的发展现状，并逐渐造成《刑法》与知识产权民事法律之间的冲突。在涉及侵害著作权的纠纷中，根据《著作权法》第四十七条和第四十八条规定，第四十七条所列之侵权行为仅需承担民事责任，而第四十八条所列之八种侵权行为，则除了民事责任外有承担行政和刑事责任的可能。上述规定是从著作权保护全局的角度，将只需承担民事责任的较轻行为与有可能承担行政乃至刑事责任的较重行为予以合理划分，相对我国于 1997 年制定的《刑法》而言体现了与时俱进的特征，顺应知识产权的发展现状。然而在刑事司法实践中，由于著作权法的上述规定没有具体的罪状和明确的法定刑，不属于严格的附属刑法规范，违反罪刑法定原则而不能成为定罪量刑的依据，法律适用的依据只能是《刑法》及相应的司法解释。根据《刑法》第二百一十七条规定，知识产权刑事保护的权利类型仅包括作品复制权及发行权、图书专有出版权、录音录像制品的复制权及发行权、美术作品的相关权利；根据《最高人民法院、最高人民检察院关于办理侵犯知识产权刑事案件具体应用法律若干问题的解释》第十一条规定，作品的信息网络传播权也规定在知识产权刑事保护的权利类型中。但是，《刑法》及相应的司法解释中并未包括著作权法中规定可能承担刑事责任的表演权、放映权、汇编权等若干重要权利；而且刑法所规定的侵权行为也因未明确细化，在罪与非罪问题上可能出现不同理解，如《刑法》第二百一十七条第一款第（一）项规定的"复制计算机软件"行为，是否包括《计算机软件保护条例》第二十四条规定的"部分复制计算机软件"行为存有争议；如果持支持的态度，那么部分复制占全部软件内容的比例与根据社会危害性来认定罪与非罪的关系将进一步成为刑事诉讼中法院需要着重核实及思考的问题。要解决这些问题，现实可取的思路之一是仿效我国台湾地区在《专利法》中对于专利犯罪的有关规定，在知识产权附属刑法规范上设置具体的罪状和明确的法定刑，然后根据《刑法》第三条和第一百零一条规定，使之成为可适用的法律依据，借此充分发挥知识产权民事法律本身的灵活性和与时俱进性，弥补和完善刑法的缺陷。①

具体到本案而言，关于侵犯著作权罪的认定如下：（1）MG6000 产品的软件部分即 MG6000 设备软件是高科公司组织研发的具有独创性的计算机软件作品，高科公司对其应享有著作权。（2）两被告人以营利为目的，未经高科公司许可，复制了 MG6000 设备软件制成 CyberVoice 设备软件，运用到 CyberVoice1000 系列产品中并对外销售，符合《刑法》第二百一十七条第（一）项规定的侵犯著作权的情形。（3）两被告人侵犯著作权的非法经营数额是 810090 元，构成侵犯著作权罪。

将本案所涉的问题进一步拓展，假设能查明两被告人侵犯商业秘密造成高科公司的损失在 50 万元以上，则两被告人除了构成侵犯著作权罪外也同时构成侵犯商业秘密罪，此时两被告人实施的"利用离职时未经许可带走的高科公司的技术资料生产出侵权产品以牟利"这样一个行为，同时触犯了两种罪名，基本符合想象竞合犯的刑法理论，应依从一重罪处断的原则处理，由于侵犯著作权罪定罪量刑的法定数额标准远低于侵犯商业秘密罪，因此仍应认定两被告人构成侵犯著作权罪。

---

① "中国知识产权的刑事保护及对欧盟经验的借鉴"课题组："中国知识产权刑法保护的立法完善研究"，载于赵秉志主编：《中国知识产权的刑事法保护及对欧盟经验的借鉴》，法律出版社2006年版，第 324、329、330 页。

关键词目录

J

K

L

M

P

Q

T

W

X

Y

Z

后　记

　　本书即将画上句号，在过去一年多的写作过程中，我通过回顾审判历程、整理编写案例，对于自己所从事的知识产权审判工作，有了更为深入的反思与体会。知识产权民事审判过程包含法官及其审判团队依据民事诉讼程序处理程序问题、对请求权基础进行审查、确定争议法律关系的构成要件、根据关于事实的推理逻辑对证据真实性及合法性予以认证、根据构成要件对证据的关联性予以认证、依据作为定案依据的证据查明事实、在查明事实的基础上进行法律适用后作出裁判等步骤及内容。在绝大多数知识产权案件中，程序问题、证据认定以及事实（特别是技术事实）查明是审判中的主要工作，而法律适用则有章可循、相对简单；因而这些一般案件的价值以及众多法官同行们为之付出的才智与汗水，相较于存在法律适用疑难的精品案件而言更容易被业界忽视。然而，有道是"纸上得来终觉浅，绝知此事要躬行"，正是在面对和解决这些体量巨大的一般案件过程中，法官及其审判团队才得以培养严谨认真的工匠精神，形成优秀的审判习惯与思维，总结出事实查明的经验与路径，为事实与法律之间搭建起内心确信的桥梁，这种"似慢实快"的个案实践方式恰恰是提升司法能力极其重要的基础步骤和有效途径。当然，对于审判者而言，司法能力进一步飞跃的关键在于精品案件的审理。在极少数的精品案件中，新颖疑难的法律问题是知识产权业界争相研讨的热点，精品案件的裁判应体现公平正义、回应社会关切、促进法律的进一步完善，甚至可以影响推动知识产权法治的进程。法官带着这种明悟与自省去审理案件以及从事案件生效后的调研评析工作，才能充满激情与动力，为自己的审判生涯找到一个个重要支点。

　　本书主要是我从事知识产权审判工作的实践思考，在写作的过程中，愈加体会到自身的学术素养和文字表达能力不足，研究领域和视野局限于国内知识产权问题，研究方法和写作范式等方面也缺少系统训练；加之审判工作繁重，未能在写作过程与师长、同行们进行更广泛深入地交流，因此，本书难免存在各种不足与局限，欢迎读者批评指正。与此同时，我也通过本次写作认识到自身的差距与不足，有必要在知识产权保护的道路上整理总结、重新出发。

在本书的写作过程中，感谢我的父母，年迈的他们从故乡到广州，一如既往地在家庭生活上给予我们无私的爱护和帮助；感谢我的妻子，作为一名同样工作繁忙的法官，她的理解与支持让我暖心、她对于家庭和孩子的照顾分担了我很多的压力；希望我的女儿和儿子日后也能成为本书的读者，他们是我的责任所在也是我前进的动力。在本书的编辑和校对过程中，知识产权出版社的齐梓伊女士、华南理工大学的陈丽琳同学给予了无私的帮助和付出了辛勤的劳动，在此一并致以诚挚的感谢！

2018 年，党中央、国务院制定出台了对于知识产权审判具有纲领性指导意义的《关于加强知识产权审判领域改革创新若干问题的意见》，作为一名一直在知产审判一线工作的法官，我感到了这是一次巨大的机遇和挑战，日后我将以更加蓬勃的热情去迎接扑面而来的知识产权审判事业的春天，用公平正义的裁判弹奏一首保护创新的歌曲：

风情万卷

一曲创新风　扬正气裁判　花开香雪
三生知产情　映皓月庭审　声动云霄

朱文彬
2018 年秋于广州暨南花园